1

存在の法則(縁起)に関する経典群
人間の分析(五蘊)に関する経典群

増谷文雄 編訳

筑摩書房

識語

一、これらの経典群に題するに、いま「阿《あ》含《ごん》経典」と称するのは、ふるき中国の訳経者たちの先例にしたがうものである。その「阿含」とは、もと「アーガマ」（Āgama = coming, anything handed down）の音写によるものであって、その義を問えば、「到来せるもの」もしくは「伝え来れるもの」というほどの意味のことばである。南伝仏教においては、これらの経典群を総称するには、「パンチャ・ニカーヤ」（Pañca-nikāya, 五部）をもってするのが通例であるが、また「アーガマ」をもって称することも稀ではない。

一、その「阿含経典」の包含するおびただしい経について、わたしは、まず、その原文批判（Text-kritik）をおこない、そのなかから、よく古形を保ち、原初的な経と判定せられる諸経をとりあげて、それらの諸経の現代語訳をこころみ、かつ、若干の注解を付した。その原文批判の大様については、「阿含経典総論」について見られたい。

一、ここに使用したテキストはつぎのようである。

1　Pañca-nikāya

Dīgha-nikāya	三四経
Majjhima-nikāya	一五二経
Saṃyutta-nikāya	七七六二経
Aṅguttara-nikāya	九五五七経
Khuddaka-nikāya	一五分

2　漢訳四阿含

長阿含経	三〇経
中阿含経	二二四経
雑阿含経	一三六二経
別訳雑阿含経	三六四経
雑阿含経	二七経
増一阿含経	四七二経

そして、その参考文献として、それらの英訳本（Pali Text Society's Translation Series）や国訳本（南伝大蔵経）などを用いた。

一、そして、そのような批判、研究の結果にもとづいて抽出したおよそ四〇〇の経を、わたしは、全四巻のなかにつぎのように配列した。

第一巻　存在の法則（縁起）に関する経典群

第二巻　人間の分析（五蘊）に関する経典群
第三巻　A　人間の感官（六処）に関する経典群
　　　　B　実践の方法（道）に関する経典群
第四巻　詩（偈）のある経典群
（本ちくま学芸文庫版では、底本の第一巻と第二巻、第三巻と第四巻をそれぞれ合本とし、『阿含経典1』『阿含経典2』とした。なお、その後刊行された「第五巻　中量の経典郡／長量の経典郡」と「第六巻　大いなる死／五百人の結集」も合本とし、『阿含経典3』として刊行する。——編集部注記）

一、その巻初には、かなり長文にわたる「阿含経典総論」を付した。なんとなれば、この阿含経典は、ながい間にわたって、中国およびわが国においては、「忘れられたる経典」として、読まれもせず、研究もされないままにおかれていたので、わたしは、その経典について申し述べねばならぬ多くのことを持っていたからである。われわれにとっては、阿含経典の研究は今日よりはじまるのである。

一、経の訳文については、できるかぎり現代語をもってすることを旨とした。漢訳の仏教術語も、できるかぎり現代語をもって表現することにつとめたが、ごく少数の術語については、そのままそれを踏襲した。たとえば、「縁起」とか、「五蘊」とか、「六処」とか、あるいは、「涅槃」などがそれである。

また、仏教術語については、しばしば、その原語（パーリ語）とその英訳をも付しておいた。その原義の正確さをおぎなわんがためである。

なお、それらの経典群は、もと口誦文学として成立したものであるから、その性質上、おおくの「きまり文句」の繰返しが存する。だが、わたしは、それらについては、過度の省略を避けるように心した。

目次

現観相応……311

阿含経典　1

総論

1　『阿含経』のめぐりあわせ

ここに一つの経の集録がある。かつて中国における訳経僧たちは、それらを翻訳するにあたって、「阿含《あごん》」をもってその経題とした。それは、その経の集録の原名「アーガマ」（Āgama）を音写したものであった。

その「アーガマ」とは、「到来せるもの」（coming）とか、「伝え来れるもの」（anything handed down）とかいうほどの意味のことばであって、それによって「伝来の経」を意味しているのである。その音写としては、その他にも、「阿笈摩《あぎゅうま》」とか、「阿伽摩《あがま》」などの音写も見受けられるが、経題としては「阿含」が一般的にもちいられている。

それらの集録が、中国に招来せられ、訳出せられたのは、おおよそ西暦第四世紀のおわりから、第五世紀の前半にかけてのことである。いま、それらの現形と、その訳主と、その翻訳年代とを列挙すれば、つぎのようである。

1 『中阿含経』六〇巻 二二二四経 訳主 僧伽提婆《そうぎゃだいば》（Saṃghadeva）訳出年代 三九七—三九八

2 『増一阿含経』五一巻 四七二経 訳主 僧伽提婆（Saṃghadeva）訳出年代 三九七

3 『長阿含経』二二巻 三〇経 訳主 仏陀耶舎《ぶつだやしゃ》（Buddhayaśas）・竺仏念 訳出年代 四一三

4 『雑阿含経』五〇巻 一三六二経 訳主 求那跋陀羅《ぐなばつだら》（Guṇabhadra）訳出年代 四三五

（そのほか、異訳として、『別訳雑阿含経』一六巻、三六四経、あるいは、『雑阿含経』一巻、二七経などが存する）

それらによって、阿含部の諸経の集録としては、今日から見ても、ほぼその完訳を得たものといってよい。だが、そののち、この「阿含」と称せられる経典群が中国において嘗《な》めた処遇は、はなはだ不当なものであった。そして、ながきにわたってほとんど全き中国の影響下におかれてきたわが国の仏教史のなかにおいても、この経典群にたいする不当の処遇はほとんど変るところはなかったのである。つまり、中国およびわが国の仏教においては、この「阿含」と称せられる経典群は、ほとんどまったく、無視せられ、読誦されず、研究されることなくして今日にいたったのである。それは、いったい、何故であろうか。遺憾なことではあるが、まず、そのことから語らねばならない。でなければ、いまごろ、わたしどもが、事あたらしく、この『阿含経』について語らねばならない理由を明かすことができないのである。

その理由は、結局、この『阿含経』が、いわゆる小乗経典であると判釈《はんじゃく》せられたことによると考えるの他はあるまい。それを、もっと具体的にいうならば、かの天台大師智顗《ちぎ》（五三八―五九七、六十歳寂）の「五時の教判」なるものの圧倒的な影響力によるものと考えられるのである。かの『天台四教儀』（高麗・諦観録）は、その冒頭においていう。

「天台智者大師、以五時八教、判釈東流一代聖教、罄無不尽。言五時者、一華厳時、二鹿苑時、三方等時、四般若時、五法華涅槃時、是為五時」（天台智者大師は、五時八教をもって、東流《とうる》一代の聖教を判釈し、ことごとく尽さざるはなし。五時というは、一に華厳時、二に鹿苑時《ろくおんじ》、三に方等時《ほうどうじ》、四に般若時、五に法華・涅槃時、これを五時となす）

そこには、中国古代の文献批判があるのである。

それは、『妙法蓮華経』第四品、信解品《しんげぼん》に説かれる「窮子喩《ぐうじゆ》」によって、釈尊一代の説法を「五時」に分つ考え方である。それを、いまわたしは、詳しく述べるほどの関心はもたないが、ざっとそのアウトラインを述べるならば、おおよそ、つぎの表をもって示すことができるであろう。

1　華厳時　三七日　『華厳経』を説く。
2　鹿苑時　十二年　『四阿含経』を説く。
3　方等時　八年　『維摩』『勝鬘』など諸大乗経を説く。
4　般若時　二十二年　諸般若経を説く。
5　法華・涅槃時　八年　八年『法華経』を説き、一日一夜にして『涅槃経』を説く。

釈尊は、かの菩提樹下において大覚を成就すると、そのまま樹下にあって三七日の間、その悟得せられしままの高遠崇厳なる教えを説いた。それが『華厳経』の内容であった。だが、世の無智鈍根の人々は、一向にこれを理解することができなかった。これを「華厳時」とする。

そこで、釈尊は、それより十二年の間は、ずっとその程度を下げて、鈍根無智の人々にも判るように、卑近にして具体的な教えを説かれた。それがかの「四阿含」の内容とするものであり、その時期の説法を、かの鹿野苑《ろくやおん》における初転法輪にちなんで「鹿苑時」とするのである。

だが、それより以後は、すこしずつ程度をたかめて、まず『維摩経』や『勝鬘経』などの、もろもろの大乗経典を説かれた。それを智顗は「方等時」と称した。方とは広《こう》の意、等は平等の意であって、諸大乗の時期というほどのことばである。その時期は八年にわたったという。

そして、さらに、つづく二十二年にわたっては、もろもろの『般若経』を説きたまい、また、最後の八年間にわたっては、かの『法華経』を説き、さらに一日一夜にして、『涅槃経』を説きたまい、よってもって、法身《ほっしん》常住、悉皆《しっかい》成仏の理想をあかしたもうたのだという。それらの時期が、「般若時」であり、また、「法華・涅槃時」であるというのである。

とするならば、いまいうところの『阿含経』なるものは、釈尊が、無智鈍根の人々のために、その教説の程度を下げて、卑近にして具体的な教えとして説かれたものだということとなる。したがって、この「五時の教判」の圧倒的な影響のもとにおかれた中国およびわが国の仏教者たちによって、この「阿含」と称せられる経典群が、ほとんどまったく無視せられ、読誦されず、研究されなかったことも、さもありなんと申さねばならないのである。

だが、近年にいたるに及んで、さしもの「五時の教判」も、ようやく、その圧倒的な影響力をうしない、いまでは、もはやそれを顧みるものもなきにいたった。その他方、この「阿含」と称せられる経典群こそが、根本仏教すなわち釈尊所説の仏教の原初的なすがたを知るべきもっとも貴重なる資料であることが知られてきたのである。

それは、いったい、いかなるめぐりあわせによるものであろうか。

2

それは、詮ずるところ、わたしどものいうところの近代仏教学の新しい展開によって齎《もたら》された成果の一つであるというのほかはあるまい。だが、いまのところは、その近代仏教学の全貌を語っているわけにはゆかないので、さしあたり、直接にこの問題に関係する二、三の事どものみを語るにとどめるのほかはあるまい。

その第一のこととして、まず申しあげたいことは、いわゆる南伝仏教との出会いである。それまでのわたしどもの仏教は、いわゆる三国伝来の仏教、すなわち、インド・中国そして日本へと伝えられた仏教であって、これをいま南伝にたいしていえば北伝の仏教であった。そして、南伝の仏教については、ほとんどまったく知るところがなかった。それが、近年にいたって、わが国の仏教研究者たちの注目するところとなったのは、ヨーロッパの東洋学者たちの刺激によるものであった。

彼らの業績についても、いまは、とうていその全貌を尽しがたいので、一つだけ具体的な事項をとり出して申してみるならば、一八八二年のこと、リス・デヴィッズ（T. W. Rhys-Davids）、ファウスベル（V. Fausböll）、オルデンベルグ（H. Oldenberg）などの学者たちによって、「パーリ聖典協会」（The Pali Text Society）なるものが設立された。

そもそも、インド学の成立の過程において、まず取りあげられた言語はサンスクリットであった。しかるに、原始仏教の文献はパーリ語でしるされている。したがって、パーリ語研究の道が大きく開かれるのでなくては、インド仏教の研究の道は開かれることができない。そして、その道を打開したのが、それらの「パーリ聖典協会」に拠《よ》る学者たちであって、その前後から、この分野の研究もまた、滔々として大河をなすにいたった。

その協会を中心とする学者たちの業績は、おおよそ、つぎの三つの項目に要約することができるであろう。

1　パーリ原典の校訂刊行。パーリ三蔵、すなわち経・律・論のうち、経蔵と論蔵とが、協会の事業として校訂刊行された。律蔵は、すでにオルデンベルグの『律蔵』(Vinaya-Pitakaṃ; 5 Bde. 1879~1883) が存したので、協会の仕事に含まれなかった。

2　パーリ聖典の翻訳刊行。経蔵や論蔵のなかから、その重要なものが逐次英訳されて出版された。

3　パーリ語辞典の編纂刊行。リス・デヴィッズとステード(William Stede)の協力によって『巴英辞典』(The Pali Text Society's Pali-English Dictionary, 1921~1925)が編纂され刊行された。

ともあれ、そのようにして成立したヨーロッパの学者たちによる仏教研究の成果は、主としてパーリ語聖典にその資料を仰いだものであったから、いわゆる原始仏教の研究をその主流となすものであった。なんとなれば、セイロン所伝のパーリ三蔵は、いうところの

「上座部」(Theravāda) 所属のものであって、まったく大乗仏教の経典を含んでいなかったからである。しかるところ、そのようなヨーロッパの学者たちによる新しい仏教研究が目覚ましい成果をあげてくるとともに、彼らについて学ぶわが国の仏教研究者もしだいに多きを加え、やがて、明治の後半から以後のわが国の仏教研究は、いわゆる原始仏教の研究をその主流となすにいたり、まったくその面目を一新するにいたったのである。

しかるに、そのパーリ三蔵のうち、経蔵すなわち釈尊所説の教法をつたえる経典の集録は、「五部」(Pañca-nikāya) と称せられて、つぎのような構成をもって配列せられているのである。

1 『長部経典』(Dīgha-nikāya) 三四経
2 『中部経典』(Majjhima-nikāya) 一五二経
3 『相応部経典』(Saṃyutta-nikāya) 五六相応 七七六二経
4 『増支部経典』(Aṅguttara-nikāya) 一一集 九五五七経
5 『小部経典』(Khuddaka-nikāya) 一五分

では、まず、この「パーリ五部」の表を、さきにあげた「漢訳四阿含」のそれと比較していただきたい。さすれば、この二つの経典の集録が、けっして無関係のものではないことに、すぐ気づかれるであろう。それを、さらに詳細に吟味してみると、つぎのようにいうことができるのである。

a　「パーリ五部」の『長部経典』と、「漢訳四阿含」の『長《じょう》阿含経』とは、その経数もほぼひとしく、それぞれの経の内容も、おおよそ一致する。

b　「パーリ五部」の『中部経典』と、「漢訳四阿含」の『中阿含経』とは、これもまた、その経数もほぼひとしく、それぞれの経の内容も、おおよそ一致する。

c　「パーリ五部」の『相応部経典』と、「漢訳四阿含」の『雑《ぞう》阿含経』とは、ちょっと見たところでは、おなじ経の集録とは見えない。その名称もちがうし、その経数もだいぶちがっている。だが、『雑阿含経』はまた、時に『相応阿含』と称せられている場合がある。また、その経数はだいぶ異なっているが、その主要なる経はおおよそ一致するものがおおく、その経数のちがいは、けっきょく後代における変化や増大によるものと推察される。

d　「パーリ五部」の『増支部経典』と、「漢訳四阿含」の『増一《ぞういつ》阿含経』とは、まず、その経題が、おなじ経の集録であることを物語っている。「増支」(aṅguttara) も「増一」(ekottara) も、ともに数を意味する言葉である。すなわち、一より順次に数を増して十一にいたるまでの数字を規準として、それによって諸経を分類するというのが、この『増支部経典』および『増一阿含経』の編集形式である。その経数がはなはだしく異なっているのは、『増支部経典』における経数のかぞえかたの特殊性によるところがおおい。

e　「パーリ五部」の最後におかれる『小部経典』は、さきの四部のほかのさまざまの経の集録せられたものであって、「パーリ五部」のなかにあっては、もっとも後時のものと推定せられる。そして、この『小部経典』に相当するものは、漢訳には存在しない。だが、『四分律《しぶんりつ》』や『五分律』にみられる結集《けつじゅう》の叙述のなかに、『雑蔵《ぞうぞう》』といっておるのが、それに当るものと考えられる。また、『小部経典』におさめられる若干の経は、漢訳の蔵経のなかにも見出される。だが、それらが一定の形式のもとに、一つの経典群として整えられたものは、漢訳においては、ついに見ることをえなかった。

詮ずるところ、この「パーリ五部」のうち、すくなくともその四部は、さきの「漢訳四阿含」と、けっして別個のものではないのであって、おなじ系譜につながるものであることを認めざるを得ないのであるが、では、その原型はどのようなものであったろうか。あるいは、それはどのようにして成立したのであろうか。いま、わたしどもは、その原型の成立についても、信憑するに足る資料を有しているのである。

3

パーリ三蔵は、その経蔵すなわち「パーリ五部」と並行する文献として、また「律蔵」(Vinaya-piṭaka)を有する。その「パーリ律蔵」のなかには、その「小品」(Culla-vagga)の一一に「五百(結集)犍度《けんど》」(Pañcasatikakkhandhaka)なる一章が存する。そこには、いわゆる第一結集の消息が、おおよそ次のように記されている。

それはまず、その結集の動機として、つぎのようなエピソードを語る。

釈尊がクシナーラー（拘尸那羅）の郊外で亡くなられて間もなくのこと、釈尊の一行よりすこし遅れて旅していたマハー・カッサパ（摩訶迦葉）たちの一行は、むこうからやってくる一人の外道《げどう》によって、釈尊の訃報を知った。彼らの驚きと悲しみとは大きかった。しかるに、その一行のなかに一人の老いたる比丘《びく》があり、大声をあげて、思いもよらぬ暴言を吐いたという。

「友だちよ、憂うるなかれ、悲しむなかれ。われらはいまやかの大沙門から脱することを得たのである。かの大沙門は、このことは汝らにふさわし、このことは汝らにふさわしからずと、われらを悩ましたのであったが、いまや、われらは、欲することはなし、欲せぬことはしないでもよいのだ」

そのとき、マハー・カッサパは、ただ黙ってそれを聞いていたが、やがて釈尊の遺骸のあと始末なども終ったとき、彼は、仲間の比丘たちに呼びかけていった。

「友だちよ、われらはよろしく、教法と戒律を結集して、非法おこりて正法おとろえ、非律おこりて正律おとろえ、非法を説くもの強く、正法を説くもの弱く、非律を説くものの強く、正律を説くもの弱くならん時に先んじようではないか」

そのいう意味はほかでもない。やがて、正しい教法がみだれ、正しい戒律がおとろえる時が来るにちがいない。われらは、それに先んじて、正しい教法と戒律を結集しようではないかと提言したのである。彼らは、ただちにその提言に賛成した。

「しからば、大徳長老よ、結集のための比丘を選択したまえ」

結集のための比丘の指名がマハー・カッサパに委託されたのである。

そこで、ちょっと律蔵の原文をはなれて、「結集」(sangaha) ということをすこし説明しておかねばならない。それは、現代の用語をもっていうならば、つまるところ、編集のための集会なのであるが、その編集の実際は、現代の編集の仕方とはまったく異なっており、その内容は「合誦」(saṅgīti) に他ならなかった。だからこの第一結集は、またしばしば「第一合誦」と称せられるのである。では、その編集の集会、つまり合誦は、どのように運用せられたか。それもまた、その「律蔵」の記事によって、かなり詳細に知ることができる。

まず、マハー・カッサパによって選ばれた五百人の比丘たちは、ぞくぞくとマガダ(摩掲陀)の都ラージャガハ(王舎城)に集まってきた。そして、集会は、城外のヴェーパーラ(毘婆羅)山腹の精舎において行なわれた。

その集会では、マハー・カッサパが首座につき、まず二人の人物を選び出した。その一人はアーナンダ(阿難)であった。彼はながい間にわたって釈尊の侍者をつとめた人物であって、師がどこでどのような教法を説かれたかは、彼がいちばんよく知っているはずである。それで、教法の合誦については、彼がその誦出者として選ばれたのである。そして、もう一人はウパーリ（優波離）であった。彼は、戒律を持することにもっとも厳粛であって、戒律の合誦については、彼がその誦出者として選ばれたのであった。そして、その結集の仕事は、つぎのようにして始められた。

まず、首座についたマハー・カッサパが、つらなる五百人の比丘たちに語りかけていった。

「サンガ（僧伽）よ、聞きたまえ。もしサンガにして時よろしくば、われウパーリに律を問わん」

すると、一座は沈黙している。沈黙は承認を意味する。そこで、今度はウパーリが語りかける。

「サンガよ、聞きたまえ。もしサンガにして時よろしくば、われ長老マハー・カッサパの律を問うに答えん」

また、一座は沈黙しておる。そこで、マハー・カッサパがウパーリに問うていう。

「友ウパーリよ、第一のパーラージカ（重禁罪、pārājika）は、いずこにおいて制せられたのであろうか」

「大徳よ、ヴェーサーリ（毘舎離）においてであります」

「誰にちなんでであるか」

「スディンナ・カランダプッタ（須提那迦蘭陀子）にちなんでであります」

「いかなる事についてであるか」

「不浄法についてであります」

そのようにして、マハー・カッサパは、すべての律について問い、またウパーリは、それに随って答えた。

ついで、マハー・カッサパは、一座の比丘たちに語りかけていった。

「サンガよ、聞きたまえ。もしサンガにして時よろしくば、われアーナンダに法を問わん」

つづいて、アーナンダもまた言った。

「サンガよ、聞きたまえ。もしサンガにして時よろしくば、われ長老マハー・カッサパの法を問うに答えん」

そして、マハー・カッサパがアーナンダに問うていう。

「友アーナンダよ、『梵網経《ぼんもう》』（Brahmajāla-sutta）はいずこにおいて説かれたのであろうか」

「大徳よ、それはラージャガハ（王舎城）とナーランダ（那蘭陀）の中間なるアンバラッティカー（菴婆羅樹林）のなかの王の別邸においてであります」

「誰にちなんでであるか」

「遊行者のスッピヤ（須卑）と、その弟子のブラフマダッタ（梵摩達）にちなんでであります」

そのようにして、マハー・カッサパは、すべての法について問い、またアーナンダは、その問いにしたがって答えた。

そのような問いと答えとが、かわるがわる繰り返される。それを列座の比丘たちは、じっと聞き耳をたてて聞く。そして、それが正しいことが確認されると、今度は、それをもう一度、いや、もう二度、ウパーリが、また、アーナンダがリードしながら、みんなで合誦する。合誦することによって、みんながそれを、同一の形式によって、また同一の内容を、おのおの自己の記憶のなかに、はっきりと刻みつけるのであった。かくて、この結集のいとなみは、またしばしば「合誦」と称されるのであり、また、そこに集まった比丘が五百人であったから、それを「五百結集」というのである。

ともあれ、そのようにして、釈尊の説きのこされた教法と戒律とは、その滅後第一年において合誦され、確立された。それが釈尊ののこした弟子たちの最初の事業であって、その教法の結集されたものが、かの「五部」であるというのである。

4

しかるに、いまひるがえって漢訳経典を披見してみると、そこには、この「パーリ律蔵」に相当するものとして、古来「四律」と称せられるものが存する。それらを、その訳出年代、翻訳者、所属部派を付して列記すると、つぎのようである。

1 『五分律』(弥沙塞部《みしゃそくぶ》和醯五分律《わけいごぶんりつ》) 三〇巻
訳出 景平二年(四二四)
訳主 仏陀什(Buddhajīva, 四二三渡来)
所属 化地《けじ》部(Mahīśāsaka)

2 『四分律』 六〇巻
訳出 弘始十年(四〇八)
訳主 仏陀耶舎(Buddhayaśas, 四〇八渡来)
所属 法蔵部(Dharmagupta)

3 『十誦律《じゅうじゅりつ》』 六一巻
訳出 弘始年間(四〇一—四一三)
訳主 弗若多羅《ふつにゃたら》(Puṇyatāra, 弘始年間来住)
所属 薩婆多《さつばた》部(Sarvāstivāda)

4 『摩訶僧祇律《まかそうぎりつ》』 四〇巻
訳出 義熙十四年(四一八)
訳主 仏陀跋陀羅(Buddhabhadra, 四〇六渡来)

所属　大衆部（Mahāsaṃghika）

それらは、さきの「漢訳四阿含」の翻訳におくれること多からず、いずれも西暦五世紀のはじめまでにすでに訳出せられているのであるが、そのうち『摩訶僧祇律』の一本をのぞいて、他の三本はそれぞれ、「パーリ律蔵」の「五百結集犍度」に相当する章を有する。そして、その述ぶるところは、その第一結集の、動機や、人的構成や、時期や、場所にいたるまで、まったく異なるところがない。そして、かくして結集せられたものが、「長阿含、中阿含、雑阿含、増一阿含、雑蔵」であるという。ただし、すでに言うがごとく、『雑蔵』というのは、「パーリ五部」のなかの『小部経典』に相当するものと考えられるが、それはなお漢訳においては、一定の形式をもって一つの経典群としては纏められていなかった。

ともあれ、そのようにして、わたしどもはいま、古くしてまた新しい資料のまえに立っている。そして、わたしどもは、釈尊の教説の真相にたずねいたろうとするならば、まずこの「漢訳四阿含」ならびに「パーリ五部」にたずねいたるのほかなきことを否むことはできないのである。だが、わたしはあえて申さねばならない。それらの資料もまた、なお、かの原作の真相にたずねいたろうとするにあたっては、まず、厳密なる文献批判が行なわれなくてはならないであろう。それはなにゆえであるか。

すでにいうがごとく、いまや、それらの経典の集録が、かの「第一結集」に由来するものであることは疑いをいれる余地はない。これらの経典の集録こそ、まさしく「アーガマ」(Āgama, 阿含) すなわち「伝来の経」である。だが、翻っていえば、かの時に結集され成立したものが、そのまま、今日見るがごとき厖大なる経典群をなしたものとはとうてい考えられない。かの時において編集されたものは、あくまでも、現形のこの経典群の基体をなすものであって、その間には、いくたの変化があり、増大があり、付加があり、あるいは再編集があって、現にみるがごとき「漢訳四阿含」となり、あるいは、「パーリ五部」となったものと考えられる。

たとえば、すでに、さきに表をもって示したがごとく、「漢訳四阿含」が包蔵する経数は、二四七九経に達する。また、「パーリ五部」が包有する経数は、『小部経典』の一五分を除いても、じつに一七五〇五経の多きに及んでいる。しかるに、かの「第一結集」はおよそ七カ月にして終ったという。その期間において、他方においては、律の合誦を行ないながら、また、教法を誦出し、吟味し、そして合誦することをえた経数は、いったい、幾経に及んだであろうか。わたしは、いろいろの場合を想定しながら計算してみるのであるが、どうしても、そのような厖大な経数をはじき出すことはできないのである。そこは、どうしても、その間にいくたの変化、増大、付加、あるいは、再編集の行なわれたことを想定するのほかはないのである。

では、つづいて、いささか、その文献批判とその結論について述べてみたいと思う。

阿含経典の構成とその批判

1

いまわたしどもが前にしている阿含部の経典群は、「漢訳四阿含」もしくは「パーリ五部」の構成をもって存する。わたしどもが、かの釈尊の説法の真相にたずねいたろうとするならば、まずそれらの経典群にたずねいたるより他はない。だが、すでにいうがごとく、かの師が説きのこし、その遺弟たちが合誦し、結集したあの原作は、けっして、このような厖大な経典群をなすものではなかったと考えられる。

では、いったい、その漢訳の「四阿含」や、パーリの「五部」にみるがごとき経典群は、どうして成立したのであろうか。わたしどもは、まず、そのことから吟味し、批判するより他はない。けだし、今日のわたしどもにとっては、これこそが、あの原作に近づきうるせめてもの手立てではないかと考えられる。かくて、わたしどもは、その「漢訳四阿含」や「パーリ五部」にたいして、懸命の批判をこころみる。そして、そのような批判の結実をもって、いま、おおよそ、つぎのようなことを語ることができるのである。

a　漢訳の「四阿含」、および、パーリの「四部」（『小部経典』をのぞく）は、いずれも、西暦前のかなり遠い年代にまで遡って、現存のものの形にちかいものが、すでに成立していたと考えられる。

パーリの「五部」は後のいわゆる上座部（Theravāda）所属である。漢訳の『雑阿含経』は説一切有部（Sabbatthavāda）のものと推定される。『増一阿含経』は、おそらく大衆部（Mahāsaṃghika）の系統のものであろう。また、『四分律』は法蔵部（Dharmagupta）のものであり、『五分律』は化地部（Mahīśāsaka）所属の律であるが、いずれも「四阿含」および『小部』もしくは『雑蔵』の編集をもって、法の結集を叙している。それらのことを勘案してみると、すくなくとも、「四阿含」もしくは「四部」をもってする経典編集の形式は、すでに部派分裂の以前から存していたものと想定せられる。

ただ、『小部経典』は、その形式からも内容からも、その編集はやや時代がおくれたものと考えられる。そして、漢訳におけるその相当経典としての『雑蔵』は、ついに定形化するにいたらなかった。

b　漢訳の「四阿含」、および、パーリの「五部」のなかにあっては、「漢訳四阿含」のなかの『雑阿含経』、および、「パーリ五部」のなかの『相応部経典』（Saṃyutta-nikāya）が、もっとも素朴な経典の集録であって、そこに原初的な基体に近いものが存すると考えられる。このことは、いまや、阿含部の諸経を研究する学者たちの、ひとしく認めるところである。

そこに、「相応」（samyutta = tied, bound）というのは、「結合した」とか「纏めた」とかいうほどの意のことばであって、おなじ種類のおもむきを説いた経どもを、おなじ項目のもとにまとめて編集したというのである。たとえば、因縁《いんねん》、五蘊《ごうん》、六処《ろくしょ》などという術語、あるいは、舎利弗《サーリプッタ》、阿難《アーナンダ》、婆耆沙《ヴァンギーサ》などという人名、またあるいは、帝釈《たいしゃく》、梵天《ぼんてん》、悪魔などという項目を立てて、それらの項目に該当する内容の経どもを集め録しているのである。

　それに対して、漢訳においては、それに相当する経典群を『雑阿含経』と称する。だが、その「雑」は、雑多とか、雑然とかの意ではなく、むしろ、雑砕《ざっさい》というほどの意であろうと考えられる。思うに、中国の訳経者たちは、さきにも言及したように、それを「相応阿含」と訳すべきことも知ってはいたが、彼らは、むしろ、この経典群がきわめて短小なる経の集録として存することに注目して、この訳語を選んだものと思われるのである。

　ともあれ、ここに集録せられている諸経は、きわめて短小にして、かつ簡潔なものである。また、その語るところは、しごく具体的にして、かつ教訓的なおしえがおおく、なお後年の法相《ほっそう》（体系づけ）・分別《ふんべつ》（理論づけ）の思弁をまじえることが少ない。したがって、卒然としてそれらの経に読みいたれば、眼《ま》のあたりに仏陀のすがたを仰ぎ、その言教を聞くの思いすらもあらしめられる。そこに諸経の母体があり、原初的な基体があるというのは、そのことに他ならないのである。

c それら「漢訳四阿含」のなかの『雑阿含経』ならびに、「パーリ五部」のなかの『相応部経典』を、かの原作の基体に近いものとすれば、それらに対して、『中阿含経』ならびに『中部経典』は、そのいささか増大せられたものということをえるであろう。これらの経典群が、『中阿含経』もしくは『中部経典』と、「中」(majjhima = medium) をもって特徴づけられているのはそのゆえである。しかし、その増大の仕方はさまざまであり、また、その目的もけっして一にしてとどまらない。

たとえば、『中部経典』のなかに「布喩《ふゆ》経」(M. 7, Vatthūpama-sutta) という経がある。漢訳の同本には、『中阿含経』の九三に「水浄梵志経」がある。だが、さらに調べてみると、『雑阿含経』の四四、八には、「孫陀利《そんだり》」(Sundarikā) と題せられる経があって、それが「布喩経」あるいは「水浄梵志経」の後半にあたることが知られる。つまり、その「布喩経」もしくは「水浄梵志経」は、『雑阿含経』のなかの「孫陀利」なる経の前半に、釈尊の比丘たちに対する説法を付加して、いわゆる「中量」の経としたものと考えられるのである。

また、たとえば、『中部経典』の四三には「有明大経」(Mahā-vedalla-sutta) という一つの経がある。漢訳の同本には、『中阿含経』の二一一に「大拘稀羅《くちら》経」が存する。そこに「大拘稀羅」というのは、サーリプッタ(舎利弗)と親しい比丘のマハー・コッティタ（Mahākoṭṭhita）のことであって、『相応部経典』や『雑阿含経』のなかには、彼がサーリプッタに質問して、サーリプッタの明快な解答をうける経がいくつか見られる。たとえば、『相応部経典』二二、一三三、「拘稀羅」（1）、あるいは、『雑阿含経』一〇、三、「無明」などがそれである。それをいま、「有明大経」や「大拘稀羅経」においては、さらにサーリプッタの分別的な説明を加えて、「中量」の経となしているのである。

また、注目せられることは、これらの経典群には、弟子の所説がおおいことである。ちょっと数えてみても二十数経がそれである。たとえば、『中部経典』の一四一に「諦分別経」（Saccavibhaṅga-sutta）がある。漢訳では、『中阿含経』の三一、「分別聖諦経」がその同本であるが、そこでは、まず、釈尊が四聖諦《ししょうたい》について略説してその座をたつ。すると、そのあとでサーリプッタが、四聖諦について、詳細なる分析的説明をする。それがこの経の主体をなしているのである。そして、そのような弟子の所説をもって、法相・分別の思弁を加味しているのが、この経典群の特徴でもある。

d　そして、そのような増大・付加の過程がさらに著しく進んで成立したのが、『長部経典』であり、また『長阿含経』である。すなわち、これらの経典群は、いずれも、「長」（digha＝long）をもって特徴づけられているのである。だが、ここでは、わたしは、むしろ、この二つの経典群における経の配列の仕方に注目する。

いま、『長部経典』の三四経と、『長阿含経』の三〇経をたがいに照合してみると、

『長阿含経』の第三〇経「世起経」をのぞけば、そのほかの『長阿含経』の諸経は、すべて『長部経典』のなかに同本を見出すことができる。ただ、経の配列については、つぎのような食い違いが存する。

〔長阿含経〕		〔長部経典〕	
第一分	四経	第二品	一〇経
第二分	一五経	第三品	一一経
第三分	一〇経	第一品	一三経
第四分	一経		

だが、そのそれぞれの分または品に属する経の内容の傾向は、いま『長阿含経』の分類にしたがって指摘すれば、おおよそ、つぎのように言うことができるであろう。

第一分　仏伝もしくは仏陀観に関するもの。
第二分　仏陀観ならびに法相の体系化に関するもの。
第三分　外道に関するもの。
（第四分は除外する）

そのような分類の結果から推していうなれば、これらの諸経における増大・付加は、つまるところ、仏伝に対する関心、法相の体系化に対する関心、ならびに、外道の思想に対する関心から生じた要求であったと知られる。

そして、それらの経典群のなかにおいても、もっとも長大な経（第四分の「世起経」を除く）であり、かつ、もっとも傑作といって然るべきものは、かの『長部経典』一六、「大般涅槃経」（Mahāparinibbānasuttanta, 漢訳同本、『長阿含経』二、「遊行経」）であるが、わたしは、かつて、その経を分解して、その各部分につき原資料への還元作業をこころみたことがある。その時、わたしは、その経が、『相応部経典』（もしくは『雑阿含経』）などから二十数経を引いて編集されていることを知って一驚したことがある。

e

それらに対して、「漢訳四阿含」のなかの『増一阿含経』、ならびに、「パーリ五部」のなかの『増支部経典』（Aṅguttara-nikāya）と称せられる経典群は、まったく別個の編集方法によってなれるものであった。「増一」とは"ekottara"（increasing by one）の訳語で、「一ずつ加える」との意であり、また、「増支」（aṅguttara）とはもと「指」（aṅgula = finger）を折り加えることをいう言葉であって、いずれも数を意味している。そして、それらの言葉が示しているとおり、それらの経典群は、すべて数字を規準として編集されたものであった。もっと具体的にいうと、一から十一にいたるまでの数字をたてて、それによって諸経を分類するというのが、『増一阿含経』および『増支部経典』の編集様式である。

では、いったい、どうしてそのような編集様式がとられたのであろうか。そのことを理解するためには、まず第一には、かの時代の人々のあいだに一般的に存した、数字に対する異常な魅力ということを思い合せてみなければならないであろう。そして、その第二には、その頃の仏教者たちのあいだに、いわゆる法相・分別のいとなみがしだいに高まり、すでにさまざまの法数・名目が成立していたことが、かかる編集方式の採用される直接の由因であったにちがいあるまい。

つまり、釈尊の教法においても、すでに、四諦《したい》とか、五蘊とか、六処とか、七覚支《しちかくし》とか、八正道とか、数をもって表示せられる法門がすくなくなかった。それが、時をくだるにつれ、法相・分別のいとなみがしだいに繁くなるとともに、名目・法数のかずはいよいよ多きを加えてきた。それらを暗誦し記憶するには、数をもってすることがもっとも便であろう。かくて、このような編集様式が新たに採られたものであろうと理解せられる。

それで思い出すのが、『長阿含経』や『長部経典』のなかに見られる「衆集経《しゅじゅ》」(Saṅgīti-suttanta)や「十上経《じゅうじょう》」(Dasuttara-suttanta)などのことである。それらの経は、『長阿含経』や『長部経典』のその他の諸経とまったく説相を異にして、ひたすらに法相・名目を列記しているのであるが、それがやがて、『増一阿含経』や『増支部経典』の成立を促し、さらに、それらの経典群が、阿毘達磨《あびだつま》(abhidharma)すなわち論部の先駆をなしたものと考えられる。とするならば、それらの経典群は、おそらく、漢訳の「四阿含」およびパーリの「四部」(小部をのぞく)のなかにおいては、もっとも遅い成立であったように思われる。
それかあらぬか、漢訳の『増一阿含経』の所説には、しばしば大乗仏教の影響がみられる。たとえば、

「世尊所説各々異、菩薩発意趣大乗、如来説此種々別」(世尊の所説おのおの異なる。菩薩は意を発して大乗に趣き、如来この種々の別を説く)(一、一)

「舎利弗当知、如来有四不可思議事、非小乗所能知」(舎利弗まさに知るべし、如来に四の不可思議の事あり、小乗の能く知るところにあらず)(一八、九)

のごとくである。『増一阿含経』が大衆部の所属であろうと想定される所以である。

f

「パーリ五部」の最後に配せられる『小部経典』(Khuddaka-nikāya)は、さきの四部のほかの雑経の集録せられたものであって、その成立は、「パーリ五部」のうちでは、もっとも後時のものと推定せられる。第五世紀のころ成立した『一切善見律註序』(Samanta-pāsādikā)は、この経典群についてこういっておる。

「長部等の四部を除き
その他の仏語は
小部と見なされる」

その言い方のなかにも、それが雑経の集録であることを汲みとることができる。
そして、この『小部経典』に相当するものは、漢訳にはついに存在しなかった。すで

にいうように、『四分律』や『五分律』が、結集の記事のなかで「雑蔵」といっておるものがそれに当ると考えられるが、それらが一つの経典群として整えられたものは、漢訳においては、ついに見ることをえなかった。だが、そこに収められる若干の経は、漢訳の蔵経のなかにも見出される。

パーリの『小部経典』は、一五分の経典群から成っているが、そのなかから、主たるものを挙げると、つぎのようである。

『法句経』(Dhammapada)
『自説経』(Udāna)
『如是語経』(Itivuttaka)
『経集』(Sutta-nipāta)
『長老偈経』(Thera-gāthā)
『長老尼偈経』(Therī-gāthā)
『本生経』(Jātaka)

それらは、あきらかに、それぞれある時期に編集されたものが、ここに集録されて『小部経典』の一部をなしたものと考えられる。そして、この経典群の成立の時期は、「五部」のなかでも、もっとも後時のものと推定せられる。だが、そのなかには、『法句経』や『経集』などのように、原初的なかおりの高い集録も存し、かの原作のすがたを訊ねるうえにも、有力な資料とされる。それは、一つには、それらが偈《げ》（韻文）のみをもって成り、あるいは偈を中心とするものだからであろう。けだし、偈は韻文であるから、長行《じょうごう》（散文）に比すれば、変化におかされることがすくないからであり、それだけ古形を保存するに適しているのである。

2

以上のごとくであるとするならば、漢訳の「四阿含」、ならびに「パーリ五部」の、それぞれの阿含、それぞれの部の成立の順序は、おおよそ、つぎのように言うことをうるであろう。

1　漢訳の「四阿含」のなかの『雑阿含経』、ならびに、パーリの「五部」のなかの『相応部経典』は、それぞれ「四阿含」および「五部」のなかにおいて、もっとも早き頃の成立であると考えられる。

2　つづいて、「四阿含」のなかの『中阿含経』、ならびに、「五部」のなかの『中部経典』は、それぞれ「四阿含」および「五部」のなかにおいて、『雑阿含経』や『相応部経典』についで成立したものと考えられる。

3　さらに、「四阿含」のなかの『長阿含経』、ならびに、「五部」のなかの『長部経典』が、さきの『中阿含経』もしくは『中部経典』の諸経と、相前後して成立したものと考えられる。

4　そして、「四阿含」のなかの『増一阿含経』、ならびに、「五部」のなかの『増支部経典』は、新しい要求と新しい考え方に促されて、新しい編集様式をもって編まれたものであった。したがって、その成立は、「四阿含」「五部」のなかのさらに遅いものであったと考えられる。

5　それらに対して、「パーリ五部」において『小部経典』と称せられるものは、その後に成立した諸経の集録といった性格のものであって、その成立は、当然、パーリの「五部」のうちの最後のものであったはずであり、漢訳においては、彼らはそれを『雑蔵』と称してはいるが、ついにその実体を見るにいたらなかった。

しかるに、古来これらの「四阿含」もしくは「五部」について語る文献は、たいてい、つぎのような序列をもって叙することを常としている。

A　パーリ五部（Pañca-nikāya）

a　長部経典（Dīgha-nikāya）

b　中部経典（Majjhima-nikāya）

c　相応部経典（Saṃyutta-nikāya）

d　増支部経典（Aṅguttara-nikāya）

e　小部経典（Khuddaka-nikāya）

B　漢訳四阿含
a　長阿含経
b　中阿含経
c　雑阿含経
c′　別訳雑阿含経
c″　雑阿含経
d　増一阿含経

では、このような序列のよってきたる所以はなんであろうか。

そのことについて、まず思い出されるのは、さきにいうところの第一結集について、その動機や時期や経過について叙する文献、たとえば、パーリの「律蔵」や『一切善見律註序』、あるいは、漢訳の『四分律』や『五分律』などのいうところである。

そこでは、その時、まず最初に誦出されたものは、『梵網経《ぼんもう》』（Brahmajāla-sutta）であり、ついで『沙門果経《しやもんか》』（Sāmañña-phala-sutta）であったと語っているものもある。「パーリ律蔵」の所説がそれである。そして、それらの経典は、現に「パーリ五部」のなかの『長部経典』の第一経および第二経として集録せられている。

また、あるものは、その時、まず最初に誦出されたのは、『梵動経』（さきの『梵網経』の同本）であり、また『増一経』（南伝欠）であって、結局するところ、長阿含・中阿含・増一阿含・雑阿含ならびに雑蔵が結集せられたと語っている。漢訳の『四分律』の叙するところである。そして、それらの経典は、現に「漢訳四阿含」のなかの『長阿含経』に集録せられている。

あるいは、また、たとえば、『一切善見律註序』が、かの第一結集における法の合誦を語る叙述においては、まず首座のマハー・カッサパ（摩訶迦葉）が、「友アーナンダ（阿難）よ、『梵網経』はいずこにおいて説かれしや」と、その経の誦出を促し、ついで、「友アーナンダよ、『沙門果経』はいずこにおいて説かれしや」と、その経の誦出を促し、そのようにして「五部につきて問えり。五部とは長部・中部・相応部・増支部・小部これなり」と語っている。

つまり、そのような文献の、そのような叙述をよりどころとして、いつしか、

A　長部・中部・相応部・増支部・小部。

B　長阿含・中阿含・雑阿含・増一阿含・雑蔵。あるいは、長阿含・中阿含・増一阿含・雑阿含・雑蔵。

といった序列が成立しているのであり、それがそのまま、それぞれの部もしくは阿含の成立の順序として考えられていたのである。だが、それは、どうもおかしいのである。今日にしてこれを批判すると、首肯しがたいことが多々あるのである。

たとえば、かの第一結集における法の結集において、まず『梵網経』や『沙門果経』な

どが最初に誦出され合誦されたなどということは、どうしても首肯しがたいところである。なんとなれば、それらの経が説くところは外道《げどう》に関することであって、釈尊その人の所説とかならずしも直接に関係するものではない。そのような経が、かの第一結集における法の結集において、最初に誦出されたとは、とうてい考えられないのである。

それよりも何よりも、『長部経典』所収の経典を最初誦出の経とすることが、わたしには、どうも肯けないのである。なんとなれば、それらの経の大半は、〝sutta〟ではなくて、〝suttanta〟と称せられている。それを、わたしどもは、ひとしく「経」と訳するのであるが、なお、〝suttanta〟という文字が包みもつ意味には、〝sutta〟とはすこし異なったものが感ぜられる。すなわち、たとえば、ヴェーダーンタ（吠檀多）派の文献〝Vedānta〟が「ヴェーダ（veda）の終り（anta）」の意を包含しているように、『長部経典』の諸経が〝suttanta〟と呼ばれるとき、そこに感得せられるものは、経の原初的なることではなくて、むしろ、完成せることの主張でなくてはなるまい。

では、いったい、それらの文献は、なにを拠りどころとして、そのような記事をなしたのであろうか。いや、もっと具体的にいうならば、なにを根拠として、『梵網経』（漢訳では『梵動経』）や『沙門果経』などが最初に誦出されたということをえたのであろうか。それは、ちょっと考えてみると、すぐ思い当ることがある。たとえば、パーリの『長部経典』を披見すれば、その冒頭の第一経は『梵網経』、ついで、その第二経は『沙門果経』

である。そして、その他の文献がいうところもほぼその揆《き》をおなじゅうする。つまり、それらの文献は、いうなれば、かの第一結集の場に即してそのことを語っているのではなくて、かえって、五部もしくは四阿含の現形に即してそのことを語っているのだと知られるのである。

いったい、古代において口誦をもって伝承せられた文献においては、しばしば、最初に成立したものが最初に配列せられるのでなくて、かえって、最後に成立したものを最初に加上するという不思議な慣習が見受けられる。たとえば、古くは、『リグ・ヴェーダ』（梨倶吠陀）一〇巻のなかの第一巻についても、そのような例が見受けられるが、また、たとえば、「パーリ五部」のなかの『相応部経典』における第一巻、有偈品（Sagātha-vagga）も、そのような一例であると考えられる。そのことについては、後段においてくわしく申しのべてみたい。

では、どうして、そのような逆倒が行なわれたのであるか。その不思議な慣習は、どうも今日においては考えがたいことであって、容易に説明することはできないのであるが、おそらく、彼ら古代人にとっては、最後に成立した最新のものが、もっとも関心がふかく、もっとも勝れた経と考えられていたのではないか。それが口誦によって伝承せられた文献の必然性とでもいうべきものであって、それによって、それらの文献においては、いま言うがごとく、「後なるものが先に」配せられることとなったものと考えられる。

だが、それら第一結集における法の合誦を語る文献のなかにおいても、ただ一つの「律蔵」の記事のみは、いささかその揆を異にして、かの第一結集における最初誦出の経について、つぎのような叙述をこころみている。それは、さきにいうところの「漢訳四律」のうちの『十誦律』の記すところであるが、そこには、修妬路《しゅとろ》（sutta）すなわち経の誦出の消息がこんな具合に語られている。

摩訶迦葉が阿難に問うていった。

「仏の説法は、そのはじめ、何処で説かれたか」

阿難は答えていった。

「かようにわたしは聞いた。ある時、仏は波羅奈《はらな》（Bārāṇasī）なる仙人住処鹿林（Isipatana Migadāya）中にましました」

阿難がこの語を説いた時、五百の比丘はみな下地《げじ》し胡跪《こき》し、涕零《ていれい》して言った。

「わたしが仏に従って、面受し見法するところ、今にしてすでに聞けり」

摩訶迦葉が阿難に語っていった。

「今日より、一切の修妬路（経）、一切の毘尼《びに》（律）、一切の阿毘曇《あびどん》（論）、初めにみな、〈かようにわたしは聞いた。ある時〉（如是我聞、一時）と称せん」

阿難も、「しかるべし」といった。

そして、それから、かの初転法輪の大様が、かなりくわしくアーナンダによって述べられ、それがまた、かのアンニャ・コーンダンニャ（阿若憍陳如）などによって、「そのとおりである」と証明され、それが比丘たちによって誦出されたという。わたしは、第一結集の情景をイメージに描くときには、いつもこの『十誦律』の描写をもってすることをつねとしている。

ともあれ、そのようにして、従来の文献は、たいてい、長部経典・中部経典・相応部経典・増支部経典、あるいは、長阿含経・中阿含経・雑阿含経・増一阿含経の順位をもって、四部もしくは四阿含の制作の順位とする。だが、それを、第一結集の時点に立ち、そして、その後の増大、付加、再編などのことを考慮に入れて考えてみると、やはり、詮ずるところは、相応部経典・中部経典・長部経典、そして増支部経典、あるいは、漢訳でいえば、雑阿含経・中阿含経・長阿含経、そして増一阿含経と、そのような成立順序で考えられる。いや、そう考えざるを得ないのである。なんとなれば、それらの経の集録をつぶさに検討すれば、それらの集録そのものが、その然ることを物語っているのである。

だからして、わたしはいう。わたしどもが、いま、かの釈尊の所説の真相にたずねいたろうとするならば、まず、その『相応部経典』あるいは『雑阿含経』と称せられる経典群にたずねいたるより他はない、と。だが、しかし、それらの経典群は、なお厖大である。『相応部経典』は、五六相応のなかに七七六二経を収め、また、『雑阿含経』は、五〇巻のなかに一三六二経を包摂している。思うに、かの師が説きのこし、その遺弟たちが合誦し結集したかの原作は、けっしてこのような厖大な経典群をなすものではなかったはずである。とするならば、ここでもまた、原作はすでに、すくなからぬ増大、加上、再編によって侵されたであろうことを否定することができない。かくて、わたしは、その『相応部経典』ならびに『雑阿含経』をも、また、わが批判の対象として取りあげねばならないのである。

『相応部経典』と『雑阿含経』

1

すでにいうがごとく、南伝の『相応部経典』は漢訳の『雑阿含経』の相当経であり、漢訳の『雑阿含経』は南伝の『相応部経典』の同本である。だが、一見したところ、そのことを認得することは、かならずしも容易ではないであろう。何故であるか。それには、いろいろの理由がある。たとえば、すでに指摘したように、その経典群の名称が異なっている。『相応部経典』が、中国では『雑阿含経』と訳された経緯を理解することは、かならずしも簡単ではない。あるいは、それらの蔵する経数もかなり異なっている。『雑阿含経』のそれは一三六二経、そして、『相応部経典』は七七六二経を擁する。したがって、また、それぞれの所蔵する経も、たとえば、『中部経典』と『中阿含経』、あるいは、『長部経典』と『長阿含経』の場合のように、ほぼ一致するという訳にはゆかない。それよりも何よりも、その認得をさまたげているのは、漢訳の『雑阿含経』はその翻訳にあたって、その編成の原形がいちじるしく崩されていることである。

たとえば、南伝の『相応部経典』は、その全体を五つの品（vagga＝section）に大別し、さらに、それを五六の相応（saṃyutta＝tied）に分って、そのなかに七七六二経を配しているのであるが、それとは異なって、漢訳の『雑阿含経』は、その包摂する一三六二経を、ただ五〇巻に分って配列しているのみであって、その各巻は、いったい、いかなる種類の経を集録しておるものなのか、なんら表示するところがないのである。いったい、諸経を分つにその内容によって類別する、それが「相応」ということであるのに、その類別がまったく表示されていないのである。

わたしは、その『雑阿含経』の編集の仕方が、いささかルーズだったのではないかと思っている。なんとなれば、よくよく注意して『雑阿含経』を点検していると、ところどころに、ふしぎな見出しが目につくのである。こんな具合である。

a　第十六巻の冒頭には、「雑因誦第三品之四」という見出しがある。
b　第十七巻の冒頭には、「雑因誦第三品之五」という見出しがある。
c　第十八巻の冒頭には、「弟子所説誦第四品」という見出しがある。

d　第二十四巻の冒頭には、「第五誦道品第一」という見出しがある。そして、そのほかの巻には、そのような見出しはまったく見ることをえない。とするならば、この『雑阿含経』の原本には、そのような見出しはもともと存しなかったのであろうか。それとも、翻訳にあたって、そのような見出しを抹殺したが、これだけは抹殺しわすれたのであろうか。

わたしどもは、当然、編集者たちが、いささか迂闊にして、この四つだけは抹殺しわすれたものと思うのほかはない。そして、わたしの恩師である姉崎正治博士は、そのことに着目して、漢訳『雑阿含経』のうしなわれたる原形の恢復というきわめて困難な研究に取り組んで、ついに一応の結論に到達することをえた。それが、その著"The Four Buddhist Āgamas in Chinese" 1908（『漢訳四阿含の研究』）であって、それこそが、われわれにとって、『阿含経』研究の出発点をなすものであった。

その原形復元の作業については、いまはとうていその詳細を語るべくもないのであるが、ただ、その原形の根幹たるべきものについていえば、結局するところ、つぎの五品（vagga. この作業においては〈誦〉という訳語を用いている）を挙げていうことをうるであろう。

1　五蘊誦（Khandha-vagga）
2　六入処誦（Saḷāyatana-vagga）

3　雑因誦（Nidāna-vagga）
4　道誦（Magga-vagga）
5　頌偈誦《じゆげじゆ》（Sagātha-vagga）
そして、弟子所説誦、八衆誦、如来誦の諸経が、この五品のあいだに鏤《ちりば》められて、それらによって、八品・六三相応・一三六二経のこの『雑阿含経』が構成されているのである。ということになると、わたしどもの念頭には、すぐ、かの南伝の『相応部経典』の構成が浮んでくるのである。それは、さきにもいうがごとく、その全体を五つの品（vagga.「南伝大蔵経」では〈篇〉という訳語をあてている）に大別し、さらにそれを五六相応に分って、そのなかに七七六二経を配している。その五つの品はつぎのようである。
1　有偈品《うげ》（Sagātha-vagga）
2　因縁品（Nidāna-vagga）
3　蘊品（Khandha-vagga）
4　六処品（Saḷāyatana-vagga）
5　大品（Mahā-vagga）
これを、さきの復元されたる漢訳『雑阿含経』の五品に比してみると、その訳語はいささか異なっているが、それらのうち、ただ一つの例外をのぞいて、他の四つは、その原語はおなじで、ただその訳語を異にしているだけである。つまり、因縁品と雑因誦、蘊品と五蘊誦、六処品と六入処誦、そして、有偈品と頌偈誦とは、もとおなじ原語を訳したものである。さらに、ただ一つの例外というのは、大品（Mahā-vagga）と道誦（Magga-vagga）のことであるが、それは、南伝の『相応部経典』においては、漢訳の『雑阿含経』における道誦にあたるものを、もっとも重要にして、かつ大篇であるがゆえに、「大品」とこそ称したものであって、その内容はいずれも実践に関する諸経の集録であることにおいて異なるところがない。すなわち、南伝の『相応部経典』は、漢訳の『雑阿含経』の相当経であり、また、漢訳の『雑阿含経』は、南伝の『相応部経典』の同本であることは、まったく疑う余地もないのである。

2

それらの二つの経典群は、いずれもサンユッタ（saṃyutta）と称せられる。その一つは「サンユッタ・ニカーヤ」（Saṃyutta-nikāya）すなわち『相応部経典』である。そして、もう一つの経典群は、その経題は『雑阿含経』であるけれども、また、しばしば「相応阿含」と呼ばれている。そして、「サンユッタ」（saṃyutta）すなわち「相応」とは、「おなじ類のものを結びつけたる」というほどの意味のことばであって、それらの経典群が、いずれも、内容の種類をもって編集されたる経典の集録であることを意味している。では、いったい、まずそれらの五つの品（vagga）は、いかなる経の内容によって類別せられたものなのであろうか。それを、わたしは、つぎのように配列し、つぎのように理解する。

1　存在の法則に関する説法を内容とする諸経を集録した部門。それを『相応部経典』では「因縁品」と訳し、『雑阿含経』においては「雑因誦」と訳した。いずれも、その原語は"Nidāna-vagga"である。

2　人間の吟味に関する説法を内容とする諸経を集録した部門。それを『相応部経典』では「蘊品」と訳し、『雑阿含経』においては「五蘊誦」としている。いずれも"Khandha-vagga"の訳語と知られる。蘊（khandha＝constituent or factor）とは構成要素を意味することばである。

3　人間の感官とその対象の認識に関する説法を内容とする諸経を集録した部門。それを『相応部経典』では「六処品」と訳し、『雑阿含経』においては「六入処誦」となしている。「六処」というのは、六根（六つの感官）と六境（六つの対象）を通じていうことばであり、また、「六入処」といえば、入は渉入の義であって、それが相関係して認識の成立することを意味するのである。そのいずれも"Saḷāyatana-vagga"の訳語と知られる。

4　実践の方法についての説法を内容とする諸経を集録した部門。それを『相応部経典』では「大品」と称し、また、『雑阿含経』では「道誦」と訳している。そして、「大品」とは"Mahā-vagga"の訳であり、「道誦」というのは"Magga-vagga"を訳したもので、その原語もまた異なっているが、それは、すでにいうがごとく、『雑阿含経』において「道誦」と称するものを、『相応部経典』においては、もっとも重要にして、かつ大部であるがゆえをもって、「大品」とこそは称したものと知られる。

5 そして、最後は、偈を有する諸経を集録した部門。それを『相応部経典』においては「有偈品」と訳し、また、『雑阿含経』においては「頌偈誦」と称している。いずれも"Sagātha-vagga"を訳したものと知られる。だが、この経典群はいささか問題を含んでいることを知らねばならない。なんとなれば、さきにいうところの四つの経典群は、すべて説法の内容によって、その類同を集め録したものであるが、いまこの経典群は、むしろ経の様式によってその類同を集録したものなのである。つまり、この経典群は、いうなれば「偈のある経ども」を集録して、それによって「有偈」(sagātha = with or possessed of a verse)の品(vagga = section)とは称しているのである。

では、それらの五つの品について、いささか批判をこころみてみるならば、つぎのように言うことをうるであろう。

3

まず第一には、それらの五品のうち、「有偈品」もしくは「頌偈誦」と称せられている一品、すなわち、「サガータ・ヴァッガ」(Sagātha-vagga)なる品をのぞいて、その他の四つの品は、いずれも、それぞれ、四つのよく知られた仏教術語をもって、釈尊の説法の類別をこころみている。その四つの術語はつぎのようである。

1 因縁または雑因（nidāna）
2 蘊または五蘊（khandha）
3 六処または六入処（saḷāyatana）
4 道（magga）『相応部経典』では「大品」（Mahā-vagga）であるが、それもまた「道品」を意味する。

それらの四つの術語は、よく知られているように、釈尊のもたらした思想と実践の全骨格をなすものであって、それらによって釈尊の説法の類別を試みたことは、きわめて妥当なる編集の方針であったといわねばならない。

申すまでもないことであるが、釈尊の思想と実践のすべては、かの菩提樹下における正覚に出発する。その正覚の当体を、釈尊その人はいろいろと表現した。「縁起」（paṭicca-samuppāda）というもそれであり、「縁生」（paṭicca-samuppanna）というもそれであり、またある時には「因縁」（nidāna）というもそれである。またある時には「相依性」（idappaccayatā＝causally connected）と語られたこともあった。つまり、そこには、存在の法則が関係性の概念をもって表現せられているのである。

そこから出発して、釈尊は、その存在の法則に即して、人間を吟味し、また、人間の感官の対象としての存在に吟味を加える。その段階において、「五蘊」(khandha) という術語が生れ、また「六処」(salāyatana) という術語が用いられた。そして、それらの吟味のうえに立って、人間の生き方としての実践が語られる。それが「道品」において説くところである。

それらの思想と実践について、そこに集録されている諸経は、たいてい、きわめて短小である。かつ、そこに語られているところは、すこぶる素朴にして具体的であって、そのうえ、おなじようなことが繰返し繰返し説かれている。たとえば、一つの経(南伝 相応部経典 二二、一五、無常なるもの。漢訳 雑阿含経 一、九、無常)は、ある時の祇園精舎における釈尊の説法を、つぎのように記しとどめている。

「比丘たちよ、色《しき》(肉体)は無常である。無常なるものは苦である。苦なるものは無我である。無我なるものは、わが所有《もの》にあらず、わが我《が》にあらず、またわが本体にもあらず。まことに、かくのごとく、正しき智慧をもって観るがよい。

また、受《じゅ》(感覚)は無常である。……

想《そう》(表象)は無常である。……

行《ぎょう》(意志)は無常である。……

識《しき》(意識)は無常である。……まことに、かくのごとく、正しき智慧をもって観るがよいのである。

比丘たちよ、わたしの教えを聞いた聖なる弟子たちは、そのように観て、色を厭い離れる。……受を厭い離れる。……想を厭い離れる。……行を厭い離れる。……識を厭い離れる……。厭い離るれば、貪欲を離れる。貪欲を離るれば、解脱する。解脱すれば、解脱したとの智を生じ、〈わが迷いの生はすでに尽きた。清浄の行はすでに成った。作《な》すべきことはすでに弁じた。このうえは、もはや、迷いの生を繰返すことはないであろう〉と知るのである」

これは、「蘊品」のなかの、「根本五十経」と称せられる経典群のなかに見える一経である。

たとえば、また一つの経（南伝　相応部経典　三五、二三、一切。漢訳　雑阿含経　一三、一七、生聞一切）は、それもまた、ある時の祇園精舎における釈尊の説法を、つぎのように記しとどめている。

「比丘たちよ、なにをか一切となすのであろうか。それは、眼《げん》と色《しき》（物体）とである。耳《に》と声《しょう》とである。鼻《ひ》と香《こう》とである。舌《ぜつ》と味《み》とである。身《しん》と触《そく》（感触）とである。意と法（観念）とである。比丘たちよ、これらを名づけて一切というのである。

比丘たちよ、もし人ありて、〈わたしは、この一切を捨てて、他の一切を説こう〉と、そのように言うものがあったならば、それはただ言葉があるのみであって、他の人の問いに遇えば、よく説明できないばかりか、さらに困難に陥るであろう。何故であろうか。

比丘たちよ、それは、ありもしないものを語っているからである」

これは、「六処品」のなかの、「根本五十経」と称せられる経典群のなかに見える一経である。

そして、また、たとえば一つの経（南伝　相応部経典　二二、四九、輸屢那。漢訳　雑阿含経　一、三〇、輸屢那）は、ある時、釈尊が、ラージャガハ（王舎城）の郊外の竹林精舎にあって、ソーナ（輸屢那）なる弟子の比丘に語りかけて、つぎのような質問をなされたことを記しとどめている。

「ソーナよ、そなたはいかに思うか。色《しき》（肉体）は常であろうか、無常であろうか」

「大徳よ、無常であります」

「もし無常ならば、それは苦であろうか、楽であろうか」

「大徳よ、苦であります」

「もし無常・苦にして、移ろい変るものならば、これを観じて、こはわが物である、こはわが我《が》である、こはわが本体であるとすることは適当であろうか」

「大徳よ、そうではありません」

そして、おなじような問答式が、さらに、受（感覚）について、想（表象）について、行（意志）について、また識（意識）について繰返されたのち、釈尊はソーナに教えていう。

「されば、ソーナよ、あらゆる色、あらゆる受、あらゆる想、あらゆる行、そして、あらゆる識は、過去のものであれ、未来のものであれ、また現在のものであれ、あるいは、内外・精粗・勝劣・遠近の別を問うことなく、それらはすべて、こはわが物ではない、こはわが我ではない、こはわが本体ではないのだと、そのように、正しい智慧をもって、あるがままに見るがよいのである」

そこに、わたしどもは、この師がその弟子の比丘たちにたいして、どのように教導したもうたか、その仕方を、この耳で聞き、この眼で見るかのように、まざまざと読み取ることができる。その説き方には、なんの誇張もない、なんの虚飾もない、あるいは激越なことばも見えない。ただ諄々として語り、噛んで含めるように説いておられる。そして、時に及んでは、弟子たちがその教うるところをよく記憶し、よく理解しているかどうか、それを試《ため》すために、またしばしば問答式をもって弟子の比丘たちを試みられたこともあった。わたしは、この師こそは、まさしく「人間の教師」と呼ばれるにふさわしい方であったと思っている。そして、いま、この『相応部経典』ならびに『雑阿含経』が集め録するところのもろもろの経どもは、おおむね、そのようなこの師の印象をよく保っているということをうるであろう。だからして、わたしはいう。わたしども、いま今日にして、かの釈尊の所説の真相にたずねいたろうとするならば、まず、この『相応部経典』ならびに『雑阿含経』と称せられる経典群にたずねいたるの他はないのである。

だが、さきにもすでに言うがごとく、パーリの『相応部経典』は、五六の相応のなかに七七六二経を収蔵している。あるいは、また、漢訳の『雑阿含経』は、全五〇巻のなかに一三六二経を包摂している。しかるに、それらのすべての経どもが、ことごとく、かの師が説きのこし、そして、その遺弟たちが合誦し結集したかの原作そのものであったとは、とうてい考えられない。かの原作は、けっしてそのような厖大な経典群をなすものであったとは思えないのである。詮ずるところ、ここでもまた、かの原作はすでに、すくなからぬ増大、付加、再編によって侵されたであろうことを、どうしても否むことができない。

では、それらの増大、付加、再編のあとはどのようなものであったか。いささか、その痕跡を指摘しておきたいと思う。けだし、それもまた、かの師の所説の真相にたずねいたるためには、やむをえざることなのである。

4

では、まず、増大・付加の二つのケースを挙げる。

その一つは、『相応部経典』における場合であって、こんな顕著な例がある。

それは、『相応部経典』四三、「無為相応」と称せられる経典群であるが、そのなかの「涅槃《ねはん》」と題せられる一つの経は、祇園精舎における釈尊の説法をしるして、おおよそつぎのように叙している。

「比丘たちよ、わたしは、汝らのために、涅槃と涅槃にいたる道を説こうと思う。よく聞くがよい。

比丘たちよ、では、涅槃とは何であろうか。比丘たちよ、貪欲の壊滅《えめつ》、瞋恚《しんに》の壊滅、愚痴《ぐち》の壊滅、これを称して涅槃というのである。

比丘たちよ、また、涅槃にいたる道とは何であろうか。比丘たちよ、ここに比丘があって、遠離により、離貪により、貪りを滅し尽して、心平等に傾向して、正見《しょうけん》を修め育てる。また、……」

そして、釈尊は、さらに、正思・正語・正業《しょうごう》・正命《しょうみょう》・正精進《しょうしょうじん》・正念・正定《しょうじょう》と、八正道の修習を説いたのち、つぎのような結語をもって結んでいる。

「比丘たちよ、このようにして、わたしは汝らのために、涅槃を説き、涅槃にいたる道を説いた。

比丘たちよ、およそ、弟子たちのさいわいを願い、慈《いつく》しみある師が、慈しみをもって、弟子たちのために為すべきことは、わたしは、すべてこれを汝らのために為した。

比丘たちよ、ここに樹下《じゅげ》がある。ここに空屋《くうおく》がある。思索するがよい。放逸であってはならぬ。後日に悔いることなかれ。これが、汝らにあたえるわたしの教誡である」

それは素晴らしい説法である。よく判る説法である。しかるに、かの『一切善見律註序』にもいうように、「暗誦には成就と損耗とあり」である。ながい間にわたって暗誦によって伝承されているうちには、この説法のうえにもいろいろの変化がもたらされたのである。

まず、「涅槃」(nibbāna) という名辞がいろいろといいかえられた。あるいは「無為」(asaṅkhata) といいかえ、あるいは「終極」(anta) といいかえ、あるいは「無漏」(anāsava) といいかえ、あるいはまた「到彼岸」(parāyana) といいかえるなど、この相応において見られる「涅槃」の異名は、じつに四十四種に達する。そして、その一々につき、止《し》・観《かん》・六種三昧、および三十七道品が組み合せられて経をなすにいたったので、この「無為相応」はいつしか、一九八〇経を擁する厖大なる経典群をなすにいたった。

これは、むろん極端の例であるが、そのほかにも、術語のいいかえや、組み合せの変化などによって、経の増大の例はいたるところに見られる。

では、もう一つ、今度は『雑阿含経』における場合の、これもまた極端の例をあげてみよう。

それは、『雑阿含経』の第二十三巻および第二十五巻のことであるが、その二つの巻は、一見して、そのほかの諸巻とは、まったく異種のものであることが知られる。すなわち、そのほかの諸巻の場合には、各巻それぞれに多くの経を集録している。たとえば、第二十四巻には四〇経が集められておる。また、たとえば、第二十六巻には、じつに七三経の短小なる経が集録せられている。中国の訳経者たちが「雑阿含経」をもって題した所以である。しかるに、この二巻、すなわち、第二十三巻、および、第二十五巻は、いずれも、そのような短小の経を集録したものではない。

よくよく調べてみると、そこには、思いもかけない阿育《あいく》（Asoka）王の名がでてくる。また、摩訶迦葉《まかかしよう》（Mahākassapa）や阿難（Ānanda）の名とともに、また、商那和修《しようなわしゆ》（Sāṇavāsa）とか、優波毱多《うばきくた》（Upagupta）などという、阿含部の経典ではまったく聞きなれない仏教者の名がでてくる。それで気が付いたのであるが、それは、漢訳の経典でいうならば、『阿育王伝』（安法欽訳）もしくは『阿育王経』（僧伽婆羅訳）などに見られるところであって、そこに述ぶるところは、詮ずるところ、阿育王の事績と仏滅後のいわゆる「付法相続」の諸師のことである。とするならば、そこに記されているのは、すでに釈尊在世の時代をはるかにはなれた頃のことであって、したがって、かの第一結集などとは、まったく関係のないものと言わざるをえない。

では、いったい、そのような経の一節が、どうして『雑阿含経』のなかに付加されたのであろうか。それは、わたしどもとしては、まったく説明しがたいところであるが、ともあれ、そのようにして、これらの経典群もまた、増大、付加、あるいは再編によって侵されていることを指摘しておかねばならないのである。なんとなれば、わたしどもは、かの師が説きのこし、その遺弟たちが合誦し結集したかの原作にちかづくためには、まずなによりも、その後において増大、付加、あるいは再編によって加上せられたものを、除去する作業が必要だと考えられる。それもまた、かの師の所説の真相にたずねいたるためには、やむことを得ないところなのである。

だが、そのような経典の増大、付加、あるいは再編のあとは、かならずしも、いま挙げた二つのケースのように、見やすく知りやすいものばかりではない。むしろ、はなはだ微妙にして知りがたい場合がおおいのである。たとえば、その一つのケースとして、さきにいうところの、『相応部経典』における「有偈品」、ならびに、『雑阿含経』における「頌偈誦」の問題がある。だが、それらの経典群はいろいろのデリケートな問題をふくんでいるので、さらに章をあらためて、いささか詳細に申しのべてみたいと思う。

詩のある経典群

1

ここに「詩のある経典群」というのは、『相応部経典』における「有偈品」(Sagāthavagga) のことであり、漢訳の『雑阿含経』にみえる「頌偈誦」は、その相当経群であると知られる。そして、この章においては、もっぱら、それらの経典群について語りたいと思う。

まず、それらの経典群は、『相応部経典』ならびに『雑阿含経』における、それぞれの他の四つの経典群、すなわち、『相応部経典』でいうならば、因縁品・蘊品・六処品・大品の四つの経典群などとは、いろいろの点において、その類を異にするものであることに注目しなければならない。では、それらの経典群と、この「詩のある経典群」とは、どのように異なっているのであろうか。

その第一には、それらとこれとは、なによりもまず、その経典形式を異にしているのである。ふるき時代の人々は、しばしば、経典の様式を論じて、「九分経《くぶんきよう》」(navaṅga-buddha-sāsana)とか、「十二分経」(dvādaśāṅga-buddhavacana)などという分類をこころみた。経典の様式を分類して、九つの形式をたて、あるいは、十二の形式をあげたのである。その詳細については、いまは深くかかわるわけにはいかないが、そのなかには、いずれの場合にも、つねに、つぎの四つの様式が、その重要なものとして挙げられている。

1　契経《かいきよう》(sutta)
2　祇夜《ぎや》(geyya)
3　伽陀《かだ》(gāthā)
4　自説(udāna)

その第一の「契経」というのは、一般にいうところの「経」にほかならない。それを、いま漢訳の経のことばでいってみるならば、まず、「如是我聞、一時仏住」ではじまり、その時、世尊はどこにましましたかが語られる。ついで、「爾時世尊告諸比丘」、すなわち「その時、世尊はもろもろの比丘に告げられて」、そこで説法がはじまる。それをすべて、そのまま、長行《じょうごう》すなわち散文をもって記し、そして、その結びは、「時諸比丘、聞仏所説、歓喜奉行」、すなわち「時にもろもろの比丘は、仏の所説を聞き、歓喜し奉行《ぶぎょう》せり」ということとなる。それが一般に「経」と呼ばれるものの様式である。

その第二の「祇夜」というのは、"geya"の音写であって、また、訳して応頌《おうじゅ》もしくは重頌《じゅうじゅ》ともいう。さきに散文をもって述べたことを、もう一度重ねて韻文をもって記したものというほどの意である。パーリ語では、それは「ゲィヤ」(geyya)であるが、仏音《ぶっとん》(Buddhaghosa)はそれを注釈して、「すべて偈頌《げじゅ》をふくむ経はゲィヤなりと知るべし」といい、かつ、「特に相応部における偈頌をふくめる品の全部がそれである」と付言している。いまその一つの経(南伝　相応部経典　三、一、幼少。漢訳　雑阿含経　四六、五、三菩提)をもって例示するならば、こんな具合である。

それは、釈尊が、かの祇園精舎に入ってから間もないころのことであった。そこにその国コーサラ(拘薩羅)の王のパセーナディ(波斯匿)が訪れてきて、世尊に問うていった。

「世尊よ、あなたは、最高の正等覚を悟ったと宣言なされますか」

「大王よ、もしこの世に最高の正等覚を悟ったと語りうる者があるとするならば、それはわたしである。大王よ、わたしは最高の正等覚を悟ったのである」

他の経のいうところによれば、この聖者と大王はおない年であったという。とすると、その時この二人はともになお三十もなかばの気鋭の若者であったはずである。その鋭気はすでに、この問いと答えのなかにもあふれている。すると、大王は、重ねていった。

「だが、ゴータマ（瞿曇）よ、世にはサンガ（僧伽）をもち、ガナ（衆）をもち、ガナの師にして、有名にして名声があり、救済者にして、多くの人々に善き人として承認せられる沙門《しやもん》や婆羅門《ばらもん》がある。たとえば、……」

そこで、大王は、そのころ「六師」として知られる六人の高名の思想家たちの名を列挙したるのち、この聖者を顧みていった。

「だが、彼らにしても、なお、汝は最高の正等覚を悟れりやと問わるれば、われは最高の正等覚を悟れりとは宣言しない。ましていわんや、ゴータマよ、あなたは、なお年若く、出家してまだ日も浅いではないか」

その詰問にも似たる大王のことばを受けて、釈尊は答えていった。

「大王よ、若いからといって軽んじてはなりません。世には、若いからといって軽んじてはならないものが四つあります。その四つとは何でありましょうか。大王よ、クシャトリヤ（刹帝利）は、若いからといって軽んじてはなりません。大王よ、蛇は小さいからといって軽んじてはなりません。大王よ、火は小さいからといって軽んじてはなりません。そして大王よ、比丘は若いからといって軽んじてはなりません」

それによって、大王はたちまち説得せられたようである。なんとなれば、大王自身は、釈尊とおなじように、なお若いクシャトリヤであったからである。だが、経のことばは、さらに重ねて、釈尊に帰せられるつぎのような長々とした偈を記しておる。

「その生れよく、誉《ほま》れたかき
　たっとき種姓のクシャトリヤを
　人よ、たとい彼が年わかくとも
　軽んずるなかれ、侮るなかれ」

そして、その偈は、さらに、蛇につき、火につき、また比丘について、その「若しとて軽んずべからざる」所以を延々と語る。「祇夜」と称せられる経典形式は、おおよそ、そのような長行（散文）と偈頌（韻文）の組み合せによってなっているのである。

その第三は「伽陀」である。「伽陀」とは"gāthā"の音写であって、また「偈」とも音写し、頌と意訳する。あるいは、その偈なる音写と頌なる意訳とをつらねて、これを「偈頌」と称することもひろく行なわれている。つまり、それは、経における韻文、すなわち、詩をゆびさしていう言葉である。

だが、いま、この「伽陀」という言葉を、一つの経典形式をいう術語として用うる場合には、すこしその意味が限定されているのである。さきにもいう仏音は、それを注釈して、こんな言い方をしているのである。

「法句経、長老偈経、長老尼偈経、経集における、スッタ（sutta, 経）と名づけられざる純粋なる偈頌はガーター（gāthā, 偈）なりと知るべし」

『法句経』（Dhammapada）や『長老偈経』（Thera-gāthā）や『長老尼偈経』（Therī-gāthā）は、偈すなわち韻文のみを集めて編まれたものであって、それらの経題にも、もとはといえば、「スッタ」、すなわち経にあたる文字は見えない。原語のままに訳するならば、『法句』であり、『長老偈』であり、『長老尼偈』である。そして、仏音は、それらを挙げて、経の一部ではない、「純粋なる偈頌」を「ガーター」と称するのだといっておるのである。ただ、『経集』（Sutta-nipāta）の場合は、その経題のごとく、雑多な経の集成であり、そのなかには、偈のほかに長行（散文）を含むものもあり、その経首には、「かようにわたしは聞いた」（如是我聞）と、一般の経典形式を具する経もあるのであるが、やはり、偈を中心としたものであるので、仏音もここに「ガーター」として言及したものであろう。

そのような意味において、中国の訳経者たちは、この「ガーター」、すなわち「純粋なる偈頌」を、さきの「契経」（sutta）ならびに「祇夜」（geyya）にたいして、「孤起偈《こきげ》」あるいは「不重頌」などと意訳した。それは、読んで字のとおり、それが、経のなかの一部としての存在ではなく、あるいは、さきの長行すなわち散文を重ねて偈をもって頌したものでもない、つまり、その偈が純粋にして独立のものであることを強調しているのである。

では、いったい、どうしてそのような孤起の偈、すなわち、純粋にして独立な偈が存するのであろうか。いったい、釈尊という方はまた詩人でもあった方なのであろうか。あるいは、その多くの弟子たちも、かくも多くの偈を歌いのこすにふさわしい人々であったであろうか。その辺のことについては、さきにいうところの『法句経』の編集者はなにごとも語ってくれない。あるいは、かの『長老偈経』の編集者は、その序品に、

「山のはざまの洞窟にありて
　吼ゆる牙ある獅子のごとく
　おのれを鍛えし長老たちの
　みずから歌えるこの偈をきけ」

という。だが、それらの編集者たちは、ただ、いろいろの経のなかから、おおくの偈をあつめ来って、それらを、類同により、また長老によって、分ち編集したにすぎないのである。すべて後代の編集ものでしかないのである。

ただ、いまいうところの「有偈品」の諸経のなかには、それらのことについて、いろいろの示唆が存しているのである。

2

いつの時代にも、人類は詩を愛した。だが、古代の人々は、わたしたちよりも、もっと詩を愛する人々であった。そして、古代の詩人たちは、今日の詩人たちとは、だいぶ異な

ったものであった。今日の詩人たちは、ペンと紙のうえでその仕事をする。その詩は書かれた芸術であって、日常語よりも難しい語彙を駆使し、高度の意識的な感覚や熟慮がそれを支える。それに反して、古代の詩人たちは、その語彙や教養によって人々と区別されるものではなかった。ある程度まで人々はみな詩人であった。たいていのふるき民衆詩が無名なのはそのためである。それらは、日常生活のなかで発生し、たえず変化しながら、口から口へ、親から子へと伝えられて、ようやく固定したものとなる。その時でも、それは今日の詩とは、はっきり違った一点をもつ。それは、造られた芸術ではなくて、生れた芸術であるという一点においてである。なんとなれば、それは個人の産物ではなく、共同体の産物であったからである。

そのような詩の風土のなかからも、いつとはなしに、人々よりも流暢に即興の詩を生み出すことのできる者が現れてくる。それが古代の詩人の生れ出である。だが、そのようにして生れ出た詩人も、なおひとりでは詩を生み出すことはできなかった。人々が彼に協力するのである。彼に耳を傾ける人々の刺激がなくては、彼の霊感ははたらかなかった。なんとなれば、彼は書くのではなくて、朗吟するからであった。作詩するのではなくて、即興するのだからであった。彼の霊感がたちまち聞き手たちの霊感を呼び起すとき、彼はその全身心をあげて歌い出でる。そして、釈尊の教団のなかにもまた、そのような詩人があった。その名をヴァンギーサ（婆耆沙）という。

『相応部経典』八、「婆耆沙長老相応」(Vaṅgīsa-thera-saṃyutta)(漢訳 雑阿含経 四五、婆耆沙部)に集録せられる十二経は、すべて、彼の偈をめぐっての経であるが、そのなかの一つの経(南伝 相応部経典 八、一一、伽伽羅池。漢訳 雑阿含経 四五、一一、掲伽他)は、彼の偈の生れいでる情景を、つぎのように記しとどめている。

それは、ある時のこと、釈尊が、チャンパー(瞻波)を訪れて、ガッガラー(伽伽羅)池のほとりにとどまっておられた折のことであった。その時、釈尊は、おおくの比丘と在家にとりめぐらされて、その顔《かんばせ》も一段と輝きわたっておられた。その様をみて、ヴァンギーサの胸奥には、なにか高まるものがあった。彼はこう思った。

「いま、世尊は、チャンパーのガッガラーなる蓮池のほとりにましまし、おおよそ五百の比丘たち、七百の優婆塞《うばそく》たち、七百の優婆夷《うばい》たち、ならびに、数千の天の住みびとも一緒である。世尊は、その輝きわたる顔と、その高き名声とによって、彼らのうえに輝きわたってまします。いま、わたしは、世尊の御前において、ふさわしい偈をもって讃えまつろう」

そこで、ヴァンギーサは、その座を立ち、衣を一肩にかけて、世尊を合掌し、礼拝して申しあげた。

「世尊よ、わたしに想《そう》が浮びました。世尊よ、わたしに想が浮びました」

「では、ヴァンギーサよ、それを誦するがよい」

そこで、彼は、世尊の御前において、ふさわしき偈を誦して、讃えまつった。

「雲なき空の月のごとく
輝きわたる陽のごとく
大いなる聖者にましますす師は
栄光をもて世界を照したもう」

漢訳の同本によれば、それは、さる月の十五日の夜、満月のもとにおける布薩《ふさつ》の集会のことであったという。そのような時にこそ、詩が共同体の産物として生れるのである。

ついでに申さば、この「婆耆沙長老相応」のつぎの経（南伝 相応部経典 八、一二、婆耆沙。漢訳 雑阿含経 四五、二〇、本如酔酒）の記すところによれば、彼は、その来し方を振り返って、このように歌ったこともあったという。

「昔われ詩作にふけり
村より村、町より町を経めぐれり
時にわれ正覚者を見たてまつりて
わが衷《うち》に正しき信は生ぜり」

そこに、わたしどもは、古代のいわゆる吟遊詩人（rhapsode）のすがたを見る。その詩人が、ふとした機会に釈尊に出会って、その教えにふれ、まったく新しい人生のスタートに就く。では、その時、彼が説き教えられたことは何であったか。彼はつづいて歌っていう。

「仏陀はわれに、人間の存在の
　まことの相《すがた》を示したまえり
　われはその教えをうけたまわり
　家をば出でて家なき者となりぬ」

ここでは、わたしは、いささか思い切った意訳をこころみた。その原文のままにいうならば、その前半は、「仏はわれに蘊《うん》・処《じょ》・界《かい》の法を説きたまえり」となる。蘊とは、人間を構成する五つの要素、処とは、人間の六つの感官の対象をいうことば、そして、界とは、客観的な存在の世界をいうことばであって、釈尊がそのとき彼のために説いたことは、そのような人間と存在の真相であったという。それをヴァンギーサは、そのすぐれた教養とするどい感受性とで、よく理解することができた。それによって、彼の世界と人生を見る眼は、まったく新しいものとなった。そして、彼は、なんの躊躇もなく、出家してこの師に従うものとなった。

「われこの師のもとに来れるとは
　まことによくも来れるものかな」

それが彼の出家にたいする述懐であった。だが、生れながらにして詩人の魂にめぐまれていたこの人の詩魂は、出家して僧伽の一員となってからも、すこしも萎《しぼ》みはしなかった。

それを、かの師は、いたく愛したもうたようである。折にふれ事にあたって、ふとその詩魂がたかまってくると、彼はつかつかと師のまえに進みでていう。

「世尊よ、わたしに詩想がわいてまいりました」

すると、師はほほえみを浮べていう。

「ヴァンギーサよ、では、それを吟誦するがよい」

それが、あたかも、彼の特権ででもあるかのようであった。まことに羨しい次第であった。きっと、釈尊その人もまた詩を愛する人であったにちがいない。だが、釈尊その人が詩人であったという証拠はない。いや、わたしがかく言えば、それはとんでもない、釈尊その人が詩人であった証拠は、経典のなかにいくらでもあるではないか、という人があるにちがいない。だが、それは、経典の文学形式というものにしかすぎない。つぎに、わたしが述べたいと思うのは、そのことなのである。

3

この「有偈品」(Sagātha-vagga) とは、つまり「偈のある経」である。「偈のある経」とは、すなわち、さきにいうところの「祇夜」である。さきの仏音 (Buddhaghosa) の定義をもっていうならば、「すべて偈頌をふくむ経はゲィヤ (geyya) なり」である。そして、「特に相応部における偈頌をふくめる品の全部がそれである」のである。つまり、長行《じょうごう》

（散文）と偈（韻文）との組み合せによって成っている経がそれである。そして、その場合、偈のもつ役割は、たいてい、すでに長行をもって述べられたところを、もう一度、重ねて偈をもって語るのである。だからして、中国の訳経者たちは、そのような偈をまた、「応頌」もしくは「重頌」と訳したのであった。

しかるに、ある時のこと、わたしは、そのような文学形式の経に読みいたって、思いもかけず、むくむくとわが批判的精神の擡頭するのを感じたのである。

それは、『小部経典』、「自説経」（Udāna）の冒頭の経（一、一、菩提）のことであるが、おおよそ、つぎのように記されてあった。

「かようにわたしは聞いた。

ある時、はじめて正覚を現じたまえる世尊は、ウルヴェーラー（優留毘羅）のネーランジャラー（尼連禅）河のほとりなる菩提樹の下に住しておられた。その時、世尊は、一たび結跏趺坐したるまま、七日のあいだ、解脱のたのしみを受けつつ坐しておられた。

七日を過ぎてのち、世尊は、その座を立って、夜の初分（午後八時ごろ）のころ、つぎのように、順次に縁起の法を思いめぐらしたもうた。〈これがあればこれがある。これが生ずればこれが生ずる。すなわち、無明によりて行がある。行によって識がある（以下、名色、六入、触、受、愛、取、有、生とつづく）。生によって老死・愁・悲・苦・憂・悩がある。この苦の集積の生起は、このように考えられる〉と。

そこで、世尊は、その事の由を知りて、その時、この偈を誦したもうた。
まこと熱意をこめて思惟する聖者に
かの万法のあきらかとなれるとき
かれの疑惑はことごとく消えされり
有因の法を知れるがゆえなり」

それは、たったそれだけの短小なる経である。だが、この経こそは、かの師がついに正覚を成就して、なおかの菩提樹下にとどまり住しておられた日々の消息を語ったものである。とするならば、わたしどもにとって、これほど重かつ大なる関心をもって到らねばならぬ経はないはずである。わたしもまた、幾度となくこの経に到って、正覚直後のかの師の胸奥に思惟するところを問うた。その思惟するところは、わたしにも、しだいに受領せられてきたように思う。だが、それとともに、わたしには、その経典の文学形式について、いささか解し難い疑問が擡頭してきたのである。

それは他でもない。最後の偈と、その前文の部分である。わたしがいま「偈」と訳したのは、その原語は「ウダーナ」(udāna, 優陀那)である。「ウダーナ」(udāna＝breathing out)とは、いうなれば、胸いっぱいに抱かれた思いのたけを発露することであり、また、その発露せられたものをいうのであって、その発露せられる表現形式は、たいてい偈の形をとる。さきの仏音が、また「ウダーナ」を釈して、「歓喜智によりてなれる偈頌に関する八十二経はウダーナなりと知るべし」といっているのは、そのことなのである。そして、いま、この経において、この偈を誦したもうたのは釈尊その人であり、そこに表現せられるものは、その釈尊がその胸いっぱいに抱いている思いのたけであったはずである。だが、ここに記されてある偈は、わたしには、どうも、釈尊がみずからその胸のうちを発露して語っているようには思えない。そこには、どうも、釈尊は、第三者として歌われているように見える。釈尊その人は、「まこと熱意をこめて思惟する聖者に」と語られており、彼は「有因の法を知れるがゆえ」に、その疑惑はことごとく消えさったのだと謳いあげられているのである。

つまり、かの正覚者は、第三人称をもって表現せられているのである。とするならば、その偈の作者はほかにあったはずである。では、いったい、その偈の真の制作者は誰であったであろうか。それは誰も知らない。なんとなれば、古代においては、詩は、造られた芸術ではなくて、生れた芸術であったからであり、個人の制作物ではなくて、共同体の制作物であったからである。かの時代における仏教教団のなかで生れた詩で、その制作者をはっきりと言いうるものは、かのヴァンギーサのそれの他にはあるまい。

そこに、ふるき時代の経典のたどった一つの道がある。

その出発点に立って、まず第一に考えておかねばならないことは、古代の人々にとっては、偈（韻文）は、長行（散文）に比して、ずっと親しみぶかいものであったということである。しがたって、また、偈は彼らにとって暗誦しやすいものであったにちがいない。だからして、また、偈は、彼らにおいては、経の暗誦をささえてくれるものであったにちがいない。さきにいうところの「ゲィヤ」（geyya, 応頌）が、しばしば、長行（散文）をもって述べたところを、もう一度、偈（韻文）をもって語っているというあの文学形式をとったのも、このような偈の特長を利用したものであったにちがいない。その例としては、すでに、さきに一つの経（南伝　相応部経典　三、一、幼少。漢訳　雑阿含経　四六、五、三菩提）の大体を紹介しておいたので、参看していただければ幸いである。そして、この「有偈品」ならびに「頌偈誦」の大半の経は、そのような重頌をもちいているのである。

また、「ゲィヤ」と呼ばれる諸経のなかには、しばしば、重頌の様式ではなくして、その一経のなかの、クライマックスをなす部分、もしくは、重要な問答をなす部分などを、とくに偈をもちいて強調するといった文学形式をとっているものもある。いま、一つの経（南伝　相応部経典　三、八、末利）をもって例示するならば、こんな具合である。

それもまた、釈尊が、サーヴァッティー（舎衛城）の郊外の祇園精舎にあった時のことであるが、そこに、この国コーサラ（拘薩羅）の王のパセーナディ（波斯匿）が訪れてきて、その日、城の高楼において語り合った王妃との会話を披露して、それについての釈尊の教えを乞うた。その会話は、このように記されている。

「マッリカー（末利）よ、そなたは、何びとか、そなた自身よりも愛《いと》しいと思うものがあるだろうか」

マッリカーとは、その王妃の名である。

「大王よ、わたしには、この世に自分より愛しいと思われるものはございません。大王よ、王さまには、ご自分よりさらに愛しいと思われるものがございましょうか」

「マッリカーよ、わたしにも、自分よりさらに愛しいと思うようなものはない」

すると、釈尊は、その会話の一部始終を聞かれて、ふかく首肯《うなず》き、さて一偈を説いて教えていった。

「人の思いはいずこへも赴くことができる
されど、いずこへ赴こうとも、おのれより愛しいものを見出すことはできない
それとおなじく他の人々にも、自己はこのうえもなく愛しい
されば、おのれの愛しいことを知るものは、他のものを害してはならぬ」

これは、一経のクライマックスを偈をもって歌いあげた例である。

そして、この「詩のある経典群」のなかには、そのような文学形式の経がたくさん存しておる。つぎにあげる一つの経（南伝　相応部経典　一、六二、心。漢訳　雑阿含経　三六、一八、意）もまたその例であろう。それもまた、経の叙述のままに記しておこう。

「かようにわたしは聞いた。

ある時、世尊は、サーヴァッティー（舎衛城）のジェータ（祇陀）林なるアナータピ

ンディカ（給孤独）の園にましました。

その時、一人の天神があり、夜もすでに更《ふ》けたころ、その勝れたる光をもって、くまなくジェータ林を照しながら、世尊のましますところにいたり、世尊を礼拝して、その傍らに坐した。

傍らに坐した天神は、世尊の御前にあって、偈を説いていった。

「この世はなにによりて動かされ
また、なにによりて悩まさるるや
なんぞただ一つのもののありて
すべてを隷属せしむるにや」

その時、世尊もまた、偈を説いて仰せられた。

「この世は心によりて動かされ
また、心によりて悩まされる
ただ心なる一つのものありて
すべてを隷属せしむるなり」

そして、このような文学形式の経は、この「有偈品」の冒頭の二章に集録せられた諸経の大半を占めている。

しかるところ、ここには天神が現れて釈尊に問い、さきには悪魔が現れてこの師に語りかけたという。それが、これらの経の常用の様式をなしているようである。では、そのような文学形式が意味するものは何であったろうか。そのことについても、さらに章をあらためて申しのべたい。

阿含経典の文学形式

1

ここでは、まず、「詩のある経典群」(Sagātha-vagga)のなかに見える、悪魔説話の文学形式をもって記された経どものことを申し述べたい。

そのような経の叙述は、この阿含部の経典のここかしこに見受けられるが、いまこの「有偈品」、すなわち「詩のある経典群」のなかには、そのような経が集め記されて、つぎのような三つの相応をなしている。

1　悪魔相応(Māra-saṃyutta)　二五経

それらの経は、すべて、悪魔が現れて釈尊に語りかけるのである。

2　比丘尼相応(Bhikkhunī-saṃyutta)　一〇経

それらの経は、すべて、比丘尼にたいして悪魔が語りかけるのである。

3　梵天相応（Brahma-saṃyutta）　一五経

それらの経は、すべて、梵天が現れて、釈尊に語りかけるのであって、さきの悪魔相応の諸経の対応部をなしている。

そのような経を、わたしは、以前は、あまり注意して読むことをしなかった。それは、あの「智慧の道」のおしえを説きたもうた釈尊の説法をしるした経のなかに、悪魔が現れたり、天神が出てくることに、なにかそぐわぬものが感ぜられてならなかったからであった。しかるに、ある時、一つの経に読みいたって、「あっ」とばかりに声をあげて驚いたのである。わたしは、わたしの不明を恥じた。わたしの阿含経典を読む眼は、その時はじめて開かれたといってもよい。その一つの経というのは、この『相応部経典』の二三、「羅陀相応」の一一、「魔羅」（Māra）と題せられる経であった。ごく短小なる経であるから、その全文を記しておくと、つぎのようである。

「かようにわたしは聞いた。

ある時、世尊は、サーヴァッティー（舎衛城）のジェータ（祇陀）林なるアナータピンディカ（給孤独）の園にましました。その時、長老ラーダ（羅陀）は、世尊のましますところにいたり、世尊を拝して、その傍らに坐した。

傍らに坐した長老ラーダは、世尊にもうしあげた。

「大徳よ、悪魔、悪魔とおおせられますが、大徳よ、いったい、なにを悪魔とおおせられるのでございましょうか」
「ラーダよ、色（肉体）は悪魔である。受（感覚）は悪魔である。想（表象）は悪魔である。行（意志）は悪魔である。識（意識）は悪魔である。

ラーダよ、そのように観じて、わたしの教えを聞いた聖なる弟子たちは、色を厭い離れ、受を厭い離れ、想を厭い離れ、行を厭い離れ、識を厭い離れる。厭い離れることによって、貪を離れることができる。貪を離れることによって、解脱する。すでに解脱するにいたれば、わたしは解脱したとの智が生じて、〈わが迷いの生活はすでにおわった。清浄の行はすでになった。作《な》すべきことはすでに弁じた。このうえは、もはやかような迷いの生活に入ることはないであろう〉と、知ることをうるのである」

この経のいうところは、なんの曖昧さも含んではいない。ラーダ（羅陀）という比丘は、よく率直な質問をした人物である。釈尊は、彼の率直な質問を愛して、いつも明晰なる応答をもって迎えたもうた。そして、この経におけるこの師の応答もまたそうであった。

ここに、この師が、ずらりと並べあげられた色・受・想・行・識の五つの項目は、この師のよく知られた人間分析の結実を示している。この師は、人間を分析して、それをまず肉体的要素と精神的要素とに分った。ここに「色」（rūpa）というのは、その肉体的要素をゆびさすことばである。そして、その精神的要素については、さらに分析してそれを四つの要素に分った。「受」（vedanā）というのは感官のいとなみ、すなわち、受動的感覚である。「想」(saññā) というは表象作用、つまり、感覚によってイメージを造成するいとなみである。また、「行」(sankhāra) というは、その表象にたいして、快もしくは不快を感じ、追求もしくは拒否の能動的意志の作用のうごく段階である。そして、最後に「識」(viññāṇa) とは意識、すなわち理性のいとなみがはたらく段階である。経典にしばしば言うところの「五蘊」(khandhā) とは、この五つの要素をいうことばであって、この師は、人間を論ずるにあっては、人間をこのような五つの要素に分析して論ずることをつねとしたのである。

しかるに、いま、釈尊は、ラーダの問いに答うるに、その「五蘊」をもってしているのである。汝の肉体のいとなみが悪魔であり、汝の心のいとなみこそが悪魔であるといっておるのである。その釈尊のことばの意味するところは、疑いもなく、悪魔とは、汝自身の肉体と精神のなかに生ずる迷妄であるということ。それは、世のつねの人々が、悪魔をもって、この客観世界に跳梁する〈外なる悪しきもの〉とする考え方とは、まったく類を異にするものであることが知られた。それは、わたしにとって、大きな驚きであった。

2

そこで、わたしは、あらためて、阿含部の諸経における悪魔説法をもう一度読みなおしてみた。そこには、おおくの悪魔の出てくる経があった。特に、さきにもいった「悪魔相応」なる経典群には、二五経が集録されていて、そのことごとくが、釈尊その人に現れて語りかける悪魔を描いているのである。たとえば、その第一、「苦業」（漢訳同本　雑阿含経　三九、一四、苦行）と題するものは、おおよそつぎのような内容である。

それは、釈尊が、ついに大覚を成就してから間もないころ、まだネーランジャラー（尼連禅）河のほとりのニグローダ（尼倶律陀＝榕樹）の下に坐していた時のことであった。その時、釈尊は、さきに苦行を放棄したことを思い出して、〈あのなんの利益もない苦行から離れてよかった〉と思っていた。すると、悪魔は、釈尊がその心に思うことを知って、そこにその姿を現して、偈をもって語りかけたという。

「苦しき業を離れざればこそ
　若き人々は清めらるるなれ
　汝は浄めの道をさまよい離れて
　清からずして清しと思えり」

その時、釈尊は、それを悪魔だと知って、また偈をもって答えていった。

「不死をねがうにいかなる苦行も
　利をもたらすことなしと知れり
　陸にあげられし舟の艫舵《ろだ》のごとく
　すべて利をもたらすことなし

われはただ戒と定と慧とにより
この悟りの道を修めきたって
ついに無上の清浄へいたれり
破壊者よ、汝は敗れたり」

すると、悪魔は、「世尊はわたしを見抜いている」といって、苦しみ萎れてその姿を没したという。

いったい、この経の制作者は、どうして、このようなところに、このような描写を試みているのであろうか。思うに、苦行の放棄ということは、あの時代の修行者にとっては、容易ならぬことであったはずである。それは、世のつねの人々には、堕落とみえたとしてもすこしも不思議ではなかった。だから、釈尊が、その正覚の直後においても、なお、そのことについて内心の不安を感じたとしても、けっして不思議なことではないのである。

つまり、阿含部の経典における悪魔説法は、一つの心理描写の文学形式なのである。なにか、不安、疑念、もしくは躊躇がその心中に擡頭したときには、それを描写するに悪魔説話をもってする。それが初期の経典における文学形式上の約束ごとであったと考えられるのである。そして、さらにいうなれば、その反対に、たとえば、釈尊の胸奥になにかすぐれた発想が生れ、あるいは所信が確立したというような場合には、それを描写するに、こんどは梵天説話の文学形式をもってする。そのような描写もまた、初期の経典のなかにしばしば見られるところである。

では、その梵天説話の一例として、いわゆる「梵天勧請」と称せられる経（南伝　相応部経典　六、一、勧請。漢訳　増一阿含経　一九、一）のアウトラインをも申しあげたい。それもまた、正覚の直後まもない頃のこと。釈尊はまだネーランジャラー（尼連禅）河のほとりのニグローダの樹の下に坐して思索をつづけていた。その思索のなかで、そのとき釈尊が考えていたのは、説法のことであった。

「わたしが証《さと》りえたこの法は、はなはだ微妙であって、智者にしてはじめて理解できるような内容である。しかるに、この世間の人々は、ただ欲望をたのしみ、欲望にふけり、欲望に夢中になっていて、とてもこの法を理解できようとは思えない。もしいまわたしがこの法を説いても、彼らがこれを理解しなかったならば、わたしはただ疲労と困憊をもって酬いられるばかりであろう」

そして、経の叙述は、その思索の内容を、もう一度、偈をもって繰返している。いうところの祇夜である。

「苦労してやっと証得したものを
なぜまた人に説かねばならぬのか
貪りと怒りに焼かるる人々には

この法を悟ることは容易ならじ

これは世のつねの流れに逆らい
甚深、微妙、精細にして知りがたく
欲望の激情にまみれたるもの
暗闇に覆われたるものには悟りがたし」

それは、説法という新しい課題をまえにして、釈尊がいま思い悩んでいることを示している。しかも、その新しい課題にたいして、いま、釈尊は、むしろ否定に傾いていた。経のことばも、「そのとき、世尊の心は沈黙に傾いて、法を説くことに傾かなかった」と語っている。

そこに、突如として梵天（Brahma）が登場してくる。梵天とは、古代インドの最高神であって、梵天界に住しているという。その高きところにあって、梵天は、釈尊が心のなかに思うところを知り、これでは「世間は滅ぶるであろう」と考えた。そこで、梵天は、身をひるがえし、たちまち梵天界を下って地上に姿をあらわし、釈尊を拝して説法を勧請したという。

「世尊よ、法を説きたまえ。善逝《ぜんぜい》よ、法を説きたまえ。この世には眼を塵に蔽われることすくなき人々もある。彼らも法を聞くことをえなければ堕《お》ちてゆくであろう。この世には、法を理解するものもあるであろう」

そこで、釈尊は、もう一度、世の人々のさまを観察した。その時、その眼に映じた世の人々のさまを、経の叙述は、池中に花を開く蓮華のさまに喩えて、美しく語りいでている。それとおなじく、世の人々のなかにも、汚れにそまぬ蓮華のようなものもあることを知って、釈尊はついに説法を決意していう。

「彼らに甘露《かんろ》の門はひらかれたり
　耳あるものは聞け、ふるき信を去れ
　梵天よ、われは思いまどうことありて
　人々に微妙の法を説かざりき」

そこに「甘露」というのは、「アマタ」（amata）ということばの訳であって、「神々の酒」もしくは「不死の水」というほどの意。それによって人間の至福をいうのである。そして、この法を説くことは、つまるところ、人間の至福にいたる門をひらくことに他ならないとするのである。

ともあれ、ここに、釈尊が説法の決意をかためた消息を語る経の叙述がある。そこで、かの梵天が天界より降《くだ》りきたって釈尊を拝し、その法を説きたまえと勧請したというところは、昔の人々にとっては、ことのほかに気に入っていたらしい。だが、それは、結局するところ、釈尊の胸中においてのことであったはずである。それが、わたしどもにはよく判る。ただ、昔の人々は、そのような素晴らしい決意の成就を描くときには、好んでこのような神話的な表現をとるのである。すなわち、この梵天説話もまた、釈尊の胸中におけるすぐれた決意の成就をとく文学形式としての約束ごとなのである。そして、そのような文学形式の約束ごとを知っておくことが、また、これらの経のよき理解にいたる道なのである。

3

だが、この経に読みいたって、知っておかねばならぬ文学形式上の約束ごとはそれらのみではない。この「有偈品」、すなわち「詩のある経」の集録のなかには、またしばしば、つぎのような様式が見られる。まず、その一例をあげてみよう。その一つの経（南伝　相応部経典　一、六四、結。漢訳　雑阿含経　三六、一九、縛）は、つぎのように述べられてある。

「かようにわたしは聞いた。

ある時、世尊は、サーヴァッティー（舎衛城）のジェータ（祇陀）林なるアナータピンディカ（給孤独）の園にましました。

その時、一人の天神があり、夜もすでに更けたころ、その勝れたる光をもって、くまなくジェータ林を照しながら、世尊のましますところにいたり、世尊を礼拝して、その傍らに坐した。

傍らに坐したその天神は、世尊の御前にあって、偈を説いていった。

「この世はなにによりて縛せらるるや
世の人々はなにを求めて彷徨《さまよ》うや
よくいかなるものを断除せば
涅槃を得たりというべきや」

その時、世尊もまた、偈を説いて仰せられた。

「世間は欲楽によりて縛せられる
人々はただ享楽をもとめて歩く
よく渇愛を離れたるとき
涅槃を得たりというべきなり」

その時、かの天神は、また偈を説いていった。

「まこと久々にしてわれは見たり
なにものをも取著せず嫌厭せず
世の執著をこえきたって
彼岸にいたれる婆羅門を」

そして、その天神は、世尊の説きたもうところを歓喜し、世尊を礼拝して、そこにその姿を没した」

これが、その経の語るところのすべてである。そして、この「有偈品」の第一、「諸天相応」(Devatā-saṃyutta)と称せられる経典群の八十一経のすべては、ことごとくおなじ様式をもって述べられている。また、漢訳においても、ほぼ全経の同本が見出され、おなじような様式をもって語られている。

それは、すべて、祇園精舎でのことであったという。そこに「一人の天神」が釈尊をたずねてやって来る。その状況の描写が、それらの経の特色をなしている。「夜もすでに更けたころ、その勝れたる光をもって、くまなくジェータ林を照しながら、世尊のましますところにいたり」、世尊を礼拝して、世尊の教えを乞うのである。そして、その経では、その天神の問いも、また、釈尊の答えも、ともに偈をもって記されている。

では、いったい、それらの経は、そのような描写をもって何を語らんとしているのであろうか。そのことについては、その「天神」(devatā)ということばの原語が示唆してくれるのである。わたしは、それを一応「天神」と訳した。漢訳では、「天子」もしくは「天」である。だが、その原語の"devatā"にはもっと微妙な意味がふくまれている。それは"state of a deva"、すなわち「神のような人」、つまり、善き人、すぐれたる人を意味している。そして、"deva"ということばには、もともと「輝く」(to shine)という意味がふくまれているので、一人の善き人が、「その勝れたる光をもって、くまなくジェータ林を照しながら」来訪したということになるのである。

ついでにいえば、この「諸天相応」の諸経における「一人の天神」たちは、すべてその名が知られていないのであるが、その「有偈品」の第二、「天子相応」（Devaputta-saṃyutta）と称せられる諸経にみられる天神は、こんどは、すべてその名が知られている。その一つの経（南伝　相応部経典　二、二〇、給孤独。漢訳　雑阿含経　二二、一八、須達生天）は、こんな具合に述べられている。

「かようにわたしは聞いた。

ある時、世尊は、サーヴァッティー（舎衛城）のジェータ（祇陀）林なるアナータピンディカ（給孤独）の園にましました。

その時、アナータピンディカ長者は、病をえて命終り、ツシター（兜率《とそつ》）天に生れて、ツシター天子となったが、還り来って世尊のいますところに到り、世尊を礼拝して、その傍らに坐し、世尊の御許にあって、偈を説いていった。

「こはこれ心地よのジェータの園

聖者のともがらの住むところなり

ここに正法の王者はましします

さればわが胸には歓びぞ湧く」」

その偈は、もうすこしつづく。そして、かの天子はそれを説きおわると、また世尊を礼拝し、「右繞《うにょう》して、そこに姿を没した」という。

やがて、その夜が明けると、釈尊は、比丘たちを呼んでその話を披露した。すると、アーナンダ（阿難）が申しあげた。

「大徳よ、とすると、それは、おそらく、アナータピンディカ天子でございましょう」

「善いかな、善いかな。アーナンダよ、そなたは、そなたによってなしうるかぎりの推理をみごとに営んだのである。アーナンダよ、それは、実にアナータピンディカ天子であったのである」

ともあれ、そこには、このような文学形式をもって語られたるおおくの経がある。その数は、さきの「諸天相応」とこの「天子相応」を併せると一一〇経に及んでいる。しかも、その二つの経典群が、この「有偈品」のトップを占めている。

しかるに、このような文学形式をもって語られた経典群の諸経は、どうやら、かの第一結集において合誦され結集されたものと、かならずしも同類のものではないように思われる。つぎに、そのことについて、すこし述べておかねばならない。

4

釈尊が亡くなられてから程遠からぬころ、第一結集のために、ラージャガハ（王舎城）郊外の山窟の精舎に集まった長老の比丘たちが合誦し結集したところのものは、彼らがその眼をもって仰ぎ、その耳をもって聞いたかの師が説きのこされた「法と律」とであったはずである。

しかるに、いまここに、この「有偈品」を構成するもろもろの相応の諸経の物語るところは、かならずしも、その「法と律」ではないように思われる。たとえば、「拘薩羅相応」(Kosala-saṃyutta)の諸経は、コーサラ(拘薩羅)王パセーナディ(波斯匿)の釈尊への帰依のさまを描いたもの。たとえばまた、「悪魔相応」(Māra-saṃyutta)や「梵天相応」(Brahma-saṃyutta)の諸経は、釈尊の心中の思いを描いたものであって、そのなかには、仏伝の重要な一節をなすものも存する。またたとえば、「婆羅門相応」(Brāhmaṇa-saṃyutta)の諸経は、かの国のふるき宗教者たる婆羅門との接触を描いて興味ふかい。さらに、また、「諸天相応」(Devatā-saṃyutta)や「天子相応」(Devaputta-saṃyutta)の諸経は、おおくの来訪者の消息を、問答の偈をもって記しとどめるなど、まことに興味ふかい。

だが、それらの諸経の描くところは、そのほかの、釈尊の説法を伝えるもろもろの経とは、やはり、その様式を異にし、その雰囲気を異にしている。たとえば、わたしは思い起す。一つの経(南伝　相応部経典　一二、二〇、縁。漢訳　雑阿含経　一二、一四、因縁法)は、つぎのように語りはじめられている。

「かようにわたしは聞いた。

ある時、世尊は、サーヴァッティー(舎衛城)のジェータ(祇陀)林なるアナータピンディカ（給孤独）の園にましました。

その時、世尊は、かように仰せられた。

「比丘たちよ、わたしは汝らのために縁起および縁生の法について説こうと思う。汝らは、それを聞いて、よく考えてみるがよろしい。では、わたしは説こう」

「大徳よ、かしこまりました」

そして、釈尊は説きはじめる。

「比丘たちよ、縁起とはなんであろうか。比丘たちよ、生《しょう》によって老死がある、という。このことは、如来が世に出ようとも、また出まいとも、定まっているのである。……」

それらの経を読んでいると、おのずから、釈尊の説法というものがどのようなものであったか、そのイメージが形成される、それは、まことに理路整然として、教師の講義のごときものであったといってもよい。あるいは、諄々として、噛んで含めるような説法であったといってもよい。しかるに、いま、この「有偈品」にみられる諸経の描くところは、その雰囲気も、その様式も、あるいは、その舞台も、すっかり異なっていることが感ぜられる。

では、どこが、どのように異なっているのであろうか。そこでは、なによりも、伝記的なものへの興味が優越し、あるいは、エピソード風のものへの関心が高まっているように思われる。すでに簡単に言及したことであるが、そこには釈尊とパセーナディ（波斯匿）

王との親しい交わりが、いくつもの経をなしている。あるいは、正覚直後の釈尊の胸中の思いがいろいろと語られている。その中には、仏伝の資料としてきわめて貴重なものもすくなくない。あるいはまた、婆羅門たちとのいろいろの折衝も描かれているし、精舎への来訪者たちとのさまざまの問答も伝えられていて、興味津々たるものがある。そのなかには、さきにも紹介しておいたが、すでに命終ったアナータピンディカ（給孤独）長者が、天界に生をうけてのちも、なお懐しさに堪えず、また地上に帰りきたって祇園精舎を訪れ、「ここに正法の王者はましますす、さればわが胸には歓びぞ湧く」と、偈を誦したという経も存する。そのような経の叙述は、きっと、かの時代の人々の心を喜ばせたにちがいあるまい。そして、それらの経をもって、この『相応部経典』のトップを飾るものとしたのであろうと思う。それが、古き時代の人々のしばしば用いる常套の手段である。だが、それらの諸経は、さきにいうところの、釈尊の説法を集録した諸経と比ぶれば、その成立はやや遅れたものと考えざるをえない。

かくて、いま、わたしどもの思惟方法をもって、この『相応部経典』の諸経を再編するならば、それらはつぎのように、「詩（偈）のある経典群」を最後に配列すべきものであると考えられる。

1　存在の法則（縁起）に関する経典群

2　人間の分析（五蘊）に関する経典群

3　人間の感官（六処）に関する経典群
4　実践の方法（道）に関する経典群
5　詩（偈）のある経典群

では、わたしが、かかる再編成をあえてしようとする所以はなんであるか。それは、それがより合理的であると考えるからであるとともに、もう一つは、そのような編成がえは、すでに、漢訳の訳経者たちが、その翻訳にあたって試みたところであって、わたしもまた、いまその故智に倣わんとするものである。

ただし、そのはじめの四つの経典群の配列は、漢訳の『雑阿含経』においては、すでにいうがごとく、五蘊誦、六入処誦、雑因誦、道誦と配列されているが、そこは、やはり、南伝の『相応部経典』が、因縁品、蘊品、六処品、大品（道品）と配列しておるのが、より合理的であると考えられる。かくて、わたしは、右にいうがごとき編成をもって本書を編集する。

そのほかの文献批判の諸問題については、各品、各相応の開題、および、それぞれの経末に付する注解において述べたいと思う。

口誦文学としての阿含経典

1

阿含経典は口誦伝承の経である。そのことは、「第一結集」もしくは「第一合誦」と称せられる仏滅第一年に行なわれた編集の会議の消息において明らかである。したがって、阿含経典の文学形式は、とうぜん、口誦文学としての文学形式であって、今日わたしどもがつねに接する文字文学の文学形式とは、いろいろの点において大いに異なっている。その異なりのなかでも、もっとも際立ったちがいは、口誦文学における冗長であり、文字文学における簡略である。わたしは、近代文学の一つの特色は省略であると思っているが、それに対して、口誦文学においては繰返しが際立っておおいのである。それについて、わたしは、本居宣長の『玉勝間』のなかの「仏経の文」という短い一文を思い出す。こういっておるのである。

「すべて仏経は、文のいとつたなきものなり、一つに短くいひとらるゝ事を、くだくだしく同じことを長々といへるなど、天竺国の物いひにてもあるべけれど、いとわづらはしうつたなし」

むろん、本居宣長は、阿含経典をゆびさしてこのような批評をしているわけではあるまいが、この批評のことばは、なによりも、阿含経典にぴったりと当て嵌まる。そして、また、その伝統のもとに出来《しゅつらい》したおおくの大乗経典にも該当するであろう。だが、わたしど

も は知らねばならない。口誦文学としての文学形式をもって成った阿含経典には、また、そのような繰返しのおおい冗長な文体が必要であったし、それがまた、人々をして「よく法を把握せしめる」とともに、「長夜《ちょうや》の利益《りやく》と安楽とに人々を導く」ものとなったのである。なんとなれば、彼らは、暗誦によってこの法を持するものであったからである。その暗誦は、一定の〈きまり文句〉(peyyāla = formula)を繰返し繰返しすることによってよく確立するものであるからであり、暗誦によってわが衷《うち》に確立することをえた〈きまり文句〉は、よくその人を「長夜の利益と安楽」とに導くであろうからである。

考えてもみるがよろしい。わたしどもの智慧は、しばしば、書籍のなかにあり、書棚のうえにある。それに反して、彼らの智慧はその胸奥のふかきところにあり、必要なときには、いつでも口を突いて出できたって、彼らを導くことができた。かの地にすでに文字なるものが行なわれるようになっても、彼らがしばらく、「相承《そうじょう》保全のために、法統守護のために」暗誦をつづけてきた所以は、その辺にあったのである。だが、暗誦は、やはり、ともすれば失われやすい。それを支えるものは、やはり繰返しであり、〈きまり文句〉がそれを救い、それを支えるのであった。

かくて、口誦伝承の経としての阿含経典には、わたしどもの思いもかけぬ文学様式が、重要な任を担っているのである。今日阿含経典を読誦するにあたっても、ぜひ、そのことを知っておかねばならない。わたしどもにとっては、じれったいばかりの繰返しや、いたるところに現れてくる〈きまり文句〉が、まことは重き役割を担っているのである。そのことを思わなければならないのである。

それなのに、今日わたしどもの用うるテキストにおいては、しばしば極端な省略が行なわれている。それを、わたしは、残念に思う。なんとなれば、過度の省略は、ついに口誦経典のいのちを圧殺し、その特徴を失わしめるであろうからである。

たとえば、誰も知るように、すべての経典は、つぎのような冒頭の句をもって始められている。

「かようにわたしは聞いた」(パーリ語では"Evam me sutam"、漢訳では「如是我聞」、英訳では"Thus have I heard")

そして、それにつづいて、「ある時、世尊は……にましました」と、時と処とについての叙述がしたがい、さらに、対告衆《たいごうしゅ》、すなわち説法の対象となった人々のこと、および、説法の因縁が述べられて、そして説法の本文に入るのが、すべての経典の前序の構成であるが、そのような経典の定まれる形式は、かの師の教法がその没後はじめて編集されたときの情景を、そのままに反映しているのである。

その時には、かのマハー・カッサパ(摩訶迦葉)が首座に就き、誦出者として選ばれたアーナンダ(阿難)に問うていった。

「友アーナンダよ、世尊の最初の説法はどこで説かれたであろうか」

すると、アーナンダは答えていった。

「かようにわたしは聞いた。ある時、世尊は、バーラーナシー（波羅捺）のイシパタナ・ミガダーヤ（仙人住処・鹿野苑）にましました」

それは、いうまでもない、初転法輪の情景である。それを直々に体験したのは、かの五比丘のほかにはなかったけれども、いまそこに居並ぶ五百人の結集の比丘たちは、みんな、幾度となく、その情景を印象ふかく聞き知っている。その情景が、いま、この場において、アーナンダの誦出によって、この結集において再現されようとしている。それを聞くと、彼らは、たちまち感極まったもののごとく、みんな、涙をうかべて、その場にひれ伏した。「では」ということで、すべての経は、「かようにわたしは聞いた。ある時、世尊は、……」と、そのような冒頭をもって始められることになったという。漢訳『十誦律』（第六十巻）のいうところである。

そのようなことを存じているわたしは、時に、「かようにわたしは聞いた。ある時、世尊は、……」と、声に発してたからかに読誦する。すると、そこには、アーナンダの声があり、また、なみいる長老の比丘たちのすがたがあるように思われる。しかるに、それを、「また同じ」ということで、省略してしまうことは、わたしのとうてい賛成しがたいところである。その点については、漢訳の訳経者たちが、まったくそれらを省略することなくして、「如是我聞、一時仏住舎衛国、祇樹給孤独園……」と、いちいち克明に翻訳している心事を、わたしは高く評価したいと思うのである。なんとなれば、おなじ様式をあかず繰返すということが、それが口誦文学の定法なのであって、それを口誦することによって、言葉が人々を揺り動かすものとなるのである。阿含経典に読みいたるものは、その間の消息を知っていただきたいものであると思う。

ついでにいうならば、大乗経典もまた、すべて、「如是我聞」すなわち「かようにわたしは聞いた」という冒頭をもってはじめられている。だが、その冒頭のことばの意味するところは、阿含経典の場合とはいささか異っている。いまもいうとおり、阿含経典がはじめて編集され、合誦された時には、「かようにわたしは聞いた」というその冒頭のことばは、その文字通りの意味のものであった。だから、結集の比丘たちにとっては、かつてかの師によって説かれた教法が、いまここに再現され合誦される感慨にうたれて、涙に泣きぬれたものがあったとしても、すこしも不思議なことではなかったであろう。だが、大乗経典におけるこの冒頭のことばの意味するところは、もはや、その文字どおりのものではなかったはずである。

では、そこでは、「如是我聞」すなわち「かようにわたしは聞いた」とは、いったい、なにを意味するであろうか。それについてわたしが思い出すのは、かのナーガールジュナ(Nāgārjuna, 龍樹)のことばである。大乗経典のなかにおいて、もっともはやい時代に成立したのは、般若部《はんにゃぶ》の経典であると推定せられているが、彼は、大品般若《だいぼんはんにゃ》、すなわち『摩訶般若波羅蜜経』(Mahāprajñāpāramitā-sūtra) を注釈して、『大智度論』(Mahāprajñāpāramitā-śāstra) 一〇〇巻を制作した。その第一巻において、彼は、「如是我聞、一時……」の句を注釈して、つぎのように述べているのである。

「問うていわく、諸仏の経は、何をもってのゆえに、はじめに〈如是〉の語を称うるや。答えていわく、仏法の大海は、信を能入《のうにゅう》となし、智を能度《のうど》となす。〈如是〉とは、即ちこれ信なり」

わたしは、そのナーガールジュナの注釈をたかく評価するものである。

2

なお、阿含経典には、そのような口誦伝承の経としての定法のほかに、なお、いろいろの〈きまり文句〉がある。ペーッヤーラ (peyyāla = formula) とよばれているものがそれであって、文中や文末にそれがおかれて、ぴたりと口誦をひきしめているようである。では、その二、三の例をあげてみよう。

では、まず、一つの経（南伝　相応部経典　二二、一二、無常。漢訳　雑阿含経　一、一、無常）が記しとどめる「無常」についての説法を見ていただきたい。

「かようにわたしは聞いた。

ある時、世尊は、サーヴァッティー（舎衛城）のジェータ（祇陀）林なるアナータピンディカ（給孤独）の園にましました。

その時、世尊は、もろもろの比丘たちに告げて、「比丘たちよ」と仰せられた。「大徳よ」と彼ら比丘たちは答えた。世尊は、このように説きたもうた。

「比丘たちよ、色《しき》（肉体）は無常である。比丘たちよ、わたしの教えを聞いた聖なる弟子たちは、そのように観て、色を厭い離れる。厭い離るれば、貪欲を離れる。貪欲を離るれば、解脱《げだつ》する。解脱すれば、解脱したとの智を生じて、〈わが迷いの生はすでに尽きた。清浄の行はすでに成った。作すべきことはすでに弁じた。このうえは、もはや迷いの生を繰返すことはないであろう〉と知るのである」

そして、釈尊は、さらに、受《じゅ》（感覚）について、想《そう》（表象）について、行《ぎょう》（意志）について、また、識《しき》（意識）についても、つづいて、まったくおなじ言句を繰返し、それでもってこの経は終っている。

ここに、色といい、また、受・想・行・識というのは、ご存じのとおり、人間を構成する要素を、その肉体的要素（色）と精神的要素（受・想・行・識）の五つの要素にわかって「五蘊」と称しているものであって、よくそれらの要素のすべて無常なることを観ずれば、そこから、厭離・離貪・解脱することをえて、よく解脱智に到達することをうるであろうと説いておられるのであるが、その長からぬ説法のなかには、二つの〈きまり文句〉が見えているのである。まず、その一つは、それぞれの文末にみえる、

「わが迷いの生はすでに尽きた。清浄の行はすでに成った。作すべきことはすでに弁じた。このうえは、もはや迷いの生を繰返すことはないであろう」

との一節である。参考のために申せば、中国の訳経者たちは、それを、

「我生已尽、梵行已立、所作已作、自知不受後有」（我が生すでに尽き、梵行すでに立ち、所作すでに作し、自ら後有《ごう》を受けずと知る）

と訳している。そして、もう一つは、

「わたしの教えを聞いた聖なる弟子たちは、そのように観て、色を厭い離れる。厭い離るれば、貪欲を離れる。貪欲を離るれば、解脱する」

とある。ついでに、その漢訳をも示せば、

「正観者則生厭離、厭離者喜貪尽、喜貪尽者、説心解脱」（正観すれば則ち厭離を生ず、厭離すれば喜貪尽く、喜貪尽きれば、心解脱と説く）

と訳している。さらに、これを簡略にすれば、「厭離・離貪・解脱」となるのである。

そして、この二つの〈きまり文句〉は、ひろく阿含経典のなかに、幾十回、いや、幾百回となく繰返されている。ちなみに、この経は、漢訳においては、『雑阿含経』の第一経として置かれており、また、南伝においては、『相応部経典』の第三、「蘊品」のもっとも重要なところに布置せられておるが、おそらくは、釈尊のおびただしい説法のなかでも、もっとも基本的なものの一つであるといってよいであろう。

3

では、もう一つ、そのような〈きまり文句〉の例をあげておきたいと思う。これも、また、阿含部の経典のなかに、幾十回となくその例を見るところであるが、その一つの経（南伝　相応部経典　七、一一、耕田。漢訳　雑阿含経　四、一一、耕田）は、つぎのような一節をもって、その経のむすびとしている。

「素晴らしいかな、友ゴータマ（瞿曇）よ、素晴らしいかな、友ゴータマよ。たとえば、友ゴータマよ、倒れたるを起すがごとく、覆われたるを露《あらわ》すがごとく、迷える者に道を示すがごとく、あるいは、暗闇のなかに燈火をもたらして、〈眼あるものは見よ〉というがごとく、友ゴータマは、さまざまの方便をもって法を説きたもうた。わたしはいま、世尊なるゴータマと法と比丘僧伽とに帰依したてまつる。願わくは、尊者ゴータマの、わたしを、今日以後、生涯かわることなく帰依したてまつる優婆塞《うばそく》として納《い》れたまわんことを」

それは、「耕田」（Kasi）と呼ばれるバーラドヴァージャ（婆羅堕婆闍）姓の一人の婆羅門が、釈尊と問答のすえ、その場において、ついに帰依するものとなり、その帰依の心情を表白した時のことばであるが、それが、阿含部の経典にみる在家者の帰依表白の〈きまり文句〉である。

その表白は、見らるるとおり、まず「素晴らしいかな、友ゴータマよ」（abhikkantam bho Gotama = excellent friend Gotama）の繰返しをもって始められている。そこで「友」（bho = friend; a familiar term of address to equals or inferiors）という呼び掛けのことばは、同等もしくは目下の者に対する親しみぶかい呼称である。だから、それを不審に思われる向きもあるであろうが、いま、ここに帰依を表白する者はなお在家者としてある。まだ出家してこの師の弟子となったわけではない。この世にあるかぎり、彼はれっきとした婆羅門としてある。インドにおける四姓の最上位にある。その彼が、「素晴らしいかな、友ゴータマよ」と呼び掛けることは、なんの不思議でもないのである。

それよりも、注目していただきたいことは、「たとえば、友ゴータマよ」以下のややながい一節のいうところである。そこには、四つの譬喩的表現をもって、釈尊の説法のありようが語られている。その第一は、「倒れたるを起すがごとく」である。転倒して真相を失するを救うのである。その第二は、「覆われたるを露すがごとく」である。その説くところには、不思議もなく、秘密もないのである。その第三は、「迷える者に道を示すがごとく」である。迷妄をしりぞけ、妄想を克服するのが、その説法のありようであった。そして、その第四には、「暗闇のなかに燈火をもたらして、〈眼あるものは見よ〉というがごとく」とある。これこそ釈尊の説法の特徴をもっとも具体的に語りえたことばであるということをうるであろう。それを後来の仏教者たちは、しばしば「明来闇去《みんらいあんこ》」と語ったこともあった。燈火をかかげて、暗闇の部屋のなかに入る。すると闇はたちまちにして遁《に》げ去ってしまう。そのように、智慧の光の来るところ、無智無明はたちまちに去ってしまう。そのように、仏陀ゴータマは、さまざまの方法をもって法を説きたもうたというのが、彼らの、釈尊の説法にたいする印象であったというのである。

つまり、優婆塞（upāsaka = a lay devotee）、すなわち、在家のままにしてこの師に帰依した人々は、みな、このようにしてこの師の所説によって啓蒙せられ、生涯かわることなく、その教えのもとにあって生を営んだのであった。だが、この師の所説によってついに出家の比丘となった者の場合には、また、別の〈きまり文句〉がある。では、また一つの経（南伝　相応部経典　七、九、孫陀利迦。漢訳　雑阿含経　四四、七、孫陀利）によって、その型をお目にかけると、つぎのようである。

「かくて、比丘の戒を受けてからまもなく、長老バーラドヴァージャは、ひとり静かに隠れ棲んで、放逸ならず、熱心に精進をかさねたので、やがて久しからずして、良家の子が出家の本懐とする無上安穏なる聖なる境地を、よくこの現生において、みずから知り、みずから悟り入ることをえた。かくて、〈わが迷いの生涯はすでに尽きた。清浄なる行はすでに成った。作すべきことはすでに弁じた。このうえは、もはや、かかる迷いの生を繰返すことはないであろう〉と表白することができた。

このようにして、このバーラドヴァージャ姓の婆羅門は、阿羅漢《あらかん》の一人となることをえた」
それは、釈尊がコーサラ（拘薩羅）のスンダリカー（孫陀利迦）という河の畔にとどまっている時のこと。そこに、「スンダリカー」と河の名をもって呼ばれるバーラドヴァージャ（婆羅堕婆闍）姓の婆羅門が訪れてきて、釈尊の教化を受け、ついに、釈尊の許において出家し、比丘の戒を受け、やがて「出家の本懐とする無上安穏なる聖なる境地」に到達した。そのような消息を語る場合の〈きまり文句〉がこれである。なかんずく、そのような無上安穏なる聖なる境地を「この現生において」（diṭṭheva dhamme = in this present life）みずから証得するといっておるところに注目されたいと思う。

ともあれ、そのように、この阿含部の経典には、一定の〈きまり文句〉（peyyāla = formula）がおおい。いたるところに見出される。それが阿含経典の茶飯である。だが、わたしは敢えていわねばならない。もしそのような〈きまり文句〉に出会ったならば、「またか」とそれを省略してはならないのである。むしろ、わが肉声をもってそれを誦するがよいのである。なんとなれば、それは、古代の仏教者たちが、繰返し繰返しして、暗誦によってわが衷《うち》に確立したところであったからであり、わたしどももまた、そこまで到って、はじめて、口誦文学としての阿含経典に、真に読みいたる者となることをうるであろうからである。

存在の法則（縁起）に関する経典群

開題

1

まず『阿含経典』の冒頭第一巻に集録せられるものは、存在の法則、すなわち「縁起」に関する経典群である。

「縁起」(paṭicca-samuppāda)とは、申すまでもなく、釈尊の正覚の内容をいう術語である。釈尊がブッダ(Buddha, 覚者)と称せられるにふさわしい者となったのは、その正覚を成就したその時からのことであり、その正覚を源泉として、そこから、仏教と称せられるもののことごとくが流れ出てくるのである。では、その「縁起」とはどのようなことであろうか。

「縁起」とは、おもしろい言葉である。それは、「縁《よ》りて」(paṭicca = grounded on)ということばと、「起ること」(samuppāda = arising)ということばとが結合して成った言葉である。つまり、なんらかの先行する条件があって生起すること、というほどの言葉であって、それを翻訳して中国の訳経者たちは、「縁起」なる術語を造成したのである。詮ずるところ、それは、一切の存在を関係性によって生成もしくは消滅するものとして捉える存在論である。

いったい、この世に存在するものは、すべて、どのようにして存するのであるか。そのような問題を論ずる学を、近世の思想家たちは、存在者（onta）に関する学という意味をもって、存在論（Ontologie）とよぶ。そして、それには、おおよそ三つの型がある。

その第一は、存在をすべて「造られしもの」と考える型である。「はじめに神天地をつくりたまえり」というあの旧約の「創世記」にしるされる創造神話は、その代表的なものである。

その第二は、それを「有《う》」、すなわち「あるもの」として考える型である。その考え方の典型的なものを、わたしどもは、初期のギリシャ哲学者たちの思索において見出すことができる。彼らはしばしば「自然《フュジス》」について語り、それを説明する「原理《アルケー》」を見出すことにつとめたが、そこで彼らの求めたものはその「質料」、すなわち原物質もしくは元素の追求であった。そこに、わたしどもは、自然科学への道を見出すことができるはずである。

そして、その第三は、それを「生成」、すなわち「なるもの」として考える型である。その時、その「生成」の裏側には、いうまでもなく、また「消滅」がある。「すべては流れる」（Panta rhei）という名文句をのこしたヘラクレイトス（Herakleitos）はその古典的代表者であった。そこでは、「自然」を説明する「原理」は、当然、そのなかに作用する原力もしくは法則として追求せられる。そして、いま釈尊がかの菩提樹下における思索もまた、その型に属するものであったことが知られるのである。

しかるところ、その正覚は、疑いもなく、直観によって得たものである。一つの経（小部経典　自説経　一、一、菩提）は、そのことについて、偈をもって語っていう。

「まことに熱意をこめて思惟する聖者に
　かの万法のあきらかとなれるとき
　かれの疑惑はことごとく消えされり
　有因の法を知れるがゆえなり」

それは、かの禅僧たちの語彙をかりて申すなれば、万法露々《ろろ》としてその真相を呈示したとき、この聖者の疑問はことごとく消えたのだ、という。その表現は、つまるところ、この聖者の正覚が直観によって成立したものであることを語っている。

しかるに、そのような直観とは、すべて受動性のものである。ここでもまた、ある禅僧の表現をかりていうなれば、「自己をはこびて万法を修証《しゆしよう》するを迷《まよい》とす、万法すすみて自己を修証するはさとりなり」である。したがって、その正覚の消息については、釈尊その人にもまた、そのままには語りがたいのである。それが詳細に語られうるのは、それが悟性をもって思いととのえられ、分析せられ、理論づけられてからのことである。そして、釈尊その人の説法もまた、すべてその段階にかかわるものであった。

そこには、縁起とはどのようなことであるかも語られている。それがわれらの問題といかにかかわるかも語られている。それを私はいかに考えたかも語られており、あるいは、汝らはいかに考えるべきかも説かれている。それらのことが、あるいは具体的に語られ、あるいは譬喩をもって説かれている。いまここに集録する「存在の法則（縁起）に関する経典群」は、そのような釈尊の説法の集録である。

2

そこで、申し述べておかねばならぬと思うことは、それらの経典群において、釈尊がこの存在の法則について語られる時に用いられた術語のことである。それはかなり多様であった。なんとなれば、かの師は、そのことを語るにあたって、いろいろの角度から、さまざまの表現をもってそのことを語りたもうたからである。そのなかから、いまは、そのごく一般的なものをとりあげて、簡略な説明を加えておきたいと思う。

a　縁起（paṭicca-samuppāda）　すでにいうがごとく、それは「縁りて起ること」というほどの意のことばであって、それによって、一切の存在の関係性を表現するのである。正覚の内容を表示する術語としては、もっとも一般的であって、わたしもまた、この存在の法則を表現するには、たいてい、この術語によることを旨としておる。

b　縁生《えんしょう》（paticca-samuppanna）「縁起の法則によって生ずる」というほどの意の術語である。経のなかには、しばしば、「苦は縁生なり」などという句がみえる。一切の存在は、すべて縁起の法則によって生ずるものであり、また、縁起の法則によって滅するものであるとする。したがって、また、時に縁滅などという表現に出会うことがあるのである。

c　因縁（nidāna）もと「結びつけられていること」（tying down to）というほどの意のことばであって、それが漢訳においては、「因」または「縁」、あるいは「因縁」と訳されておる。「これあればこれあり、これなければこれなし」といった関係性を表示しているのであって、いま、『相応部経典』における因縁篇（Nidāna-vagga）も、また漢訳における雑因誦（Nidāna-vagga）も、この術語をもってその題目を立てているのである。

d　因（hetu）と縁（paccaya）さきの“nidāna”がしばしば因縁と訳されるのほかに、また“hetu”が因と訳され、“paccaya”が縁と訳されるのが常である。それらの二つの術語は、しばしば、おなじような意味をもって繰返される。たとえば、「色《しき》の生起の因たり縁たるもの、それもまた無常である」（相応部経典　三五、一四二、外の因）というがごとき場合には、その二つの言葉は、とりたてて別の意味をもつものでもないであろう。だが、時に及んでは、その二つの術語はまた、区別して用いられることもあるようである。その場合には、因（hetu）というのは、因果律における先行因子、すなわち、原因結果の関係における原因を意味する。そして、縁（paccaya）というのは、原因結果におけるその関係性そのものをいう言葉として用いられているようである。たとえば、さきにあげた偈に、「有因の法（sahetudhamman）を知れるがゆえなり」とあったが、その有因の法という時における因は、その先行因子としての原因を意味しているようである。それに対して、縁（paccaya）という術語は、もともと、縁起（paṭicca-samuppāda）という時の「縁」（paṭicca＝grounded on）と類縁のことばであって、ひとしく関係性を表示しているようである。その辺の理解については、従来の漢訳経典における把握は、かならずしも十全であったとは思われない。

e　相依性（idappaccayatā）"idappaccayatā"とは「ここに根拠があること」というほどの意であって、それによって、原因結果の関係によって結ばれていることを意味しているのである。中国の訳経者たちは、それを「如是随順縁起」（かくのごとく縁起に随順す）と訳しておる。この用語は、釈尊が縁起の法則を説かれて、「すなわち相依性なり」と語られたものであって、その法則のぎりぎりの定義といってもよいであろう。サーリプッタ（舎利弗）はこれを譬喩をもって、「二つの蘆束はたがいに相依りて立たん」と説いた。

f　最後にもう一つ、つぎのようなきまり文句（peyyāla＝formula）をあげておきたい。「これあればこれあり、これ生ずればこれ生ずこれなければこれなし、これ滅すればこれ滅す」

それを漢訳においては、つぎのように訳している。

「因是有是、此生則生、此滅則滅、此無則無」（是《これ》によりて是あり、此《これ》生ずればすなわち生ず、此滅すればすなわち滅す、此無ければすなわち無し）

わたしは、このきまり文句を「縁起の公式」とよぶ。なんとなれば、一つの経（小部経典　自説経　一、一、菩提）は、正覚の直後、釈尊がまず思いめぐらしたことは、この公式の整備であったと説いている。そして、その後の釈尊が、縁起の問題について説明される場合には、しばしば、この公式によって語っているのである。つまり、一切の存在をこの公式によって思考しうるものが、すなわち、よく縁起の法則を会得したものにほかならないのである。

3

それらの存在の法則（縁起）に関する経典群は、南伝においては、第二巻、因縁篇（Part II Nidāna-vagga）として集録せられている。また、漢訳においては、『雑阿含経』第十二巻―十六巻の間に、第三品、雑因誦として配置せられている。そのなかから、ここに取り上げたものを、『相応部経典』の表示をもって示すならば、つぎのようである。

12　因縁相応（Nidāna-saṃyutta）　　五〇経

13　現観相応（Abhisamaya-saṃyutta）　六経
14　界相応（Dhātu-saṃyutta）　四経
15　無始相応（Anamatagga-saṃyutta）　三経
16　迦葉相応（Kassapa-saṃyutta）　四経
17　利得と供養相応（Lābhasakkāra-saṃyutta）　六経
20　譬喩相応（Opamma-saṃyutta）　三経
21　比丘相応（Bhikkhu-saṃyutta）　一経

計　七七経

そして、その大部分の経は、漢訳においてもその同本を見出すことができる。それらの諸経は、さきにいうところの文献批判を通して選び出されたものであって、後年の増大、加工、改変によって侵されることがすくなく、もっとも原作にちかいものと考えられる。したがって、それらの経に読みいたれば、釈尊の所説のもっとも原初的にして重要なるものに接するであろうことが、期待せられるというものであるが、その中心をなすものは、いうまでもなく、「因縁相応」の五〇経である。

因縁相応

1　法説　南伝　相応部経典　一二、一、法説／漢訳　雑阿含経　一二、一六、法説義説

かようにわたしは聞いた。

ある時、世尊は、サーヴァッティー（舎衛城）のジェータ（祇陀）林なるアナータピンディカ（給孤独）の園にましました。

その時、世尊は、「比丘《びく》たちよ」と呼ばせたまい、彼らもろもろの比丘は、「大徳よ」と答えた。そこで、世尊は、仰せられた。

「比丘たちよ、わたしはいま汝らに縁起*について説こうと思う。汝らはそれをよく聞いて、考えてみるがよろしい。では説こう」

「大徳よ、かしこまりました」

と、彼らもろもろの比丘は答えた。そこで世尊は説いていった。

「比丘たちよ、縁起とは何であろうか。比丘たちよ、*無明《むみょう》によって行《ぎょう》がある。行によっ

て識《しき》がある。識によって名色《みようしき》がある。名色によって六処《ろくしよ》がある。六処によって触《そく》がある。触によって受《じゆ》がある。受によって愛がある。愛によって取《しゆ》がある。取によって有《う》がある。有によって生がある。生によって老死・愁・悲・苦・憂・悩が生ずる。かかるものが、すべての苦の集積によって起るところである。比丘たちよ、これを縁によって起るとはいうのである。

比丘たちよ、また、無明を余すところなく離れ滅することによって行は滅する。行を滅することによって識は滅する。識を滅することによって名色は滅する。名色を滅することによって六処は滅する。六処を滅することによって触は滅する。触の滅することによって受は滅する。受の滅することによって愛は滅する。愛の滅することによって取が滅する。取の滅することによって有が滅する。有の滅することによって生が滅する。生の滅することによって老死・愁・悲・苦・憂・悩が滅する。かかるものが、すべての苦の集積のよって滅するところである」

世尊は、そのように説きたもうた。彼らもろもろの比丘たちは、世尊の説かせたもうところを聞いて、みな歓喜して受納した。

注解　法説（Desanā＝instruction）とは、法を説くこと、すなわち説法である。そして、ここでは、世尊は、縁起について説法をなされている。しかも、それは、縁起についての説法のもっとも基本的なものということをうるであろう。

＊縁起　開題を参照されたい。

＊無明・行・識・名色・六処・触・受・愛・取・有・生・老死　これを十二縁起もしくは十二因縁という。その各支の説明については、つぎの経「分別」を参照されたい。

2　分別　南伝　相応部経典　一二、二、分別／漢訳　雑阿含経　一二、一六、法説義説

かようにわたしは聞いた。

ある時、世尊は、サーヴァッティー（舎衛城）のジェータ（祇陀）林なるアナータピンディカ（給孤独）の園にましました。その時、世尊は、比丘たちに告げていった。

「比丘たちよ、わたしはいま汝らのために、縁起を分析して説こうと思う。汝らはよくそれを聞いて、考えてみるがよろしい」

比丘たちは、

「大徳よ、かしこまりました」

と答えた。世尊は説いていった。

「比丘たちよ、縁起とはなんであろうか。

比丘たちよ、無明によりて行がある。行によりて識がある。識によりて名色がある。

名色によりて六処がある。六処によりて触がある。触によりて受がある。受によりて愛がある。愛によりて取がある。取によりて有がある。有によりて生がある。生によりて老死があり、愁・悲・苦・憂・悩がある。かくのごときがこの苦の集積のよってなれるところである。

では、比丘たちよ、老死とはなんであろうか。生きとし生けるものが、老い衰え、朽ちやぶれ、髪しろく、皺生じて、齢かたむき、諸根やつれたる、これを老というのである。また、生きとし生けるものが、命おわり、息絶え、身軀やぶれて、死して遺骸となり、棄てられたる、これを死というのである。かくのごとく、この老いとこの死とを、比丘たちよ、老死というのである。

また、比丘たちよ、生とはなんであろうか。生きとし生けるものが、生れて、身体の各部あらわれ、手足そのところをえたる、比丘たちよ、これを生というのである。

また、比丘たちよ、有（存在）とはなんであろうか。比丘たちよ、それには三つの存在がある。欲界すなわち欲望の世界における存在と、色界すなわち物質の世界における存在と、無色界すなわち抽象の世界における存在である。比丘たちよ、これを有というのである。

比丘たちよ、また、取（取著《しゆじやく》）とはなんであろうか。比丘たちよ、それには四つの取著がある。欲にたいする取著、見《けん》（所見）にたいする取著、戒（戒禁）にたいする取著、我《が》にたいする取著がそれである。比丘たちよ、これを取というのである。

比丘たちよ、では、愛*（渇愛）とはなんであろうか。比丘たちよ、それには六つの渇愛がある。物にたいする渇愛、声にたいする渇愛、香にたいする渇愛、味にたいする渇愛、感触にたいする渇愛、法*にたいする渇愛がそれである。比丘たちよ、それを愛というのである。

比丘たちよ、では、受（感覚）とはなんであろうか。それには六つの感覚がある。眼の接触によりて生ずる感覚、耳の接触によりて生ずる感覚、鼻の接触によりて生ずる感覚、舌の接触によりて生ずる感覚、身の接触によりて生ずる感覚、ならびに意の接触によりて生ずる感覚がそれである。比丘たちよ、これを受というのである。

比丘たちよ、では、触（接触）とはなんであろうか。比丘たちよ、それには六つの接触がある。すなわち、眼による接触、耳による接触、鼻による接触、舌による接触、身による接触、および意による接触がそれである。比丘たちよ、これを触というのである。

比丘たちよ、では、六処（六根六境によってなる認識）とはなんであろうか。眼の認識と、耳の認識と、鼻の認識と、舌の認識と、身の認識と、意の認識とである。比丘たちよ、これを六処というのである。

比丘たちよ、では、名色*（五蘊《ごうん》）とはなんであろうか。受（感覚）と想（表象）と思（思惟）と触（接触）と作意（意志）と、これを名というのである。また、四大種

(地・水・火・風)およびそれによって成れるもの、これを色というのである。つまり、そのような名とそのような色とを、名色というのである。

比丘たちよ、では、識(識別する作用)とはなんであろうか。比丘たちよ、それには六つの識がある。すなわち、眼識と耳識と鼻識と舌識と身識と意識とがそれである。比丘たちよ、これを識というのである。

比丘たちよ、では、行(意志のうごき)とはなんであろうか。比丘たちよ、それには三つの行がある。すなわち、身における行と、口における行と、心における行とがそれである。比丘たちよ、これを行というのである。

比丘たちよ、では、無明(無智)とはなんであろうか。比丘たちよ、苦についての無智、苦の生起についての無智、苦の滅尽についての無智、および苦の滅尽にいたる道についての無智である。比丘たちよ、これを無明というのである。

比丘たちよ、かくのごとくにして、無明によりて行がある。行によりて識がある。……これがこのすべての苦の集積のよりてなるところである。また、無明をあますところなく滅することによって行は滅する。行を滅することによって識は滅する。……これがこのすべての苦の集積のよりて滅するところである」

注解　分別(Vibhanga = division)とは、分つこと、分析である。十二縁起の各支を、一つずつとりあげて説明しているのである。したがって、そこには、仏教術語の基本的なものが、簡明に説かれている。珍重すべき経である。

＊愛（taṇhā = thirst）　渇愛と訳する。欲望の激せるありようを喉の渇きに比していうことばである。

＊法（dhamma）　観念というほどの意。

＊名色（nāmarūpa = name and shape）　五蘊すなわち人間存在である。五蘊のうち、受・想・行・識の四は、ただ名をもって知られる。ただ、色蘊は物質であって形をもって知られる。人間はそれらの構成するところである。

3　道跡　南伝　相応部経典　一二、三、道跡

かようにわたしは聞いた。

ある時、世尊は、サーヴァッティー（舎衛城）のジェータ（祇陀）林なるアナータピンディカ（給孤独）の園にましました。

その時、世尊は、このように仰せられた。

「比丘たちよ、わたしは、汝らのために、正しからぬ道と正しい道とを説こうと思う。汝らは、それを聞いて、よく考えてみるがよろしい」

「大徳よ、かしこまりました」

と、彼ら比丘たちは世尊に答えた。世尊はつぎのように説かれた。

「比丘たちよ、正しからぬ道とは何であろうか。

比丘たちよ、無明によって行がある。行によって識がある。識によって名色がある。名色によって六処がある。六処によって触がある。触によって受がある。受によって愛がある。愛によって取がある。取によって有がある。有によって生がある。生によって老死・愁・悲・苦・憂・悩が生ずる。かくのごときが、このすべての苦の集積のよって起るところである。

比丘たちよ、これを正しからぬ道というのである。

比丘たちよ、では、正しい道とは何であろうか。

比丘たちよ、無明を余すところなく滅することによって行は滅する。行を滅することによって識は滅する。識を滅することによって名色は滅する。名色を滅することによって六処は滅する。六処を滅することによって触は滅する。触の滅することによって受は滅する。受の滅することによって愛は滅する。愛の滅することによって取が滅する。取の滅することによって有が滅する。有の滅することによって生が滅する。生の滅することによって老死・愁・悲・苦・憂・悩が滅する。かくのごときが、このすべての苦の集積のよって滅するところである。

比丘たちよ、これを正しい道というのである」

注解　道跡（Paṭipadā = the way of reaching the goal）とは、そこに到る道の意である。世尊の説きたもうところは、この苦なる人間存在のよりて滅するところであるが、そこに到るには、正しからぬ道があり、また、正しき道がある。それを説くのがこの経の内容である。

4　ヴィパッシー（毘婆尸）

南伝　相応部経典　一二、四、毘婆尸／漢訳　雑阿含経　一五、二—三、毘婆尸等

かようにわたしは聞いた。

ある時、世尊は、サーヴァッティー（舎衛城）のジェータ（祇陀）林なるアナータピンディカ（給孤独）の園にましました。

その時、世尊は、このように仰せられた。

「比丘たちよ、かの世尊、応供《おうぐ》、正等覚者《しょうとうがくしゃ》にましますヴィパッシー（毘婆尸）仏は、その正覚のまえ、いまだ正覚を成ぜずして菩薩*であった時、じっとかように思念したもうた。

〈まことにこの世間は苦のなかにある。生れ、老い、衰え、死して、また生れ、それでもなお、この苦を出離することを知らず、この老死を出離することを知らない。い

ったい、いつになったら、この苦の出離を知り、この老死を出離することを知ることができるであろうか〉

比丘たちよ、その時、ヴィパッシー菩薩は、かように考えたもうた。

〈なにがあるがゆえに、老死があるのであろうか。なにによって老死があるのであろうか〉

比丘たちよ、その時、ヴィパッシー菩薩は、正しい思惟と智慧とをもって、かように解することをえられた。

〈生があるがゆえに、老死があるのである。生によって老死があるのである〉

比丘たちよ、その時、ヴィパッシー菩薩は、またかように考えたもうた。

〈なにがあるがゆえに、生があるのであろうか。なにによって生があるのであろうか〉

比丘たちよ、その時、ヴィパッシー菩薩は、正しい思惟と智慧とによって、かように解することをえられた。

〈有《う》があるがゆえに、生があるのである。有によって生があるのである〉

（以下、有・取・愛・受・触・六処・名色・識・行についての追究とその理解とが重ねて説かれる）

比丘たちよ、その時、ヴィパッシー菩薩は、正しい思惟と智慧とによって、かように解することをえられた。

〈無明があるがゆえに、行があるのである。無明によって行があるのである〉

そのようにして、比丘たちよ、この無明によって行がある。行によって識がある。識によって名色がある。名色によって六処がある。六処によって触がある。触によって受がある。受によって愛がある。愛によって取がある。取によって有がある。有によって生がある。また生によって老死があり、愁・悲・苦・憂・悩が生ずる。かくのごときが、このすべての苦の集積のよって起るところである。

比丘たちよ、その時、ヴィパッシー菩薩は、〈これが縁《よ》りてなるところである。これが縁りてなるところである〉と、いまだかつて聞いたこともない真理に、眼をひらき、智を生じ、慧を生じ、悟りを生じ、光明を生ずることをえた」

「比丘たちよ、その時、ヴィパッシー菩薩は、かように考えられた。

〈なにがなければ、老死がないのであろうか。なにを滅すれば、老死が滅するのであろうか〉

比丘たちよ、その時、ヴィパッシー菩薩は、正しい思惟と智慧とによって、かように解することをえられた。

〈生がなければ、老死はないのである。生を滅することによって、老死を滅すること

をうるのである〉

比丘たちよ、その時、ヴィパッシー菩薩は、またこのように考えられた。

〈なにがなければ、生がないであろうか。なにを滅すれば、生を滅することをうるであろうか。〉

比丘たちよ、その時、ヴィパッシー菩薩はまた、正しい思惟と智慧とをもって、かように解することをえられた。

〈有がなければ、生はないのである。有を滅することによって、生を滅することをうるのである〉

（以下、有・取・愛・受・触・六処・名色・識・行の滅についての追究とその理解とが重ねて説かれる）

比丘たちよ、その時、ヴィパッシー菩薩はまた、正しい思惟と智慧とによって、かように解することをえたもうた。

〈無明がなければ、行はないのである。無明を滅することによって、行を滅することができるのである〉

そのようにして、比丘たちよ、この無明の滅によって行の滅がある。行の滅によって識の滅がある。識の滅によって名色の滅がある。名色の滅によって六処の滅がある。六処の滅によって触の滅がある。触の滅によって受の滅がある。受の滅によって愛の滅がある。愛の滅によって取の滅がある。取の滅によって有の滅がある。有の滅によって生の滅がある。生の滅によって、老死の滅があり、愁・悲・苦・憂・悩の滅があるのである。かくのごときが、このすべての苦の集積の滅にいたるところである。

比丘たちよ、その時、ヴィパッシー菩薩は、〈これで滅することができるのだ。これで滅することができるのだ〉と、いまだかつて聞いたこともない真理に、眼をひらき、智を生じ、慧を生じ、悟りを生じ、光明を生ずることをえたのである」

注解 ヴィパッシー（毘婆尸《びばし》、Vipassi）とは、いわゆる過去七仏の第一仏であり、その仏もまた縁起の法則をもって道を証したとするのであって、つづく五経もまた、それぞれの過去仏について、おなじ思惟の内容を語っているが、それらは略する。これらの経の成立は、むろん最初期のものとは考えられないが、なお、かなり早い時期の成立に属するものと考えられる。

＊菩薩（bodhisatta = bodhi-being） 音写して菩《ぼ》提薩埵《だいさった》、略して菩薩とする。また、意訳して道衆生という。仏道を修して仏果を志求する者をいう。

5 大釈迦牟尼瞿曇

南伝 相応部経典 一二、一〇、大釈迦牟尼瞿曇／漢訳 雑阿含経 一二、三、仏縛*

かようにわたしは聞いた。

ある時、世尊は、サーヴァッティー〔舎衛城〕のジェータ〔祇陀〕林なるアナータピンディカ〔給孤独〕の園にましました。その時、世尊は、もろもろの比丘たちに告げていった。

「比丘たちよ、わたしはまだ正覚を成就しない菩薩であったころ、心ひたすらにかように考えた。〈まことにこの世間は苦のなかにある。生れ、老い、衰え、死し、また生れ、それでもなお、この苦を出離することを知らず、この老死を出離することを知らない。いったい、いつになったらこの苦の出離を知り、この老死の出離を知ることができようか〉と。

比丘たちよ、その時、わたしはかように考えたのである。〈なにがあるがゆえに、老死があるのであろうか。なにに縁って老死があるのであろうか〉と。比丘たちよ、その時、わたしは、正しい思惟と智慧とをもって、かように解することをえた。〈生があるがゆえに老死があるのである。生に縁って老死があるのである〉と。

比丘たちよ、その時、わたしはまたかように考えたのである。〈なにがあるがゆえに生があるのであろうか。なにに縁って生があるのであろうか〉と。比丘たちよ、その時、わたしはまた、正しい思惟と智慧とをもって、かように解することをえた。〈有があるがゆえに生があるのである。有に縁って老死があるのである〉と。

〔以下、有・取・愛・受・触・六処・名色・識・行についての追究とその理解とが重

ねて説かれる）

比丘たちよ、その時、わたしはまた、正しい思惟と智慧とをもって、かように解することをえた。〈無明があるがゆえに行があるのである。無明に縁って行があるのである〉と。

そのようにして、比丘たちよ、無明によって行がある。行によって識がある。識によって名色がある。名色によって六処がある。六処によって触がある。触によって受がある。受によって愛がある。愛によって取がある。取によって有がある。有によって生がある。生によって老死があり、愁・悲・苦・憂・悩が生ずるのである。これがすべての苦の集積のよりて成るところである。

比丘たちよ、〈これが縁りてなるところである。これが縁りてなるところである〉と、まだ聞いたこともない真理に、わたしは眼をひらき、智を生じ、慧を生じ、悟りを生じ、光明を生ずることをえた」

「比丘たちよ、その時、またわたしは、かように考えたのである。〈なにがなければ、老死がないのであろうか。なにを滅すれば、老死を滅することをうるであろうか〉と。比丘たちよ、その時、わたしはまた、正しい思惟と智慧とをもって、かように解することをえた。〈生がなければ、老死はないのである。生を滅することによって、老死を滅することをうるのである〉と。

比丘たちよ、その時、わたしはまた、かように考えたのである。〈なにがなければ、生がないであろうか。なにを滅すれば、生を滅することをうるであろうか〉と。比丘たちよ、その時、わたしはまた、正しい思惟と智慧とをもって、かように解することをえた。〈有がなければ、生はないのである。有を滅することによって、生を滅することをうるのである〉と。

比丘たちよ、そのようにして、無明の滅によって行の滅がある。行の滅によって識の滅がある。識の滅によって名色の滅がある。名色の滅によって六処の滅がある。六処の滅によって触の滅がある。触の滅によって受の滅がある。受の滅によって愛の滅がある。愛の滅によって取の滅がある。取の滅によって有の滅がある。有の滅によって生の滅がある。生の滅することによって、老死の滅があり、愁・悲・苦・憂・悩が滅するのである。これがすべての苦の集積の滅する所以である。

比丘たちよ、〈これで滅することができるのだ。これで滅することができるのだ〉と、いまだかつて聞いたこともない真理に、わたしは眼をひらき、智を生じ、慧を生じ、悟りを生じ、光明を生ずることをえた」

注解　大釈迦《だいしやか》牟尼《むに》瞿曇《ぐどん》（Mahā-Sakyamuni Gotama）とは、いうまでもなく釈尊その人のことである。だが、この荘厳なる表現は、初期の経典にはあまり見受けられない。では、ここにこの荘厳なる表現をもちいる理由はなにか。その理由をたずぬれば、ここでは、釈尊もまた過去七仏の一位として語られているからであろう。ただ、この経においてのみは、釈尊はやはり、「わたしは」と語りいでておられる。そこに、他の六経とはまったく異なって、釈尊その人のいきいきとした思惟の内容がうかがわれる。

＊仏縛　漢訳に「仏縛」というふしぎな経題がみえているが、それは、経中の「心不縛著、愛則滅、愛滅則取滅……」（心縛著《ばくじやく》せざれば、愛すなわち滅す。愛滅すればすなわち取滅す。……）の句によるものであろう。

6　食　南伝　相応部経典　一二、一一、食／漢訳　雑阿含経　一五、九、食

かようにわたしは聞いた。

ある時、世尊は、サーヴァッティー（舎衛城）のジェータ（祇陀）林なるアナータピンディカ（給孤独）の園にましました。

その時、世尊は、比丘たちに告げて仰せられた。

「比丘たちよ、これらの四つの食物があり、それらが生きとし生ける者を養い、その生を維持せしめるのである。

その四つの食物とはなんであろうか。それは、一つには、固体もしくは液体の食物である。二つには、接触という食物である。三つには、意思*という食物である。四つには、意識という食物である。比丘たちよ、これらの四つの食物が、生きとし生ける者を養い、その生を維持せしめるのである。

比丘たちよ、では、これらの四つの食物は、なにをその因となし、どこから生じてくるのであり、なにが生ぜしめ、なにが起すのであろうか。比丘たちよ、これらの四つの食物は、愛を因となし、愛から起ってくるのであり、愛がそれらを生ぜしめ、愛がそれらをあらしめるのである。

比丘たちよ、では、その愛は、なにをその因となし、どこから生じてくるのであり、なにが生ぜしめ、なにが起すのであろうか。比丘たちよ、その愛は、受を因となし、受から起るのであり、受がそれを生ぜしめ、受がそれをあらしめるのである。

比丘たちよ、では、その受は、なにをその因となし、どこから生ずるのであり、なにがそれを生ぜしめ、なにがそれを起すのであろうか。比丘たちよ、その受は、触を因となし、触から起るのであり、触がそれを生ぜしめ、触がそれを起すのである。

（以下、さらに、触・六処・名色・識・行についても、おなじような説明が繰返される）

比丘たちよ、では、その行は、なにをその因となし、どこから生ずるのであり、なにがそれを生ぜしめ、なにがそれを起すのであろうか。比丘たちよ、その行は、無明を因となし、無明から起るのであり、無明がそれを生ぜしめ、無明がそれを起すのである。比丘たちよ、そのようにして、無明によりて行がある。行によりて識がある。……かくのごときが、このすべての苦の集積のよって起るところである。

また、比丘たちよ、無明をあますところなく滅することによって行は滅する。行の滅することによって識は滅する。……かくのごときが、すべての苦の集積のよって滅するところである」

注解　食（Āhārā = feeding, food）とは食物、養うものである。だが、ここでいうところの食とは、人間の身体を養う「固体もしくは液体の食物」のみではない。ここでは、むしろ、人間の精神的なるもの、欲望とか、意思とか、意識などについて、それらを生ぜしめるものについて語っておるのであり、それをいかに処理すべきかについて語っているのである。

なお、以下の九経は、すべてそのような問題を取扱っているので、『相応部経典』ではそれらを一括して「食品《じきぼん》」（Āhāra-vagga）と称している。

＊意思（manosañcetanā = representative cogitation）心に描いて思うこと。表象（想）に近いのであるが、漢訳にしたがって意思と訳した。

7 パッグナ（破群那）

南伝　相応部経典　一二、一二、破群那／漢訳　雑阿含経　一五、一〇、頗求那

かようにわたしは聞いた。

ある時、世尊は、サーヴァッティー（舎衛城）のジェータ（祇陀）林なるアナータピンディカ（給孤独）の園にましました。

その時、世尊は、比丘たちに告げて仰せられた。

「比丘たちよ、これらの四つの食物がある。それらが生きとし生ける者を養い、その生を維持せしめるのである。

その四つの食物とはなんであろうか。それは、一つには、固体もしくは液体の食物である。二つには、接触という食物である。三つには、意思という食物である。四つには、意識という食物である。比丘たちよ、これらの四つの食物が、生きとし生ける者を養い、その生を維持せしめるのである」

世尊がそのように語られた時、長老モーリヤ・パッグナ（牟犁破群那）は、世尊に申しあげた。

「大徳よ、誰がその意識という食物を食するのでありましょうか」

すると、世尊は仰せられた。

「それは適当な問いではない。わたしは誰かが〈食する〉とはいわない。もしわたしが

そういったならば、〈大徳よ、誰が食するか〉との問いは正しいであろう。だが、わたしはそうはいわない。だから、そうはいわないわたしには、ただ、〈大徳よ、どうして意識という食物があるか〉と問うべきである。それが適当な問いというものである。そうすれば、適当な答えもありうる。〈意識という食物は、未来の新しい存在・新しい生の条件である。それがあるがゆえに六処があり、また六処があるゆえに触があるのだ〉と」

すると、長老モーリヤ・パッグナは、さらに申しあげた。

「大徳よ、では、誰が触れるのでありましょうか」

世尊は仰せられた。

「それは適当な問いではない。わたしは誰かが〈触れる〉とはいわない。もしわたしがそういったならば、〈大徳よ、誰が触れるか〉との問いは適当であろう。だが、わたしはそうはいわない。だから、そうはいわないわたしには、ただ、〈大徳よ、なにによって触があるか〉と問うべきである。それが適当な問いというものである。そうすれば、適当な答えもありうる。〈六処によって触があり、触によって受があるのである〉と」

すると、長老モーリヤ・パッグナは、さらに問うていった。

「大徳よ、では、誰が感ずる*のでありましょうか」

世尊は仰せられた。

「そのような問いは適当ではない。わたしは誰かが〈感ずる〉とはいわない。もしもわたしがそういったならば、〈大徳よ、誰が感ずるか〉との問いは適当であろう。だが、わたしはそうはいわない。そうはいわないわたしには、ただ、〈大徳よ、なにによって受があるか〉と問うべきである。それが適当な問いというものである。そうすれば、適当な答えもありうる。〈触によって受があり、受によって愛がある〉と」

すると、長老モーリヤ・パッグナは、また問うていった。

「大徳よ、では、誰が渇*くのでありましょうか」

世尊は仰せられた。

「そのような問いは適当ではない。わたしは、誰かが〈渇する〉とはいわない。もしもわたしがそういったのならば、〈大徳よ、誰が渇くのか〉との問いは適当であろう。だが、わたしはそうはいわない。そうはいわないわたしには、ただ、〈大徳よ、なにによって愛があるのか〉と問うべきである。それが適当な問いというものである。そうすれば、適当な答えもありうる。〈受によって愛があり、愛によって取がある〉と」

すると、また、長老モーリヤ・パッグナは問うていった。

「大徳よ、では、誰が取著《しゆじやく》するのでありましょうか」

世尊は仰せられた。

「そのような問いは適当ではない。わたしは、誰かが〈取著する〉とはいわない。もしもわたしがそういったならば、〈大徳よ、誰が取著するか〉との問いも適当であろう。だが、わたしはそうはいわない。そうはいわないわたしには、ただ、〈大徳よ、なにによって取があるか〉と問うべきである。それが適当な問いというものである。そうすれば、適当な答えもありうる。〈愛によって取があり、取によって有がある〉と。かくのごときが、すべての苦の集積のよって生ずるところである。

パッグナよ、六処をあますところなく滅することによって触は滅する。触の滅することによって受は滅する。受の滅することによって愛は滅する。愛の滅することによって取は滅する。取の滅することによって有は滅する。有の滅することによって生は滅する。生の滅することによって老死・愁・悲・苦・憂・悩は滅する。かくのごときが、このすべての苦の集積の滅する所以である」

注解　パッグナ（破群那、Phagguna）とは、モーリヤ・パッグナ（牟犁破群那）なる一人の弟子の名による題目である。彼はその師に見当ちがいの問いを呈して、正しい問い方と正しい答えをおしえられたのであるが、それが縁起についての正しい考え方である。

＊感ずる（vediyati＝to feel）　受（感受、vedanā）の動詞であって、その作用について語っているのである。

＊渇く（tasati＝to be thirsty）　渇愛（taṇhā＝thirst）の動詞であって、その作用について語

っているのである。

8　沙門・婆羅門

南伝　相応部経典　一二、一三、沙門婆羅門／漢訳　雑阿含経　一四、一〇—一一、沙門婆羅門

かようにわたしは聞いた。

ある時、世尊は、サーヴァッティー（舎衛城）のジェータ（祇陀）林なるアナータピンディカ（給孤独）の園にましました。

その時、世尊は、比丘たちに告げて仰せられた。

「比丘たちよ、いかなる沙門《しゃもん》あるいは婆羅門《ばらもん》といえども、老死を知らず、老死の生起を知らず、老死の滅尽を知らず、老死の滅尽にいたる道を知らず、あるいは、生を知らず、……有を知らず、……取・愛・受・触・六処・名色・識・行を知らず、行の生起を知らず、行の滅尽を知らず、行の滅尽にいたる道を知らざる沙門あるいは婆羅門は、比丘たちよ、彼らは、沙門にしてまさしくは沙門にあらず、婆羅門にしてまさしくは婆羅門にあらず。また、彼らは、沙門たることの意味、あるいは婆羅門たることの意味を、現にみずから知り、みずからそれを実現して生きているものではないのである。

また、比丘たちよ、いかなる沙門あるいは婆羅門といえども、老死を知り、老死の生起を知り、老死の滅尽を知り、老死の滅尽にいたる道を知り、あるいは、生を知り、

……有を知り、……取・愛・受・触・六処・名色・識・行を知り、行の生起を知り、行の滅尽を知り、行の滅尽にいたる道を知れる沙門あるいは婆羅門は、比丘たちよ、彼らは、沙門としてまさしく沙門であり、婆羅門としてまさしく婆羅門である。また、彼らは、沙門たることの意味、あるいは婆羅門であることの意味を、現にみずから知り、みずからそれを実現して生きているのである」

注解 沙門（Samaṇa）と婆羅門（Brāhmaṇa）とは、かの時代における思想家もしくは宗教者をいう言葉であって、釈尊はしばしば、その両者をつらねて、当時の思想家・宗教者の総称として語った。そして、いまここでは、縁起の道理を知らざるものは、沙門・婆羅門と称しても、まさしくは沙門・婆羅門たるものにあらずと語っているのである。

このような題目とこのような趣旨の説法は、そのほかにも、しばしば、阿含部の諸経に見るところである。

9 カッチャーヤナ（迦旃延）

南伝 相応部経典 一二、一五、迦旃延氏／漢訳 雑阿含経 一二、一九、迦旃延

かようにわたしは聞いた。

ある時、世尊は、サーヴァッティー（舎衛城）のジェータ（祇陀）林なるアナータピン

ディカ（給孤独）の園にましました。

その時、尊者カッチャーヤナ（迦旃延）は、世尊のましますところにいたり、世尊を礼拝して、その傍らに坐した。

その傍らに坐した尊者カッチャーヤナは、世尊に申しあげた。

「大徳よ、*正見《しょうけん》、正見と申しますが、大徳よ、正見とはいったい、どういうことでございましょうか」

「カッチャーヤナよ、この世間の人々は、たいてい、有か無かの二つの極端に片寄っている。

カッチャーヤナよ、正しい智慧によって、あるがままにこの世間に生起するものをみるものには、この世間には無というものはない。また、カッチャーヤナよ、正しい智慧によって、あるがままにこの世間から滅してゆくものをみるものには、この世間には有というものはない。

カッチャーヤナよ、この世間の人々は、たいてい、その愛執するところやその所見に取著し、こだわり、とらわれている。だが、聖なる弟子たるものは、その心の依処に取著し、振りまわされて、〈これがわたしの我《が》なのだ〉ととらわれ、執著し、こだわるところがなく、ただ、苦が生ずれば苦が生じたと見、苦が滅すれば苦が滅したと見て、惑わず、疑わず、他に依ることがない。ここに智が生ずる。カッチャーヤナよ、かくのごときが正見なのである。

カッチャーヤナよ、〈すべては有である〉という。これは一つの極端である。また、〈すべては無である〉という。これももう一つの極端である。

カッチャーヤナよ、如来はこれら二つの極端を離れて、中《ちゅう》によって法を説くのである。

無明によって行がある。行によって識がある。……かくのごときが、このすべての苦の集積のよりてなる原因である。また、無明を余すところなく滅することによって行の滅がある。行が滅するがゆえに識の滅がある。……かくのごときが、このすべての苦の集積の滅である」

注解　カッチャーヤナ（Kaccāyana, 迦旃延）とは、この経における質問者の名をもって経題としたものである。彼は、ウジェーニー（烏惹你）の出身。後年仏十大弟子の一に数えられ、論議第一と称せられた。この経における彼の質問は「正見」であって、釈尊はそれに答うるに、二辺を離れ、中によりて立ち、縁起の法則によって見るべきことを教えている。
漢訳においては、その説法の場処を、「那梨聚落深林中待賓舎」となす。那梨聚落（Nādika）とは、ヴィデーハ（鞞提訶）の一村落である。
＊正見（sammādiṭṭhi = right views）　いわゆる八正道《はっしょうどう》の第一項目であり、その基体であると称せられる。

10 説法者

南伝　相応部経典　一二、一六、説法者／漢訳　雑阿含経　一四、二三一二

四、説法

かようにわたしは聞いた。

ある時、世尊は、サーヴァッティー（舎衛城）のジェータ（祇陀）林なるアナータピンディカ（給孤独）の園にましました。

その時、ひとりの比丘は、世尊のもとにいたり、世尊を礼拝して、その傍らに坐した。その傍らに坐したかの比丘は、世尊に申しあげた。

「大徳よ、よく説法者、説法者と申しますが、いったい、説法者とはなんでありましょうか」

世尊は仰せられた。

「もし比丘が、老死について、それを厭い離るべきこと、貪りを離るべきこと、そしてそれを滅すべきことを説くならば、彼はまさしく法を説く比丘と称されることができる。

また、もし比丘が、老死について、それを厭い離れること、貪りを離れること、そして、よくそれを滅することを行ずるならば、彼はまさしく正法を行ずる比丘と称されることができる。

また、もし比丘が、老死について、それを厭い離れ、貪りを離れ、それを滅しつくし

て、執著するところなく、解脱することをえたならば、彼はまさしくこの世*において涅槃に達した比丘と称されることができるのである。

また、もし比丘が、生について……、もし比丘が、有について……、もし比丘が、取について……、もし比丘が、愛について……、もし比丘が、受・触・六処・名色・識・行・無明について、それを厭い離るべきこと、貪りを離るべきこと、そして、それを滅すべきことを説くならば、彼はまさしく法を説く比丘と称せられることをうるであろう。

また、もし比丘が、無明について、それを厭い離れること、貪りを離れること、そして、よくそれを滅することを行ずるならば、彼はまさしく正しき法を行ずる比丘と称されることをうるであろう。

また、もし比丘が、無明について、それを厭い離れ、貪りを離れ、それを滅しつくして、執著するところなく、解脱することをえたならば、彼はまさしくこの世において涅槃に達した比丘と称されることができるのである」

注解　説法者（Dhammakathika＝one who preaches the dhamma）とは、よく正しく法を説く者の意。ある日、祇園精舎にあって、そのことについて問う比丘があった時、釈尊がそれに答えて説かれたのがこの教法である。

＊この世において涅槃に達した（diṭṭhadhammanibbāna＝nibbāna in this world）漢訳においい

ては、これを「現法涅槃」と訳した。この世において涅槃を実現することをいう。

南伝　相応部経典　一二、一七、阿支羅／漢訳　雑阿含経
一二、二〇、阿支羅

11　アチェーラ（阿支羅）

かようにわたしは聞いた。ある時、世尊は、ラージャガハ（王舎城）のヴェールヴァナ（竹林）なる*カランダカニヴァーパ（栗《り》鼠《す》養《よう》餌《じ》所《しょ》）に住しておられた。

その時、世尊は、朝はやく、衣を着け、鉢を持ち、托鉢のためにラージャガハに入られた。

アチェーラ・カッサパ（阿支羅迦葉）は、世尊の遠くから来るのを見て、近づいて挨拶し、たがいに礼儀正しい友情に富めることばを交してのち、その傍らに立った。

傍らに立ったアチェーラ・カッサパは、世尊に申しあげた。

「わたしは、尊きゴータマ（瞿曇）に、いささかお訊ねいたしたいと思います。もし尊きゴータマにして許したまわば、わが問いに答えたまえ」

「カッサパよ、いまは問う時ではない。われらはすでに町にはいったのである」

だが、アチェーラ・カッサパは、ふたたび世尊に申しあげた。

「わたしは、尊きゴータマに、いささかお訊ねいたしたいと思います。もし尊きゴータマにして許したまわば、わが問いに答えたまえ」

「カッサパよ、いまは問う時ではない。われらはすでに町にはいったのである」

だが、アチェーラ・カッサパは、三たびおなじことばを繰返していった。世尊もまた、おなじことばを繰返してそれを却けた。

すると、アチェーラ・カッサパは、世尊にこう申しあげた。

「いや、たくさんのことではありません。わたしは、尊きゴータマにちょっとお訊ねしたいと思うだけです」

「カッサパよ、では、汝が欲するならば問うがよい」


「ゴータマよ、苦は自作《じさ》でありましょうか」

「カッサパよ、そうではない」

と、世尊は答えた。

「ゴータマよ、では、苦は他作《たさ》でありましょうか」

「カッサパよ、そうではない」

と、世尊は答えた。

「ゴータマよ、では、苦は自作にして、同時にまた、他作でありましょうか」

「カッサパよ、そうではない」

と、世尊は答えた。

ようか」

「カッサパよ、そうではない」

と、世尊は答えた。

「ゴータマよ、では、苦はないのでありましょうか」

「カッサパよ、苦はないわけではない。カッサパよ、苦はあるのである」

「では、尊きゴータマは、苦を知らず、苦を見ないのでありましょうか」

「カッサパよ、わたしは、苦を知らないのではない、見ないのではない。カッサパよ、わたしは苦を知っている、苦を見ているのである」

「だが、ゴータマよ、あなたは、苦は自作であるかと問えば、しからずといった。また、苦は他作であろうかと問えば、そうではないといった。では、苦は自作にして、同時にまた他作であろうかと問えば、そうでもないという。では、苦は自作でなく、他作でなく、因なくして生ずるものであろうかと問えば、そうでもないという。ではまた、苦はないのであろうかと問えば、苦はないわけではない、苦はあるのだという。さらば、あなたは、苦を知らず、見ないのであろうかと問えば、いや、カッサパよ、わたしは苦を知っている。見ているのだという。では、大徳よ、あなたは、わたしに苦を示したまえ。大徳よ、あなたは、わたしに苦を説きたまえ」

「カッサパよ、作《な》すものと受くるものとはおなじであるという考え方は、さきにそなたが苦は自作であるといった考え方とおなじである。それは、いうところの*常見《じょうけん》に堕するものである。

カッサパよ、また、作すものと受くるものとは別であるというのは、苦を受けてそれに重圧されたものが、苦は他作であるというのとおなじ考え方である。それはいうところの*断見《だんけん》に堕するというものである。

カッサパよ、わたしは、これら二つの極端をはなれて法を説くのである。いわく、無明によって行がある。行によって識がある。識によって名色がある。名色によって六処がある。六処によって触がある。触によって受がある。受によって愛がある。愛によって取がある。取によって有がある。有によって生がある。生によって老死・愁・悲・苦・憂・悩がある。かくのごときが、すべての苦の集積のよりて起るところである。

また、無明を余すところなく滅することによって行は滅する。行を滅することによって識は滅する。識を滅することによって名色は滅する。名色の滅することによって六処は滅する。六処の滅することによって触は滅する。触の滅することによって受は滅する。受の滅することによって愛は滅する。愛の滅することによって取は滅する。取の滅することによって有は滅する。有の滅することによって生は滅する。生の滅することによって老死・愁・悲・苦・憂・悩が滅する。かくのごときが、すべての苦の集積のよって滅するところであると説くのである」

世尊がそのように仰せられた時、アチェーラ・カッサパは世尊に申しあげた。

「大徳よ、最勝なり。大徳よ、最勝なり。大徳よ、たとえば、倒れたるを起すがごとく、覆われたるを露《あらわ》すがごとく、迷えるものに道を教えるがごとく、暗闇《くらやみ》のなかに燈火をもたらして、眼あるものは見よというがごとく、かくのごとく世尊はさまざまの方便をもって法を説きたもうた。大徳よ、わたしはここに、世尊に帰依したてまつり、また法と比丘僧伽とに帰依したてまつる。大徳よ、わたしは世尊のもとにおいて出家し、比丘の戒を受けたいと思います」

「カッサパよ、かつて異学にありし者にして、この法と律とにおいて出家を望み、比丘戒を受けようとする者は、四箇月の別住の試練を経たるのち、なお比丘たらんと欲するならば、そこではじめて出家せしめ、比丘戒を授けることとなっている。だが、わたしもまた人間のちがいが判らないわけではない」

「大徳よ、もしそういうことでありますならば、わたしはむしろ四箇年のあいだ別住いたしましょう。四箇年の別住の試練を経てのち、出家して比丘となり、比丘として比丘戒を受けしめたまえ」

かくして、アチェーラ・カッサパは、世尊の許において出家することをえて、比丘の戒を授けられた。

尊者カッサパは、比丘の戒を受けるとまもなく、ひとり退き、放逸ならず、精勤、専注して住したので、久しからずして、良家の子の出家の本懐たる無上究竟の聖なる境地を、自知し実証して住し、「わが迷いの生涯はすでに終った。清浄なる行はすでに成った。作すべきことはすでに弁じた。このうえはもはやふたたびかかる迷いの生涯に入ることはあらじ」と知ることをえた。

かくて、尊者カッサパは聖者の一人となった。

注解　アチェーラ（Acela, 阿支羅）なる経題は、倮形梵志《らぎようぼんし》アチェーラ・カッサパ（阿支羅迦葉）にちなむものである。彼は、ラージャガハ（王舎城）において釈尊に遇い、苦の問題について質問し、この教法を受けて出家したという。

＊カランダカニヴァーパ（Kalandakanivāpa）竹林精舎のあるところ。そこはもと、栗鼠(kalanda)を養餌（nivāpa）する処であったという。

＊常見（sassata-diṭṭhi＝eternalism）断定的に肯定的見解をとることをいう。

＊断見（uccheda-diṭṭhi＝the doctrine of the annihilation）断定的に否定的見解をとることをいう。

12 ティンバルカ（玷牟留）

南伝 相応部経典 一二、一八、玷牟留／漢訳 雑阿含経 一二、二一、玷牟留

かようにわたしは聞いた。

ある時、世尊は、サーヴァッティー（舎衛城）のジェータ（祇陀）林なるアナータピンディカ（給孤独）の園にましました。

その時、遊行者のティンバルカ（玷牟留）なるものが、世尊を訪ねてきて、たがいに敬意のこもった礼儀ただしい挨拶のことばを交し、世尊の傍らに坐した。

傍らに坐した遊行者ティンバルカは、世尊に申しあげた。

「友ゴータマ（瞿曇）よ、苦楽は自作でありましょうか」

「ティンバルカよ、そうではない」

と、世尊はいった。

「友ゴータマよ、では、苦楽は他作でありましょうか」

「ティンバルカよ、そうではない」

と、世尊はいった。

「友ゴータマよ、では、苦楽は自作にして、また他作でありましょうか」

「ティンバルカよ、そうではない」

と、世尊はいった。

「友ゴータマよ、では、苦楽は自作でなく、他作でなく、因なくして生ずるものでありましょうか」

「ティンバルカよ、そうではない」

と、世尊はいった。

「友ゴータマよ、では、苦楽はないのでありましょうか」

「ティンバルカよ、苦楽はないわけではない。ティンバルカよ、苦楽はあるのである」

「では、尊きゴータマは、苦楽を知らず、苦楽を見ないのでありましょうか」

「ティンバルカよ、わたしは、苦楽を知らないわけではない、見ないわけではない。ティンバルカよ、わたしは苦楽を知っている。苦楽を見ているのである」

「だが、ゴータマよ、あなたは、苦楽は自作であるかと問えば、しからずといった。また、苦楽は他作であるかと問えば、あなたは、そうではないといった。では、苦楽は自作にして、また他作であろうかと問えば、あなたは、そうでもないという。では、苦楽は自作でもなく、他作でもなくて、因なくして生ずるものであろうかと問えば、あなたは、そうでもないという。では、苦楽はないのであろうかと問えば、あなたは、苦楽はないわけではない、苦楽はあるのだという。さらば、あなたは、苦楽を知らず、見ないのであるかと問えば、あなたは、いや、ティンバルカよ、わたしは苦楽を知っている、見ているのだという。では、尊きゴータマよ、あなたは、わたしのために、苦楽を示したまえ。尊きゴータマよ、わたしのために苦楽を説きたまえ」

「受（感覚）とそれを感ずるものとはおなじであるというのは、ティンバルカよ、いまそなたが〈苦楽は自作である〉といったこととおなじであるが、わたしは、そんなことはいわない。

　また、受とそれを感ずるものとは別であるというのは、ティンバルカよ、いまそなたが〈苦楽は他作である〉といったこととおなじであるが、わたしはまた、そんないい方はしない。

　ティンバルカよ、わたしは、それらの二つの極端を離れて、中道によって法を説くのである。いわく、無明によって行がある。行によって識がある。……かくのごときが、すべての苦の集積のよりて起るところである。また、無明を余すところなく滅することによって行は滅する。行の滅することによって識は滅する。……かくのごときが、すべての苦の集積のよって滅するところである、と」

世尊がそのように仰せられた時、遊行者ティンバルカは、世尊に申しあげた。

「友ゴータマよ、最勝なり。友ゴータマよ、最勝なり。たとえば、倒れたるを起すがごとく、覆われたるを露すがごとく、迷えるものに道を示すがごとく、あるいは、暗闇に燈火をもたらして、眼ある者は見よというがごとく、かくのごとく、尊きゴータマは、さまざまの方便をもって法を説きたもうた。わたしは、いま、尊きゴータマに帰依したてまつり、また、法と比丘僧伽とに帰依いたします。願わくは、尊きゴータマよ、今日よりはじめて、終生かわることなく帰依したてまつる優婆塞《うばそく》として、わたしを許し受けられんことを」

注解 ティンバルカ（Timbaruka, 玷牟留）なる経題もまた、遊行者ティンバルカなる人物の名にちなむものである。彼は、サーヴァッティー（舎衛城）の祇園精舎に釈尊を訪れ、苦楽の問題について問いを呈し、この教法を与えられて、優婆塞となったという。その教法の内容は、前経とほぼひとしい。

13 愚と賢

南伝 相応部経典 一二、一九、愚と賢／漢訳 雑阿含経 一二、一二、愚痴黠慧《かつえ》

かようにわたしは聞いた。

ある時、世尊は、サーヴァッティー（舎衛城）のジェータ（祇陀）林なるアナータピンディカ（給孤独）の園にましました。

その時、世尊は、かように仰せられた。

「比丘たちよ、無明におおわれ、渇愛に縛せられた愚かなる者においても、このとおり

この身がある。そして、この身とそとの物とが相触れることによって、六つの感覚が生じる。愚かなる者は、それら、もしくはその一つの感覚に触発せられて、苦や楽を経験する。

比丘たちよ、無明におおわれ、渇愛に縛せられた賢い者においても、このとおりこの身がある。そして、その身と外物とが相触れることによって、六つの感覚が生ずる。賢き者も、それら、もしくはその一つの感覚に触発せられて、苦や楽を経験する。

比丘たちよ、では、賢き者と愚かなる者とでは、どのような違いがあるであろうか。その差別、差異はいかに」

「大徳よ、われらにとっては、法*は世尊を根本となし、世尊を導師となし、世尊を所依となす。すばらしいかな大徳よ、願わくはそれらのことの意義について述べたまわんことを。もろもろの比丘は、それら世尊のことばを聞きおわって、よく受持したてまつるでありましょう」

「では、比丘たちよ、聞いて、よく思念するがよい。では、わたしは説こう」

「大徳よ、かしこまりました」

と、彼ら比丘たちは、世尊に答えたてまつった。

世尊は、説いて仰せられた。

「比丘たちよ、愚かなる者にあっても、無明におおわれ、渇愛に縛せられるかぎり、この身は生ずる。だが、愚かなる者にあっては、いつまで経っても、無明を断じ、渇愛のつきる時はやってこない。なぜであるか。比丘たちよ、それは、愚かなる者は聖なる修行を行ぜず、まさしく苦を滅することをなさないからである。だから、愚かなる者は、身壊《こわ》れ、命終っても、またその身を生ずる。その身生ずるがゆえに、彼は生・老死・愁・悲・苦・憂・悩を解脱《げだつ》することができない。わたしは、それを、苦より解脱しないというのである。

比丘たちよ、また賢き者にあっても、無明におおわれ、渇愛に縛せられるかぎり、この身は生ずる。だが、賢き者にとっては、その無明をはらい、渇愛をなくする時があるのである。なぜであろうか。比丘たちよ、それは、賢い者は、聖なる修行を行じ、まさしく苦を滅することをなすからである。だから、賢い者は、身壊れ、命終ってのち、またその身を生ずることがない。その身を生じないがゆえに、彼は生・老死・愁・悲・苦・憂・悩を解脱することができる。わたしは、それを、苦より解脱するとはいうのである。

比丘たちよ、賢き者と愚かなる者とでは、このような違いがある。このような差別があり、差異があるのである。それはすなわち聖なる修行をするがゆえである」

注解 この経の説かれた場所は、漢訳によれば王舎城の竹林精舎、南伝では舎衛城の祇園精舎とある。いずれにしても、この経における説法は、釈尊の比丘たちに対する質問をもって始められている。それは、釈尊が時に用いられた手法である。だが、比丘たちは、それに答えることができなかった。そこで、比丘たちは、「われらにとっては、法は世尊を根本となし、世尊を導師となし、世尊を所依となす。願わくは説きたまえ」という。かくて、釈尊がこの経において説くところも、また縁起の法による苦の克服であった。

＊法は世尊を根本となし云々　漢訳には「法根、法眼、法依」と訳している。

14　縁　南伝　相応部経典　一二、二〇、縁／漢訳　雑阿含経　一二、一四、因縁法

かようにわたしは聞いた。

ある時、世尊は、サーヴァッティー（舎衛城）のジェータ（祇陀）林なるアナータピンディカ（給孤独）の園にましました。

その時、世尊は、かように仰せられた。

「比丘たちよ、わたしは汝らのために縁起および縁生の法について説こうと思う。汝らは、それを聞いて、よく考えてみるがよろしい。では、わたしは説こう」

「大徳よ、かしこまりました」

と、彼ら比丘たちは世尊に答えた。世尊はつぎのように説いた。

「比丘たちよ、縁起とはなんであろうか。比丘たちよ、生によって老死がある、という。このことは、如来が世に出ようとも、また出まいとも、定まっているのである。法として定まり、法として確立しているのである。それは相依性*のものである。如来はこれを証《さと》り、これを知ったのである。これを証り、これを知って、これを教示し、宣布し、詳説し、開顕し、分別し、明らかにして、しこうして〈汝らも、見よ〉というのである。

比丘たちよ、生によって老死がある。比丘たちよ、有によって生がある。比丘たちよ、取によって有がある。比丘たちよ、愛によって取がある。比丘たちよ、受によって愛がある。比丘たちよ、触によって受がある。比丘たちよ、六処によって触がある。比丘たちよ、名色によって六処がある。比丘たちよ、識によって名色がある。比丘たちよ、行によって識がある。比丘たちよ、無明によって行がある。このことは、如来が世に出ようとも、また出まいとも、定まっているのである。法として定まり、法として確立しているのである。それは相依性のものである。如来はこれを証り、これを知ったのである。これを証り、これを知って、これを教示し、宣布し、詳説し、開顕し、分別し、明らかにして、しこうして〈汝らも、見よ〉というのである。

比丘たちよ、無明によって行がある。比丘たちよ、かようにこのあるがままなるもの、虚妄ならざるもの、あるがままに異ならざるもの、相依るもの、比丘たちよ、これを縁起というのである。

比丘たちよ、では、縁生の法というのはなんであろうか。比丘たちよ、老死は常ならざるもの、人のいとなみによるもの、条件によって生ずるもの、なくすることのできるもの、こわれてしまうもの、貪りを離るべきもの、そしてなくなるものである。比丘たちよ、生は常ならざるもの、人のいとなみによるもの、条件によって生ずるもの、なくすることのできるもの、こわれてしまうもの、貪りを離るべきもの、そしてなくなるものである。

比丘たちよ、有は常ならざるもの、人のいとなみによるもの、条件によって生ずるもの、なくすることのできるもの、こわれてしまうもの、貪りを離るべきもの、そして、なくなるものなのである。

比丘たちよ、取は……、比丘たちよ、愛は……、比丘たちよ、受は……、比丘たちよ、触は……、比丘たちよ、六処は……、比丘たちよ、名色は……、比丘たちよ、識は……、比丘たちよ、行は……。

比丘たちよ、無明は常ならざるもの、人のいとなみによるもの、条件によって生ずるもの、なくすることのできるもの、こわれてしまうもの、貪りを離るべきもの、そして、なくなるものなのである。

比丘たちよ、聖なる弟子たちは、この縁起および縁生の法を、正しい智慧をもって、あるがままによく見る。だが彼らもまた過去世のことを想い起すことがあるであろう。

すなわち、〈わたしは過去世にあったであろうか。それとも、わたしは過去世にはなかったであろうか。また、何がゆえに過去世にあったのであろうか。あるいは、過去にはどうあったのであろうか。過去世にはどんな具合で、どうあったのであろうか〉と。また、かの聖なる弟子たちは、未来のことに想いを馳することもあるであろう。すなわち、〈わたしは来世にもあるであろうか。それとも、わたしは来世にはないのであろうか。また、何がゆえに来世にあるのであろうか。あるいは、来世にはどのようにあるのであろうか。あるいはまた、わたしは来世にはどんな具合で、どうありたいのであるか〉と。

また、かの聖なる弟子たちは、この現世における自己について、いろいろと思い惑うこともあろう。すなわち、〈われというものは、あるのであろうか、ないのであろうか。あるいは、何がゆえにわれがあるのであるか。われとはいったい、どのようにあるのであるか。あるいはまた、いったいこの人々はどこから来たのであろうか。また、彼らはいったいどこに赴くのであろうか〉と。だが、彼らは、そのことわりは知らないのである。

そのゆえはなんであるか。比丘たちよ、かの聖なる弟子たちは、ただあるがままに、この縁起および縁生の法を、正しい智慧をもって見るのみであるからである」

注解　この経の説処もまた、漢訳では竹林精舎、そして、南伝では祇園精舎であると記されているが、ともあれ、この経の説くところは、わたしどもにとって、もっとも貴重なものの一つである。その説くところは、縁起および縁生の法についてであった。縁起とは、釈尊によって把握せられた存在の法則そのもの、そして、縁生とは、一切の存在はその法則によって存する所以を語っている。そこには、釈尊の思想の基本的性格がずばりと語り出されているのであって、このような説法は、数ある諸経のなかにも見ることは稀なのである。

＊相依性（idappaccayatā = having its foundation in this; causally connected）　ここに根拠があるというほどの語で、原因結果の関係によって結ばれていることを意味している。

15　十力（1）

南伝　相応部経典　一二、二二、十力（1）／漢訳　増一阿含経　四二、三、力

かようにわたしは聞いた。

ある時、世尊は、サーヴァッティー（舎衛城）のジェータ（祇陀）林なるアナータピンディカ（給孤独）の園にましました。

その時、世尊は、比丘たちに説いて、かように仰せられた。

「比丘たちよ、わたしはすでに十力を具足し、なんの畏るるところもなく、導師＊として衆中に獅子吼《ししく》し、法輪を転じて、生きとし生ける者を度《ど》するのである。

いわく、色（肉体）はかくかくである、色の生起はかくかくである、色の滅尽はかくかくである。また、受（感覚）はかくかくである、受の生起はかくかくである、受の滅尽はかくかくである。また、想（表象）はかくかくである、想の生起はかくかくである、想の滅尽はかくかくである。また、行（意志）はかくかくである、行の生起はかくかくである、行の滅尽はかくかくである。また、識（意識）はかくかくである、識の生起はかくかくである、識の滅尽はかくかくである。

これがある時にこれがあり、これが生ずる時にこれが生ずる。これがない時にこれはなく、これが滅すればこれが滅するのである。

すなわち、無明によりて行がある。行によりて識がある。……かくのごときが、すべての苦の集積のよって起るところである。

また、無明を余すところなく滅することによって行は滅する、行の滅することによって識は滅する。……かくのごときがすべての苦の集積のよって滅するところである」

注解　この経もまた、祇園精舎においての説法。十力（Dasabalā）とは、如来の有する十種の智力をいう。だが、この説法の内容は、ひたすらに縁起説法であって、特に、そこでは、いわゆる「縁起の公式」が目立っている。だが、この経は、かならずしも最初期のものとは考えられない。

＊導師（āsabha＝a bull, i.e. a man of eminent qualities）　文字どおりには「牛王《ごおう》」と訳せられる。その意味するところは、「人中の牛王」というほどの意であって、仏の別号として用いられる。

16　十力（2）

南伝　相応部経典　一二、二二、十力（2）／漢訳　雑阿含経　一四、六、十力

かようにわたしは聞いた。

ある時、世尊は、サーヴァッティー（舎衛城）のジェータ（祇陀）林なるアナータピンディカ（給孤独）の園にましました。

その時、世尊は、比丘たちに説いて、かように仰せられた。

「比丘たちよ、わたしはすでに十力を具足し、なんの畏るるところもなく、導師として衆中に獅子吼し、法輪を転じて、生きとし生ける者を度するのである。

いわく、色（肉体）はかくかくである、……（以下、前経の説法におなじ）……かくのごときが、すべての苦の集積のよって滅するところである。

比丘たちよ、かくのごとく、わたしによって、法はよく説かれ、あきらかに開顕され、あますところなく説示されたのである。

比丘たちよ、かくのごとく、わたしによってよく説かれ、あきらかに開顕され、あま

すところなく説示せられた法は、良家の子にとって、信によって出家し、精進して行ずるに値する。たとい、その身の皮膚や筋肉や骨はしぼみ、血や肉は枯渇しても、なおその気力の存するかぎりは、人間の力量、人間の気力、人間の努力をかきたてて行ずるに値するものである。

比丘たちよ、それは何故であろうか。かわいそうに、怠惰なるものは、依然として苦に住し、悪不善のことどもに没入し、そのうしなう利ははなはだ大きい。比丘たちよ、それに反して、精勤なるものは、幸いなるかな、よく楽に住し、悪不善のことどもを離れ、その得るところの利ははなはだ大きいのである。

比丘たちよ、劣れるものによって最高のものは得られない。比丘たちよ、最高のものによって最高のものは得られるのである。比丘たちよ、汝らの師は、汝らの面前においても、この聖なる修行を最高のものといっておる。比丘たちよ、では、なお得ざるを得、達せざるを達し、証せざるを証せんがために精進するがよい。

そのように、このわれらの出家は空しからず、実りおおく、報いすくなからざるものである。だからして、たといそれによって、われらが与えられるもの、衣服・飲食・臥具・薬品等の資具は卑しいものであろうとも、それらは、まことは、われらにとって大利あり、大果あるものであろう。

比丘たちよ、されば、汝らはまさにこのように学ぶがよい。比丘たちよ、もしも自分のためになると認めるならば、それは精進するに値するものである。比丘たちよ、もしも他人のためになると認めるならば、それは精進するに値するものである。また、比丘たちよ、もしも自他のためになると認めるならば、それは精進するに値するものなのである」

注解　前経とおなじ「十力」の経題を有するこの経は、その前半はまったく前経とおなじである。だが、その後半は、それに加うるに、「比丘たちよ、最高のものによって最高のものは得られるのである」と、いささか激越な言辞をもって、比丘たちの精進が促されている。

17　有縁　南伝　相応部経典　一二、二三、縁

かようにわたしは聞いた。

ある時、世尊は、サーヴァッティー（舎衛城）のジェータ（祇陀）林なるアナータピンディカ（給孤独）の園にましました。

その時、世尊は、仰せられた。

「比丘たちよ、わたしは、知り、かつ見て、煩悩*の滅尽を語る。知らず、見ずして語るのではない。

比丘たちよ、では、わたしは、どのように知り、どのように見て、煩悩の滅尽ありというのであろうか。比丘たちよ、わたしは、色（肉体）はかくかくである、色の生起はかくかくである、色の滅尽はかくかくである、受（感覚）はかくかくである、……想（表象）はかくかくである、……行（意志）はかくかくである、……識（意識）はかくかくである、識の生起はかくかくである、識の滅尽はかくかくであると、そのように知り、そのように見て、煩悩の滅尽を語るのである。

ところで、比丘たちよ、その滅尽する時には、その滅尽についていえば、それには有縁すなわち条件があって、無条件ではないのである。

比丘たちよ、その滅尽の条件はなんであろうか。それは、*解脱であると、わたしはいう。

比丘たちよ、だが、その解脱もまた、有縁にして、無縁ではないのである。では、比丘たちよ、その解脱の条件はなんであろうか。それは、*離貪であると、わたしはいう。

比丘たちよ、だが、その離貪もまた、有縁にして、無縁ではないのである。では、比丘たちよ、その離貪の条件はなんであろうか。それは、*厭離であると、わたしはいう。

比丘たちよ、だが、その厭離もまた、有縁にして、無縁ではないのである。では、比丘たちよ、その厭離の条件はなんであろうか。それは、*如実知《にょじっち》見《けん》であると、わたしはいう。

比丘たちよ、だが、その如実知見もまた、有縁にして、無条件ではないのである。比丘たちよ、では、その如実知見の条件はなんであろうか。それは、三昧《さんまい》すなわち精神集中である、とわたしはいう。

比丘たちよ、その三昧もまた、有縁であって、無条件ではないのである。比丘たちよ、では、その三昧の条件はなんであろうか。それは、楽しいことである、とわたしはいう。

比丘たちよ、その楽しいこともまた、有縁であって、無条件ではないのである。比丘たちよ、その楽しいことの条件はなんであろうか。それは、軽安《きょうあん》すなわち身心のやすらかなることである、とわたしはいう。

比丘たちよ、その軽安もまた、有縁であって、無条件ではないのである。比丘たちよ、その軽安の条件はなんであろうか。それは、喜《き》すなわち心によろこぶことである、とわたしはいう。

比丘たちよ、その喜びもまた、有縁であって、無条件ではないのである。比丘たちよ、その喜びの条件はなんであろうか。それは、悦すなわち身に歓びを感ずることである、とわたしはいう。

比丘たちよ、そのような歓びもまた、有縁であって、無条件ではないのである。比丘たちよ、その歓びの条件はなんであろうか。それは、信であると、わたしはいう。

比丘たちよ、その信もまた、有縁であって、無条件ではないのである。比丘たちよ、その信の条件はなんであろうか。それは、苦であると、わたしはいう。比丘たちよ、その苦もまた、有縁であって、無条件ではないのである。比丘たちよ、その苦の条件はなんであろうか。それは、生であると、わたしはいう。比丘たちよ、その生もまた、有縁であって、無条件ではないのである。比丘たちよ、その生の条件はなんであろうか。それは、有であると、わたしはいう。比丘たちよ、その有もまた、有縁であって、無条件ではないのである。比丘たちよ、その有の条件はなんであろうか。それは、取であると、わたしはいう。比丘たちよ、その取もまた、有縁であって、無条件ではないのである。比丘たちよ、その取の条件はなんであろうか。それは、愛であると、わたしはいう。比丘たちよ、その愛もまた、……それは受である、……それは触である、……それは六処である、……それは名色である、……それは識である、……それは行である、……それは無明である、とわたしはいう。

比丘たちよ、そのように、無明を条件として行がある。行を条件として識がある。識を条件として名色がある。名色を条件として六処がある。六処を条件として触がある。触を条件として受がある。受を条件として愛がある。愛を条件として取がある。取を条件として生がある。生を条件として苦がある。また、苦を条件として信がある。信を条件として悦がある。悦を条件として喜がある。喜を条件として軽安がある。軽安を条件として楽がある。楽を条件として三昧がある。三昧を条件として如実知見がある。如実知見によって厭離がある。厭離によって離貪がある。離貪によって解脱がある。解脱によって煩悩を滅尽したと知るのである。

比丘たちよ、それは、たとえば、山の頂に大雨がふり、大粒の雨がおちてくると、その水はしだいに下って、山側の洞穴や裂け目や谷などを充《みた》し、さらに小さい池を充し、大きな池を充し、さらに小さな河を充し、大きな河を充し、ついに大海を充すがごとくである。

比丘たちよ、そのように、無明を縁として行があり、行を縁として識があり、識を縁として名色があり、……また、苦を縁として信があり、信を縁として悦があり、悦を縁として喜があり、……解脱によって煩悩を滅尽したと知るのである」

注解　ここに縁（Upanisā）とあるは、縁起の縁（paccaya＝cause）とはちがう。むしろ、関連するとか、依るといった意のことばである。だが、この経の内容にはいささか注釈的思弁のあとが見られる。漢訳には同本を見ることができない。

＊煩悩（āsava＝that which intoxicates the mind）漢訳はこれを「漏《ろ》」と訳する。どこからか沁み込んできて、人を酔わしめるものの意である。

＊解脱（vimutti＝release）解放、自由の概念である。

＊離貪（virāga＝destruction of passions）　欲望の激情をはなれること。
＊厭離（nibbidā＝disgust）　厭い離れること。
＊如実知見（yathābhūtañāṇa＝knowledge as it is）　あるがままに知ること。

18　外道　南伝　相応部経典　一二、二四、異学

かようにわたしは聞いた。

ある時、世尊は、ラージャガハ（王舎城）のヴェールヴァナ（竹林）なる栗鼠養餌所にましました。

その時、長老サーリプッタ（舎利弗）は、朝はやく、衣を着け、鉢を持して、托鉢のために、ラージャガハに入った。

だが、その時、長老サーリプッタはこう思った。〈どうも、ラージャガハに托鉢するには、時間がすこし早いようである。ここは、ひとつ、外道の遊行者のところにでも寄ってみようか〉と。

そこで、長老サーリプッタは、外道の遊行者たちの園にいたり、彼らと敬意のこもった礼儀ただしい挨拶をかわして、その傍らに坐した。

長老サーリプッタがそこに坐ると、彼ら外道の遊行者たちは、こういった。

「友サーリプッタよ、ある沙門もしくは婆羅門たちは、業*を論じて、苦は自己の作《つく》るところであると説く。友サーリプッタよ、またある沙門もしくは婆羅門たちは、業を論じて、苦は他者の作《な》すところであると説く。友サーリプッタよ、またある沙門もしくは婆羅門たちは、業を論じて、苦は自己の作るところにして、また同時に他者の作すところであると説示する。さらに、友サーリプッタよ、またある沙門もしくは婆羅門たちは、業を論ずるにあたり、苦は自作にもあらず、他作にもあらず、因なくして生ずるものであると主張する。

友サーリプッタよ、いま沙門ゴータマ(瞿曇)は、どのような説をなし、どのように語るであろうか。もしわたしどもが、沙門ゴータマの所説について問われたとするならば、それをどのように説いたらよいであろうか。わたしどもは、正しからぬことを説いて、沙門ゴータマを誣《し》いてはならない。わたしどもはその説かれたままを説かねばならない。そうすれば、その教法をいただき、その見解にしたがう者は、誰も難詰するようなことはないであろう」

長老サーリプッタは、答えていった。

「友よ、苦は縁生なりと、世尊は仰せられた。いかなる条件によってであろうか。それは触によってである。そのように世尊の所説を説くならば、世尊を誣いることなく、世尊の説かれたままを説いているのであって、その教法をいただき、その見解にしたがう者の、誰も難詰せざるところなのである」

彼ら外道の遊行者たちはいった。

「友よ、だが、業を論じて、苦は自己の作るところであると説く沙門や婆羅門も、また、触によって苦があるという。あるいは、業を論じて、苦は他者の作すところであると説く沙門や婆羅門も、また、触によって苦があるという。あるいは、業を論じて、苦は自己の作るところにして、同時に他者の作すところであると説く沙門や婆羅門も、また、触によって苦があるという。またあるいは、業を論じて、苦は自作でもなく、他作でもなく、因なくして生ずるものであると説く沙門や婆羅門も、やはりまた、触によって苦があるのだというであろう」

長老サーリプッタはいった。

「友よ、だが、業を論じて苦は自己の作るところであると説く沙門や婆羅門は、触がないときにも、そういうことになることを説くことはできない。あるいは、業を論じて苦は他者の作すところであると説く沙門や婆羅門は、触がないときにも、そういうふうになることを説くことはできない。あるいは、業を論じて苦は自作にして、同時に他作であると説く沙門や婆羅門も、触がないときにも、そういうことになることを説くことはできない。あるいはまた、業を論じて、苦は自作でもなく、他作でもなく、因なくして生ずると説く沙門や婆羅門も、やはり、触がないときにも、そういうことになることを説示することはできないのである」

長老アーナンダ（阿難）は、長老サーリプッタと彼ら外道の遊行者との論議を聞いていた。

そして、長老アーナンダは、ラージャガハで托鉢を行じ、托鉢から帰って食事をおわってのち、世尊の許にいたり、世尊を拝して、その傍らに坐した。

傍らに坐した長老アーナンダは、長老サーリプッタと彼ら外道の遊行者との論議を、つぶさに世尊に申しあげた。すると、世尊は仰せられた。

「善いかな、善いかな、アーナンダよ、サーリプッタは、まさしくわたしの説いたように、それを説いたのである。すなわち、アーナンダよ、〈苦は縁生なり〉とは、わたしの説いたところである。では、それは、いかなる条件によりてであろうか。それは触によってである。そのようにわたしの所説を語るならば、それは、わたしを誣いるものではなくて、その教法をいただき、その所見にしたがう者の、誰も難詰せざるところであろう。

しかるに、アーナンダよ、業を論じて〈苦は自作である〉と説く沙門や婆羅門も、また〈触によって苦がある〉という。あるいは、……業を論じて〈苦は自作でもなく、他作でもなく、因なくして生ずるものである〉と説く沙門や婆羅門も、やはりまた、〈触によって苦がある〉のだという。

だが、アーナンダよ、業を論じて〈苦は自作である〉と説く沙門や婆羅門は、触がないときにも、そういうことになることを説くことはできない。あるいは、……業を論じて〈苦は自作でもなく、他作でもなく、因なくして生ずるものである〉と説く沙門や婆羅門は、触がないときにも、そういうことになることを説くことはできないのである。

アーナンダよ、ある時、わたしは、ラージャガハのヴェールヴァナなる栗鼠養餌所にとどまっていた。

アーナンダよ、その時、わたしは、朝はやく、衣を着け、鉢を持して、托鉢のために、ラージャガハに入った。

アーナンダよ、その時、わたしはこう思った。〈どうも、ラージャガハに托鉢するには、すこし時間がはやいようである。ここは、ひとつ、外道の遊行者のところにでも寄ってみようか〉と。

アーナンダよ、そこで、わたしは、外道の遊行者たちの園にいたり、彼らと敬意のこもった、礼儀ただしい挨拶をかわして、その傍らに坐した。

アーナンダよ、わたしがそこに坐ると、彼ら外道の遊行者たちは、こういった。

「友ゴータマ（瞿曇）よ、ある沙門もしくは婆羅門たちは、業を論じて、〈苦は自己の作るところである〉という。友ゴータマよ、またある沙門もしくは婆羅門は、業を論じて、〈苦は他者の作すところである〉と説く。友ゴータマよ、またある沙門もしくは婆羅門たちは、業を論じて、〈苦は自己の作るところにして、同時にまた他者の作すところである〉と説示する。さらに、友ゴータマよ、またある沙門もしくは婆羅門たちは、業を論じて、〈苦は自作にもあらず、他作にもあらず、因なくして生ずるものである〉と主張する。

いま尊者ゴータマは、どのような説をなし、どのように語るであろうか。もしわたしどもが、尊者ゴータマの所説はいかにと問われたとするならば、それをどのように説き示したらよいであろうか。わたしどもは、正しからぬことを説いて、尊者ゴータマを誣いてはならない。わたしどもは、その説かれたままのことを説かねばならない。さすれば、その教法をいただき、その見解にしたがう者は、誰もわたしどもを難詰するようなことはないであろう」

アーナンダよ、そこで、わたしは、かくいう彼ら外道の遊行者たちに、こういったのである。

「友よ、わたしは、〈苦は縁生である〉という。それは、いかなる条件によってであろうか。それは触によってである。そのようにわたしの所説を説くならば、わたしを誣いるものではなく、わたしの説いたままを語るのであって、わたしの教法を奉じ、わたしの見解にしたがう者は、誰も難詰するようなことはないであろう」

すると、彼ら外道の遊行者たちはいった。

「友よ、だが、業を論じて〈苦は自作なり〉と説く沙門や婆羅門も、また、〈触によりて苦がある〉という。あるいは、……業を論じて、〈苦は自作でもなく、他作でもなく、因なくして生ずるものである〉と語る沙門や婆羅門も、また、〈触によって苦がある〉という」

そこで、わたしは彼らに説いていった。

「だが、友よ、業を論じて、〈苦は自作である〉と説く沙門や婆羅門は、実は、触がないときにも、そういうことになることを説くことはできない。あるいは、……〈苦は自作でもなく、他作でもなく、因なくして生ずるものである〉と語る沙門や婆羅門も、実は、触がないときにも、そういうことになることを説くことができないのである」と」

そこで、アーナンダはいった。

「大徳よ、素晴らしい。大徳よ、素晴らしい。これこそ、まことに、一句のなかに一切の義が語られているというものでございましょう。大徳よ、もしもその意味がつまびらかに説かれましたならば、それはまことに深遠かつ広大なるものでございましょう」

「では、アーナンダよ、いまここに汝はそれを説いてみるがよろしい」

すると、アーナンダは、つぎのように語った。
「大徳よ、もしわたしに、「友アーナンダよ、老死の因はいかに、そのもとはいかに、いかにして生じ、いかにして起るか」と問うものがあらば、大徳よ、わたしはこのように説くでありましょう。「友よ、老死は生を因とし、生をもととし、生によって生じ、生によって起る」と。大徳よ、わたしは、このような問いには、このように説くでありましょう。

大徳よ、もしわたしに、「友アーナンダよ、生の因はいかに、そのもとはいかに、いかにして生じ、いかにして起るか」と問うものがあらば、大徳よ、わたしは、このように説くでありましょう。「友よ、生は有を因とし、有をもととし、有によって生じ、有によって起る」と。大徳よ、わたしは、このような問いには、このように説くでありましょう。

大徳よ、もしまた、わたしに、「友アーナンダよ、有の因はいかに、そのもとはいかに、いかにして生じ、いかにして起るか」と問うものがあらば、大徳よ、わたしは、このように説くでありましょう。「友よ、有は取を因とし、取をもととし、取によって生じ、取によって起る」と。大徳よ、わたしは、このような問いには、このように説くでありましょう。

大徳よ、またもし、わたしに、「友アーナンダよ、取の因はいかに、……愛の因はいかに、……受の因はいかに、……触の因はいかに、そのもとはいかに、いかにして生じ、いかにして起るか」と問うものがあらば、大徳よ、わたしは、このように説くでありましょう。「友よ、触は六処を因とし、六処をもととし、六処によって生じ、六処によって起る」と。大徳よ、わたしは、このような問いには、このように説くでありましょう。

また、大徳よ、わたしは、このように説くでありましょう。「友よ、六処を余すところなく滅することにより、触の滅がある。触の滅によりて受の滅がある。受の滅によりて愛の滅がある。愛の滅によりて取の滅がある。取の滅によりて有の滅がある。有の滅によりて生の滅がある。生の滅によりて老死・愁・悲・苦・憂・悩が滅する。かくのごときが、すべての苦の集積の滅である」と。大徳よ、わたしは、このような問いには、このように説くでありましょう」

注解　この経は、いわゆる弟子説の経であって、はじめサーリプッタ（舎利弗）の所説をのべ、後半にはアーナンダ（阿難）の所説がながながと述べられ、釈尊の所説はその中間に存するのみである。このような経は、おそらく、第一結集のときに結集されたものではあるまい。だが、それらの弟子説を通して、外道の所説と釈尊の縁起説との相異はかなりよく語り出されている。漢訳には同本を見出しえない。

＊業（kamma＝the doing, work）　人間の行為に他ならない。だが、人間の行為は、人がその

身においていとなむ行為にかぎらない。すなわち、身・口・意にわたるいとなみを総じて業というのである。

19　ブーミジャ（浮弥）

南伝　相応部経典　一二、二五、浮弥／漢訳　雑阿含経　一四、一、浮弥

かようにわたしは聞いた。

ある時、世尊は、サーヴァッティー（舎衛城）のジェータ（祇陀）林なるアナータピンディカ（給孤独）の園にましました。

その時、長老ブーミジャ（浮弥）は、夕刻のころ、静坐より起って、長老サーリプッタ（舎利弗）を訪ねた。到ると、長老サーリプッタと、敬意をこめ、礼儀ただしい挨拶のことばを交し、その傍らに坐した。

傍らに坐した長老ブーミジャは、長老サーリプッタにいった。

「友サーリプッタよ、ある沙門もしくは婆羅門たちは、業を論じて、〈苦楽は自己の作るところである〉という。友サーリプッタよ、またある沙門もしくは婆羅門たちは、業を論じて、〈苦楽は他者の作《な》すところである〉という。友サーリプッタよ、またある沙門もしくは婆羅門たちは、業を論じて、〈苦楽は自己の作るところにして、同時にまた他者の作るところである〉という。さらに、友サーリプッタよ、またある沙門もしくは

婆羅門たちは、業を論じて、〈苦楽は自己の作すところにもあらず、他者の作すところにもあらず、因なくして生ずるものである〉という。
友サーリプッタよ、世尊は、どのような説をなし、どのように語られるであろうか。もしわたしどもが、世尊の所説はいかにと問われたとするならば、どのように説き示したらよいであろうか。わたしどもは、正しからぬことを説いて、世尊を誣《し》いるようなことがあってはならない。わたしどもは、その説かれたままを説かねばならない。さすれば、その教法をいただき、その見解にしたがう者は、誰もわたしどもを難詰するようなことはないであろう」

すると、サーリプッタは、つぎのようにいった。

「友よ、世尊は、〈苦楽は縁生である〉と説きたもうた。〈それは何によってであろうか。それは触によってである〉と。そのように世尊の所説を語るならば、それは世尊を誣いるものではなく、世尊の説いたままを語るのであって、世尊の教法を奉じ、世尊の見解にしたがう者たちは、誰も難詰するようなことはないであろう。

友よ、しかるに、業を論じて、〈苦楽は自作なり〉と説く沙門や婆羅門も、また、〈触によって苦楽がある〉という。あるいは、……業を論じて、〈苦楽は自作でもなく、他作でもなく、因なくして生ずるものである〉と説く沙門や婆羅門も、また、〈触によって苦楽がある〉という。

だが、友よ、業を論じて、〈苦楽は自作である〉と説く彼ら沙門や婆羅門は、実は、触がないときにも、そういうことになることを説くことはできない。あるいは、……業を論じて、〈苦楽は自作でもなく、他作でもなく、因なくして生ずるものである〉と説く彼ら沙門や婆羅門は、実は、触がないときにも、そういうことになることを説くことはできないのである」

その時、長老アーナンダ（阿難）は、長老サーリプッタと長老ブーミジャとのこの論議を聞いていた。

そして、長老アーナンダは、世尊の許《もと》にいたり、世尊を拝して、その傍らに坐した。傍らに坐した長老アーナンダは、長老サーリプッタと長老ブーミジャとの論議を、つぶさに世尊に申しあげた。すると、世尊は仰せられた。

「善いかな、善いかな、アーナンダよ、サーリプッタは、まさしくわたしの説いたとおりに、それを説いたのである。すなわち、アーナンダよ、〈苦楽は縁生である〉とは、わたしの説いたところである。では、〈それは何によってであろうか。それは触によってである〉と。そのようにわたしの所説を語るならば、それはわたしを誣いるものではなく、わたしの教法を奉じ、わたしの見解にしたがう者たちは、誰も難詰するようなことはないであろう。

しかるに、アーナンダよ、業を論じて、〈苦楽は自作なり〉と説く沙門や婆羅門も、また〈触によって苦楽がある〉という。……業を論じて、〈苦楽は自作でもなく、他作でもなく、因なくして生ずるものである〉と説く沙門や婆羅門も、また〈触によって苦楽がある〉という。

だが、アーナンダよ、業を論じて、〈苦楽は自作である〉と説く彼ら沙門や婆羅門は、実は、触がないときにも、そういうことになることを説くことはできない。あるいは、……業を論じて、〈苦楽は自作でもなく、他作でもなく、因なくして生ずるものである〉と説く彼ら沙門や婆羅門も、実は、触がないときにも、そういうことになることを説明することはできないのである。

アーナンダよ、行為についていえば、行為における考えを因として、わが内に苦楽が生ずる。アーナンダよ、言語についていえば、言語における考えを因として、わが内に苦楽が生ずる。アーナンダよ、また、意識についていえば、その思量するところを因として、わが内に苦楽が生ずるのである。

アーナンダよ、無智によって、みずから身に善悪の行為をなし、それによってわが内に苦楽が生ずる。アーナンダよ、無智によって、他人が善悪の行為をなし、それによってわが内に苦楽が生ずる。アーナンダよ、よく熟慮して身に善悪の行為をなし、それによってわが内に苦楽が生ずる。アーナンダよ、また、何気なくして身に善悪の行為をなし、それによってわが内に苦楽が生ずるのである。

　アーナンダよ、また、無智によって、みずから言葉をかたり、それによってわが内に苦楽が生ずる。アーナンダよ、他人が言葉を語り、それによってわが内に苦楽が生ずる。アーナンダよ、よく熟慮して言葉を語り、それによってわが内に苦楽が生ずる。アーナンダよ、また、何気なくして言葉を語り、それによってわが内に苦楽が生ずることもある。

　アーナンダよ、また、無智によって、みずから心に思い、それによってわが内に苦楽が生ずる。アーナンダよ、他人が心に思い、それによってわが内に苦楽が生ずる。アーナンダよ、よく熟慮して、それによってわが内に苦楽が生ずる。アーナンダよ、また、何気なく心に思い、それによってわが内に苦楽を生ずることもある。

　しかるに、アーナンダよ、無明を余すところなく滅しつくせば、それによってわが内に苦楽を生ずる行為はなくなり、それによってわが内に苦楽を生ずる言語はなくなり、また、それによってわが内に苦楽を生ずる意はなくなるのである。すなわち、それによってわが内に苦楽を生ずる田畑はなくなり、基底はなくなり、手立てがなくなり、理由がなくなるのである」

注解　この経もまた、いわゆる弟子説を中心とする経であり、はじめには、サーリプッタ（舎利弗）の所説、そして、その後半においてはアーナンダ（阿難）の所説が中心となっている。そのような経は、おそらく、最初期の経ではないであろう。だが、ここでもまた、それらの弟子説は、釈尊の縁起説の趣をよく伝えているようである。その内容は、前経とほぼ同一である。漢訳では、この経の説処はラージャガハ（王舎城）となっている。

20 縁　南伝　相応部経典　一二、二七、縁

かようにわたしは聞いた。

ある時、世尊は、サーヴァッティー（舎衛城）のジェータ（祇陀）林なるアナータピンディカ（給孤独）の園にましました。

その時、世尊は、かように説かれた。

「比丘たちよ、無明によりて行がある。行によりて識がある。……生によりて老死があり、愁・悲・苦・憂・悩がある。かくのごときがこのすべての苦の集積のよりてなるところである。

では、比丘たちよ、老死とはなんであろうか。生きとし生けるものが、老い衰え、朽ち破れ、髪しろく、皺を生じて、齢かたぶき、諸根のやつれたる、これを老というのである。また、生きとし生けるものが、命おわり、息絶え、身軀やぶれて、死して遺骸と

なり、打ち棄てられたる、これを死というのである。この老いとこの死とを、比丘たちよ、老死というのである。

生を原因とすることによって、老死は起るのであり、生の滅することによって、老死は滅するのである。そして、この聖なる八支《はっし》の正道だけが、老死の滅にいたる道なのである。すなわち、正見《しょうけん》・正思《しょうし》・正語《しょうご》・正業《しょうごう》・正命《しょうみょう》・正精進《しょうしょうじん》・正念《しょうねん》・正定《しょうじょう》がそれである。

また、比丘たちよ、生とはなんであろうか。生きとし生けるものが、生れて、身体の各部あらわれ、手足そのところをえたる、比丘たちよ、これを生というのである。

また、比丘たちよ、有（存在）とはなんであろうか。比丘たちよ、それには三つの存在がある。欲界すなわち欲望の世界における存在と、色界すなわち物質の世界における存在と、無色界すなわち抽象の世界における存在である。比丘たちよ、これを有というのである。

また、比丘たちよ、取（取著）とはなんであろうか。比丘たちよ、それには四つの取著がある。欲にたいする取著、見（所見）にたいする取著、戒（戒禁）にたいする取著、我《が》にたいする取著がそれである。比丘たちよ、これを取というのである。

比丘たちよ、また、愛（渇愛）とはなんであろうか。比丘たちよ、それには六つの渇愛がある。物にたいする渇愛、声にたいする渇愛、香にたいする渇愛、味にたいする渇愛、感触にたいする渇愛、法にたいする渇愛がそれである。比丘たちよ、それを愛というのである。

比丘たちよ、また、受（感覚）とはなんであろうか。それには六つの感覚がある。眼の接触によりて生ずる感覚、耳の接触によりて生ずる感覚、鼻の接触によりて生ずる感覚、舌の接触によりて生ずる感覚、身体の接触によりて生ずる感覚、ならびに、意の接触によりて生ずる感覚がそれである。比丘たちよ、これを受というのである。

比丘たちよ、また、触（接触）とはなんであろうか。比丘たちよ、それには六つの接触がある。すなわち、眼による接触、耳による接触、鼻による接触、舌による接触、身による接触、ならびに、意による接触がそれである。比丘たちよ、これを触というのである。

比丘たちよ、また、六処（六根六境によってなる認識）とはなんであろうか。眼の認識と、耳の認識と、鼻の認識と、舌の認識と、身の認識と、意の認識とである。比丘たちよ、これを六処というのである。

比丘たちよ、また、名色（五蘊）とはなんであろうか。受（感覚）と想（表象）と思（思惟）と触（接触）と作意（意志）と、これを名というのである。また、四大種（地・水・火・風）およびそれによって成れるもの、これを色というのである。つまり、そのような名とそのような色とを、名色というのである。

比丘たちよ、また、識（識別する作用）とはなんであろうか。比丘たちよ、それには六つの識がある。すなわち、眼識と耳識と鼻識と舌識と身識と意識とがそれである。比丘たちよ、これを識というのである。

比丘たちよ、また、行（意志のうごき）とはなんであろうか。比丘たちよ、それには三つの行がある。すなわち、身における行と、口における行と、心における行とがそれである。比丘たちよ、これを行というのである。

比丘たちよ、無明を原因として行の生起があり、また、無明を滅することにより行の滅がある。そして、この聖なる八支の正道だけが、行の滅にいたる道なのである。すなわち、正見・正思・正語・正業・正命・正精進・正念・正定がそれである。

比丘たちよ、聖なる弟子たるものは、かくのごとく縁（条件）を知り、かくのごとく縁によって起ることを知り、かくのごとく縁の滅することによって滅することを知り、また、縁の滅にいたる道を知る。比丘たちよ、これを、聖なる弟子は、正しい見解に達したといい、正しい明察を得たといい、この正法に達したといい、この正法を見たといい、学習の智識を具えたといい、学習の智慧を具えたといい、あるいは、*法の流れに入ったといい、この世の不幸を洞察する聖なる智慧を得たといい、*不死の扉を打ちて立つというのである」

注解　さきの14「縁」（Paccaya）なる経とおなじ経題であるが、ここでは、まず十二縁起の順観が説かれ、つづいて、老死以下の各支について詳細な解説が行なわれている。その解説は、さきの2「分別」（Vibhanga）と題する経の説明とほぼおなじである。漢訳には同本を欠く。

＊法の流れに入る（dhammasotaṃ samāpanno = entered upon the stream of dhamma）これを預流《よる》という。聖果の第一歩である。すなわち、はじめて聖者の流類に入るのである。

＊不死の扉（amatadvāra = the door of nibbāna）不死（amata = the water of immortality）とは、涅槃の境地を意味する。その扉を叩くのである。

21　比丘　南伝　相応部経典　一二、二八、比丘／漢訳　雑阿含経　一四、一四、老死

かようにわたしは聞いた。

ある時、世尊は、サーヴァッティー（舎衛城）のジェータ（祇陀）林なるアナータピンディカ（給孤独）の園にましました。

その時、世尊は、比丘たちに説いて仰せられた。

「比丘たちよ、ここにおいては、比丘たるものは、老死を知り、老死の原因を知り、老死の滅を知り、老死の滅にいたる道を知るがよい。

生を知り、……有を知り、……取を知り、……愛を知り、……受を知り、……触を知り、……六処を知り、……名色を知り、……識を知り、……行を知り、行の原因を知り、

行の滅を知り、行の滅にいたる道を知るがよい。

では、比丘たちよ、老死とはなんであろうか。生きとし生ける者が、老い衰え、朽ち破れ、髪しろく、皺を生じて、齢かたぶき、諸根のやつれたる、これを老というのである。また、生きとし生ける者が、命終り、息絶え、身軀やぶれて、死して遺骸となり、打ち棄てられたる、これを死というのである。この老いとこの死とを、比丘たちよ、老死とはいうのである。

また、生を原因とすることによって、老死は起るのであり、生を滅することによって、老死は滅するのである。そして、この聖なる八支の正道だけが、老死の滅にいたる道なのである。すなわち、正見・正思・正語・正業・正命・正精進・正念・正定がそれである。

また、比丘たちよ、生とはなんであろうか。……比丘たちよ、有とはなんであろうか。……比丘たちよ、取とはなんであろうか。……比丘たちよ、愛とはなんであろうか。……比丘たちよ、受とはなんであろうか。……比丘たちよ、触とはなんであろうか。……比丘たちよ、六処とはなんであろうか。……比丘たちよ、名色とはなんであろうか。……比丘たちよ、識とはなんであろうか。……

また、比丘たちよ、行（意志のうごき）とはなんであろうか。比丘たちよ、それには三つの行がある。すなわち、身における行と、口における行と、心における行とがそれである。比丘たちよ、これらを行というのである。

また、比丘たちよ、無明を原因として行の生起があり、無明の滅によって行の滅がある。そして、この聖なる八支の正道だけが、行の滅にいたる道なのである。すなわち、正見・正思・正語・正業・正命・正精進・正念・正定がそれである。

比丘たちよ、かくのごとく、比丘たるものは、老死を知り、老死の原因を知り、老死の滅を知り、老死の滅にいたる道を知るがよい。

また、かくのごとく、生を知り、……有を知り、……取を知り、……愛を知り、……受を知り、……触を知り、……六処を知り、……名色を知り、……識を知り、……行を知り、……行の滅にいたる道を知るがよい。

比丘たちよ、これを、比丘は、正しい見解に達したといい、正しい明察を得たといい、この正法に達したといい、この正法を見たといい、学習の智識を具えたといい、学習の智慧を具えたといい、あるいは、法の流れに入ったといい、この世の不幸を洞察する聖なる智慧を得たといい、不死の扉を打ちて立つというのである」

注解 この経もまた、比丘たちに与える基本的教法をしるしたものである。まず、苦・集・滅・道の四諦《したい》を語り、ついで、十二縁起の各支について、それを簡明に説明しているのであるが、それらの説明はほぼ前経にちかい。思うに、釈尊は、このような説法をいくたびとなく繰返されたことであろう。

22 沙門・婆羅門

南伝 相応部経典 一二、二九、沙門婆羅門／漢訳 雑阿含経 一四、一二一三、沙門婆羅門

かようにわたしは聞いた。

ある時、世尊は、サーヴァッティー（舎衛城）のジェータ（祇陀）林なるアナータピンディカ（給孤独）の園にましました。

その時、世尊は、比丘たちに説いて仰せられた。

「比丘たちよ、いかなる沙門もしくは婆羅門であろうとも、もし彼らが、老死を知らず、老死の原因を知らず、また、老死の滅を知らず、老死の滅にいたる道を知らず、あるいは、生を知らず、……有を知らず、……取を知らず、……愛を知らず、……受を知らず、……触を知らず、……六処を知らず、……名色を知らず、……識を知らず、……行を知らず、行の原因を知らず、また行の滅を知らず、行の滅にいたる道を知らなかったならば、比丘たちよ、これらを知らざる彼ら沙門もしくは婆羅門は、たとい沙門のなかにあっても、まさしくは沙門にあらず、たとい婆羅門のなかにあっても、まさしくは婆羅門にあらず、あるいは、また彼らは、沙門たるの意味、もしくは婆羅門たるの意味を、現実にみずから知り、みずから体得して住するものではない。

比丘たちよ、また、いかなる沙門もしくは婆羅門であろうとも、もし彼らが、老死を知り、老死の原因を知り、また老死の滅を知り、老死の滅にいたる道を知り、あるいは、生を知り、……有を知り、……取を知り、……愛を知り、……受を知り、……触を知り、……六処を知り、……名色を知り、……識を知り、……行を知り、行の原因を知り、また行の滅を知り、行の滅にいたる道を知るならば、比丘たちよ、これらを知る彼ら沙門もしくは婆羅門は、沙門のなかにあって、まさしく沙門であり、婆羅門のなかにあって、まさしく婆羅門であり、あるいは、また彼らは、沙門たるの意味、もしくは婆羅門たるの意味を、現実にみずから知り、みずから体得して住するものである」

注解 ここでもまた十二縁起の各支について、釈尊の縁起説法が展開せられている。そのことは前経とかわるところがないが、ここでは、特に、沙門・婆羅門に言及しているのである。

ここにいう沙門・婆羅門とは、当時において、宗教者・思想家を総称することばであった。しかるに、人はいかにすれば、真に沙門たり、婆羅門たることをうるか。そのこともまた、この十二縁起をよく理解する者でなくてはならぬとするのである。

23　汝のものにあらず

南伝　相応部経典　一二、三七、汝のものにあらず／漢訳　雑阿含経　一二、一三、非汝所有

かようにわたしは聞いた。

ある時、世尊は、サーヴァッティー（舎衛城）のジェータ（祇陀）林なるアナータピンディカ（給孤独）の園にましました。

その時、世尊は、比丘たちに説いて仰せられた。

「比丘たちよ、この身は汝たちのものではない。また、他の者のものでもない。比丘たちよ、これは過去世の業によって造られたものであり、過去世の業によって考えられたものであり、また過去世の業によって感受せられたものであると知るがよい。比丘たちよ、だから、わたしの教えを聞いた聖なる弟子たるものは、縁起の理法をよくよく思念するがよいのである。

それは、これあるがゆえにこれがあり、これ生ずるがゆえにこれが生ずるのであり、これなきがゆえにこれがないのであり、これ滅するがゆえにこれが滅するのである。すなわち、無明によって行があり、行によって識があり、……かくのごときが、このすべての苦の集積の生起である。また、無明を余すところなく滅することによって行の滅があり、行の滅によって識があり、……かくのごときが、このすべての苦の集積の滅尽である」

注解　その経題の「汝のものにあらず」（Na tumhā = not yours）というは、この身についての我見を否定するものである。では、この身はいったい何であるか。それは、つまり、縁起の理法によって存し、また滅するものであるというのが、この説法の趣である。

24　思量（1）

南伝　相応部経典　一二、三八、思（1）／漢訳　雑阿含経　一四、一九、思量

かようにわたしは聞いた。

ある時、世尊は、サーヴァッティー（舎衛城）のジェータ（祇陀）林なるアナータピンディカ（給孤独）の園にましました。

その時、世尊は、比丘たちに説いて仰せられた。

「比丘たちよ、わたしどもが何事かを思い、あるいは企て、あるいは案ずる。それが識のよって存する条件である。その条件があるがゆえに、識が存するのであり、その識が存続し、増長するとき、未来にふたたび新しい*有《う》（存在）を生ずるにいたり、未来にふたたび新しい有を生ずるとき、また未来に老死・愁・悲・苦・憂・悩が生ずるのである。かくのごときがすべての苦の集積の生ずる所以である。

比丘たちよ、もしわたしどもが、何事をも思わず、あるいは企てなかったとしても、

なお何事かを案じるときは、それが識の存する条件となる。その条件があるがゆえに、識が存するのであり、その識が存続し、増長するとき、未来にふたたび新しい有を生ずるにいたり、未来にふたたび新しい有を生ずるとき、また未来に老死・愁・悲・苦・憂・悩が生ずるのである。かくのごときが、このすべての苦の集積の生ずる所以である。

だが、比丘たちよ、もしわたしどもが、何事をも思わず、何事をも企てず、また何事をも案じることがなかったならば、それは識の存する条件とはならない。その条件がないので、識は存続することがないのであり、その識が存続し、増長することがないのであるから、未来にふたたび新しい有を生ずることがない。未来にふたたび新しい有を生ずることがないのであるから、また未来に生も、老死も、愁・悲・苦・憂・悩も生ずることがないのである。かくのごときが、このすべての苦の集積の滅する所以である」

注解　ここには、識を所縁として迷いの生の存する所以を語り、また、妄想のないところに、迷いの生はないと語られる。

＊有 (bhava=state of existence, rebirth)　ここでいう有の概念内容を今日の表現をもって表示することは大変難しいが、これを大胆に訳していえば、迷いの生ということをうるであろう。

25 思量（2）

南伝　相応部経典　一二、三九、思（2）／漢訳　雑阿含経　一四、二〇、思量

かようにわたしは聞いた。

ある時、世尊は、サーヴァッティー（舎衛城）のジェータ（祇陀）林なるアナータピンディカ（給孤独）の園にましました。

その時、世尊は、比丘たちに説いて仰せられた。

「比丘たちよ、わたしどもが何事かを思い、あるいは企て、あるいは案ずる。それが識のよって存する条件である。その条件があるがゆえに、識が存するのであり、その識が存続し、増長するとき、名色《みょうしき》（五蘊）が現れるのである。

名色によりて六処があり、六処によりて受があり、受によりて愛があり、……取……、有……、生……、老死・愁・悲・苦・憂・悩が生ずる。かくのごときが、このすべての苦の集積の生ずる所以である。

また比丘たちよ、もしわたしどもが、何事をも思わず、あるいは企てなかったとしても、なお何事かを案じつづけるときは、それが識の存する条件となる。その条件があるがゆえに、識が存するのであり、その識が存続し、増長するとき、名色が現れるのである。

その名色によりて六処があり、六処によりて受があり、受によりて愛があり、……取……、有……、生……、老死・愁・悲・苦・憂・悩が生ずる。かくのごときが、このすべての苦の集積の生ずる所以である。

しかるに、比丘たちよ、もしわたしどもが、何事をも思わず、何事をも企てず、また何事をも案じつづけることがなかったならば、それは識の存する条件とはならない。識が存続し、増長することがないのであるから、名色が現れることもないのである。

名色のなきによりて六処はなく、六処のなきによりて受はなく、受のなきによりて愛はなく、……取……、有……、生……、老死・愁・悲・苦・憂・悩はない。かくのごときが、このすべての苦の集積の滅する所以である」

注解　この経もまた、ほぼ前経とおなじ趣の経であって、ここでもまた、識の問題を中心として、苦の生起と滅尽が語られている。そこを漢訳では、やや注釈的に、「若思量、若妄想生、則有攀縁識住、有攀縁識住故、入於名色、入名色故」（もし思量し、もし妄想生ずれば、すなわち攀縁識住《はんえんしきじゅう》あり、攀縁識住ある故に、名色に入る。名色に入る故に……）と、そこから十二縁起の系列をもって苦の生起と滅尽が語られている。参考せられたい。なお、「攀縁識住」とは、それにつかまって意識がそこにとどまるというほどの意である。

26　五戒を犯す罪のおそれ　南伝　相応部経典　一二、四一、五罪畏

かようにわたしは聞いた。

ある時、世尊は、サーヴァッティー（舎衛城）のジェータ（祇陀）林なるアナータピンディカ（給孤独）の園にましました。

その時、アナータピンディカ長者は、世尊を訪れ、世尊を拝して、その傍らに坐した。傍らに坐したアナータピンディカ長者に、世尊は仰せられた。

「長者よ、わたしの教えを聞いた聖なる弟子たちは、よく五戒*を犯す罪のおそれを鎮め、四つの預流支*《よるし》を身にそなえ、かつ、智慧をもって聖なる理法をよく見、よく理解した時には、もし彼が欲するならば、彼は彼じしんを語って、つぎのように言明することができるであろう。すなわち、〈わたしには、もはや地獄はない、畜生道も滅した、餓鬼道も滅した、堕《お》ちてゆく処はない、悪道もない、破滅の道もない。なんとなれば、わたしはすでに聖者の流れに入り、悪道に堕つることなき者であって、かならず正覚の終極にいたる者だからである〉と。

では、五戒を犯す罪のおそれを鎮めるとは、どういうことであろうか。

長者よ、生けるものの命をうばう者は、生けるものを殺すことによって、現在においても罪を犯したおそれを生じ、未来においても罪を犯したおそれを生じ、また、心のな

かにおいても苦しみ・憂いを経験する。そのような殺生を断つことによって、この罪を犯したおそれは鎮められるのである。

長者よ、また、与えられざるものを取る者は、与えられざるものを取ることによって、現在においても罪を犯したおそれを生じ、未来においても罪を犯したおそれを生じ、また、心のなかにおいても苦しみ・憂いを経験する。そのような偸盗《ちゆうとう》を断つことによって、この罪を犯したおそれは鎮められるのである。

長者よ、また、邪《よこしま》の愛欲の行為をなすものは、邪の愛欲の行為をなすことによって、現在においても罪を犯したおそれを生じ、未来においても罪を犯したおそれを生じ、また、心のなかにおいても苦しみ・憂いを経験する。そのような邪淫を断つことによって、この罪を犯したおそれは鎮められるのである。

また、長者よ、虚妄《こもう》のことばを語るものは、虚妄のことばを語ることによって、現在においても罪を犯したおそれを生じ、未来においても罪を犯したおそれを生じ、また、心のなかにおいても苦しみ・憂いを経験する。そのような妄語を断つことによって、この罪を犯したおそれは鎮めることができる。

また、長者よ、酒を飲むものは、酒を飲むことによって、現在においても罪を犯したおそれを生じ、未来においても罪を犯したおそれを生じ、また、心のなかにおいても苦しみ・憂いを経験する。そのような飲酒を断つことによって、この罪を犯したおそれは鎮められるのである。

彼は、これらの五つの罪を犯したおそれを鎮めるのである。

では、四つの預流支とは、どういうことであろうか。

長者よ、ここにおいては、聖なる弟子たるものは、仏にたいして揺《ゆる》がざる信を抱く。〈かの世尊は、供養に値する聖者にましします、正等覚者にましします、智慧と実践とを兼備せる方にましします、よく彼岸に到達したる方にましします、この世間を知悉したる方にましします、人中最勝の方にましします、人々を調御せらるる方にましします、人天の師たる方にましします、仏にましします、世尊にましします〉と。

また、法にたいして揺ぎなき信を抱く。〈法は、世尊によりて善く説かれた。すなわち、この法は、現に証せられるものであり、時をへだてずして果報あるものであり、〝来り見よ〟というべきものであり、また、よく涅槃に導くものであって、智者がそれぞれにみずから知るべきものである〉と。

また、僧伽にたいして揺ぎなき信を抱く。〈世尊の弟子たちの僧伽は、よく行ずる者のつどいである。世尊の弟子たちの僧伽は、正直なる行者のつどいである。世尊の弟子たちの僧伽は、賢明なる行者のつどいである。世尊の弟子たちの僧伽は、正道をゆく行者のつどいである。すなわち、*四双八輩《しそうはっぱい》がそれである。この世尊の弟子たちの僧伽は、供養せらるるに値し、尊敬せらるるに値し、施すに値し、合掌して拝するに値し、この世間の最上の福田である〉と。*

また、彼らは、聖者にふさわしい戒をその身に保っている。その戒は、壊《こわ》れることなく、そこなわれることなく、純潔にして、汚点あることなく、彼に自由を保有せしめ、識者の称讃するところとなり、邪道に導くことなくして、定に資するところのものである。

彼は、これらの四つの預流支をその身にそなえているのである。

では、また、智慧をもって聖なる理法をよく見、よく理解するとは、どういうことであろうか。

長者よ、ここにおいては、聖なる弟子たるものは、縁起の理法をよく思惟するのである。いわく、かれあるがゆえにこれがあるのであり、かれなき時にはこれがないのである。また、かれ生ずるがゆえにこれが生ずるのであり、かれ滅する時にはこれが滅するのである。

すなわち、無明によりて行があり、行によりて識があり、……かくのごときが、このすべての苦の集積の生ずる所以である。また、無明をあますところなく滅することによって行の滅があり、行の滅によって識の滅があり、……かくのごときが、このすべての苦の集積の滅する所以である。

これが、智慧をもって聖なる理法をよく見、よく理解するということなのである。

長者よ、このように、わたしの教えを聞いた聖なる弟子たちは、よく五戒を犯す罪のおそれをしずめ、四つの預流支をその身にそなえ、かつ、智慧をもって聖なる理法をよく見、よく理解した時には、もし彼が欲するならば、彼は彼じしんを語って、つぎのように言明することができるであろう。すなわち、〈わたしには、もはや地獄はない、畜生道も滅した、餓鬼道もなくなった。もはや堕ちてゆく処はない。悪道もない、破滅の道もない。なんとなれば、わたしはすでに聖者の流れに入り、悪道に堕つることなき者であって、かならず正覚の終極にいたる者だからである〉と」

注解　五罪畏（Pañcaverabhayā＝the fears connected with the sins against the first commandments）とは、直訳すれば、五戒を犯す罪のおそれである。釈尊はかのアナータピンディカ（給孤独）長者にたいして、よく五戒を守り、また四預流支を具して、智眼をもって正法を見るとき、その人は、「決定して菩提の終極に達するであろう」と説いているのである。

＊五戒（pañcasila＝the five moral precepts）　在家戒であって、殺生・偸盗・邪淫・妄語・飲酒を避けるための戒である。

＊四つの預流支（cattāri sotāpattiyaṅgāni＝the four items to enter upon the stream）　仏教の流れに入るための四つの項目をいう。

＊四双八輩　仏教における聖者の総称。

＊福田（puññakkhetta＝field of merit）　供養すべき対象。

27　苦　南伝　相応部経典　一二、四三、苦

かようにわたしは聞いた。

ある時、世尊は、サーヴァッティー（舎衛城）のジェータ（祇陀）林なるアナータピンディカ（給孤独）の園にましました。

その時、世尊は、比丘たちに説いて、つぎのように仰せられた。

「比丘たちよ、わたしは、汝らのために、苦の生起と、苦の滅尽とを説こうと思う。汝らは、それを聞いて、よく考えてみるがよろしい。

比丘たちよ、まず、苦の生起とは、どのようなことであろうか。

眼と色（物象）とによって眼識が生じ、その三つが相合して触がある。触によって受（感覚）がある。受によって愛（渇愛）がある。比丘たちよ、これが苦の生起である。

耳と声とによって耳識が生じ、……

鼻と香とによって鼻識が生じ、……

舌と味とによって舌識が生じ、……

身と触*とによって身識が生じ、……

意と法とによって意識が生じ、その三つのものが相合して触がある。触によって受が

ある。受によって愛がある。比丘たちよ、これが苦の生起である。

比丘たちよ、では、苦の滅尽とは、どのようなことであろうか。

眼と色とによって眼識が生じ、その三つのものが相合して触がある。触によって受がある。受によって愛がある。しかるに、その愛を余すところなく滅することによって取の滅がある。受によって愛がある。取の滅によって有の滅がある。有の滅によって生の滅がある。生の滅によって老死・愁・悲・苦・憂・悩は滅する。かくのごときが、このすべての苦の集積の滅する所以である。比丘たちよ、これが苦の滅尽である。

耳と声とによって耳識が生じ、……

鼻と香とによって鼻識が生じ、……

舌と味とによって舌識が生じ、……

身と触とによって身識が生じ、……

意と法とによって意識が生じ、その三つのものが相合して触がある。触によって受がある。受によって愛がある。しかるに、その愛を余すところなく滅することによって取の滅がある。取の滅によって有の滅がある。有の滅によって生の滅がある。生の滅によって、老死・愁・悲・苦・憂・悩は滅する。かくのごときが、このすべての苦の集積の滅する所以である。

比丘たちよ、これが苦の滅尽である」

注解　ここでは、触（phassa = touch, contact）の問題を中心として、縁起説法が繰広げられている。その触をあらしめるものは、眼と色、耳と声、鼻と香、舌と味、身と触、意と法、すなわち六処においてであると説かれる。それが苦の生起と滅尽に結びつけられるのである。

＊法（dhamma）　法の意味するところは広汎にして、一語をもって尽しがたい。ここでは、意（mana = mind）の対象としての観念を意味している。

28　ある婆羅門　南伝　相応部経典　一二、四六、異／漢訳　雑阿含経　一二、一八、他

かようにわたしは聞いた。

ある時、世尊は、サーヴァッティー（舎衛城）のジェータ（祇陀）林なるアナータピンディカ（給孤独）の園にましました。

その時、一人の婆羅門は、世尊を訪れ来って、挨拶をかわし、鄭重にして友誼にとめる言葉をかわしたるのち、世尊の傍らに坐した。

傍らに坐したその婆羅門は、世尊に申しあげた。

「友ゴータマ（瞿曇）よ、いったい、彼がなして、彼がそれを受けるのであろうか」

「婆羅門よ、彼がなして、彼がそれを受けるというのは、それは一つの極端というもの

である」

「では、友ゴータマよ、他者がなして、それを他者が受けるのであろうか」

「婆羅門よ、他者がなして、それを他者が受けるというのは、それもう一つの極端である。婆羅門よ、如来は、それらの二つの極端を離れて、中《ちゅう》によりて法を説くのである。いうところの、これあるがゆえにこれあり、これ生ずるがゆえにこれ生ず、である。無明によって行がある。行によって識がある。……かくのごときが、このすべての苦の集積の生ずる所以である。

無明を余すところなく滅し尽すことによって行の滅がある。行の滅することによって識の滅がある。……かくのごときが、このすべての苦の集積の滅する所以である」

世尊がそのように説かれた時、その婆羅門は世尊に申しあげた。

「素晴らしいかな、友ゴータマよ。素晴らしいかな、友ゴータマよ。たとえば、倒れたるを起すがごとく、覆われたるを露わすがごとく、迷える者に道を示すがごとく、あるいは、暗闇のなかに燈火をもたらして、〈眼ある者はこれを見よ〉というがごとく、尊者ゴータマは、さまざまの方便をもって法を説きたもうた。わたしはいま、世尊と法と僧伽とに帰依したてまつる。願わくは、尊者ゴータマの、わたしを、今日より以後、生涯かわるところなく帰依したてまつる優婆塞として納れたまわんことを」

注解　この経の問答が行なわれた場所は、南伝ではいつもの祇園精舎であるが、漢訳では、「仏住拘留捜調牛聚落」とみえる。拘留もしくは拘留捜とは、コーサラ（拘薩羅）のさらに北西、クル（Kuru）地方のこと。そこは婆羅門文化の中心とされるところであった。また、調牛聚落（Kammāsadamma）とは、一村落である。釈尊は、その辺りまでも行かれたものと思われる。

問答の主題は、苦楽は自作か他作かであって、釈尊はそれに縁起の法則をもって解答を与えた。

29　ジャーヌッソーニー（生聞）　南伝　相応部経典　一二、四七、生聞

かようにわたしは聞いた。

ある時、世尊は、サーヴァッティー（舎衛城）のジェータ（祇陀）林なるアナータピンディカ（給孤独）の園にましました。

その時、ジャーヌッソーニー（生聞）なる婆羅門は、世尊を訪れ来って、敬意を表し、礼儀正しい挨拶をかわして、世尊の傍らに坐した。

傍らに坐したジャーヌッソーニーなる婆羅門は、世尊に申しあげた。

「友ゴータマ（瞿曇）よ、一切は有《う》*（あるもの）であろうか」

「婆羅門よ、一切は有であるというのは、それは一つの極端である」

「友ゴータマよ、では、一切は無（ないもの）であろうか」

「婆羅門よ、一切は無であるというのも、それも一つの極端である。婆羅門よ、わたしは、その二つの極端をはなれて、中《ちゅう》によって法を説くのである。

無明によって行がある。行によって識がある。……かくのごときが、このすべての苦の集積の生ずる所以である。

無明をあますところなく滅することによって行の滅がある。行の滅することによって識の滅がある。……かくのごときが、このすべての苦の集積の滅する所以である」

世尊がそのように説いた時、かのジャーヌッソーニーなる婆羅門は、世尊に申しあげた。

「友ゴータマよ、素晴らしい。友ゴータマよ、素晴らしい。友ゴータマよ、たとえば、倒れたるを起すがごとく、覆われたるを露わすがごとく、迷えるものに道を教えるがごとく、あるいは、暗闇のなかに燈火をもたらして、〈眼あるものは見よ〉というがごとく、友ゴータマは、さまざまの方便をもって法を説きたもうた。わたしはいま、世尊なるゴータマと、法と比丘僧伽とに帰依したてまつる。願わくは、尊者ゴータマの、わたしを、今日より以後、生涯かわることなく帰依したてまつる優婆塞として納れたまわんことを」

注解　ここにジャーヌッソーニー（Janussoni, 生聞）とあるは、この経における質問者の姓であり、彼は、サーヴァッティー（舎衛城）にあっては著名な婆羅門であったという。彼の釈尊にたいする問いは、一切は有であるか無であるかということであったが、釈尊はそれを却けて、縁起の法則をもって一切を語った。彼は生涯かわらぬ在家の帰依者となった。

＊有（atthi＝to be, to exist）「あるもの」である。それに対するものは、無であって、「ないもの」である。

30　ローカーヤタ（順世外道）　南伝　相応部経典　一二、四八、順世派

かようにわたしは聞いた。

ある時、世尊は、サーヴァッティー（舎衛城）のジェータ（祇陀）林なるアナータピンディカ（給孤独）の園にましました。

その時、一人のローカーヤタ（順世外道）の婆羅門は、世尊を訪れ、世尊と敬意にみちた礼儀正しい挨拶を交したのち、その傍らに坐した。

傍らに坐したローカーヤタの婆羅門は、世尊に申しあげた。

「友ゴータマ（瞿曇）よ、一切は有（あるもの）＊であろうか」

「婆羅門よ、一切は有であるというのは、世間においていうことである」

「友ゴータマよ、では、一切は無（ないもの）であろうか」

「婆羅門よ、一切は無であるというのは、それもまた、世間においていうところである」

「友ゴータマよ、では、一切はひとつであろうか」

「婆羅門よ、一切はひとつであるというのは、それもまた、世間においていうところである」

「友ゴータマよ、では、一切は多様なのであろうか」

「婆羅門よ、一切は多様であるというのは、それもまた、世間においていうところである。

婆羅門よ、わたしは、それらの極端をはなれて、中《ちゅう》によって法を説くのである。無明によりて行がある。行によりて識がある。……かくのごときが、このすべての苦の集積のよりて生ずる所以である。

また、無明をあますところなく滅することによって行の滅がある。行の滅することによって識の滅がある。……かくのごときが、このすべての苦の集積のよって滅する所以である」

世尊がそのように仰せられた時、かのローカーヤタの婆羅門は、世尊に申しあげた。

「友ゴータマよ、素晴らしい。友ゴータマよ、素晴らしい。友ゴータマよ、たとえば、倒れたるを起すがごとく、覆われたるを露わすがごとく、迷えるものに道を教えるがごとく、あるいは、暗闇のなかに燈火をもたらして、〈眼あるものは見よ〉というがごとく、友ゴータマは、さまざまの方便をもって法を説きたもうた。わたしはいま、世尊なるゴータマと、法と比丘僧伽とに帰依したてまつる。願わくは、尊者ゴータマの、わたしを、今日より以後、生涯かわることなく帰依したてまつる優婆塞として納れたまわんことを」

注解　ここにローカーヤタ（Lokāyata＝popular philosophy）とは、そのころ栄えた常識的哲学派であって、「愚凡の世間において、大なり、深なりといわれた有の見解に立つ」学派であった。ローカーヤティカ（lokāyatika＝one who holds the view of lokāyata）とは、いわゆる順世外道の一人である。いまその順世外道の一人と釈尊との問答もまた、おおよそ前経にひとしく、彼もまた釈尊に説得されて、在家の帰依者となったという。

＊世間（loka＝world）　この世界、そして、この世間というほどの意である。

31　聖弟子　南伝　相応部経典　一二、四九、聖弟子／漢訳　雑阿含経　一四、八、聖弟子

かようにわたしは聞いた。

ある時、世尊は、サーヴァッティー（舎衛城）のジェータ（祇陀）林なるアナータピンディカ（給孤独）の園にましました。

その時、世尊は、比丘たちに説いて仰せられた。

「比丘たちよ、わたしの教えをよく聞いた聖なる弟子たちは、このようなことを思い煩うことがない。〈何があるがゆえに、何があるのであろうか。何が生ずる時に、何が生ずるのであろう。また、何があるがゆえに、名色（五蘊）があるのであろうか。何があるがゆえに、六処があるのであろうか。何があるがゆえに、触があるのであろうか。何があるがゆえに、受があるのであろうか。何があるがゆえに、愛があるのであろうか。何があるがゆえに、取があるのであろうか。何があるがゆえに、有があるのであろうか。何があるがゆえに、生があるのであろうか。何があるがゆえに、老死があるのであろうか〉と。

比丘たちよ、わたしの教えをよく聞いた聖なる弟子たちは、他*によることなく、ただひたすら、つぎのように知っているのである。〈これあるがゆえに、これがあるのである。これが生ずるがゆえに、これが生ずるのである。すなわち、無明があるがゆえに行があり、行があるがゆえに識があり、識があるがゆえに名色があり、名色があるがゆえに六処があり、六処があるがゆえに触があり、触があるがゆえに受があり、受があるがゆえに愛があり、愛があるがゆえに取があり、取があるがゆえに有があり、有があるがゆえに生があり、生があるがゆえに老死があるのである〉と。彼は、かくのごとくにしてこの世間があるのだと知っているのである。

また、比丘たちよ、わたしの教えをよく聞いた聖なる弟子たちは、このようなことを思い煩うことはない。〈何がなきがゆえに、何がないのであろうか。何が滅する時に、何が滅するのであろうか。あるいは、何がなければ、名色がないのであろうか。何がなければ、六処がないのであろうか。何がなければ、触がないのであろうか。何がなければ、受がないのであろうか。何がなければ、愛がないのであろうか。何がなければ、取がないのであろうか。何がなければ、有がないのであろうか。何がなければ、生がないのであろうか。何がなければ、老死がないのであろうか〉と。

比丘たちよ、わたしの教えをよく聞いた聖なる弟子たちは、他によることなく、ただひたすらに、つぎのように知っているのである。〈これなきがゆえに、これがないのである。これが滅する時、これが滅するのである。すなわち、無明が滅するがゆえに行が滅する。行が滅するがゆえに識が滅する。識が滅するがゆえに名色が滅する。名色がないがゆえに六処がない。……触がない、……受がない、……愛がない、……取がない、……有がない、……生がない、生がないがゆえに老死がないのである〉と。彼は、このようにして、この世間が滅するのだと知っているのである。

比丘たちよ、聖なる弟子たちは、このように、この世間の生起と滅尽とを、あるがま*

まに知っているのである。比丘たちよ、これを、聖なる弟子たちは、正しい見解に達したといい、正しい明察を得たといい、この正法に達したといい、この正法を見たといい、学習の智識をそなえたといい、学習の智慧を具したといい、あるいは、法の流れに入ったといい、この世の不幸を洞察する聖なる智慧を得たといい、不死の扉を打ちて立つというのである」

注解　ここに「聖弟子」（Ariyasāvaka = a disciple of the noble one）というは、いうまでもなく、釈尊のおしえを聞いた比丘たちのことである。そして、この前の経までは、外道の思想家や在家者の問いに応じて、縁起の理法による苦の滅尽を説かれたのであったが、ここでは、また、わが聖なる弟子たちもみな、その縁起の理法によって苦の滅尽を実現するのだと説いているのである。漢訳では、その説処は、ラージャガハ（王舎城）の竹林精舎であるとする。

＊他によることなく（aparapaccaya = not dependent on others）ひたすら。他の考えによらないで、というほどの意である。

＊あるがまま（yathābhūtam = according to the nature as presented itself to us）漢訳に「如実」と訳する。文字どおり「あるがまま」である。

32 熟慮　南伝　相応部経典　一二、五一、思量／漢訳　雑阿含経　一二、一〇、思量観察

かようにわたしは聞いた。

ある時、世尊は、サーヴァッティー（舎衛城）のジェータ（祇陀）林なるアナータピンディカ（給孤独）の園にましました。

その時、世尊は、「比丘たちよ」と比丘たちに呼びかけたまい、彼ら比丘たちは、「大徳よ」と世尊に答えた。

そこで、世尊は仰せられた。

「比丘たちよ、比丘たるものは、すべての苦を正しく滅するには、どのように熟慮に熟慮を重ねたならばよいであろうか」

「大徳よ、わたしどもにとっては、法は、世尊を根本となし、世尊を導師となし、世尊を依処となすのであります。大徳よ、願わくは、なにとぞ、その世尊の仰せられたことの意味を明したまわんことを。さすれば、比丘たちは、世尊の仰せを聞いて、受持したてまつるでありましょう」

「では、比丘たちよ、聞いてよくよく考えてみるがよろしい。わたしは説くであろう」

「大徳よ、かしこまりました」

と、彼ら比丘たちは答えた。

世尊は、説いて仰せられた。

「比丘たちよ、ここにおいて比丘たるものは、よく考えに考えてみるがよろしい。〈この世間には、種々さまざまの苦があり、老死がある。この苦はなにに因《よ》り、なにによって生じ、なにによって起るのであるか。なにがあるがゆえに老死があり、なにがなければ老死はないのであろうか〉と。

そこで、彼は、よくよく考えて、このように知るのである。〈この世間には、種々さまざまの苦があり、老死がある。この苦は生を因となし、生によって起り、生によって生じ、生をもととするものである。生があるがゆえに老死があるのであり、生がなければ老死はないのである〉と。

彼は、老死を知り、老死の生起を知り、老死の滅を知り、また、老死の滅にいたる道を知っている。かくて彼は、法に従って行ずるものとなるのである。

比丘たちよ、かかる比丘は、まさしく苦の滅を行じ、老死の滅を行ずるものということができる。

また、比丘たちよ、ここにおいて比丘たるものは、よく考えに考えてみるがよろしい。〈この有はなにに因り、この取はなにに因り、この愛はなにに因り、受・触・六処はなにに因り、この名色は……、この識は……、この行はなにに因り、なにによって起り、なにによって生じ、なにをもととするものであるか。なにがあるがゆえに行があるのであるか、なにがなければ行はないのであるか〉と。

そこで、彼は、よくよく考えて、このように知るのである。〈この行は無明を因となし、無明によって起り、無明によって生じ、無明をもととするものである。無明があるがゆえに行があるのであり、無明がなければ行はないのである〉と。

彼は、行を知り、行の生起を知り、行の滅を知り、また、行の滅にいたる道を知っている。それで彼は、法に従って行ずるものとなるのである。

比丘たちよ、かかる比丘は、まさしく苦の滅を行じ、行の滅を行ずるものということができる。

また、比丘たちよ、もし人が無明におおわれておれば、彼がなんぞ*福行をなさんとすれば、その識はおのずから福行にむかうであろう。彼がなんぞ福行ならぬことをなさんとすれば、その識はおのずから福行ならぬことに向うであろう。またもし、その*いずれにもあらぬことを為そうとすれば、その識はおのずからそのいずれにもあらぬことに向うであろう。

しかるに、比丘たるものが、もし無明を滅し、智慧を得たならば、彼は、無明を捨て、智慧を得たるがゆえに、もはや福行をなさんとせず、福行ならぬことをもなさんとせず、また、そのいずれでもないことをも為そうとはしないであろう。

かくて、彼は、為そうともせず、したいとも思わず、この世のなにごとにも取著することがなく、取著しないからして心に悩みもなく、心に悩むところがないから、みずから満ち足りて、〈わが迷いの生涯はすでに終った。清浄なる行はすでに成った。作《な》すべきことはすでに弁じた。このうえは、もはやふたたびかかる迷いの生涯に入ることはないであろう〉と知るのである。

彼は、もし彼が楽しいことを感受しても、それは無常であると知り、取著すべきものでないと知り、享受すべきものではないと知る。もしまた、彼が苦しいことを感受しても、それは無常であると知り、取著すべきものでないと知り、享受すべきものではないと知る。またもし、彼が楽しいことでも苦しいことでもないことを感受しても、それは、無常であると知り、取著すべきものでないと知り、享受すべきものではないと知る。

彼は、もし楽しいことを感受すれば、超然としてその感覚を受ける。もし苦しいことを感受すれば、また超然としてその感覚を受ける。またもし、楽しいことでも苦しいことでもないことを感受すれば、また超然としてその感覚を受けるのである。

彼は、また、その身の堪えるかぎりの感覚を受けながら、ただ〈わたしはわが身の堪えるかぎりの感覚を受けている〉と知り、その命の堪えるかぎりの感覚を受けながら、ただ〈わたしはわが命の堪えるかぎりの感覚を受けている〉と知り、そして、ついにその身の壊《え》するに及んでは、〈わたしはいまわが命を終るのであるが、これで一切の感覚を受けることはおわり、もはやなにごとを享受することもなく、わが身は冷たくなって、ここに遺骸となって横たわるのみである〉と知るのである。

比丘たちよ、たとえば、ここに人があって、陶器を焼く窯《かまど》から、焼きたての陶器をとり出し、それを平地に置いたとせよ。すると、それは、やがて冷えて、一個の陶器として、そこに残るであろう。比丘たちよ、それとおなじく、彼は、その身の堪えるかぎりの感覚を受けながら、ただ〈わたしはわが身の堪えるかぎりの感覚を受けている〉と知り、また、その命の堪えるかぎりの感覚を受けながら、ただ〈わたしはわが命の堪えるかぎりの感覚を受けている〉と知り、そして、ついにその身の壊するに及んでは、〈わたしは、いまわが命を終るのであるが、これで一切の感覚を受けることはおわり、もはやなにごとを享受することもなく、わが身は冷たくなって、ここに遺骸となって横たわるのみである〉と知るのである。

比丘たちよ、汝らはこれをどう思うか。すでに煩悩を断ちつくした比丘も、また、なお福行をなさんとするであろうか。あるいは、福行ならぬことをなさんとするであろうか。あるいは、そのいずれでもないことをなそうとするであろうか」

「大徳よ、そういうことはございません」

「では、もしもいかなる行もなかったならば、行はないのに、なお識がでてくるであろうか」

「大徳よ、そういうことはございません」

「では、もしもいかなる識もなかったならば、識はないのに、なお名色が現れてくるであろうか」
「大徳よ、そういうことはございません」
「では、また、もしもいかなる名色もなかったならば、名色はないのに、なお六処を立てるべきであろうか」
「大徳よ、そういうことはございません」
「では、また、もしもいかなる六処もなかったならば、六処はないのに、なお触を立てるべきであろうか」
「大徳よ、そういうことはございません」
「では、また、もしもいかなる触もなかったならば、触はないのに、なお受を立てるべきであろうか」
「大徳よ、そういうことはございません」
「では、また、もしもいかなる受もなかったならば、受はないのに、なお愛を立てるべきであろうか」
「大徳よ、そういうことはございません」
「では、また、もしもいかなる愛もなかったならば、愛はないのに、なお取を立てるべきであろうか」

「大徳よ、そういうことはございません」

「では、また、もしもいかなる取もなかったならば、取はないというのに、なお有を立てるべきであろうか」

「大徳よ、そういうことはございません」

「では、また、もしもいかなる有もなかったならば、有はないというのに、なお生を立てるべきであろうか」

「大徳よ、そういうことはございません」

「また、では、もしもいかなる生もなかったならば、生はないというのに、なお老死ということがありえようか」

「大徳よ、そういうことはございません」

「善いかな、善いかな、比丘たちよ、そのとおりである。比丘たちよ、そのほかではないのである。されば、比丘たちよ、わたしのいうことを信じ、このことを確信して、疑うことなかれ、躊躇することなかれ。これこそは苦の終りをなすものである」

注解　この経は、釈尊の比丘たちに対する質問をもって始まる。苦を滅するには、いかに思量すべきかというのである。比丘たちは答ええずして、釈尊がそのことについて説く。それもまた、縁起の理法による苦の滅尽であった。

＊福行（puñña-saṅkhāra＝act of merit）　よきことを為さんとすること。
＊いずれにもあらぬこと（āneñja-saṅkhāra＝steadfastness）　確乎としていずれにも傾かない意志をもって行動すること。漢訳には、これを「無所有行」と訳し、また「不動行」としておる。

33　取著　南伝　相応部経典　一二、五二、取／漢訳　雑阿含経　一二、四、取

かようにわたしは聞いた。

ある時、世尊は、サーヴァッティー（舎衛城）のジェータ（祇陀）林なるアナータピンディカ（給孤独）の園にましました。

その時、世尊は、比丘たちに説いて、かように仰せられた。

「比丘たちよ、取著するものを味いながら観《み》ていると、その人には愛著の念がいやましてくる。愛＊によって取がある、取によって有がある、有によって生がある。生によって老死・愁・悲・苦・憂・悩が生ずる。かくのごときが、このすべての苦の集積の生ずる所以である。

比丘たちよ、それは、たとえば、ここに大きな焚き火があって、そこで十把の薪、あるいは二十把の薪、あるいは三十把の薪、あるいは四十把の薪をもやしておるとする。

しかるに、その時、人があって、時を見はからって、その焚き火に、また、乾いた草を投じたとする、あるいは乾いた牛糞を投じたとする、あるいは乾いた薪束を投じたとするならば、どうであろうか。比丘たちよ、そうすれば、その大きな焚き火は、そのために、いよいよ久しく燃えつづけるであろう。

比丘たちよ、それとおなじで、取著するところのものを味いながら観ていると、その人には、愛著の念がいやましてくる。愛によって取がある。取によって有がある。有によって生がある。生によって老死・愁・悲・苦・憂・悩が生ずる。かくのごときが、このすべての苦の集積の生ずる所以である。

しかるに、比丘たちよ、取著するところのものを、*これはいけないぞと観ていると、その人には、愛著の念が滅する。愛が滅すると取が滅する。取が滅すると有が滅する。有が滅すると生が滅する。生が滅すると老死・愁・悲・苦・憂・悩もまた滅する。かくのごときが、このすべての苦の集積の滅する所以である。

比丘たちよ、それは、たとえば、ここに大きな焚き火があって、そこで十把の薪、あるいは二十把の薪、あるいは三十把の薪、あるいは四十把の薪をもやしておるとする。しかるに、その時、誰も時を見はからって、その焚き火に、また乾いた草や、あるいは乾いた牛糞や、あるいは乾いた薪束などを投入することをしなかったとしたならば、どうであろうか。比丘たちよ、そうすれば、その大きな焚き火も、やがて、さきの薪は燃え尽き、新しい燃料は加えられないということで、消えてしまうであろう。
比丘たちよ、それとおなじく、取著するところのものを、これはいけないぞと観ていると、その人には、いつか、愛著の念が滅する。愛が滅すると取が滅する。取が滅すると有が滅する。有が滅すると生が滅する。生が滅すると、老死・愁・悲・苦・憂・悩もまた滅する。かくのごときが、このすべての苦の集積の滅する所以である」

注解 この経題の「取」(Upādāna = grasping) とは、所対の境に取著することをいうことばであって、十二縁起の第八支をなす。いま釈尊は、それを中心として、比丘たちのために法を説いているのであるが、それについて釈尊の説かれた卑近の譬喩が印象的である。
なお、ここで釈尊の説かれた愛 (taṇhā)、取 (upādāna)、有 (bhava)、生 (jāti)、老死 (jarāmaraṇa) は、しばしば五支縁起と称せられる。
＊愛 (taṇhā = thirst, craving) もと喉の渇きをいうことば。それによって激しい愛著の念をゆびさすのである。
＊これはいけないぞと観る (ādīnavānupassin = realizing the danger or evil of——) 漢訳では「患観」と訳した。

34　結縛　南伝　相応部経典　一二、五三、結／漢訳　雑阿含経　一二、三、仏縛

かようにわたしは聞いた。

ある時、世尊は、サーヴァッティー（舎衛城）のジェータ（祇陀）林なるアナータピンディカ（給孤独）の園にましました。

その時、世尊は、比丘たちに説いて、かように仰せられた。

「比丘たちよ、繋縛《けばく》するものをじっと味い観じていると、その人には愛著の念がいやましてくる。その愛によって取がある。取によって有がある。有によって生がある。生によって老死・愁・悲・苦・憂・悩が生ずる。かくのごときが、このすべての苦の集積の生ずる所以である。

　比丘たちよ、それは、たとえば、ここに燈火があって、油と燈心によってもえているとする。そして、その時、人があって、時を見はからって、それに油をそそぎ、燈心をかきたてたとするならば、どうであろうか。比丘たちよ、そうすれば、その油燈は、それによって、長時間にわたり、久しくもえつづけるであろう。

　比丘たちよ、それとおなじく、繋縛するものをじっと味い観じていると、その人には愛著の念がいやましてくる。その愛によって取がある。取によって有がある。有によって生がある。生によって老死・愁・悲・苦・憂・悩が生ずる。かくのごときが、このす

べての苦の集積の生ずる所以である。

しかるに、比丘たちよ、繫縛するものを、これはいけないぞと観じていると、その人には、愛著の念が滅してくる。愛が滅すると取が滅する。取が滅すると有が滅する。有が滅すると生が滅する。生が滅すると、老死・愁・悲・苦・憂・悩もまた滅する。かくのごときが、このすべての苦の集積の滅する所以である。

比丘たちよ、それは、たとえば、ここに燈火があって、油と燈心によってもえているとする。だが、その時、誰も、時を見はからって、それに油をそそぎ、燈心をかきたてなかったとするならば、どうであろうか。比丘たちよ、そうすると、その油燈は、やがて、さきの油は尽き、新しい燃料は加えられないということで、消えてしまうであろう。

比丘たちよ、それとおなじく、繫縛するところのものを、これはいけないぞと観ていると、その人には、愛著の念がなくなってくる。愛が滅すると取が滅する。取が滅すると有が滅する。有が滅すると生が滅する。生が滅すると、老死・愁・悲・苦・憂・悩もまた滅する。かくのごときが、このすべての苦の集積の滅する所以なのである」

注解　この経題は「結」(Saññojana＝bond, fetter)である。人を生死に結縛するものである。だが、そこに語られているものは、前経とほぼおなじである。ここでは油燈の譬喩を用い、また五支縁起の関係性が説かれているのである。

35 大樹　南伝　相応部経典　一二、五五、大樹／漢訳　雑阿含経　一二、二、大樹

かようにわたしは聞いた。

ある時、世尊は、サーヴァッティー（舎衛城）のジェータ（祇陀）林なるアナータピンディカ（給孤独）の園にましました。

その時、世尊は、比丘たちに説いて、かように仰せられた。

「比丘たちよ、取著するところのものを、じっと味いながら観ていると、しだいに愛著の念がいやましてくる。その愛によって取がある。取によって有がある。有によって生がある。生によって老死・愁・悲・苦・憂・悩が生ずる。かくのごときが、このすべての苦の集積の生ずる所以である。

比丘たちよ、たとえば、ここに大樹があって、その根は地中にのびて拡がり、さまざまの地味や水分を吸収するとする。そうすれば、比丘たちよ、そのようにして、その大樹は、久しく住することをうるであろう。

比丘たちよ、それとおなじように、取著するところのものを、じっと味いながら観ていると、しだいに愛著の念がいやましてくる。その愛によって取がある。取によって有がある。有によって生がある。生によって老死・愁・悲・苦・憂・悩が生ずる。かくの

ごときが、このすべての苦の集積の生ずる所以である。

しかるに、比丘たちよ、取著するものを、これはいけないぞと観ていると、その人には、愛著の念が滅してくる。愛が滅すると取が滅する。取が滅すると有が滅する。有が滅すると生が滅する。生が滅すると、老死・愁・悲・苦・憂・悩もまた滅する。かくのごときが、このすべての苦の集積の滅する所以である。

比丘たちよ、たとえば、ここに大樹があったとする。しかるに、その時、人があって、斧や籠をもってやってきたとする。そして彼は、その樹を根から伐った。根から伐ると、今度はその周りに穴を掘った。穴を掘ると、小さな根や鬚根《ひげね》も根こそぎにしてしまった。さらに彼は、その樹を伐って丸太とし、丸太を截《き》って木片とし、木片を割って粗朶《そだ》とした。また、その粗朶を風と陽とに乾し、それを火に焼いて灰とし、その灰を大風にとばし、あるいは、河の流れにながしたとする。そうすれば、比丘たちよ、その大樹も、根こそぎ伐られてしまったターラ*（多羅）樹の株のように、なきにひとしい、未来永劫生ぜざるものとなるであろう。

比丘たちよ、それとおなじように、取著するものを、これはいけないぞと観ていると、その人には、愛著の念が滅してくる。愛が滅すると取が滅する。取が滅すると有が滅する。有が滅すると生が滅する。生が滅すると、老死・愁・悲・苦・憂・悩もまた滅する。かくのごときが、このすべての苦の集積の滅する所以である」

注解　ここに「大樹」（Mahārukkha＝the great tree）と題せられる一経もまた、前経ならびに前々経とほぼおなじ趣の内容である。ここで語られているのは大樹の譬喩であって、それによって五支縁起の関係性が語られている。

＊ターラ（tāla, 多羅）　わが国の棕櫚《しゆろ》に似た喬木である。

36 名色　南伝　相応部経典　一二、五八、名色

かようにわたしは聞いた。

ある時、世尊は、サーヴァッティー（舎衛城）のジェータ（祇陀）林なるアナータピンディカ（給孤独）の園にましました。

その時、世尊は、比丘たちに説いて、かように仰せられた。

「比丘たちよ、繋縛するものをじっと味い観ていると、その人には名色（五蘊）が現れてくる。その名色によって六処がある。……触……、受……、愛……、取……、有……、生……。生によって老死・愁・悲・苦・憂・悩が生ずる。かくのごときが、このすべての苦の集積の生ずる所以である。

比丘たちよ、たとえば、ここに大樹があって、その根は地中にのびて拡がり、さまざ

まの地味や水分を吸収するとする。そうすれば、比丘たちよ、そのようにして、その大樹は、久しく住することをうるであろう。

比丘たちよ、それとおなじように、繋縛するものをじっと味い観ていると、その人には名色が現れてくる。その名色によって六処がある。……かくのごときが、このすべての苦の集積の生ずる所以なのである。

しかるに、比丘たちよ、その繋縛するものを、これはいけないぞと観ていると、その人には、名色は滅する。名色が滅すると六処が滅する。……触……、受……、愛……、取……、有……、生……。生が滅すれば、老死・愁・悲・苦・憂・悩が滅する。かくのごときが、このすべての苦の集積の滅する所以である。

比丘たちよ、たとえば、ここに大樹があったとする。しかるに、その時、人があって、鍬や籠をもってやってきたとする。……未来永劫生ぜざるものとなるであろう。

比丘たちよ、それとおなじように、繋縛するものを、これはいけないぞと観ていると、その人には、名色は滅する。名色が滅すると、六処が滅する。……触……、受……、愛……、取……、有……、生……。生が滅すれば、老死・愁・悲・苦・憂・悩が滅する。かくのごときが、このすべての苦の集積の滅する所以である」

注解　ここに「名色」(Nāmarūpa = name and shape, individual being) とは、五蘊（色・

受・想・行・識）の総名であって、なお身心というがごとくである。いま、それを分析していえば、名とは、ただ名をもって知られる精神的要素すなわち受・想・行・識をいい、色とは、色蘊すなわち物質的要素をいう。ここでは、釈尊は、その名色を中心として、ほぼ前経とおなじ趣のことを説いておられ、そこに用いる譬喩もまた、おなじく大樹のことを語っているのであるが、ただ、ここでは、名色・六処（saḷāyatana）・触（phassa）・受（vedanā）・愛・取・有・生・老死の九支縁起をもって語られていることが注目せられる。

37　識　南伝　相応部経典　一二、五九、識

かようにわたしは聞いた。

ある時、世尊は、サーヴァッティー（舎衛城）のジェータ（祇陀）林なるアナータピンディカ（給孤独）の園にましました。

その時、世尊は、比丘たちに説いて、かように仰せられた。

「比丘たちよ、繋縛するものをじっと味い観ていると、その人には識（意識）が現れてくる。その識によって名色がある。……六処……、触……、受……、愛……、取……、有……、生……。生によって老死・愁・悲・苦・憂・悩が生ずる。かくのごときが、このすべての苦の集積の生ずる所以である。

比丘たちよ、たとえば、ここに大樹があって、その根は地中にのびて拡がり……。比丘たちよ、それとおなじように、繫縛するものをじっと味い観ていると、その人には識が現れてくる。その識によって名色がある。……六処……、触……、受……、愛……、取……、有……、生……。生によって老死・愁・悲・苦・憂・悩が生ずる。かくのごときが、このすべての苦の集積の生ずる所以である。

しかるに、比丘たちよ、その繫縛するものを、これはいけないぞと観ていると、その人には、識は現れてこない。識がないから名色もない。……六処……、触……、受……、愛……、取……、有……、生……。生がないからして、老死・愁・悲・苦・憂・悩もないのである。かくのごときが、このすべての苦の集積の滅する所以である。

比丘たちよ、たとえば、ここに大樹があったとする。しかるに、その時、人があって、鍬や籠をもってやってきたとする……。

比丘たちよ、それとおなじように、繫縛するものを、これはいけないぞと観ていると、その人には、識は現れてこない。識がないから名色もない。……六処……、触……、受……、愛……、取……、有……、生……。生がないからして、老死・愁・悲・苦・憂・悩もないのである。かくのごときが、このすべての苦の集積の滅する所以である」

注解　ここに「識」(Viññāṇa = general consciousness as function of mind) とは、人間の心の

営みとしての意識一般をいうことばである。十二縁起の第三支がそれである。いまここに、釈尊が、すべて苦なる人間存在の生起と滅尽のために説いているものは、その意識を中心として、ほぼ前経とおなじ趣のことを説いているのである。ただ、そこでは、識・名色・六処・触・受・愛・取・有・生・老死の十支縁起をもって説かれていることが注目せられるのである。

38 因縁　南伝　相応部経典　一二、六〇、因

かようにわたしは聞いた。

ある時、世尊は、クル*(拘楼)のカンマーサダンマ(剣磨瑟曇)なる村落にとどまっておられた。

その時、尊者アーナンダ(阿難)は、世尊のいますところにいたり、世尊を礼拝して、その傍らに坐した。

傍らに坐した尊者アーナンダは、世尊にもうしあげた。

「大徳よ、この縁起の法は、はなはだ深く、深遠を極めると申しますが、大徳よ、それはどうも、わたしには、奇妙なこと、不思議なことのように思われます。大徳よ、それは、わたしの見るところでは、明々白々のように思われます」

「アーナンダよ、そういってはいけない。アーナンダよ、そういってはいけない。アー

ナンダよ、この縁起の法は、はなはだ深くして、深遠の相を呈している。アーナンダよ、この法を証《さと》らず、この法を知らないから、世の人々は、まるで糸の縺《もつ》れたように、腫物《はれもの》におおわれたように、あるいは、ムンジャ（們叉）*草やパッバジャー（波羅波）草のように、悪しきところに生れ、あしきところに赴き、いつまで経っても地獄の輪廻を出ることができないのである。

アーナンダよ、見るところ聞くところのものについて、じっと味っていると、そこに愛が嵩じてくる。その愛によって取がある。取によって有がある。有によって生がある。生によって老死があり、愁・悲・苦・憂・悩が生ずる。これがすべての苦の集積のよりて起るところなのである。

アーナンダよ、たとえば、ここに一本の大樹があるとするがよい。その樹は、その根が地下にくだって拡がり、あらゆる地味・水味を吸収する。アーナンダよ、そのようにして、その大樹は久しく住するであろう。

アーナンダよ、それとおなじように、見るところ聞くところのものについて、じっと味っていると、そこに愛が生じてくる。その愛によって取がある。取によって有がある。有によって生がある。生によって老死があり、愁・悲・苦・憂・悩が生ずる。これがすべての苦の集積のよりて起るところなのである。

アーナンダよ、それに反して、見るところ聞くところのものについて、これは危いぞと観ていると、そこに愛が滅する。愛が滅すれば取が滅する。取が滅すれば有が滅する。有が滅すれば生が滅する。生が滅すれば老死・愁・悲・苦・憂・悩が滅する。これがすべての苦の集積のよりて滅するところなのである。

アーナンダよ、たとえば、ここに一本の大樹があるとするがよい。すると、そこにひとりの人があって、鍬と籠とをもってくる。彼は、その樹を根から切ってしまい、さらにその周囲に穴を掘る。穴を掘ると。さらにその小さな根や鬚根にいたるまで根こそぎにしてしまう。さらに、彼は、その樹を切断して丸太とする。丸太にすると、さらにそれを木片となし、粗朶《そだ》となし、それをまた、風と日に乾し、やがて、それを火に焼いて灰にしてしまう。灰にしてしまうと、今度はそれを、大風のなかに飛ばし、あるいは河の流れにながしてしまう。アーナンダよ、そのようにして、かの大樹もまた根こそぎ切られ、ちょうど、あのターラ（多羅）の樹の切株のようになって、もはやふたたび生ずることのないものとなってしまうであろう。

アーナンダよ、それとおなじように、見るところ聞くところのものについて、これはいけないぞと観ているとと、そこには愛が滅する。愛が滅すると取が滅する。取が滅すると有が滅する。有が滅すると生が滅する。生が滅すると老死が滅し、愁・悲・苦・憂・悩が滅する。これがすべての苦の集積のよりて滅するところなのである」

注解　ここにもまた、さきの諸経とほぼ趣をおなじゅうする縁起説法がある。その譬喩もまたさきの「大樹」とおなじである。だが、この経は、アーナンダ（阿難）の発言から始まっている。彼は、縁起の法は明々白々にして見やすいように思われますといった。それを聞きとがめて、釈尊のこの説法となったというところが、印象ふかく思われる。

＊クル（Kuru, 拘楼）コーサラ（拘薩羅）北西部の地域。その時、釈尊はその地のカンマーサダンマ（Kammāsadamma, 剣磨瑟曇）なる村落（nigama）にあられたのである。

＊ムンジャ・パッバジャー（muñjapabbajā, 們叉・波羅波）葦蘆《あしよし》の類の雑草をいったものであろう。

39 無聞（1）

南伝　相応部経典　一二、六一、無聞（1）／漢訳　雑阿含経　一二、七、無聞

かようにわたしは聞いた。

ある時、世尊は、サーヴァッティー（舎衛城）のジェータ（祇陀）林なるアナータピンディカ（給孤独）の園にましました。

その時、世尊は、比丘たちに語って、仰せられた。

「比丘たちよ、わたしの教えを聞かない凡夫たちも、この四大所造＊の身については、厭いの心を生じ、厭い離れて、解脱したいと思うこともある。

それは何故であろうか。比丘たちよ、それは、彼らもまた、この四大所造の身については、栄枯盛衰を見るからである。だからして、わたしの教えを聞かない彼ら凡夫たちも、また、厭いの心を生じ、厭い離れて、解脱したいと思うのである。

比丘たちよ、だが、彼らは、この心とも呼び、意とも呼び、また識とも称するものについては、厭いの心を生ずることなく、厭い離れることもなく、解脱することも能わないのである。

それは何故であろうか。比丘たちよ、それは、わたしの教えを聞いたことのない彼ら凡夫たちは、いつまでも、いつまでも、愛著にとらわれて、〈これはわが所有《もの》である、これは我である、これはわが本質である〉と取著するからである。

比丘たちよ、わたしの教えを聞いたことのない凡夫たちが、この四大所造の身を〈我〉であるとするのは、なお、心をもって〈我〉となすよりも、よほどましである。

それは何故であろうか。比丘たちよ、この四大所造の身は、この世にあって、一年存し、二年存し、三年存し、四年存し、五年存し、さらに、十年存し、二十年存し、三十年存し、四十年存し、五十年存し、あるいは、百年存し、さらにながく存続することもあるであろう。比丘たちよ、されど、この心とも呼ばれ、意とも呼ばれ、また識とも称せらるるものは、日ごと夜ごとに転変して、生じてはまた滅する。

比丘たちよ、たとえば、猿は、森のなかを徘徊して、一つの枝を捉えるかと思えば、またそれを放して他の枝を捉える。比丘たちよ、それとおなじく、この心とも呼ばれ、意とも呼ばれ、また識とも称せられるものも、日ごと夜ごとに転変して、生じてはまた滅する。

比丘たちよ、されば、わたしの教えをよく聞いた聖なる弟子たちは、かの縁起をよくよく整然と思いめぐらすのである。――これがあるがゆえにこれがある、これが生ずるがゆえにこれが生ずる。これなきがゆえにこれがないのであり、これが滅するゆえにこれが滅するのである。すなわち、無明によりて行がある、行によりて識がある、……かくのごときが、このすべての苦の集積の生ずる所以である。また、無明を余すところなく滅することによって行の滅がある、行の滅によって識の滅がある、……かくのごときが、このすべての苦の集積の滅する所以である。

比丘たちよ、そのように観て、わたしの教えをよく聞いた聖なる弟子たちは、色（肉体）において厭う心を生じ、受（感覚）において厭う心を生じ、想（表象）において厭う心を生じ、行（意志）において厭う心を生じ、識（意識）においてもまた厭う心を生ずる。厭う心を生ずるがゆえに貪りを離れる。貪りを離れるがゆえに解脱する。解脱すれば、解脱したとの智を生じて、〈わが迷いの生涯は尽きた、清浄なる行はすでに成った、作《な》すべきことはすでに弁じた、このうえは、もはや迷いの生涯を繰返すことはない〉と知るのである」

注解　ここに「無聞」（Assutavant = ignorant, one who has not heard）というのは、まだ正法を聞いたことのない者の意であって、それに凡夫（putthujana = an ordinary man）を付して「無聞の凡夫」という。釈尊は、ここでは、まず、その無聞の凡夫の考え方を語り、それに対して、多聞の聖弟子たちは、縁起の理法によって考え、解脱への道を行くことを示している。漢訳では、その説処が竹林精舎になっている。

＊四大（catumahābhūtā = the four great elements）　人間を構成する四つの元素、すなわち、地・水・火・風である。

40　無聞（2）

南伝　相応部経典　一二、六二、無聞（2）／漢訳　雑阿含経　一二、八、無聞

かようにわたしは聞いた。

ある時、世尊は、サーヴァッティー（舎衛城）のジェータ（祇陀）林なるアナータピンディカ（給孤独）の園にましました。

その時、世尊は、比丘たちに告げて、仰せられた。

「比丘たちよ、わたしの教えを聞いたことのない凡夫たちも、この四大所造の身については、厭いの心を生じ、それを厭い離れて、解脱したいと思うこともある。

それは何故であろうか。比丘たちよ、それは、彼らもまた、この四大所造の身については、栄枯盛衰を見るからである。だからして、わたしの教えを聞かない彼ら凡夫たちも、また、厭いの心を生じ、それを厭い離れて、解脱したいと思うのである。

比丘たちよ、だが、彼らは、この心とも呼び、意とも呼び、また識とも称するものについては、厭いの心を生ずることなく、それを厭い離れることもなく、解脱することもできない。

それは何故であろうか。比丘たちよ、それは、わたしの教えを聞いたことのない彼ら凡夫たちは、いつまでも、いつまでも、愛著にとらわれて、〈これはわが所有《もの》である、これは我である、これはわが本質である〉と取著するからである。

比丘たちよ、わたしの教えを聞いたことのない凡夫たちが、この四大所造の身を〈我〉であるとするのは、なお、心をもって〈我〉となすよりも、よほどましである。

それは何故であろうか。比丘たちよ、この四大所造の身は、この世にあって、一年存し、二年存し、三年存し、四年存し、五年存し、さらに、十年存し、二十年存し、三十年存し、四十年存し、五十年存し、あるいは、百年存し、さらにながく存続することもあるであろう。比丘たちよ、されど、この心とも呼ばれ、意とも呼ばれ、また識とも称せられるものは、日ごと夜ごとに転変して、生じてはまた滅する。

だからして、比丘たちよ、わたしの教えをよく聞いた聖なる弟子たちは、かの縁起をよくよく整然と思いめぐらすのである。——これがあるがゆえにこれがある、これが生ずるゆえにこれが生ずる、これがないゆえにこれがなく、これが滅するゆえにこれが滅するのである。

比丘たちよ、楽を感ぜしめる触《そく》（接触）によって、楽なる感覚は生ずる。その楽を感ぜしめる触の滅することによって、それによって生じた感覚、すなわち、楽を感ぜしめる触によって生じた楽なる感覚は滅し、消えさる。

比丘たちよ、また、苦を感ぜしめる触によって、苦なる感覚は生ずる。その苦を感ぜしめる触の滅することによって、それによって生じた感覚、すなわち、苦を感ぜしめる触によって生じた苦なる感覚は滅し、消えさる。

また、比丘たちよ、不苦不楽を感ぜしめる触によって、不苦不楽なる感覚は生ずる。その不苦不楽を感ぜしめる触の滅することによって、それによって生じた感覚、すなわち、不苦不楽を感ぜしめる触によって生じた不苦不楽なる感覚は滅し、消えさるのである。

比丘たちよ、たとえば、二つの木は、たがいに相摩擦して、煙を生じ、火を生ずる。しかるに、その二つの木が、相離るれば、それによって生じたその煙はやみ、その火は消える。

比丘たちよ、それとおなじく、楽を感ぜしめる触によって、楽なる感覚は生ずる。その楽を感ぜしめる触の滅することによって、それによって生じた感覚、すなわち、楽を感ぜしめる触によって生じた楽なる感覚は滅し、消えさる。

また、苦を感ぜしめる触によって、苦なる感覚は生ずる。その苦を感ぜしめる触の滅することによって、それによって生じた感覚、すなわち、苦を感ぜしめる触によって生じた苦なる感覚は滅し、消えさる。

また、不苦不楽を感ぜしめる触によって、不苦不楽なる感覚は生ずる。その不苦不楽を感ぜしめる触の滅することによって、それによって生じた感覚、すなわち、不苦不楽を感ぜしめる触によって生じた不苦不楽なる感覚は滅し、消えさるのである。

比丘たちよ、そのように観て、わたしの教えをよく聞いた聖なる弟子たちは、触において厭う心を生じ、受（感覚）において厭う心を生じ、想（表象）において厭う心を生じ、行（意志）において厭う心を生じ、識（意識）において厭う心を生ずる。厭う心を生ずるがゆえに貪りを離れる。貪りを離れるがゆえに解脱する。解脱すれば、解脱したとの智を生じて、〈わが迷いの生涯は尽きた、清浄なる行はすでに成った、作《な》すべきことはすでに弁じた、このうえは、もはや迷いの生涯を繰返すことはない〉と知るのである」

注解　ここでもまた釈尊は、無聞の凡夫と多聞の聖弟子の考え方の相違を対照的に語り、それを背景として、縁起の理法による考え方と解脱の道を語っておられる。その点においては、前経の所説と異なるところはない。ただ、ここでは、それの具体的な例として、楽所受の触によって愛の生ずることを例示し、かつ、その譬喩として、二木相摩して火生ずるの例を語っておる。そのようにして、経はしだいに増大せられるのである。この経もまた、漢訳では、その説処は竹林精舎である。

41 子の肉　南伝　相応部経典　一二、六三、子肉／漢訳　雑阿含経　一五、一一、子肉

かようにわたしは聞いた。

ある時、世尊は、サーヴァッティー（舎衛城）のジェータ（祇陀）林なるアナータピンディカ（給孤独）の園にましました。

その時、世尊は、比丘たちに語って、仰せられた。

「比丘たちよ、四つの食《じき》*（食料）なるものがあって、それらが一切の生類を資益して、この世に生じ、この世に存せしめるのである。

その四つの食とはなんであろうか。一つには、固体あるいは液体の食物、二つには、触（接触）なる食、三つには、意思なる食、四つには、識（意識）なる食である。比丘たちよ、これらの四つの食があって、それらが一切の生類を資益して、この世に生じ、

この世に存せしめるのである。

では比丘たちよ、固体あるいは液体の食物というものは、どのように考うべきものであろうか。

比丘たちよ、たとえば、ここに二人の夫婦があって、少しばかりの糧食をたずさえて、曠野の道を行こうとしておった。彼らには愛する一人の子があった。

しかるに、比丘たちよ、その曠野の道を行こうとする二人の夫婦は、糧食を少ししか携えていなかったので、いまだ曠野の旅を終らないうちに、その糧食が尽き果ててしまった。

その時、比丘たちよ、彼ら二人の夫婦はこのように考えたのである。

〈われらの少量の糧食はすでに尽き果てた。われらはまだこの曠野の道ののこりを旅しなければならない。われらは、もはや、この愛する一子を殺して、乾ける肉片と液汁おおき肉片にし、その肉を食べてこの曠野の道ののこりを旅するよりほかはない。三人とも死んでしまってはならない〉

比丘たちよ、その時、彼ら二人の夫婦は、その愛する一子を殺して、乾ける肉片と液汁のおおき肉片となし、その肉を食べてこの曠野の道ののこりを旅したのである。だが、彼らはその子の肉を食べたことを歎いて、胸を打っていうであろう。〈われらの一子はいずこにありや、われらの一子はいずこにありや〉と。

比丘たちよ、汝らはこれをいかに思うであろうか。彼らはこれを嬉戯のために食したのであろうか、あるいは、愛楽のために食したのであろうか、もしくは、嗜好のために食したのであろうか、それとも、太らんがために食したのであろうか」

「いいえ、大徳よ、そのようなことではございません」

「比丘たちよ、彼らはただ、かの曠野を行かんがために、その子の肉を食べようと思ったのであろう」

「大徳よ、そうでございます」

「比丘たちよ、それとおなじく、わたしは、食物はよく知らなければならないという。比丘たちよ、食物についてよく知るとき、また五種欲*における貪りもよく知られるのである。そして、五種欲における貪りがよく知られるにいたるとき、もはやその結《けつ》（束縛）はないであろう。結によって縛せられた弟子たちは、ふたたびこの世界に還り来らねばならないであろう。


また、比丘たちよ、触なる食というのは、どのように考うべきものであろうか。

比丘たちよ、たとえば、ここにただれて皮の剝《む》けた牛があって、壁によりかかっていると、壁にとまっている虫どもがやってきてそれを噉《くら》うであろう。また、樹にもたれかかっていると、樹にすむ虫どもがやってきてそれを噉うであろう。あるいは、水のなかにはいっていると、水に住む虫どもがやってきてそれを噉うであろうし、虚空に浮いていたって、虚空に住む虫どもがそれを啖うであろう。つまり、比丘たちよ、そのただれて皮の剝けた牛が、よりて住せんとするところには、どこにもそこに住む生き物があって彼を啖うであろう。

比丘たちよ、それとおなじく、わたしは、触なる食をよく知らなければならないというのである。比丘たちよ、触なる食についてよく知るとき、*三つの受についてもよく知られる。そして、三つの受についてよく知るにいたるとき、もはや聖なる弟子たちは、さらに作すべきことはないであろう、とわたしはいう。

また、比丘たちよ、意思という食とは、どのように考うべきものであろうか。

比丘たちよ、たとえば、ここに炭火の坑があって、その深さは身の丈よりも深く、その中には、炭火が充満して、煙もなく、熾然《しねん》として燃えさかっている。その時、一人の人があって、彼はただその生命を愛し、死せざらんことを希《ねが》い、また、楽を欲し、苦を厭うていた。しかるに、その時、二人の力のつよい男がやってきて、彼の両手を捉え、彼をその炭火の坑に曳いていったとする。比丘たちよ、その時、彼は、彼の意思から遠ざかり、希望から遠ざかり、願望から遠ざかってあるであろう。

それは、何故であろうか。比丘たちよ、その時、彼はこう思うであろう。〈おお、わたしは、この炭火の坑におちるであろう、そのために死ぬるであろう、死ぬる苦しみを受けるであろう〉と。

比丘たちよ、それとおなじく、わたしは、意思という食をよく知らねばならぬというのである。比丘たちよ、意思という食をよくよく知るとき、*三つの愛についてもよく知ることができる。そして、三つの愛についてよく知るにいたれば、もはや聖なる弟子たちは、さらに作すべきことはないであろう、とわたしはいう。

また、比丘たちよ、識という食とは、どのように考うべきものであろうか。

比丘たちよ、たとえば、人々が悪事をはたらいた盗賊を捉えて、王のもとに引き連れていった。〈大王よ、こやつは悪事をはたらいた盗賊でございます。どうか、こやつに思し召しのままの罰を科したまえ〉と。すると、王は、彼についてこういうであろう。〈よろしい、では、こやつに、朝、百矛《ほこ》の刑を加えるがよい〉と。そこで、彼らは、その朝、百矛の刑を加えるであろう。

やがて、日中にいたって、王はかようにいった。〈おお、あの奴は、どうしたか〉と。〈大王よ、かやつはまだ生きております〉。そこで、王はまた、かようにいうであろう。〈よろしい、では、汝ら、かやつに、日中、百矛の刑を加えるがよい〉と。そこで、彼らは、日中、彼に百矛の刑を加えるであろう。

さらに、夕刻にいたって、王はかようにいった。〈おお、あの奴は、どうしたか〉と。〈大王よ、かやつはまだ生きております〉。そこで、王はまた、かようにいうであろう。〈よろしい、では、汝ら、かやつに、夕刻、さらに、百矛の刑を加えるがよい〉と。そこで、彼らは、夕刻また、彼に百矛の刑を加えるであろう。

そこで、比丘たちよ、汝らはそれをいかに思うであろうか。かの男は、一日にして三百の矛をもって打たれたのであるが、そのために彼は、苦しみや憂いを経験したであろうか」

「大徳よ、一つの矛をもって打たれましても、そのためには、苦しみ憂いを経験するでありましょう。ましてや、三百の矛をもって打たれましては、申すまでもございません」

「比丘たちよ、それとおなじく、わたしは、識という食をよく知らねばならぬというのである。比丘たちよ、識という食をよく知るとき、名色（五蘊）についてもまたよく知ることができる。そして、名色についてよく知るにいたれば、もはや聖なる弟子たちは、さらに作すべきことはないであろう、とわたしはいうのである」

注解 「子肉」（Puttamamsa = flesh of the child）という経題をもつこの経は、子の肉を啖う親という物凄い譬喩をもって語りはじめられているが、それによって説くところは、五欲、三受、三愛、ならびに名色をよくよく知らねばならぬということであった。
＊四つの食（cattāro āhārā = the four sorts of food） 四種の食料である。摶食《たんじき》・触食《そくじき》・思食《しじき》・識食《しきじき》がそれである。

＊五種欲（pañcakāmaguṇa＝pleasures of the five senses）　五種欲のよろこびである。五種欲とは、色・声・香・味・触における欲である。
＊三つの受（tisso vedanā＝three feelings）　苦受・楽受・非苦非楽受である。受は感覚。
＊三つの愛（tisso taṇhā＝three cravings）　三つの渇愛である。欲愛・有愛・無有愛がそれである。

42　有貪　南伝　相応部経典　一二、六四、有貪／漢訳　雑阿含経　一五、一二―四、有貪

かようにわたしは聞いた。

ある時、世尊は、サーヴァッティー（舎衛城）のジェータ（祇陀）林なるアナータピンディカ（給孤独）の園にましました。

その時、世尊は、比丘たちに告げて仰せられた。

「比丘たちよ、四つの食《じき》（食料）なるものがあって、それらが一切の生類を資益して、この世に生じ、この世に住せしめるのである。

その四つの食とはなんであろうか。一つには、固体もしくは液体の食物、二つには、触（接触）なる食、三つには、意思なる食、そして、四つには、識（意識）という食である。比丘たちよ、これらの四つの食があって、それらが一切の生類を資益して、この

世に生じ、この世に存せしめるのである。

しかるに、比丘たちよ、もし食物において、貪りがあり、喜びがあり、渇愛があれば、そこに識が存し、そして増長する。識が存し、増長すると、名色が現れてくる。名色が現れてくると、そこにはもろもろの行（意志）がいや増してくる。もろもろの行がいや増してくると、また未来において迷える生涯を繰返すこととなる。また未来において迷える生涯を繰返すと、未来にもまた生・老・死がある。未来に生・老・死があれば、また愁いがあり、苦しみがあり、悩みがある、とわたしはいうのである。

また、比丘たちよ、もし触なる食において、……

また、比丘たちよ、もし意思なる食において、……

また、比丘たちよ、もし識なる食において、貪りがあり、喜びがあり、渇愛があれば、そこに識が存し、そして増長する。識が存し、増長すると、名色が現れてくる。名色が現れてくると、そこにはもろもろの行がいや増してくる。もろもろの行がいや増してくると、また未来において迷える生涯を繰返すこととなる。また未来において迷える生涯を繰返すと、未来にもまた生・老・死がある。未来に生・老・死があれば、また愁いがあり、苦しみがあり、悩みがある、とわたしはいうのである。

比丘たちよ、たとえば、ここに染工もしくは絵師があって、染料もしくは樹脂もしくは鬱金《うこん》もしくは青もしくは茜《あかね》をもって、よく磨いた板、あるいは壁、あるいは布片に、婦女のすがた、もしくは男子のすがたを、ありのままに描き出そうとする。

比丘たちよ、それとおなじく、もし食物において、貪りがあり、喜びがあり、渇愛があれば、そこに識が存し、そして増長する。識が存し、増長すると、名色が現れてくる。名色が現れてくると、そこにはもろもろの行がいや増してくる。もろもろの行がいや増してくると、また未来において迷える生涯を繰返すこととなる。また未来において迷える生涯を繰返すと、未来にもまた生・老・死がある。未来に生・老・死があれば、また愁いがあり、苦しみがあり、悩みがある、とわたしはいうのである。

また、比丘たちよ、もし触という食において、……

また、比丘たちよ、もし意思という食において、……

また、比丘たちよ、もし識という食において、貪りがあり、喜びがあり、渇愛があれば、そこに識が存し、そして増長する。識が存し、増長すると、名色が現れてくる。名色が現れてくると、そこにはもろもろの行がいや増してくる。もろもろの行がいや増してくると、また未来において迷える生涯を繰返すこととなる。また未来において迷える生涯を繰返すと、未来にもまた生・老・死がある。未来に生・老・死があれば、また愁いがあり、苦しみがあり、悩みがある、とわたしはいうのである。

しかるに、比丘たちよ、もし食物において、貪りがなく、喜びがなく、渇愛がなかったならば、そこには識は存せず、増長することもない。識が存せず、増長しなかったならば、名色が現れてくることもない。名色が現れてこなかったならば、そこにはもろもろの行がいや増すこともない。もろもろの行がいや増してこなければ、また未来において迷える生涯を繰返すこともない。未来においてさらに迷える生涯を繰返すことがなければ、未来における生・老・死もない。未来に生・老・死がなければ、比丘たちよ、また愁いもなく、苦しみもなく、悩みもない、とわたしはいうのである。

また、比丘たちよ、もし触という食において、……

また、比丘たちよ、もし意思という食において、……

また、比丘たちよ、もし識という食において、貪りがなく、喜びがなく、渇愛がなかったならば、そこには識は存せず、増長することもない。識が存せず、増長しなかったならば、名色が現れてくることもない。名色が現れてこなかったならば、そこにはもろもろの行がいや増すこともない。もろもろの行がいや増してこなければ、また未来において迷える生涯を繰返すこともない。未来においてさらに迷える生涯を繰返すことがなければ、未来における生・老・死もない。未来において生・老・死がなければ、比丘たちよ、また愁いもなく、苦しみもなく、悩みもない、とわたしはいうのである。

比丘たちよ、たとえば、ここに尖塔もしくは講堂があって、その北と南と東とに窓があった。とすると、太陽が昇るとき、光は窓より入って、いずこを照すであろうか」

「大徳よ、それは西の壁でございます」

「比丘たちよ、もし西の壁がなかったならば、どこを照すであろうか」
「大徳よ、それは大地を照します」
「比丘たちよ、もし大地がなかったならば、それはどこを照すであろうか」
「大徳よ、それは水を照します」
「比丘たちよ、もし水がなかったならば、それはどこを照すであろうか」
「大徳よ、それはどこをも照しません」
「比丘たちよ、それとおなじく、もし食物において、貪りがなく、喜びがなく、渇愛がなかったならば、……

また、比丘たちよ、もし触という食において、……

また、比丘たちよ、もし意思という食において、……

また、比丘たちよ、もし識という食において、貪りがなく、喜びがなく、渇愛がなかったならば、そこには識は存せず、増長することもない。識が存せず、増長しなかったならば、対象が現れてくることもない。対象が現れてこなかったならば、そこにはもろもろの計らいがいや増してくることもない。もろもろの計らいがいや増してくることがなければ、また未来において迷える生涯を繰返すこともない。未来においてさらに迷える生涯を繰返すことがなければ、未来における生・老・死もない。未来において生・老・死がなければ、比丘たちよ、また、愁いもなく、苦しみもなく、悩みもない、とわたしはいうのである」

注解　ここでも、また四食（cattāro āhārā = fourfold food）という言葉が用いられている。人々はそれらの食物によって生をいとなむ。だが、もし食物において貪りがあったならば、そこから迷いの生ははじまるのだと、いろいろの譬喩をもまじえて語られている。「有貪」（Atthi rāga = there is passion）という経題は、そこに出ずるものと知られる。

43　城邑*　南伝　相応部経典　一二、六五、城邑／漢訳　雑阿含経　一二、五、城邑

かようにわたしは聞いた。

ある時、世尊は、サーヴァッティー（舎衛城）のジェータ（祇陀）林なるアナータピンディカ（給孤独）の園にましました。

その時、世尊は、かように仰せられた。

「比丘たちよ、むかし、わたしは、まだ正覚をえなかった修行者であったころ、このように考えた。〈この世間はまったく苦の中に陥っている。生れては老い衰え、死してはまた再生する。しかもわたしどもは、この老いと死の苦しみを出離するすべを知らない。まったく、どうしたならばこの老いと死の苦しみを出離することを知ることができよう

か〉と。

比丘たちよ、そこで、わたしは、このように考えた。〈いったい、なにがあるがゆえに老死があるのであろうか。なにによって老死があるのであろうか〉と。

比丘たちよ、その時、わたしには正しい考え方によって、智慧による悟りが生れてきた。〈*生があるがゆえに老死があるのである。生によって老死があるのである〉と。

比丘たちよ、そこでまた、わたしは、このように考えた。〈では、なにがあるがゆえに生があるのであろうか。……有があるのであろうか。……取があるのであろうか。……愛があるのであろうか。……受があるのであろうか。……触があるのであろうか。……六処があるのであろうか。……名色があるのであろうか。……なにによって名色があるのであろうか〉と。

比丘たちよ、その時、わたしには正しい考え方によって、智慧による悟りが生れてきた。〈識があるがゆえに名色があるのである。識によって名色があるのである〉と。

比丘たちよ、そこで、わたしはこのように考えた。〈いったい、なにがあるがゆえに識があるのであろうか。なにによって識があるのであろうか〉と。

比丘たちよ、その時、わたしには正しい考え方によって、智慧による悟りが生れてきた。〈名色があるがゆえに識があるのである。名色によって識があるのである〉と。

比丘たちよ、そこで、わたしはまたこのように考えた。〈この識はここより退く。名色を超えて進むことはない。人はその限りにおいて、老いてはまた生まれ、衰えては死し、死してはまた再生するのである。つまるところ、この名色によりて識があるのであり、識によって名色があるのである。さらに、名色によって六処があるのである。六処によって触があるのである。……これがすべての苦の集積のよりてなる所以である〉と。

比丘たちよ、〈これが生起である。生起である〉と、わたしは、いまだかつて聞いたこともないことにおいて、眼をひらき、智を生じ、慧を生じ、明《みよう》を生じ、光を生じた。

比丘たちよ、そこで、わたしはかように考えた。〈ではなにがなければ、老死がないであろうか。なにを滅すれば老死が滅するであろうか〉と。

比丘たちよ、その時、わたしは正しい考え方によって、智慧による悟りをうることができた。〈生がなければ老死はない。生を滅すれば老死も滅するであろう〉と。

比丘たちよ、そこで、わたしはかように考えた。〈なにがなければ生がないであろうか。……有がないであろうか。……取がないであろうか。……愛がないであろうか。……受がないであろうか。……触がないであろうか。……六処がないであろうか。……名色がないであろうか。なにを滅すれば名色が滅するであろうか〉と。

比丘たちよ、その時、わたしは正しい考え方によって、智慧による悟りをうることができた。〈識がなければ名色はない。識を滅すれば名色も滅するであろう〉と。

比丘たちよ、そこで、わたしはかように考えた。〈なにがなければ識がないであろうか。なにを滅すれば識が滅するであろうか〉と。

比丘たちよ、その時、わたしは正しい考え方によって、智慧による悟りをうることができた。〈名色がなければ識はない。名色を滅すれば識も滅するであろう〉と。

比丘たちよ、そこで、わたしはかように考えた。〈わたしによって、この道は正覚《さとり》に到達した。すなわち、名色を滅すれば識が滅する。識が滅すれば名色が滅する。名色が滅すれば六処が滅する。六処が滅すれば触が滅する。……これがすべての苦の集積のよりて滅する所以である〉

比丘たちよ、〈これが滅である。滅である〉と、わたしは、いまだかつて聞いたこともないことにおいて、眼をひらき、智を生じ、慧を生じ、明を生じ、光を生じたのである。

比丘たちよ、たとえば、ここに人ありて、人なき林の中をさまよい、ふと、古人のたどった古道を発見したとするがよい。その人は、その道にしたがい、進みゆいて、古人の住んでいた古城、園林があり、岸もうるわしい蓮池がある古き都城を発見したとするがよい。

比丘たちよ、その時、その人は、王または王の大臣に報告していうであろう。「尊きかたよ、申しあげます。わたしは人なき林の中をさまよっている時、ふと、古人のたどった古道を発見いたしました。その道にしたがって、ずっと進みゆいてみると、そこには古人の住んでいた古城がありました。それは、園林もあり、岸もうるわしい蓮池もある古き都城でありました。尊きかたよ、願わくは、かしこに城邑《まち》を築かしめたまえ」と。比丘たちよ、そこで、王または王の大臣が、そこに城邑をつくらせたところ、やがて、その城邑はさかえ、人あまた集まりきたって、殷盛を極めるにいたったという。比丘たちよ、それとおなじく、わたしは、過去の正覚者たちのたどった古道・古径を発見したのである。

比丘たちよ、では、過去の諸仏のたどってきた古道・古径とはなんであろうか。それはかの八つの聖なる道のことである。すなわち、正見・正思・正語・正業・正命・正精進・正念・正定がそれである。比丘たちよ、これが過去の正覚者たちのたどった古道・古径であって、この道にしたがいゆいて、わたしもまた、老死を知り、老死のよって来るところを知り、老死のよって滅するところを知り、また老死の滅にいたる道を知ったのである。

比丘たちよ、わたしはまた、この道にしたがいゆいて、生を知り、……有を知り、……取を知り、……愛を知り、……受を知り、……触を知り、……六処を知り、……名色を知り、……識を知り、……またわたしは、この道にしたがいゆいて、行を知り、行のよってなるところを知り、行のよって滅するところを知り、また、行の滅にいたる道を知ったのである。

比丘たちよ、わたしは、それらのことを知って、比丘・比丘尼ならびに在家の信男・信女たちに教えた。比丘たちよ、そのようにして、この聖なる修行は、しだいに広まり、おおくの人々によって知られ、また説かれるようになったのである」

注解　経はまず、釈尊の回想のことばから始まる。まだ正覚を得ざりし菩薩（bodhisatta）すなわち修行者であったころの回想である。そこでは、まず、脱出しがたい苦の中に沈淪する自己が語られ、それがやがて、縁起の理法によって脱出しうることを悟るにいたる。つまり、正覚の消息である。ついで釈尊は、その正覚の消息を、それは、譬うれば、古道を辿りゆいて古き城邑を発見したようなものだと語る。それは、詮ずるところ、かくして悟りえたこの道は、永遠の道であるとこそ語っているものと知られる。

＊城邑（Nagara = city, a fortified town）　いわゆる古代都市である。

＊生があるがゆえに老死がある　ここに説かれている縁起の系列は十支縁起である。老死・生・有・取・愛・受・触・六処・名色・識である。そして、いう、「この識はここより退く。名色を超えて進むことなし」と。そこでは、まだ、行・無明は語られていない。

44　触　南伝　相応部経典　一二、六六、触／漢訳　雑阿含経　一二、九、触法

かようにわたしは聞いた。

ある時、世尊は、クル（拘楼）の国の、カンマーサダンマ（剣磨瑟曇）という村落にましました。

その時、世尊は、「比丘たちよ」と、比丘たちに呼びかけられた。彼ら比丘たちは、「大徳よ」と答えた。

世尊は仰せられた。

「比丘たちよ、汝らは、わが内*なる心のうごきを省察したことがあるであろうか」

世尊がかく仰せられた時、一人の比丘が、世尊に申しあげた。

「大徳よ、わたしは、わが心のうごきを省察いたしました」

「では、比丘よ、そなたは、どのように内なる心のうごきを省察したであろうか」

そこで、かの比丘は、みずからその省察をのべた。だが、かの比丘は、世尊の心を満足せしめることができなかった。

その時、長老アーナンダ（阿難）は、かように申しあげた。

「世尊よ、いまこそその時でございます。いまこそその時でございます。世尊よ、願わくは、内なる心のうごきを説きたまわんことを。比丘たちは、世尊の所説をうけたまわって、受持いたしますでありましょう」

「では、アーナンダよ、汝ら聞きて、よく考えてみるがよろしい。わたしはいま、内なる心のうごきを語るであろう」

「大徳よ、かしこまりました」

と、彼ら比丘たちは、世尊に答えた。

世尊は、かように説いて仰せられた。

「比丘たちよ、ここに一人の比丘があって、かようにわが内なる心のうごきを省察する。〈世間には、老死など種々様々の苦があるが、それらの苦は、何を因とし、何によって来り、何によって生じ、何によって起るのであろうか。何があるがゆえに老死があり、何がなきがゆえに老死がないのであろうか〉と。彼は、わが内なる心のうごきを省察して、このように知る。〈この世間には、老死など種々様々の苦があるが、それらの苦は、取（取著）を因とし、取によって来り、取によって生じ、取によって起る。取あるがゆえに老死があり、取なきがゆえに老死がない〉と。彼は、老死を知り、老死のよって来るところを知り、老死の滅尽を知り、老死の滅尽にいたる道を知っているのである。かくのごときは、法にかないて行ずるというものである。

比丘たちよ、これを比丘が、すべて、正しい苦の滅尽、老死の滅尽にしたがって行ずるというのである。

また彼は、かようにわが内なる心のうごきを省察する。〈また、この取は、何を因とし、何によって来り、何によって生じ、何によって起るのであろうか。何があるがゆえに取があり、何がなければ取がないであろうか〉と。彼は、わが内なる心のうごきを省察して、このように知る。〈この取は、愛（渇愛）を因とし、愛によって来り、愛によって生じ、愛によって起る。愛あるがゆえに取があり、愛がなければ取はないのである〉と。彼は、取を知り、取のよって来るところを知り、取の滅尽を知り、取の滅尽にいたる道を知っているのである。かくのごときは、法にかないて行ずるというものである。

比丘たちよ、これを比丘が、すべて、正しい苦の滅尽、取の滅尽にしたがって行ずるというのである。

また彼は、かようにわが内なる心のうごきを省察する。〈では、また、この愛はどこから生じ、どこから入ってきたものであろうか〉と。彼は、そのように省察して、このように知る。〈この世間において愛《いと》しく好ましく思われる色（もの）、それが生ずる時、愛は生ずるのであり、それが入り来るとき、愛は入り来る〉と。では、この世間において愛しく好ましく思われる色とは何であるか。眼（視覚）こそは、この世間において、愛しく好ましく思われる色であって、それによって、その生ずる時、愛は生ずるのであり、その入り来るとき、愛は入り来るのである。

耳（聴覚）こそは、この世間において、愛しく好ましく思われる色である。……

鼻（嗅覚）こそは、この世間において、愛しく好ましく思われる色である。……

舌（味覚）こそは、この世間において、愛しく好ましく思われる色である。……

身（触覚）こそは、この世間において、愛しく好ましく思われる色である。……意（意識）こそは、この世間において、愛しく好ましく思われる色である。それによって、その生ずる時、愛は生ずるのであり、その入り来るとき、愛は入り来るのである。だから、比丘たちよ、過去におけるいかなる沙門もしくは婆羅門であろうとも、この世間において、愛すべく好ましく思われる色を、常《じょう》であると見、楽であると見、我《が》なりと見、健全なりと見、安全なりと見しものには、愛はいよいよ増長した。

愛を増長せしめたものには、取もまた増長した。取を増長せしめたものには、苦もまた増長した。〈苦を増長せしめたものは、いまだ生・老死・愁・悲・苦・憂・悩より解脱せず。しかり、彼らはいまだ苦より解脱しなかった〉とわたしはいう。

また、比丘たちよ、未来におけるいかなる沙門もしくは婆羅門であろうとも、この世間において、愛すべく好ましく思われる色を、常なりと見、楽なりと見、我なりと見、健全なりと見、安全なりと見るものには、愛はいよいよ増長するであろう。

愛を増長せしめるであろうものには、取もまた増長するであろう。取を増長せしめるであろうものには、苦もまた増長するであろう。だから〈彼らは、生・老死・愁・悲・苦・憂・悩より解脱することがないであろう。しかり、彼らは苦より解脱することがないであろう〉とわたしはいう。

また、比丘たちよ、現在におけるいかなる沙門もしくは婆羅門であろうとも、この世間において、愛すべく好ましく思われる色を、常なりと見、楽なりと見、我なりと見、健全なりと見、安全なりと見るものには、愛はいよいよ増長する。

愛を増長せしめるものには、取もまた増長する。取を増長せしめるものには、苦もまた増長する。〈苦を増長せしめるものには、生・老死・愁・悲・苦・憂・悩より解脱することがない。しかり、彼らは苦より解脱することがない〉とわたしはいうのである。

比丘たちよ、たとえば、ここに水呑みがあって、その水はうるわしく、香りよく、味もよいが、毒が混ざっている。そこに、人があって、炎熱に焼かれ、炎熱に苦しめられ、疲労し、困憊し、のどを渇かしてやってきた。そこで人々は彼にいう。「おお、ここに水呑みがある。その水はうるわしく、香りもよく、味もよいが、毒が混ざっている。もし飲みたければ飲んでもよい。飲めば、色も香りも味もたいへんよいが、そのために、死ぬるか、死ぬるほどの苦しみを受けねばなるまい」と。それでも、彼が注意することなく、思慮することなく、その水呑みの水を飲んで、我慢することがなかったならば、彼は、そのために、死んでしまうか、あるいは、死ぬほどの苦しみを受けねばならないであろう。

比丘たちよ、それとおなじく、過去におけるいかなる沙門もしくは婆羅門であろうとも、この世間において、愛すべく好ましく思われる色を、……

また、比丘たちよ、それとおなじく、未来におけるいかなる沙門もしくは婆羅門であろうとも、……

　また、比丘たちよ、それとおなじく、現在におけるいかなる沙門もしくは婆羅門であろうとも、この世間において、愛すべく好ましく思われる色を、常なりと見、楽なりと見、我なりと見、健全なりと見、安全なりと見るものには、愛はいよいよ増長する。〈愛を増長せしむるものには、苦もまた増長し、生・老死・愁・悲・苦・憂・悩より解脱せず、苦より解脱することがない〉とわたしはいうのである。

　しかるに、比丘たちよ、過去におけるいかなる沙門もしくは婆羅門であろうとも、この世間において、愛すべく好ましく思われる色を、無常なりと見、苦なりと見、無我なりと見、病なりと見、恐怖なりと見しものは、愛を捨離した。愛を捨離したものは、取を捨離する。取を捨離したものは、苦を捨離する。〈苦を捨離したものは、生・老死・愁・悲・苦・憂・悩より解脱し、苦より解脱した〉とわたしはいうのである。

　また、比丘たちよ、未来におけるいかなる沙門もしくは婆羅門であろうとも、この世間において、愛すべく好ましく思われる色を、無常なりと見、苦なりと見、無我なりと見、病なりと見、恐怖なりと見るものは、愛を捨離するであろう。愛を捨離するものは、取を捨離するであろう。取を捨離するものは、苦を捨離するであろう。〈苦を捨離するものは、生・老死・愁・悲・苦・憂・悩より解脱し、苦より解脱するであろう〉とわたしはいうのである。

また、比丘たちよ、現在におけるいかなる沙門もしくは婆羅門であろうとも、この世間において、愛すべく好ましく思われる色を、無常なりと見、苦なりと見、無我なりと見、病なりと見、恐怖なりと見るものは、愛を捨離する。愛を捨離するものは、取を捨離する。取を捨離するものは、苦を捨離する。〈苦を捨離するものは、生・老死・愁・悲・苦・憂・悩より解脱し、苦より解脱する〉とわたしはいうのである。

比丘たちよ、たとえば、ここに水呑みがあって、その水はうるわしく、香りよく、味もよいが、毒がまざっている。そこに、人があって、炎熱に焼かれ、炎熱に苦しめられ、疲労し、困憊し、のどを渇かしてやってきた。そこで人々は彼にいう。「おお、ここに水呑みがある。その水はうるわしく、香りもよく、味もよいが、毒がまざっている。もし飲みたければ飲んでもよいが、そのために、死ぬるか、死ぬるほどの苦しみを受けねばなるまい」と。

比丘たちよ、その時、その人はこのように考える。〈わたしのこの激しいのどの渇きは、酒をのんでも除くことができる、凝乳《ぎようにゆう》をのんでも除くことができる、乳漿《にゆうしよう》をのんでも除けるし、粥をたべても取り除くことができる。だから、わたしは、この永きにわたり害をもたらし、苦をもたらすものを飲むまい〉と。彼は、そのように反省して、その水呑みの水を飲まずして捨てたとしたならば、彼はそれによって、死もしくは死ぬほどの苦しみを受けずに済むであろう。

比丘たちよ、それとおなじく、過去におけるいかなる沙門もしくは婆羅門であろうとも、この世間において、愛すべく好ましく思われる色を、無常なりと見、苦なりと見、無我なりと見、病なりと見、恐怖なりと見たるものは、愛を捨離した。愛を捨離したものは、取を捨離する。取を捨離したものは、苦を捨離する。〈苦を捨離したものは、生・老死・愁・悲・苦・憂・悩より解脱し、苦より解脱した〉とわたしはいうのである。

また、比丘たちよ、未来におけるいかなる沙門もしくは婆羅門であろうとも、……また、比丘たちよ、現在におけるいかなる沙門もしくは婆羅門であろうとも、この世間において、愛すべく好ましく思われる色を、無常なりと見、苦なりと見、無我なりと見、病なりと見、恐怖なりと見るものは、愛を捨離する。愛を捨離するものは、取を捨離する。取を捨離するものは、苦を捨離する。かくてわたしは、〈苦を捨離するものは、生・老死・愁・悲・苦・憂・悩より解脱する。つまり、苦より解脱するのだ〉というのである」

注解　この経題の「触」(Sammasa = handling)とは、扱い方というほどの意である。釈尊が弟子たちに問うていう。「汝らは、わが内なる心のうごきを省察したことがあるであろうか」。弟子たちはその問いにうまく答えることができなくて、釈尊がそのことについて説かれた。それがこの経のすべてである。

やや長文のこの経の叙述は、三つに分つことをうるであろう。その第一は、内なる心のうごきの省察はいかにあるべきかであって、それもまた縁起の理法によるものであった。その第二は、それを譬喩をもって説く部分である。そして、その第三には、沙門・婆羅門たるものは、そのように考えることをえて、はじめて沙門・婆羅門と称せられるにふさわしいであろうと説いておられる。

この経は、どうやら、いささか増大されたもののように思われる。

＊内なる心のうごきを省察する（antaram sammasanti = inward handling）　漢訳には「内触法」と訳されている。内なる心の扱いかたである。

45　葦束

南伝　相応部経典　一二、六七、葦束／漢訳　雑阿含経　一二、六、葦

かようにわたしは聞いた。

ある時、尊者サーリプッタ（舎利弗）と尊者マハー・コッティタ（摩訶拘絺羅）とは、バーラーナシー（波羅捺）のイシパタナ・ミガダーヤ（仙人住処・鹿野苑）にとどまっていた。

その時、尊者マハー・コッティタは、夕まぐれの頃、冥想の坐より起って、尊者サーリプッタの許にいたった。いたると彼は、尊者サーリプッタとのあいだに、礼儀ただしい友

情にあふれることばを交して、その傍らに坐した。

傍らに坐した尊者マハー・コッティタは、尊者サーリプッタにいった。

「友サーリプッタよ、老死は自作《じさ》であろうか。それとも、老死は他作《たさ》であろうか。あるいは、老死は自作にしてかつ他作であろうか。それともまた、老死は、自作にもあらず、他作にもあらず、因なくして生ずるものなのであろうか」

「友コッティタよ、老死は自作ではない。また、老死は他作でもない。あるいは、老死は自作にしてかつ他作なのでもない。あるいはまた、老死は、自作にもあらず、他作にもあらず、因なくして生ずるものでもない。ただ、生あるによって老死があるのである」

「友サーリプッタよ、では、生は自作であろうか。それとも、生は他作であろうか。あるいは、生は自作にしてかつ他作であろうか。それともまた、生は自作にもあらず、他作にもあらず、因なくして生ずるものなのであろうか」

「友コッティタよ、生は自作ではない。また、生は他作でもない。あるいは、生は自作にしてかつ他作なのでもない。あるいはまた、生は、自作にもあらず、他作にもあらず、因なくして生ずるものでもない。ただ、有《う》あるによって生があるのである」

「友サーリプッタよ、では、有は自作であろうか。……取は自作であろうか。……愛は自作であろうか。……受は自作であろうか。……触は自作であろうか。……六処は自作であろうか。……名色は自作であろうか。それとも、名色は他作であろうか。あるいは、名色は自作にして、かつ他作であろうか。それともまた、名色は自作にもあらず、他作にもあらず、因なくして生ずるものなのであろうか」

「友コッティタよ、名色は自作ではない。また、名色は他作でもない。あるいは、名色は、自作にしてかつ他作なのでもない。あるいはまた、名色は、自作にもあらず、他作にもあらず、因なくして生ずるものでもない。それはただ、識あるによって名色があるのである」

「友サーリプッタよ、では、その識は自作であろうか。それとも、識は他作であろうか。あるいは、識は、自作にしてかつ他作であろうか。それともまた、識は、自作にもあらず、他作にもあらず、因なくして生ずるものなのであろうか」

「友コッティタよ、識は自作ではない。また、他作でもない。あるいは、識は、自作にしてかつ他作なのでもない。あるいはまた、識は、自作にもあらず、他作にもあらず、因なくして生ずるものでもない。それはただ、名色あるによって識があるのである」

「とすると、尊者サーリプッタの説きたもうところは、こんな具合に理解せられる。――名色と識とは、いずれも、自作ではない。また、他作でもない。あるいは、自作にしてかつ他作なのでもない。あるいはまた、自作にもあらず、他作にもあらず、因なくして生ずるものでもない。それらはただ、識あるによって名色があるのであり、名色があるによって識があるのである——と。

友サーリプッタよ、とするならば、この説きたもうところの意味は、どういうことでありましょうか」

「友よ、ではひとつ譬《たと》えをもって説いてみよう。識者はどうか、この譬えによって、いうところの意味を理解していただきたいものである。

友よ、それは、たとうれば、二つの葦束は相依って立つであろう、ということである。友よ、それとおなじく、名色によって識があるのであり、識によって名色があるのである。また、さらにいうならば、名色によって六処があるのであり、六処によって触があるのであり、……かくのごときが、すべての苦の集積のよりて起るところなのである。

友よ、もしそれらの葦束のうち、そのいずれか一つを取り去ったならば、他の一つは倒れるであろう。また、他の一つを取りさったならば、他の一つも倒れるであろう。友よ、それとおなじく、名色が滅することによって、識は滅する。識が滅することによって、名色が滅するのである。また、さらにいえば、名色が滅することによって六処が滅するのであり、六処が滅することによって触が滅するのであり、……かくのごときが、すべての苦の集積のよって滅するところなのである」

「友サーリプッタよ、稀有である。友サーリプッタよ、素晴らしい。このことは尊者サーリプッタによって美事に説かれた。いまやわれらは、この尊者サーリプッタの説きたもうところを、つぎのような三十六事*をもって喜びいただくであろう。

友よ、もし比丘にして、老死の厭離と離貪と滅尽とによって法を説くならば、その人は〈法の師たる比丘〉というにふさわしい。また、友よ、もし比丘にして、老死の厭離と離貪と滅尽とを行ずるならば、その人は〈よく法を行ずる比丘〉というにふさわしい。また、友よ、もし比丘にして、老死の厭離と離貪と滅尽とにより取著することなくして解脱するならば、その人は〈現生において涅槃に達した比丘〉というにふさわしい。

友よ、もし比丘にして、また生の……、また有の……、また取の……、また愛の……、また受の……、また触の……、また六処の……、また名色の……、また識の……、また行の……

友よ、もし比丘にして、また無明の厭離と離貪と滅尽とによって法を説くならば、その人は〈法の師たる比丘〉というにふさわしいであろう。また、友よ、もし比丘にして、無明の厭離と離貪と滅尽とを行ずるならば、その人は〈よく法を行ずる比丘〉というにふさわしいであろう。また、友よ、もし比丘にして、無明の厭離と離貪と滅尽とにより取著することなくして解脱するならば、その人は〈現生において涅槃に達した比丘〉と称せられるにふさわしいであろう」

注解　その経題の「葦束」(Nalakalāpī = a bundle of reeds) は、経中のサーリプッタ (舎利弗)

の言葉にいずる。この経の登場人物は、彼と、その友のマハー・コッティタ（摩訶拘絺羅）の二人であって、釈尊の登場はない。マハー・コッティタは、縁起の各支についてサーリプッタに訊ねる。彼はそれに対して懇切に説明するが、マハー・コッティタはどうしても、縁起の理法を納得することができない。「それは、いったい、どういうことであるか」とマハー・コッティタが問うたとき、サーリプッタは、「それは、たとうれば、二つの葦束は相依って立つ」ということだと説いた。それによって、マハー・コッティタは、はじめて縁起の道理を理解することをえたという。ここで説かれる縁起は十支縁起であった。

＊三十六事（chattiṃsāya vatthūhi = thirty-six bases） わが全身というほどの意。人間の外相の十二、身器の十二、内臓の十二、合せて三十六物あるいは三十六事である。

46 コーサンビー（憍賞弥）

南伝 相応部経典 一二、六八、憍賞弥／漢訳 雑阿含経 一四、九、茂師羅

かようにわたしは聞いた。

ある時、長老ムシーラ（茂師羅）と長老サヴィッタ（殊勝）と長老ナーラダ（那羅陀）、ならびに長老アーナンダ（阿難）とは、コーサンビー（憍賞弥）のゴーシタ＊（瞿師羅）の園にとどまっていた。

その時、長老サヴィッタは、長老ムシーラにこういった。

「友ムシーラよ、信仰からでもなく、性向からでもなく、伝聞からでもなく、あるいは、*対象認識の反省としてでもなく、あるいはまた、*他の見解を是認するからでもなくて、長老ムシーラ自身のものとして、〈生によって老死がある〉との智があるであろうか」

「友サヴィッタよ、信仰からでもなく、性向からでもなく、伝聞からでもなく、あるいは、対象認識の反省としてでもなく、あるいはまた、他の見解を是認するからでもなくて、わたしはこう知り、こう見るのである。〈生によって老死がある〉と」

「友ムシーラよ、また、信仰からでもなく、性向からでもなく、伝聞からでもなく、あるいは、対象認識の反省としてでもなく、あるいはまた、他の見解を是認するからでもなくて、長老ムシーラ自身のものとして、〈有によって生がある〉との智があるであろうか」

「……〈取によって有がある〉と……」

「……〈愛によって取がある〉と……」

「……〈受によって愛がある〉と……」

「……〈触によって受がある〉と……」

「……〈六処によって触がある〉と……」

「……〈名色によって六処がある〉と……」

「……〈識によって名色がある〉と……」

「……〈行によって識がある〉と……」

「……〈無明によって行がある〉と……」

「友サヴィッタよ、信仰からでもなく、性向からでもなく、伝聞からでもなく、あるいは、対象認識の反省としてでもなく、あるいはまた、他の見解を是認するからでもなく、わたしはこう知り、こう見るのである。〈無明によって行がある〉と」

「では、友ムシーラよ、また、信仰からでもなく、性向からでもなく、伝聞からでもなく、あるいは、対象認識の反省からでもなく、あるいはまた、他の見解を是認するからでもなく、長老ムシーラ自身のものとして、〈生が滅すれば老死が滅する〉との智があるであろうか」

「友サヴィッタよ、信仰からでもなく、性向からでもなく、伝聞からでもなく、あるいは、対象認識の反省からでもなく、あるいはまた、他の見解を是認するからでもなく、わたしはこのように知り、このように見るのである。〈生が滅すれば老死が滅する〉と」

「では、友ムシーラよ、また、信仰からでもなく、性向からでもなく、伝聞からでもなく、あるいは、対象認識の反省からでもなく、あるいはまた、他の見解を是認するからでもなく、長老ムシーラ自身のものとして、〈有が滅すれば生が滅する〉との智があるであろうか」

「……〈取が滅すれば有が滅する〉と……」

「……〈愛が滅すれば取が滅する〉と……」
「……〈受が滅すれば愛が滅する〉と……」
「……〈触が滅すれば受が滅する〉と……」
「……〈六処が滅すれば触が滅する〉と……」
「……〈名色が滅すれば六処が滅する〉と……」
「……〈識が滅すれば名色が滅する〉と……」
「……〈行が滅すれば識が滅する〉と……」
「……〈無明が滅すれば行が滅する〉と……」

「友サヴィッタよ、信仰からでもなく、性向からでもなく、伝聞からでもなく、あるいは、対象認識の反省からでもなく、あるいはまた、他の見解を是認するからでもなく、わたしはこのように知り、このように見るのである。〈無明が滅すれば行が滅する〉と」

「では、友ムシーラよ、また、信仰からでもなく、性向からでもなく、伝聞からでもなく、あるいは、対象認識の反省からでもなく、あるいはまた、他の見解を是認するからでもなく、長老ムシーラ自身のものとして、〈有が滅すれば涅槃である〉との智があるであろうか」

「友サヴィッタよ、しかり。信仰からでもなく、性向からでもなく、伝聞からでもなく、あるいは、対象認識の反省からでもなく、あるいはまた、他の見解を是認するからでもなく、わたしはかように知り、かように見るのである。〈有が滅すれば涅槃である〉と」

「しからば、長老ムシーラは、阿羅漢である、煩悩を断ち尽せる者である」

だが、長老ムシーラは、そのようにいわれても、ただ黙っていた。


その時、長老ナーラダが、長老サヴィッタにいった。

「友サヴィッタよ、その問いは、わたしに問うてくれればよいのに。わたしに問うてくれれば、わたしはそなたに答えるであろう」

「では、長老ナーラダよ、そなたがこの問いを受けるがよい。わたしは長老ナーラダにこの問いを問わん。長老ナーラダは、わたしのこの問いに答えるがよい。

友ナーラダよ、信仰からでもなく、……」

そして、彼ら二人は、また、さきのごとく問い、さきのごとく答える。

「……わたしはかように知り、かように見るのである。〈有が滅すれば涅槃である〉と」

「しからば、長老ナーラダは、阿羅漢である、煩悩を断ち尽せる者である」

「友よ、わたしは、〈有が滅すれば涅槃である〉と、正しき智慧によって、あるがままによく見たのである。だが、わたしはまだ阿羅漢ではない、煩悩を断ち尽した者ではない。

友よ、たとえば、曠野を通ずる路に井戸がある。だが、縄もなければ釣瓶《つるべ》もない。そこに、ひとりの人があり、暑熱に焼かれ、暑熱に苦しめられ、疲労し、困憊し、のどを渇かしてやって来た。彼はその井戸を覗いて、ああ水だと知ったけれども、なお彼はそれに手を触れることもできなかった。

友よ、それとおなじである。わたしは、〈有が滅すれば涅槃である〉と、正しき智慧によって、あるがままによく見るけれども、なおわたしは、まだ阿羅漢ではなく、煩悩を断ち尽した者ではないのである」

そのように語られた時、長老アーナンダは、長老サヴィッタにむかってこういった。

「友サヴィッタよ、そういう話だとすると、そなたは、長老ナーラダについていかに思うであろうか」

「友アーナンダよ、そういう話であるならば、わたしは、長老ナーラダの素晴らしくして賢明なることのほかに、何のいうべきことがあろうか」

注解 この経は、中インドの西辺コーサンビー（憍賞弥）のゴーシタ（瞿師羅）園に集まった四人の長老比丘たちの間にかわされた、縁起の理法についての会話をしるしたものである。そこで語られる縁起は十二支縁起であって、彼らはみなその理法によく通じているのであったが、ただ、「有が滅すれば涅槃である」と知ることをうれば、それでよく阿羅漢の境地に到達したものといえるかについて疑義がおこり、それをナーラダ（那羅陀）なる長老が、釣瓶のない井戸の譬喩をもって裁断する。興味ふかい経であるが、やや長文にして、最初の結集によって成れるものではあるまい。

＊ゴーシタの園（Ghositārāma）　コーサンビーにある三つの精舎の一つ。ゴーシタ（Ghosita）なる長者の寄進によって成ったという。

＊対象認識の反省（ākāraparivitakka=the reflection on appearance）　漢訳では「行相覚」と訳している。

＊他の見解を是認する（diṭṭhinijjhānakhanti=the forbearance with other view）　漢訳では「見審諦忍」と訳している。

47　スシーマ（須尸摩）

南伝　相応部経典　一二、七〇、須尸摩／漢訳　雑阿含経　一四、五、須深

かようにわたしは聞いた。

ある時、世尊は、ラージャガハ（王舎城）のヴェールヴァナ（竹林）なる栗鼠《りす》養餌所《ようじしょ》にましました。

その時、世尊は、恭敬せられ、尊重せられ、供養せられて、衣服・飲食・臥具・薬湯などの資具をえられた。

また、比丘たちの僧伽も、恭敬せられ、尊重せられ、供養せられて、衣服・飲食・臥具・薬湯などの資具をうることができた。

だが、外道の遊行者たちは、恭敬せられず、尊重せられず、供養せられることなく、衣服・飲食・臥具・薬湯などの資具をうることができなかった。

その頃、遊行者のスシーマ（須尸摩）なるものは、おおくの遊行者たちとともに、ラージャガハに住んでいた。

その時、彼の仲間の遊行者たちは、遊行者スシーマに言った。

「どうだ、友スシーマよ、そなたは、ひとつ、沙門ゴータマ（瞿曇）の許にいって修行しないか。そして、完全にかの法を学んで、われらに告げるがよい。そうすれば、われらもまた、完全にその法を学んで、それを在家の人々に説こう。そうすれば、われらもまた、恭敬せられ、尊重せられ、供養せられて、衣服・飲食・臥具・薬湯などの資具をうることができるであろう」

「友よ、承知した」

遊行者スシーマは、彼らにそう答えて、長老アーナンダ（阿難）のところにいった。到ると、長老アーナンダと挨拶をかわし、また、礼譲にみちたことばを交して、そのかたえに坐した。

かたえに坐した遊行者スシーマは、長老アーナンダに申しあげた。

「友アーナンダよ、わたしは、この教法と戒律とによって、清浄の行を行じたいと思います」

そこで、長老アーナンダは、遊行者スシーマを伴って、世尊の許にいたり、世尊を礼拝して、そのかたえに坐した。

かたえに坐した長老アーナンダは、世尊に申しあげた。

「大徳よ、これなる遊行者スシーマは、「友アーナンダよ、わたしはこの教法と戒律とによって、清浄の行を行じたい」と、そのように申しております」

「しからば、アーナンダよ、そなたは、そのスシーマを出家せしめるがよい」

かくて、遊行者スシーマは、世尊の許において出家することをえて、比丘の戒を授けられた。

その時、ちょうど、あまたの比丘たちが世尊の許にきたって、「われらは、〈わが迷妄の生涯は尽きた。清浄の行はすでに成った。作すべきことはすでに弁じた。このうえは、もはや迷いの生涯を繰返すことはない〉と知ることができました」と、最高智に達したことを申しあげた。

その時、スシーマは、それを聞いて、彼ら比丘たちに近づき、彼らと挨拶を交し、また礼譲にみちたことばを交して、そのかたえに坐した。

かたえに坐したスシーマは、彼ら比丘たちにいった。

「尊者たちは、いま世尊の許にいたって、〈わが迷妄の生涯は尽きた。清浄の行はすでに成った。作すべきことはすでに弁じた。このうえは、もはや迷いの生涯を繰返すことはないと、われらは、知ることができました〉と、最高の智慧に到達したことを申しあげたが、あれは真実であろうか」

「友よ、そのとおりである」

「しからば、またあなたがた尊者たちは、そのように知り、そのように見て、いろいろの神通力を得られたであろうか。――たとえば、一にして多となり、多にして一となったり、あるいは、見えたり隠れたりして、壁や土塁や丘を、まるで虚空のように自由に通り抜けたり、あるいは、地中に出入すること、あたかも水中に出入するがごとく、あるいは、水を割《さ》くことなくして水上をゆくこと、あたかも地上をゆくがごとく、あるいは、虚空に趺《ふ》坐《ざ》してゆくこと、あたかも翼ある鳥のごとく、あるいはまた、かの大なる神力ある日月をも手玉にとり、またあるいは、その身をもってかの梵天界にも赴くことができるであろうか」

「友よ、そういうことはない」

「しからば、あなたがた尊者たちは、そのように知り、そのように見て、人間の聴覚を超えた清浄なる天界の聴覚を得、人間と天神の、遠きまた近き、両界の音声を聞くことができるのであろうか」

「友よ、そういうこともない」

「では、あなたがた尊者たちは、そのように知り、そのように見て、その心をもって、他者の心を知り、他人の心を知ることができるであろうか。――たとえば、貪欲ある心を貪欲ある心と知り、貪欲を離れたる心を貪欲を離れたる心と知り、瞋恚《しんに》ある心を瞋恚ある心と知り、瞋恚を離れたる心を瞋恚を離れたる心と知り、愚痴ある心を愚痴ある心と知り、愚痴を離れたる心を愚痴を離れたる心と知るであろうか。あるいは、よく集中せられたる心をそれと知り、散乱したる心をそれと知り、高貴なる心をそれと知り、下劣なる心をそれと知り、上ある心をそれと知り、上なき心をそれと知るであろうか。あるいは、また、寂静にいたれる心をそれと知り、寂静にいたらざる心をそれと知り、解脱したる心をそれと知り、いまだ解脱にいたらざる心をそれと知ることができるであろうか」

「友よ、そのようなこともない」

「しからば、また、あなたがた尊者たちは、そのように知り、そのように見て、いろいろと前世のことを思い出すことができるであろうか。――たとえば、一生、二生、三生、四生、五生、十生、二十生、三十生、四十生、五十生、百生、千生のいにしえ、あるいは、幾成劫のむかし、幾壊劫のむかし、幾成劫・幾壊劫をかさねてのむかしのこと、——その時、かしこにありては、名はかくかく、姓はかくかくであり、このような容色をもち、このようなものを食べ、これこれの苦と楽を経験し、このような寿命を享《う》けたというようなこと。さらには、そこに没して、またかしこに生れ、そして、そこにあっては、名はかくかく、姓はかくかくであり、どのような容色をもち、どのようなものを食べ、どのような苦と楽を経験し、どのような寿命を保ったかというようなこと。そして、今度は、そこに没して、またここに生れたといったように、そのように詳しく、いろいろと過去世のことを、ことごとく思い出すことができるであろうか」

「友よ、そのようなこともないのである」

「では、さらにまた、あなたがた尊者たちは、そのように知り、そのように見て、人間を超えた清浄なる天眼《てんげん》を得、それによって、人々が死してまた生れる時、あるいは下劣に、あるいは優秀に、あるいは美わしく、あるいは醜くと、彼らのなせる業にしたがって、その幸と不幸とがわかれることを知ることができるであろうか。——たとえば、尊者たちは、〈この人たちは、身に悪行をなし、口に悪語をかたり、心に悪意をいだき、聖者をののしり、邪見をいだき、邪業をいとなむがゆえに、その身壊《こわ》れ、その命終りてののちには、苦界・悪道・無楽処・地獄に生れるであろう〉とか、あるいは、また、〈この方たちは、身に善行をなし、口に善語をかたり、心に善意をいだき、聖者をののしることなく、正見をいだき、正業をいとなむがゆえに、その身壊れ、その命終りてののちには、善処・天界に生れるであろう〉とか、そのように、人間を超えたる清浄なる天眼をもって、人々が死してまた生れる時には、あるいは下劣に、あるいは優秀に、あるいは美わしく、あるいは醜くと、彼らのなせる業にしたがって、その幸と不幸とがわかれるであろうことを知ることができるであろうか」

「友よ、そのようなことも、またないのである」

「では、またさらに、あなたがた尊者たちは、そのように知り、そのように見て、形象（色）の世界を超え、眼に見えぬ寂静解脱を、その身に触れて住するのであろうか」

「友よ、また、そのようなこともないのである」

「とすると、あなたがた尊者たちには、いま言われることと、そこに到達することとは、別のことなのであろうか」

「友よ、そうではないのである」

「それは、また何故であるか」

「友スシーマよ、わたしどもは智慧によって解脱したのである」

「わたしは、いま尊者たちによって簡潔に説かれたことを、まだ充分に詳しく知ることはできない。もし尊者たちによって説かれたようであるならば、わたしもそのことをもっと詳しく知りたいものと思う」

「友スシーマよ、そなたがそれを知ろうと知るまいと、ともかく、わたしどもは智慧によって解脱したのである」

そこで、スシーマは、その坐より起って、世尊のもとに到った。到ると、世尊を礼拝し、そのかたえに坐した。

かたえに坐したスシーマは、彼ら比丘たちとの論議のすべてを世尊に申しあげた。

「スシーマよ、法についての智がまずあって、それから涅槃についての智がなるのである」

「大徳よ、わたしは、いま世尊が簡潔に説かれたことがよく判りません。大徳よ、もし世尊が、いまさらりと説かれたことを、よく判るように、もっと詳しくお説き下さるならば、有難いことでございます」

「スシーマよ、そなたが判ろうと判るまいと、ともかく、法についての智がまずあって、それから涅槃についての智がなるのである。スシーマよ、そなたはどう思うか。色（肉体）は常であろうか、それとも無常であろうか」

「大徳よ、無常であります」

「では、無常なるものは、苦であろうか、それとも楽であろうか」

「大徳よ、苦であります」

「では、無常にして苦である、移ろい変るものを、〈こはわが物なり、こは我なり、こはわが本質なり〉と認めることができるであろうか」
「大徳よ、それはできません」
「では、受（感覚）は常であろうか、それとも無常であろうか」
「大徳よ、無常であります」……
「では、想（表象）は常であろうか、無常であろうか」
「大徳よ、無常であります」……
「では、行（意志）は常であろうか、無常であろうか」
「大徳よ、無常であります」……
「では、識（意識）は常であろうか、無常であろうか」
「大徳よ、無常であります」
「ではまた、無常なるものは、苦であろうか、それとも楽であろうか」
「大徳よ、苦であります」
「では、無常にして苦である、移ろい変るものを、〈こはわが物である、こは我である、こはわが本質である〉と認めることができるであろうか」
「大徳よ、それはできません」
「さらば、スシーマよ、過去・未来・現在、あるいは、内・外、粗・細、劣・勝、遠・

近のいかなる色〈肉体〉といえども、すべての色は、〈こはわが物である、こは我である、こはわが本質である〉と認めることはできない。そのように、正しき智慧をもって、これを見なければならない。

また、いかなる受〈感覚〉といえども、……いかなる想〈表象〉といえども、……いかなる行〈意志〉といえども、……いかなる識〈意識〉といえども、それを、〈こはわが物である、こは我である、こはわが本質である〉と認めることはできない。そのように、正しき智慧をもって、これを見なければならない。

スシーマよ、だから、わたしの教えをよく聞いた聖なる弟子たちは、そのように見て、色を厭い離れる。受においても、想においても、行においても、また識においても厭い離れる。厭い離れて、貪りを離れ、解脱する。解脱すれば、解脱したとの智が生じ、〈わが迷いの生涯は尽きた。清浄の行はすでに成った。作すべきことはすでに弁じた。もはやかかる迷いの生涯を繰返すことはないであろう〉と知るのである。

では、スシーマよ、そなたは、〈生によって老死がある〉と見るであろうか」

「大徳よ、そうであります」

「では、スシーマよ、そなたは、〈有によって生がある〉と見るであろうか」

「大徳よ、そうであります」

「では、また、スシーマよ、そなたは、〈取によって有がある〉と見るであろうか」

「大徳よ、そうであります」
「では、また、スシーマよ、そなたは、〈愛によって取がある〉と見るであろうか」
「大徳よ、そうであります」
「では、さらに、スシーマよ、そなたは、〈受によって愛があり、触によって受があり、六処によって触があり、名色によって六処があり、識によって名色があり、行によって識があり、また無明によって行がある〉と見るであろうか」
「大徳よ、そうであります」
「では、スシーマよ、そなたは、また、〈生の滅によって老死の滅がある〉と見るであろうか」
「大徳よ、そのとおりであります」
「では、スシーマよ、そなたは、また、〈有の滅によって生の滅がある〉と見るであろうか」
「大徳よ、そのとおりであります」
「では、スシーマよ、そなたは、さらに、〈取の滅によって有の滅があり、愛の滅によって取の滅があり、受の滅によって愛の滅があり、触の滅によって受の滅があり、六処の滅によって触の滅があり、名色の滅によって六処の滅があり、識の滅によって名色の滅があり、行の滅によって識の滅があり、また無明の滅によって行の滅がある〉と見るであろうか」

「大徳よ、そのとおりであります」

「では、スシーマよ、そなたもまた、そのように知り、そのように見て、いろいろの神通力を享受するであろうか。――たとえば、一にして多となり、多にして一となり、あるいは、見え隠れして、壁や土塁や丘を、虚空のように自由に通り抜け、あるいは、地中に出入すること、あたかも水中に出入するがごとく、あるいは、水を破ることなくして水上をゆくこと、あたかも地上をゆくがごとく、あるいは、虚空に趺坐《ふざ》してゆくこと、あたかも翼ある鳥のごとく、あるいはまた、かの大なる神力ある日月をも手玉にとり、あるいはまた、その身をもってかの梵天界にも赴くことができるであろうか」

「大徳よ、そのようなことはございません」

「では、スシーマよ、そなたもまた、そのように知り、そのように見て、人間の聴覚をはるかに超えた天界の聴覚を得て、人間と天神の、遠きまた近き、両界の音声を聞くことができるであろうか」

「大徳よ、そのようなこともございません」

「では、スシーマよ、そなたもまた、そのように知り、そのように見て、その心をもって、他者の心を知り、他の人々の心を把握することができるであろうか。――たとえば、すでに解脱したる心をそれと知り、いまだ解脱にいたらざる心をそれと知ることをうるであろうか」

「いいえ、大徳よ、そのようなことはございません」

「では、スシーマよ、そなたもまた、そのように知り、そのように見て、いろいろと前世のことを思い出すことができるであろうか。——たとえば、一生、二生、……そのように詳しく、いろいろと過去世のことを思い出すことができるであろうか」

「いいえ、大徳よ、そのようなこともございません」

「では、スシーマよ、そなたもまた、そのように知り、そのように見て、人間を超えたる清浄なる天眼を得て、それによって、人々が死してまた生れる時、……彼らのなせる業にしたがって、その幸と不幸とがわかれるであろうことを知ることができるであろうか」

「いいえ、大徳よ、そのようなこともございません」

「では、スシーマよ、そなたは、またさらに、そのように知り、そのように見て、形象(色)の世界を超え、眼に見えぬ寂静解脱を、その身に触れて住するのであろうか」

「いいえ、大徳よ、そのようなことも、またございません」

「スシーマよ、いまや、わたしはいう。いまわれらが問答したことと、それから、そなたがそこには到らないといったこと。スシーマよ、これがわれらの成就したことなのである」

その時、スシーマは、世尊の足許に平伏して、世尊に申しあげた。

「大徳よ、罪がわたしを征服しました。なんという卑しい、なんという愚かな、なんという善からぬことでありましょう。わたしは、この善く説かれたる法と律とにおいて、法の盗人として出家いたしました。大徳よ、願わくは、わたしがこの罪を罪と知って、将来ふたたび犯すことがないであろうとの表白を受けていただきとうございます」

「スシーマよ、そなたが罪に征服せられて、この善く説かれたる法と律とにおいて、法の盗人として出家したということは、まことに卑しい、まことに愚かな、まことに善からぬことであった。

スシーマよ、たとえば、悪事を犯した盗賊を捕えて、王にいう。「王よ、こやつは盗賊で、悪事を犯しました。こやつに思し召しのままの刑を科したまえ」と。すると、王は仰せられるであろう。「よし、汝ら、こやつを、つよき縄をもって後手に縛りあげ、髪を剃って丸坊主となし、小鼓を打ちならして、町より町、辻から辻と曳きまわしたうえ、南門より出でて、都城の南において首を刎ねるがよい」と。かくて、王の臣たちは、彼を、つよい縄をもって後手に縛りあげ、髪を剃って丸坊主となし、小鼓を打ちならして、町から町、辻から辻とひき廻し、南門より出でて、都城の南において首を刎ねるであろう。

スシーマよ、そなたは、それをどう思うか。それによって、その男は、苦しみ悲しみを経験しないであろうか」
「大徳よ、そのとおりでございます」
「スシーマよ、その男がそのために苦しみ悲しみを経験するかどうかは別として、いま、このようにして、この善く説かれたる法と律とにおいて、法の盗人として出家したものは、さらにこれに過ぐる苦しみ悲しみの報いを受けずに済むであろうか。つまり、地獄に堕ちることを免れるであろうか。

だが、スシーマよ、そなたは、罪を罪と知って、ただしく懺悔したのである。わたしはそれを受ける。スシーマよ、聖なる戒律においては、罪を罪と知って、ただしく懺悔する者は、その功徳増長して、やがて律儀にかなうであろうとするのである」

注解 この経は、法の盗人たらんとしたスシーマ（須戸摩）なる比丘の物語である。彼はもと外道の遊行者であったが、仏教者が敬われ供養されるのをみて、その法を盗もうとして、偽って出家した。だが、かくして、彼は、比丘たちによって聞き、また釈尊によって教えられた結果、まさしく仏教を奉ずる比丘となって、その罪を釈尊のまえに懺悔したというのである。

経はかなりの長文にわたり、そのなかでも、彼と比丘たちの問答、あるいは、彼が釈尊から受けた教えのなかには、外道と仏教のちがいが鮮かに語り出されていて、まことに興味ふかいが、この経の成立も、また、やや後期に属するものと思われる。
＊成劫（saṃvaṭṭakappa = ascending aeon）　成立の過程をたどる宇宙の周期をいう。
＊壊劫（vivaṭṭakappa = descending cycle）　崩壊の過程をたどる宇宙の周期をいう。

48　沙門・婆羅門

南伝　相応部経典　一二、七一、沙門婆羅門／漢訳　雑阿含経　一四、
二二―三、沙門婆羅門

かようにわたしは聞いた。

ある時、世尊は、サーヴァッティー（舎衛城）のジェータ（祇陀）林なるアナータピンディカ（給孤独）の園にましました。

その時、世尊は、かように仰せられた。

「比丘たちよ、いかなる沙門もしくは婆羅門であろうとも、もし老死を知らず、老死の起りを知らず、また、老死の滅を知らず、老死の滅にいたる道を知らないものは、比丘たちよ、彼ら沙門あるいは婆羅門は、沙門にして沙門にあらず、婆羅門にして婆羅門ではないのである。また、彼ら尊者たちは、沙門たるの意味、婆羅門たるの意味を、この現在の生涯のなかにおいて、自ら知り、自ら実証しているのではないのである。

だが、比丘たちよ、いかなる沙門もしくは婆羅門であろうとも、もし老死を知り、老死の起りを知り、また、老死の滅を知り、老死の滅にいたる道を知っているものは、比

丘たちよ、彼ら沙門あるいは婆羅門は、沙門のなかにあって沙門であり、婆羅門のなかにあって婆羅門であるのである。また、彼ら尊者たちは、よく沙門たるの意味、婆羅門たるの意味を、この現在の生涯において、みずから知り、みずから実証しているのである」

注解　ここに「沙門・婆羅門」(Samaṇa-brāhmaṇa)なる経題があり、以下の十一経はすべておなじ経題を有する。その第一経は、まず老死をとりあげ、「もし老死を知らず、老死の起りを知らず、老死の滅を知らず、老死の滅にいたる道を知らないもの」は、沙門にして沙門にあらず、婆羅門にして婆羅門にあらずと語る。そして、第二経より第十一経にいたり、生より行にいたる縁起の十支について、おなじ説法が繰返されるのである。まことに簡明なる説法であるが、釈尊はしばしば、この種の沙門・婆羅門についての発言を繰返されたに違いあるまい。ただし、第二経以下は略する。

49　師　南伝　相応部経典　一二、八二、師

かようにわたしは聞いた。

ある時、世尊は、サーヴァッティー(舎衛城)のジェータ(祇陀)林なるアナータピン

ディカ（給孤独）の園にましました。

その時、世尊は、比丘たちに告げて仰せられた。

「比丘たちよ、老死をあるがままに知らず見ざるものにあっては、まず、あるがままに老死を知るために、師を求めざるべからず。また、老死の起りをあるがままに知らず見ざるものにあっては、まず、あるがままに老死の起りを知るために、師を求めざるべからず。また、老死の滅についてあるがままに知らず見ざるものにあっては、まず、あるがままに老死の滅を知るために、師を求めざるべからず。また、老死の滅にいたる道について、あるがままに知らず見ざるものにあっては、まず、あるがままに老死の滅にいたる道を知るために、師を求めざるべからず」

以下すべてかくのごときまり文句*が繰返される。

「比丘たちよ、生をあるがままに知らず見ざるものにあっては、……

比丘たちよ、有をあるがままに知らず見ざるものにあっては、……

比丘たちよ、取をあるがままに知らず見ざるものにあっては、……

比丘たちよ、愛をあるがままに知らず見ざるものにあっては、……

比丘たちよ、受をあるがままに知らず見ざるものにあっては、……

比丘たちよ、触をあるがままに知らず見ざるものにあっては、……

比丘たちよ、六処をあるがままに知らず見ざるものにあっては、……

比丘たちよ、名色をあるがままに知らず見ざるものにあっては、……

比丘たちよ、識をあるがままに知らず見ざるものにあっては、……

比丘たちよ、行をあるがままに知らず見ざるものにあっては、まず、あるがままに行を知るために、師を求めざるべからず。また、行の起りをあるがままに知らず見ざるものにあっては、まず、あるがままに行の起りを知るために、師を求めざるべからず。また、行の滅についてあるがままに知らず見ざるものにあっては、まず、あるがままに行の滅を知るために、師を求めざるべからず。また、行の滅にいたる道について、あるがままに知らず見ざるものにあっては、まず、あるがままに行の滅にいたる道を知るために、師を求めざるべからず」

四つの聖諦《しょうたい》についても、すべてかくのごとく為さるべきである。

注解　この経以下の十二経は、ほぼ内容をおなじくするきまり文句をもって成る。したがって、第一経および第二経を訳して、他は省略する。ただし、釈尊は、このような教誡をたえず垂れていたにちがいないのであって、軽んじてはならない経である。
まず、その第一経、師（Satthā＝teacher）と題するものは、「老死をあるがままに知らざるものは、師を求めざるべからず」と教え、ついで、十支の縁起および四諦について、そのきまり文句が繰返されるのである。

＊きまり文句（peyyāla = repetition, formula）一定の型の文句であって、それが繰返されるのである。

50　学　南伝　相応部経典　一二、八三、学／漢訳　雑阿含経　一五、四、修習

かようにわたしは聞いた。

ある時、世尊は、サーヴァッティー（舎衛城）のジェータ（祇陀）林なるアナータピンディカ（給孤独）の園にましました。

その時、世尊は、かように仰せられた。

「比丘たちよ、老死をあるがままに知らず見ざるものにあっては、まず、あるがままに老死を知るために、学をいとなまねばならぬ。また、老死の起りをあるがままに知らず見ざるものにあっては、まず、あるがままに老死の起りを知るために、学をなさねばならぬ。また、老死の滅についてあるがままに知らず見ざるものにあっては、まず、あるがままに老死の滅を知るために、学ばねばならぬ。また、老死の滅にいたる道について、あるがままに知らず見ざるものにあっては、まず、あるがままに老死の滅にいたる道を知るために、学ばねばならない。

また、比丘たちよ、生を……、有を……、取を……、愛を……、受を……、触を……、

六処を……、名色を……、識を……

また、比丘たちよ、行をあるがままに知らず見ざるものにあっては、まず、あるがままに行を知るために、学ばなければならない。また、行の起りをあるがままに、知らず見ざるものにあっては、まず、あるがままに行の起りを知るために、学ばなければならない。また、行の滅についてあるがままに、知らず見ざるものにあっては、まず、あるがままに行の滅を知るために、学ばねばならぬ。また、行の滅にいたる道について、あるがままに知らず見ざるものにあっては、まず、あるがままに行の滅にいたる道を知るために、学ばなければならない」

四つの聖諦についても、すべてかくのごとく為さるべきである。

注解　この経の題目は「学」(Sikkhā=study)である。前経につづいて、ここでは、「老死をあるがままに知らざるものは、学をいとなまねばならぬ」の一句を冒頭にして、以下、縁起と四諦の各支について、おなじようなきまり文句が繰返されるのである。

現観相応

1　爪先　南伝　相応部経典　一三、一、爪先

かようにわたしは聞いた。

ある時、世尊は、サーヴァッティー（舎衛城）のジェータ（祇陀）林なるアナータピンディカ（給孤独）の園にましました。

その時、世尊は、ひと摘みほどの土をとって爪のさきにのせ、比丘たちに仰せられた。

「比丘たちよ、汝らはどう思うか。この爪のさきのひと摘みほどの土と、この大地のそれと、どっちが多いであろうか」

「大徳よ、それはもう、大地の土のほうが多くして、世尊の爪のさきのひと摘みほどの土はすくのうございます。世尊が爪のさきにのせられたひと摘みほどの土を、大地のそれに比《くら》ぶれば、それを百倍しても及ばず、千倍しても及ばず、百千倍しても及ぶものではございません」

「比丘たちよ、それとおなじように、すでに正しい考え方のそなわっている聖なる弟子たちや、このことをはっきりと理解するにいたった人々が、よく滅しつくして、もはやなくなってしまった苦はより多くして、なお残っている苦はごく僅かである。それを、これまでによく滅しつくして、もはやなくなってしまった苦、つまり、*極七返生《ごくしちへんしょう》、すなわち過去世の七生にいたるまでの苦と比べるならば、これを百倍しても及ばず、千倍しても及ばず、さらに百千倍しても及ぶものではないのである。

比丘たちよ、そのように、法をまのあたりにはっきりと理解するということは、まさしく大利のあることであって、その大利というのは他でもない、*法眼すなわち法をみる眼をうることとなのである」

注解　ここに「現観相応」（Abhisamaya-samyutta）の六経を集録する。その「現観」（abhisamaya = coming by completely, clear understanding）というは面白いことばである。眼のまえに見るがごとく、はっきりと理解することである。したがって、その境地を語れば、おのずから譬喩をもって説くこととなるのである。ここに「爪先」（Nakhasikhā = the tip of the nail）と題する経もまた、そのような経である。

＊極七返生（sattakkhattuṃ paramatā = a measure of seven lives）　過去七生にわたって受けた苦というほどのことばである。

＊法眼（dhammacakkhu＝the eye of wisdom）　存在の真相を見ることのできる眼であり、それが、智慧のまなこに他ならない。

2　蓮池　南伝　相応部経典　一三、二、蓮池／漢訳　雑阿含経　五、七、毛端

かようにわたしは聞いた。

ある時、世尊は、サーヴァッティー（舎衛城）のジェータ（祇陀）林なるアナータピンディカ（給孤独）の園にましました。

その時、世尊は、こう仰せられた。

「比丘たちよ、たとえば、ここに、長さ五十由旬《ゆじゅん》＊、幅五十由旬、その深さもまた五十由旬の蓮池があり、水は満ちてその岸に達していたとする。そこにひとりの人があって、草の先をもって水を掬わんとしたとするがよい。その時、比丘たちよ、どう思うか。その草の先をもって掬うた水と、その蓮池の水とは、いずれが多いであろうか」

「大徳よ、それは申すまでもございません。それは、蓮池の水のほうが多く、草の先ですくった水はすくのうございます。草の先をもってすくった水を、その蓮池の水に比ぶれば、それを百倍しても及ばず、千倍しても及ばず、さらに百千倍してもなお及ぶものではございません」

「比丘たちよ、それとおなじように、すでに正しい考え方のそなわっている聖なる弟子たちや、このことをはっきりと理解するにいたった人々が、すでによく滅しつくして、もはやなくなってしまった苦は多くして、なお残っている苦はごく僅かである。それを、これまでによく滅しつくしても、もはやなくなってしまった苦、つまり、極七返生、すなわち過去世の七生にいたるまでの苦と比べてみるならば、たといこれを百倍しても及ばず、千倍しても及ばず、さらに百千倍してもなお及ぶものではないのである。

比丘たちよ、そのように、法をまのあたりにはっきりと理解するということは、まさしく大利のあることであって、その大利というのは他でもない、法眼すなわち法をみる眼をうることとなのである」

注解　この「蓮池」（Pokkharaṇī = a lotus-pond）と題する経もまた、前経とほとんどその趣をおなじゅうする。ただ、ここでは、大きな蓮池の水を、葉のさきで汲み出そうとする人のたとえが語られている。

＊由旬（yojana = a measure of length）　ほぼ七マイルくらいの距離であるという。由旬はその音写である。

3　合流する水　南伝　相応部経典　一三、三、合流する水

かようにわたしは聞いた。

ある時、世尊は、サーヴァッティー（舎衛城）のジェータ（祇陀）林なるアナータピンディカ（給孤独）の園にましました。

その時、世尊は、かように仰せられた。

「比丘たちよ、たとえば、ここに人があって、ガンガー*（恒河）、ヤムナー（耶符那）、アチラヴァティー（阿致羅筏底）、サラブー（舎牢浮）、マヒー（摩企）など、もろもろの大河の合流し会合するところにありて、その水の二、三滴を、掌をもってすくったとするがよい。その時、比丘たちよ、それをどう思うか。掌をもってすくった二、三滴の水と、それらの大河の合流した水と、いずれが多いであろうか」

「大徳よ、それは申すまでもございません。もろもろの大河の合流した水はより多くして、掌をもってすくった二、三滴の水はすくのうございます。すくった二、三滴の水をもって、合流した水に比すれば、それを百倍するも及ばず、千倍するも及ばず、さらに百千倍してもなお及ぶものではございません」

「比丘たちよ、それとおなじように、すでに正しい考え方のそなわっている聖なる弟子たちや、法をはっきりと理解することのできた人々が、すでによく滅しつくして、もはやなくなってしまった苦は多くして、なお残っている苦はごく僅かである。それを、これまでによく滅しつくして、もはやなくなってしまった苦、つまり、極七返生、すなわち、過去世の七生にいたるまでの苦と比べてみるならば、たといこれを百倍しても及ばず、千倍しても及ばず、さらに百千倍してもなお及ぶものではないのである。

比丘たちよ、そのように、法をまのあたりにはっきりと理解するということは、まさしく大利あることであって、その大利というのは他でもない、法眼すなわち法をみる眼をうることなのである」

注解　この「合流する水」(Sambhejja udaka = confluent waters) と題する経も、また、前々経および前経と、ほとんどその趣を同じゅうする。ただ、ここでは、五つの河の名があげられて、それらの合流する水と、人がその掌をもってすくう二、三滴の水とが、まったく比較を絶するものであることが譬喩として語られている。

＊ガンガー (Gaṅgā, 恒河)・ヤムナー (Yamunā, 耶符那)・アチラヴァティー (Aciravatī, 阿致羅筏底)・サラブー (Sarabhū, 舎牢浮)・マヒー (Mahī, 摩企) それらはガンガー (恒河) および、それに合流する支流の四つを併せ記したものであって、釈尊はよく、それらの五河をあげて、譬喩を説いたものである。

4　大地　南伝　相応部経典　一三、五、地

かようにわたしは聞いた。

ある時、世尊は、サーヴァッティー（舎衛城）のジェータ（祇陀）林なるアナータピンディカ（給孤独）の園にましました。

その時、世尊は、かように仰せられた。

「比丘たちよ、たとえば、ここに人があって、大地のあるところに、七つの棗《なつめ》ほどの大きさの土を置いたとするがよい。その時、比丘たちよ、汝らは、それをどう思うであろうか。大地のあるところに置かれた七つの棗ほどの大きさの土と、大地とは、いずれがより多いであろうか」

「大徳よ、それは申すまでもございません。大地は多くして、大地のあるところに置かれた七つの棗ほどの土はすくのうございます。あるところに置かれた七つの棗ほどの大きさの土をもって、大地に比するならば、それを百倍するも及ばず、千倍するも及ばず、さらに百千倍してもなお及ぶものではございません」

「比丘たちよ、それとおなじように、すでに正しい考え方のそなわっている聖なる弟子たちや、法をはっきりと理解することのできた人々が、すでによく滅しつくして、もはやなくなってしまった苦は多くして、なお残っている苦はごく僅かである。それを、これまでによく滅しつくして、もはやなくなってしまった苦、つまり、極七返生、すなわち、過去世の七生にいたるまでの苦と比べてみるならば、たとい、これを百倍しても及ばず、千倍しても及ばず、さらに百千倍してもなお及ぶものではないのである。

比丘たちよ、そのように、法をまのあたりにはっきりと理解するということは、まさしく大利あることであって、その大利というのは他でもない、法眼すなわち法をみる眼をうることなのである」

注解 この「大地」(Pathavī = the earth) と題する経も、また、さきの数経とおなじ趣の説法を叙する。ただ、ここでも異なる譬喩がひかれている。ここでは、「七つの棗ほどの大きさの土」をもって大地に比する譬えがひかれている。この譬喩もまた、釈尊がしばしば用いられたものであった。

5 大海　南伝　相応部経典　一三、七、海

かようにわたしは聞いた。

ある時、世尊は、サーヴァッティー(舎衛城)のジェータ(祇陀)林なるアナータピンディカ(給孤独)の園にましました。

その時、世尊は、かように仰せられた。

「比丘たちよ、たとえば、ここに人があって、大海より二、三滴の水を、その掌をもってすくいとったとするがよい。その時、比丘たちよ、汝らは、それをいかに思うであろうか。その掌をもってすくいとった二、三滴の水と、大海の水とでは、いずれが多いであろうか」

「大徳よ、それは申すまでもございません。大海の水は多くして、その掌をもってすくいとった二、三滴の水はすくのうございます。掌をもってすくいとった二、三滴の水をもって、大海の水に比するならば、それを百倍するも及ばず、千倍するも及ばず、さらに百千倍するもなお及ぶものではございません」

「比丘たちよ、それとおなじように、すでに正しい考え方のそなわっている聖なる弟子たちや、法をはっきりと理解することのできた人々が、すでによく滅しつくして、もはやなくなってしまった苦は多くして、なお残っている苦はごく僅かである。それを、これまでによく滅しつくして、もはやなくなってしまった苦、つまり、極七返生、すなわち、過去世の七生にいたるまでの苦に比べてみるならば、たとい、これを百倍しても及ばず、千倍しても及ばず、さらに百千倍してもなお及ぶものではないのである。

比丘たちよ、そのように、法をまのあたりにはっきりと理解するということは、まさしく大利あることであって、その大利というのは他でもない、法眼すなわち法をみる眼をうることなのである」

注解　この「大海」(Samudda = the sea) と題する経もまた、さきの数経とおなじ趣の説法を叙しており、ただ異なる譬喩がひかれている。ここでは、大海の水に比するに掌をもって掬する二、三滴の水をもってしている。この譬喩もまた、釈尊のよく用いられたものであった。

6　山の喩え　南伝　相応部経典　一三、九、山喩

かようにわたしは聞いた。

ある時、世尊は、サーヴァッティー(舎衛城)のジェータ(祇陀)林なるアナータピンディカ(給孤独)の園にましました。

その時、世尊は、かように説いて仰せられた。

「比丘たちよ、たとえば、ここに人があって、雪*におおわれたる山王(雪山王)のあるところに、七つの芥子《けし》の種ほどの大きさの小石を置いたとするがよい。その時、比丘たちよ、汝らは、それをどう思うであろうか。そこに置かれた七つの芥子の種ほどの大きさの小石と、雪におおわれたる山王と、いずれがより大きいであろうか」

「大徳よ、それは申すまでもございません。雪におおわれたる山王は大きくして、そこに置かれた七つの芥子の種ほどの小石はちいそうございます。そこに置かれた七つの芥

子の種ほどの小石をもって、雪に覆われた山王に比するならば、それを百倍するも及ばず、千倍するも及ばず、さらに百千倍するもなお及ぶところではございません」

「比丘たちよ、それとおなじように、すでに正しい考え方をそなえている聖なる弟子たちや、法をはっきりと理解することのできた人々が、すでによく滅しつくして、もはやなくしてしまった苦は多くして、なお残っている苦はごく僅かである。それを、これまでによく滅しつくして、もはやなくなってしまった苦、つまり、極七返生、すなわち、過去世の七生にいたるまでの苦に比べてみるならば、たとい、これを百倍するも及ばず、千倍するも及ばず、さらに百千倍するもなお及ぶものではないのである。

比丘たちよ、そのように、法をまのあたりにはっきりと理解するということは、まさしく大利あることであって、その大利というのは他でもない、法眼すなわち法をみる眼をうることなのである」

注解　ここに「山の喩え」(Pabbatupama = the metaphor of a mountain) と題する経もまた、さきの数経とおなじ趣の経である。そして、ここでは、ヒマーラヤに比するに「七つの芥子の種ほどの小石」をもってする譬喩が語られている。これもまた、釈尊のしばしば用いられた譬喩であった。

＊雪におおわれたる山王 (Himavato pabbatarājassa = Himālaya the king of mountains) 直

訳すれば雪山王、すなわちヒマーラヤ（the Himālaya）である。

界相応

1　接触　南伝　相応部経典　一四、二、触／漢訳　雑阿含経　一六、五二、触

かようにわたしは聞いた。

ある時、世尊は、サーヴァッティー（舎衛城）のジェータ（祇陀）林なるアナータピンディカ（給孤独）の園にましました。

その時、世尊は、比丘たちに告げて、かように仰せられた。

「比丘たちよ、種々の異なる世界（界）があるがゆえに、種々の接触が生ずるのである。

比丘たちよ、では、種々の異なる世界とはなんであろうか。眼の世界・耳の世界・鼻の世界・舌の世界・身の世界・意の世界である。比丘たちよ、これを種々の異なる世界とはいうのである。

比丘たちよ、では、種々の異なる世界があるによって、種々の接触が生ずるとは、どのようなことであろうか。

比丘たちよ、眼の世界があるによって眼の接触が生じ、耳の世界があるによって耳の接触が生じ、鼻の世界があるによって鼻の接触が生じ、舌の世界があるによって舌の接触が生じ、身の世界があるによって身の接触が生じ、また、意の世界があるによって意の接触が生ずるのである。

比丘たちよ、そのようにして、種々の異なる世界があるによって、種々の接触が生ずるのである」

注解 ここに挙げる数経の集録は、「界相応」(Dhātu-saṃyutta)と称せられる。ここに「界」(dhātu＝state of being)もしくは「世界」と訳せられる言葉は、人間の対象としての存在の種々相をいう言葉である。この世界を全体としていう時には、「世間」(loka＝world)という言葉が用いられた。それに対して、われわれの認識の対象として種々相を示現するこの世界を「界」と称するのである。

そして、ここにまず取りあげる「接触」(Samphassa＝contact)と題する経においては、釈尊は、「種々の異なる世界があるから、種々の接触が生ずるのだ」として、眼界・耳界・鼻界・舌界・身界・意界の存在を語っているのである。

2 受 南伝 相応部経典 一四、四、受／漢訳 雑阿含経 一六、五二一—三、触

かようにわたしは聞いた。

ある時、世尊は、サーヴァッティー（舎衛城）のジェータ（祇陀）林なるアナータピンディカ（給孤独）の園にましました。

その時、世尊は、かように説いて仰せられた。

「比丘たちよ、種々の異なる世界（界）があるがゆえに種々の接触が生ずるのであり、種々の接触（触）があるによって種々の感覚（受）が生ずるのである。

比丘たちよ、では、種々の異なる世界とはなんであろうか。眼の世界・耳の世界・鼻の世界・舌の世界・身の世界・意の世界。比丘たちよ、これらを種々の異なる世界というのである。

比丘たちよ、では、種々の世界があるがゆえに種々の接触が生じ、種々の接触があるがゆえに種々の感覚が生ずるとは、どのようなことであろうか。

比丘たちよ、眼の世界があるによって眼の接触が生じ、眼の接触があるによって、眼の接触によって生ずる感覚が生ずるのである。耳の世界があるによって……、鼻の世界があるによって……、舌の世界があるによって……、身の世界があるによって……、意の世界があるによって意の接触が生じ、意の接触があるによって、意の接触によって生ずる感覚が生ずるのである。

比丘たちよ、そのようにして、種々の異なる世界があるがゆえに種々の接触が生ずるのであり、また種々の接触があるがゆえに種々の感覚が生ずるのである」

注解　ここに「受」（Vedanā＝feeling）というのは感覚である。感覚はすべて受動態のものであって、古来、触を受納する感覚を「受」の一字をもって訳したのである。

この経は、前経を前提として、「種々の接触があるによって、種々の感覚（受）が生ずるのだ」と語っているのである。

3　想　南伝　相応部経典　一四、七、想／漢訳　雑阿含経　一六、五四、想

かようにわたしは聞いた。

ある時、世尊は、サーヴァッティー（舎衛城）のジェータ（祇陀）林なるアナータピンディカ（給孤独）の園にましました。

その時、世尊は、かように説いて仰せられた。

「比丘たちよ、種々の異なる世界があるがゆえに、種々の表象（想）が生ずるのであり、種々の異なる表象があるがゆえに、種々の思い*（思《し》）が生ずるのであり、種々の異なる思いがあるがゆえに、種々の欲*が生ずるのであり、また、種々の異なる欲があるがゆえ

に、種々の激情*が生ずるのであり、そして、種々の異なる激情があるがゆえに、種々の要求*が生ずるのである。

比丘たちよ、では、種々の異なる世界とはなんであろうか。物（色）の世界・声の世界・香の世界・味の世界・感触（触）の世界・観念（法）の世界。比丘たちよ、これらを種々の異なる世界というのである。

では、比丘たちよ、それらの種々の異なる世界があるがゆえに、種々の表象が生ずるのであり、種々の異なる表象があるがゆえに、種々の思いが生ずるのであり、種々の異なる思いがあるがゆえに、種々の欲が生ずるのであり、また、種々の異なる欲があるがゆえに、種々の激情が生ずるのであり、そして、種々の異なる激情があるがゆえに、種々の要求が生ずるというのは、どのようなことであろうか。

比丘たちよ、物（色）の世界があるによって物の表象（想）が生じ、物の表象があるによって物の思いが生じ、物の思いがあるによって物への欲が生じ、また、物への欲があるによって物への激情が生じ、そして、物への激情があるによって物への要求が生ずるのである。また、声の世界があるによって……、香の世界があるによって……、味の世界があるによって……、感触の世界があるによって……、そして、観念の世界があるによって観念の表象が生じ、観念の表象があるによって観念の思いが生じ、観念の思いがあるによって観念の欲が生じ、観念の欲があるによって、観念の激情が生じ、そして、観念の激情があるによって、観念への要求が生ずるのである。
　比丘たちよ、そのようにして、種々の異なる世界があるがゆえに、種々の表象が生ずるのであり、種々の異なる表象があるがゆえに、種々の思いが生ずるのであり、種々の異なる思いがあるがゆえに、種々の欲が生ずるのであり、また、種々の異なる欲があるがゆえに、種々の激情が生ずるのであり、そして、種々の異なる激情が存するがゆえに、種々の要求が生ずるのである」

注解　ここに「想」（Saññā = perception）というのは、表象もしくは知覚である。与えられたる感覚によって像をつくるのであって、古来、その過程を「想」をもって訳したのである。
　この経に説くところは、かくして種々の表象が生ずれば、さらに、それによって思《し》が生じ、欲が生じ、激情が生じ、また、種々の要求が生ずることを語っている。
＊思い（sankappa = thought）　意図というところである。
＊欲（chanda = wish for）　欲望のうごきである。
＊激情（parilāha = burning）　熱くなることである。別のことばでいえば貪である。
＊要求（pariyesanā = inquiry）　得たいと思うことである。

4　業　南伝　相応部経典　一四、一五、業／漢訳　雑阿含経　一六、四六、行

かようにわたしは聞いた。

その時、世尊は、ラージャガハ（王舎城）のギッジャクータ（耆闍崛）山にましました。

その時、長老サーリプッタ（舎利弗）は、おおくの比丘たちとともに、世尊の近くを歩*いていた。

また、長老マハー・モッガラーナ（摩訶目犍連）も、おおくの比丘たちとともに、世尊の近くを歩いていた。

また、長老マハー・カッサパ（摩訶迦葉）も、おおくの比丘たちとともに、世尊の近くを歩いていた。

また、長老アヌルッダ（阿那律）も、おおくの比丘たちとともに、世尊の近くを歩いていた。

また、長老プンナ・マンターニプッタ（満願子）も、おおくの比丘たちとともに、世尊の近くを歩いていた。

また、長老ウパーリ（優波離）も、おおくの比丘たちとともに、世尊の近くを歩いていた。

また、長老アーナンダ（阿難）も、おおくの比丘たちとともに、世尊のましますあたりを歩いていた。

また、デーヴァダッタ（提婆達多）も、おおくの比丘たちとともに、世尊のましますあたりを歩いていた。

その時、世尊は、もろもろの比丘たちに呼びかけて仰せられた。

「比丘たちよ、汝らは、サーリプッタが、おおくの比丘たちとともに歩いているのが見えるか」

「大徳よ、見えます」

「比丘たちよ、それらの比丘たちは、みんな大慧のものである。

では、比丘たちよ、汝らは、モッガラーナが、おおくの比丘たちとともに歩いているのが見えるか」

「大徳よ、見えます」

「比丘たちよ、それらの比丘たちは、みんな大いなる神通を得たるものばかりである。

では、比丘たちよ、汝らは、カッサパが、おおくの比丘たちとともに歩いているのを見るであろうか」

「大徳よ、そうでございます」

「比丘たちよ、それらの比丘たちは、みんな小欲知足を行ずるものばかりである。

では、比丘たちよ、汝らは、アヌルッダが、おおくの比丘たちとともに歩いているのを見るであろうか」

「大徳よ、そうでございます」

「比丘たちよ、それらの比丘たちは、みんな天眼を得たるものばかりである。では、比丘たちよ、汝らは、プンナ・マンターニプッタが、おおくの比丘たちとともに歩いているのを見るであろうか」

「大徳よ、そうでございます」

「比丘たちよ、それらの比丘たちは、みんな善き説法者ばかりである。では、比丘たちよ、汝らはまた、ウパーリが、おおくの比丘たちとともに歩いているのを見るであろうか」

「大徳よ、そうでございます」

「比丘たちよ、それらの比丘たちは、みんなよく律を持するものばかりである。では、比丘たちよ、汝らはまた、アーナンダが、おおくの比丘たちとともに歩いているのを見るであろうか」

「大徳よ、そうでございます」

「比丘たちよ、それらの比丘たちは、みんな多聞《たもん》のものばかりである。では、比丘たちよ、汝らはまた、デーヴァダッタが、おおくの比丘たちとともに歩いているのを見るであろうか」

「大徳よ、さようでございます」

「比丘たちよ、それらの比丘たちは、みんな善からぬ思いをもてるものばかりである。比丘たちよ、人間は類をもって集まり、類をもって結合する。劣れる好みを抱くものは、劣れる好みのものと、類をもって集まり、類をもって結合する。すぐれた好みを抱くものは、すぐれた好みのものと、類をもって集まり、類をもって結合する。

比丘たちよ、人間は、過去世においても、類をもって集まり、類をもって結合した。劣れる好みを抱くものは、劣れる好みのものと、類をもって集まり、類をもって結合した。すぐれた好みを抱くものは、すぐれた好みのものと、類をもって集まり、類をもって結合した。

比丘たちよ、人間は、未来世においても、類をもって集まり、類をもって結合するであろう。劣れる好みを抱くものは、劣れる好みのものと、類をもって集まり、類をもって結合するであろう。すぐれた好みを抱くものは、すぐれた好みのものと、類をもって集まり、類をもって結合するであろう。

また、比丘たちよ、人間は、現在世においても、類をもって集まり、類をもって結合する。劣れる好みを抱くものは、劣れる好みのものと、類をもって集まり、類をもって結合する。すぐれた好みを抱くものは、すぐれた好みのものと、類をもって集まり、類をもって結合するのである」

注解　この経は、おそらく、後代の創作によって成れるものであろうが、「劣意志は劣意志と連関し和合し、善意志は善意志と連関し和合する」とは、おそらく釈尊の所説であったであろう。そして、その趣を、仏弟子たちの「経行」に結びつけて語ったこの経は、まことに興味ふかい。

＊歩く（cankamati = to walk about）　漢訳には、これを「経行」（キンヒン、もしくはキョウギョウ）という。静坐などの間に、運動のため、もしくは睡眠を防ぐために、一定の地区をめぐり歩くのである。

無始相応

1　草薪　南伝　相応部経典　一五、一、草薪／漢訳　雑阿含経　三四、一、土丸

かようにわたしは聞いた。

ある時、世尊は、サーヴァッティー（舎衛城）のジェータ（祇陀）林なるアナータピンディカ（給孤独）の園にましました。

その時、世尊は、「比丘たちよ」ともろもろの比丘たちに呼びかけたまい、「大徳よ」と彼ら比丘たちは答えた。

世尊は、かように説いて仰せられた。

「比丘たちよ、*輪廻《りんね》はその始めもなきものであって、生きとし生けるものが、無智におおわれ、貪欲に縛せられて、流転し、輪廻したる始源は知ることをえない。

比丘たちよ、たとえば、ここに人があって、この世界における草や芝や枝や小枝をきって、一箇処にあつめ、四角の山積みをつくって、その一つずつを、〈これはわたしの

母である。これはわたしの母の母である〉といって数えてゆくとするがよい。だが、比丘たちよ、その人は、まだその母を数えおわらないうちに、この世界の草や芝や枝や小枝は、尽きてしまうであろう。

それは、どうしてであろうか。比丘たちよ、この輪廻はその始めもなきものであって、生きとし生けるものが、無智におおわれ、貪欲に縛せられて、流転し、輪廻したるその始源は知ることをえないのである。

比丘たちよ、そのようにして、ながいながい歳月のあいだにわたって、苦しみを受け、痛手を受け、災いを受け、ただ墳墓のみがいや増しにましてきたのである。

だから、比丘たちよ、この世におけるもろもろの営みは厭うがよく、厭い離れるがよく、したがって、そこより解脱するがよいというのである」

注解　ここに挙げる数経の集録は「無始相応」(Anamatagga-saṃyutta)と称せられる。「無始」(anamatagga＝without beginning or end)とは、その始源を知ることをえないというほどの言葉であるが、いま、釈尊は、それを、輪廻すなわち衆生の生死流転にあてて語るに、さまざまの譬喩をもって説いているのである。

その第一経においては、まず、「草薪」(tiṇakaṭṭha＝grass and firewood)と称せられる譬喩が語られている。

＊輪廻（saṃsāra＝transmigration）　衆生がさまざまの生をうけて、生死を繰返すこと車輪のごとくなるをいう。

2　大地　南伝　相応部経典　一五、二、地　漢訳　雑阿含経　三四、二、如豆粒

かようにわたしは聞いた。

ある時、世尊は、サーヴァッティー（舎衛城）のジェータ（祇陀）林なるアナータピンディカ（給孤独）の圏にましました。

その時、世尊は、かように説いて仰せられた。

「比丘たちよ、輪廻はその始めもなきものであって、生きとし生けるものが、無智におおわれ、貪欲に縛せられて、流転し、輪廻したるその始源は知ることをえないのである。

比丘たちよ、たとえば、ここに人があって、この大地をば、棗の種ほどの大きさの土のかたまりに丸めて、その一つずつを、〈これはわたしの父である。これはわたしの父の父である〉といって数えてゆくとするがよい。だが、比丘たちよ、その人が、まだその父を数えおわらないうちに、この大地は尽きてしまうであろう。

それは、どうしてであろうか。比丘たちよ、この輪廻はその始めもなきものであって、生きとし生けるものが、無智におおわれ、貪欲に縛せられて、流転し、輪廻したるその

始源は知ることをえないのである。

比丘たちよ、そのようにして、ながいながい歳月のあいだにわたり、苦しみを受け、痛手を受け、災いを受けて、ただその墳墓のみが、いや増しにましてきたのである。

だからして、比丘たちよ、この世におけるもろもろの営みは、これを厭うがよく、厭い離れるがよく、そして、そこから解脱するがよいというのである」

注解　この経題は「大地」(Pathavī = the earth)とある。この経もまた、前経とおなじ趣のことを説いているのであるが、ここでは、その譬喩として大地のことを語っているのである。

3　涙　南伝　相応部経典　一五、三、涙／漢訳　雑阿含経　三三、二〇、涙

かようにわたしは聞いた。

ある時、世尊は、サーヴァッティー(舎衛城)のジェータ(祇陀)林なるアナータピンディカ(給孤独)の園にましました。

その時、世尊は、かように仰せられた。

「比丘たちよ、輪廻はその始めもなきものであって、生きとし生けるものが、無智におおわれ、貪欲に縛せられて、流転し、輪廻したるその始源は知ることをえない。

比丘たちよ、これを汝らは、どのように考えるであろうか。*四つの大海の水と、汝らが、怨憎する者と会い、愛する者と別離して、ながいながい歳月にわたり、流転し、輪廻して、悲しみ歎いた時に流し注いだ涙と、いずれが多いであろうか」

「大徳よ、われらが世尊の教えをいただいて承知いたしておるがごとくんば、大徳よ、われらが、怨憎する者と会い、愛する者と別離して、ながいながい歳月にわたり、流転し、輪廻して、悲しみ歎いた時に流し注いだ涙ははなはだ多くして、四つの大海の水といえどもその比ではございません」

「善いかな、善いかな、比丘たちよ。汝らが、わたしの説いた法をそのように受領していることはよい。比丘たちよ、汝らが、怨憎する者と会い、愛する者と別離して、ながいながい歳月にわたり、流転し、輪廻して、悲しみ歎いた時に流し注いだ涙ははなはだ多くして、四つの大海の水といえどもその比ではないのである。

比丘たちよ、汝らは、ながいながい歳月にわたって、母の死に逢ったのである。

比丘たちよ、汝らは、ながいながい歳月にわたって、息子の死に逢ったのである。

比丘たちよ、汝らは、また、ながいながい歳月にわたって、娘の死に逢ったのである。

比丘たちよ、汝らは、また、ながいながい歳月にわたって、眷族の死に逢ってきたのである。

比丘たちよ、汝らは、また、ながいながい歳月にわたって、財宝を失う悲しみに逢ってきたのである。比丘たちよ、汝らは、また、ながいながい歳月にわたって、病気の苦しみに逢ってきた。

比丘たちよ、そのようにして、汝らが、怨憎する者と会い、愛する者と別離して、ながいながい歳月にわたり、流転し、輪廻して、悲しみ歎いたときに流し注いだ涙ははなはだ多くして、四つの大海の水といえどもその比ではないのである。

それは、何故であろうか。比丘たちよ、この輪廻はその始めも知られざるものであって、生きとし生けるものが、無智におおわれ、貪欲に縛せられて、流転し、輪廻したるその始源は知ることをえないのである。

だから、比丘たちよ、この世におけるもろもろの営みは厭うがよく、厭い離れるがよく、したがって、そこより解脱するがよいというのである」

注解　この経題は「涙」（Assu = tears）とある。この経においても、前経、前々経とほぼおなじ趣のことが説かれている。ただ、ここでは、その始めも知れぬ輪廻のあいだに流された涙と、四つの大海の水と、いずれが多いであろうかというのが、釈尊の設問であった。比丘たちはそれによく答えることができたという。

＊四つの大海の水（catūsu mahāsamuddesu）　ここに四つの大海というは、須弥山を囲繞す

る四方の外海を指さす。

迦葉相応

1 満足 南伝 相応部経典 一六、一、満足

かようにわたしは聞いた。

ある時、世尊は、サーヴァッティー（舎衛城）のジェータ（祇陀）林なるアナータピンディカ（給孤独）の園にましました。

その時、世尊は、比丘たちに告げて仰せられた。

「比丘たちよ、このカッサパ（迦葉）は、どんな衣にも満足する。彼は、どんな衣にも満足することを称讃して、衣のゆえに見苦しいことや不当なことを犯すようなことはない。彼は、もし衣を得ることができなくても、心を取り乱すようなことはなく、また、もし衣を得ることができても、執著することもなく、惑溺することもなく、過ちを犯さず、禍いを知って、賢明にそれを免れるように享受する。

比丘たちよ、また、このカッサパは、どのような施食《せじき》にも満足する。彼は、どんな施

食にも満足することを称讃して、施された食のゆえに、見苦しいことや不当なことを犯すようなことはない。彼は、もし施食を得ることができなくても、心を取り乱すようなことはなく、また、もし施食を得ることができても、執著することもなく、惑溺することもなく、過ちを犯さず、禍いを知って、賢明にそれを免れるように享受する。

比丘たちよ、また、このカッサパは、どのような牀座《しようざ》にも満足する。彼は、どんな牀座にも満足することを称讃して、その宿所のゆえに、見苦しいことや不当なことを犯すようなことはない。彼は、もし牀座を得ることができなくても、心を取り乱すようなことはなく、また、もし牀座を得ることができても、執著することもなく、惑溺することもなく、過ちを犯さず、禍いを知って、賢明にもそれを免れるように享受する。

比丘たちよ、このカッサパは、また、病人のための、どのような薬や資具にも満足する。彼は、病人のための、どのような薬や資具にも満足することを称讃して、病人のための薬や資具のゆえに、見苦しいことや不当なことを犯すようなことはない。彼は、もし病人のための薬や資具を得ることができなくても、心を取り乱すようなことはなく、また、もし、病人のための薬や資具を得ることができても、執著することもなく、惑溺することもなく、過ちを犯さず、禍いを知って、賢明にもそれを免れるように受用するのである。

されば、比丘たちよ、汝らはこのように学ぶがよいのである。〈われらは、どのような衣にも満足し、どのような衣にも満足することを称讃するものとなろう。衣のゆえに、見苦しいことや不当のことを犯すようなことはなくありたい。もし衣を得ることができなくても、心を取り乱すようなことはなく、また、衣を得ることができても、執著することもなく、惑溺することもなく、過ちを犯さず、禍いを知って、賢明にそれを免れるように享受したい〉と。すべて、そのようになさねばならない。

また、〈われらは、どのような施食にも満足し、……われらは、どのような牀座にも満足し、……われらは、病人のための、どのような薬や資具にも満足し、どのような薬や資具にも満足することを称讃するものとなろう。薬や資具のゆえに、見苦しいことや不当なことを犯すようなことはなくありたい。もし薬や資具を得ることができなくても、心を取り乱すようなことはなく、また、薬や資具を得ることができても、執著することもなく、惑溺することもなく、過ちを犯さず、禍いを知って、賢明にもそれを免れるように受用したい〉と。比丘たちよ、汝らもまた、そのように学ぶがよいのである。

比丘たちよ、わたしは、カッサパ、もしくは、カッサパのごとき者によって、汝らに勧告する。汝らもまた、彼らによって教えられて、その境地に達するがよいのである」

注解　ここに「迦葉相応」(Kassapa-saṃyutta)からの四経を集録する。「迦葉」(Kassapa)というのは、いうまでもない、有名なる仏弟子マハー・カッサパ(Mahākassapa, 摩訶迦葉)

のことであり、そのすぐれた言行に関する数経をここに集録するのである。ただし、これらの経の成立は、最初の結集の以後に属するものであろう。

その第一経、ここに「満足」(Santuttha = pleased) と題せられる経は、彼が、いかなる衣、いかなる施食、いかなる牀座、いかなる薬についても、つねに満足したことを語り、師は、まさに、この人に学ぶがよいと、比丘たちに語られたというのである。

2 月喩 南伝 相応部経典 一六、三、月喩/漢訳 雑阿含経 四一、一八、月喩

かようにわたしは聞いた。

ある時、世尊は、サーヴァッティー(舎衛城)のジェータ(祇陀)林なるアナータピンディカ(給孤独)の園にましました。

その時、世尊は、かように説いて仰せられた。

「比丘たちよ、汝らは、在家に到らんとする時には、月の喩えのごとく、その身を正し、その心を整えて近づくがよい。また、在家に到っては、つねに新来の比丘のごとく謙虚なるがよい。

比丘たちよ、たとえば、人ありて、古き井戸をのぞき、あるいは、山の絶壁や川の淵をのぞこうとする時には、その身をただし、その心をととのえるであろう。比丘たちよ、

それとおなじように、在家に到らんとする時には、その身をただし、その心をととのえて近づくがよく、また、在家に到っては、謙虚なるがよい。

比丘たちよ、かのカッサパ（迦葉）は、月の喩えのごとく、その身をただし、その心をととのえて、在家に近づき、また、在家に到っては、新来の比丘のごとく謙虚であった。

比丘たちよ、汝らは、これをどう考えるであろうか。比丘たるものは、どのようにすれば、在家に到るにふさわしいであろうか」

「大徳よ、世尊は、われらの法の根本にましまし、われらの法の導師にましまし、われらの法の依処にまします。善いかな大徳よ、願わくは、世尊のその義を説きたまわんことを。われらは世尊の説きたもうところを聞きて受持したてまつらん」

その時、世尊は、その手を虚空にうち振って、仰せられた。

「比丘たちよ、たとえば、この手は、虚空に著せず、捉われず、縛せられることがない。そのように、比丘たちよ、比丘たるものは、どのような在家に赴いても、在家に到って心著することなく、捉われることなく、縛せられることなく、ただ、〈得んと欲するものは得んことを、功徳を欲するものには功徳を施さんことを〉と念ずるがよい。また、自己の得たる時には、それをよろこんで歓喜するがよく、また、他人が得たる時には、それをよろこんで歓喜するがよいのである。

比丘たちよ、そのような比丘にして、はじめて在家に到るにふさわしいのである。比丘たちよ、かのカッサパは、どのような在家に赴いても、在家において心著することなく、心捉われることなく、心縛せられることなく、ただ、得んと欲するものは得んことを念じ、功徳を欲するものには功徳を施さんことを念じた。そして、自己の得たる時には、それをよろこんで歓喜し、また、他人が得たる時には、それをよろこんで歓喜した。

比丘たちよ、そのような比丘にして、はじめて在家に到るにふさわしいのである。

また、比丘たちよ、汝らは、これをどう考えるであろうか。比丘の不浄なる説法とはどのようなことであろうか。また、比丘の清浄なる説法とはどのようなことであろうか」

「大徳よ、世尊は、われらの法の根本にましまし、われらの法の導師にましまし、また、われらの法の依処にまします。善いかな大徳よ、願わくは、世尊のその義を説きたまわんことを。われらは世尊の説きたもうところを聞きて受持したてまつらん」

「比丘たちよ、さらば聞きて、よく思念するがよい。では、わたしは説こう」

「大徳よ、かしこまりました」

彼ら比丘たちは、そのように世尊に答えた。世尊は、説いて仰せられた。

「比丘たちよ、いかなる比丘であろうとも、もし、〈おお、彼らがわが法を聞かんことを。その法を聞きて歓喜せんことを。また、歓喜しては、その歓喜のしるしをわれに示さんことを〉と、そのような心をもって人に法を説くものがあったならば、比丘たちよ、そのような比丘の説くところは、不浄なる説法というものである。

しかるに、比丘たちよ、いかなる比丘であろうとも、もし、〈法は世尊によりて善く説かれたり。すなわち、現*に証せられるものであり、時*をへだてずして果報あるものであり、来*り見よというべきものであり、よく涅槃に導くものであり、また、智者のそれぞれにみずから知るべきものである。おお、願わくは、彼らがこの法を聞かんことを。この法を聞きて了解せんことを。また、了解しては、そのように行ぜんことを〉と、かくのごとく、法の正しき指示のゆえに他の人々に法を説き、また、他の人々をあわれむがゆえに、気づかうがゆえに、同情するがゆえに法を説くならば、比丘たちよ、そのような比丘の説くところは、清浄なる説法というものである。

比丘たちよ、かのカッサパは、そのような心をもって法を説く。すなわち、〈法は世尊によりて善く説かれたり。それは、現に証せられるものであり、時をへだてずして果報あるものであり、来り見よというべきものであり、よく涅槃に導くものであり、また、智者たちのそれぞれにみずから知るべきものである。おお、願わくは、彼らがこの法を聞かんことを。この法を聞きて了解せんことを。また、了解しては、そのように行ぜんことを〉と、彼は、かくのごとく、法の正しき指示のゆえに他の人々に法を説く。また、他の人々をあわれむがゆえに、気づかうがゆえに、同情するがゆえに法を説くのである。比丘たちよ、わたしは、カッサパ、もしくはカッサパのような人物をもって、汝らに説き奨めたい。汝らもまた、彼らのごとくならんと努めるがよいのである」

注解 この経は「月喩」(Candupamam = comparable to the moon) と題せられる。美しい経題である。だが、この美しい経題は、まことは、托鉢の理想を語ることばであって、その理想を実現したものは、カッサパその人であった、と釈尊は語っているのである。

＊現に証せられるもの (sanditthiko = visible, belonging to this life) 漢訳では、現見または現証と訳した。

＊時をへだてずして果報あるもの (akāliko = not belonging to time, in this world) 漢訳では、即時的または現生的と訳した。

＊来り見よというべきもの (ehipassiko = open to all, that which invites every man to come to see for himself) 漢訳では、来見的と訳した。「開かれたる真理」というところであろう。

3 托鉢 南伝 相応部経典 一六、四、在家に入る/漢訳 雑阿含経 四一、一九、施与

かようにわたしは聞いた。

ある時、世尊は、サーヴァッティー（舎衛城）のジェータ（祇陀）林なるアナータピンディカ（給孤独）の園にましました。

その時、世尊は、かように問うて仰せられた。

「比丘たちよ、これを汝らはどのように考えるか。どのようにしたならば、比丘は、在家に到るにふさわしいであろうか。また、どのようにしたならば、比丘は、在家に入るにふさわしからぬであろうか」

「大徳よ、世尊は、われらの法の根本にましまし、われらの法の導師にましまし、われらの法の依処にまします。善いかな大徳よ、願わくは、世尊のその義を説きたまわんことを。われらは、世尊の説きたもうところを聞きて受持したてまつらん」

そこで、世尊は、説いて仰せられた。

「比丘たちよ、いかなる比丘であろうとも、もし彼が、〈どうか、わたしにだけは施して、施さざることのないように。どうか、わたしにだけはたくさん施して、すくないことのないように。また、わたしにだけは勝れたものを施して、粗末なものをくれないように。あるいは、わたしにだけは速かに施して、ぐずぐずすることのないように。あるいはまた、わたしにのみは鄭重に施して、粗略なことのないように〉と、そのような心持ちをもって在家に到るものがあったならばどうであろうか。

比丘たちよ、もしその比丘が、そのような心持ちをもって在家に近づいて、施与を受けることができなかったならば、彼はそれによって不快を感じ、そのために苦しみや憂いを経験するであろう。また、もし彼が、すこししか施与を受けることができなかったならば……、ぐずぐずと施されたならば……、粗略な態度で施されたならば……、粗末なものを施されたならば、彼はそれによって不快を感じ、そのために苦しみや憂いを経験するであろう。比丘たちよ、そのような比丘は、在家に入るにふさわしからぬであろう。

しかるに、比丘たちよ、いかなる比丘であろうとも、もし彼が、〈おお、わたしは、他のもののことを考えれば、どうしてわたしだけが――わたしにだけは施して、施さざることのないようにとか、また、わたしにだけはたくさん施して、すくないことのないようにとか、また、わたしにだけは勝れたものを施して、粗末なものはくれないようにとか、あるいは、わたしにだけは早く施して、ぐずぐずすることのないようにとか、あるいはまた、わたしにだけは鄭重に施して、粗略な振舞いのないようにとか――そのようなことを考えることができようか〉と、そのような心持ちをもって在家に到るものがあったならばどうであろうか。

比丘たちよ、もしかの比丘が、そのような心持ちをもって在家に近づいて、施与を受けることができなかったとしても、彼はそれによって腹を立てることもなく、そのために苦しみ憂いを経験することもないであろう。また、もし彼が、すこししか施しを受けることができなかったとしても……粗末なものを施されたとしても……ぐずぐずと施されたとしても……、あるいは、粗略な態度で施されたとしても、彼はそれによって不快を感じ、そのために苦しみ憂いを経験することもないであろう。比丘たちよ、そのような比丘は、在家に入るにふさわしいのである。

比丘たちよ、かのカッサパは、そのような心をもって在家に入る。すなわち、〈おお、わたしは、他の者のことを考えれば、どうしてわたしだけが――わたしにだけは施して、施さざることのないようにとか、わたしにだけはたくさん施して、すくないことのないようにとか、また、わたしにだけはよいものを施して、粗末なものはくれないようにとか、あるいは、わたしにだけは早く施して、ぐずぐずすることのないようにとか、またあるいは、わたしにだけは鄭重に施して、粗略なことのないようにとか――そのようなことを考えることができようか〉と、そのような心持ちをもって在家に入る。

比丘たちよ、かのカッサパは、そのような心持ちをもって在家に近づくので、施与を受けることができなかったとしても、彼はそれによって不快を感ずることもなく、そのために苦しみ憂いを経験することもない。また、もし彼が、すこししか施しを受けることができなかったとしても……粗末なものしか貰うことができなかったとしても……ぐずぐずして施されたとしても……、あるいは、粗略な態度で施されたとしても、カッサパは、それによって不快を感じ、そのために苦しみ憂いを経験することもないのである。

だから、比丘たちよ、わたしは、カッサパ、もしくはカッサパのような人物をもって、汝らに説き奨めたい。汝らもまた、彼らのごとくならんと努めるがよいのである」

注解　ここに経題として「在家に入る」(Kulupaga = frequenting a family for alms) とあるのは、供養を受けるために良家を訪れるというほどの意のことばであって、それは、とりもなおさず、托鉢のことである。そして、ここでもまた釈尊は、托鉢のために在家に到るにあたっての心の持ちようを、事こまかに説いておられる。その範例としてカッサパの托鉢をあげ、推奨して範とすべしと語っているのである。

4　老いて　南伝　相応部経典　一六、五、老／漢訳　雑阿含経　四一、一一三、極老

かようにわたしは聞いた。

ある時、世尊は、ラージャガハ(王舎城)のヴェールヴァナ(竹林)なる栗鼠《りす》養餌所《ようじしょ》にましました。

その時、長老マハー・カッサパ(摩訶迦葉)は、世尊のいますところに到り、世尊を礼拝して、その傍らに坐した。

すると、世尊は、傍らに坐した長老マハー・カッサパを顧みて仰せられた。

「カッサパよ、そなたも年をとった。そのような粗末な*糞掃衣《ふんぞうえ》はもう着ないでもよい、重苦しいであろう。カッサパよ、そなたはもう家主たちの献じた衣を着け、供養の食をいただいて、わたしのそばにいるがよろしい」

「大徳よ、わたしは永年にわたりまして、*山林曠野に住してまいりまして、それを讃嘆いたしております。また、托鉢で生きてまいりまして、托鉢を讃嘆いたしております。また、ずっと糞掃衣を着けてまいりまして、糞掃衣を讃嘆いたしておるのでございます」

「カッサパよ、では、そなたは、いかなる理由をもって、ながらく山林曠野に住して、それを讃嘆するのであろうか。また、ながらく托鉢によって生きてきて、托鉢を讃嘆するのであるか。あるいはまた、ながらく糞掃衣を着けていて、糞掃衣を礼讃するというのであろうか」

「大徳よ、わたしは二つの理由を見るがゆえに、それらのことを讃嘆するのであります。その一つは、現にそれらのことを行じて、わたしは*心楽しく住することができるのであります。また一つには、いささかでも、後にいたる人々の参考にでもなればと思うのでございます。後にいたる人々はきっと思うでありましょう。〈おお、彼ら仏の弟子たりし方々は、ながい年月のあいだ、山林曠野に住して、それを讃嘆しておられた。また、ながい年月のあいだ、托鉢によって生き、托鉢を讃嘆しておられた。あるいはまた、ずっと糞掃衣を着していて、糞掃衣を礼讃しておられた〉と。そして、彼らもまたその範にしたがうであろうが、これは彼らにとって、いつまでも利益、幸福となるでありましょう。

大徳よ、わたしは、これらの二つの理由を見るがゆえに、永年にわたりまして、山林曠野に住し、かつそれを讃嘆いたします。また、ながいこと、托鉢で生きてまいりまして、托鉢を讃嘆いたすのでございます。また、ずっと糞掃衣を着けてまいりまして、糞掃衣を礼讃いたすのでございます」

「善いかな、善いかな、カッサパよ。まことに、そなたは、多くの人々のために行じ、多くの人々の幸福のため、世間の哀愍《あいみん》のため、生きとし生けるものの利益と幸福のために行じてきたのである。

さらば、カッサパよ、そなたは、これからもまた、粗末な糞掃衣をまとうがよく、托鉢を行ずるがよく、また、人なき山林曠野に住するがよろしい」

注解　ここに「老」(Jinna = decayed, old) というのは、カッサパのことである。彼が出家したのは、釈尊が伝道をはじめてからなお程遠からぬころのことであった。だから、釈尊と彼とは、さほど年齢はちがっていなかったであろう。そして、釈尊の晩年には、彼もまた晩年を迎えていたであろう。この経はその頃のこと。「そなたももう老いたのだから、もうそんな糞掃衣を着なくてもいいよ」と釈尊がいうと、彼は、「永年これでまいりましたから、これがなによりでございます」といったという。カッサパの面目躍如というところである。

*糞掃衣（paṃsukūla = rags from a dust heap）　捨てられた布で造った衣である。

*山林曠野に住む（araññaka = living in the forest）　これを音訳して「阿蘭若住」と訳する。

*人々の参考（diṭṭhānugati = imitation of what one see）　人々が見てそれに随うというほどの意である。

利得と供養相応

1　恐ろし　南伝　相応部経典　一七、一、恐ろし

かようにわたしは聞いた。

ある時、世尊は、サーヴァッティー（舎衛城）のジェータ（祇陀）林なるアナータピンディカ（給孤独）の園にましました。

その時、世尊は、比丘たちに告げて仰せられた。

「比丘たちよ、利得と供養と名声とは、恐ろしく、苦々しく、苛酷なものであって、最高の安穏に到達する障礙《しょうげ》である。

比丘たちよ、されば、汝らはこのように学ぶがよい。〈わたしは、すでに生じた利養と名声とを捨てよう。また、いまだ生ぜざる利養と名声とには、心を捉われないようにしよう〉と。

比丘たちよ、汝らは、そのように学ぶがよいのである」

注解　ここに「利得と供養相応」（Lābhasakkāra-saṃyutta）からの六経を集録する。「利得と供養」（lābhasakkāra＝gain and favours）とは、宗教者が名声をえて豊かな利養にめぐまれることをいう。だが、釈尊は、その利養にとらわれることは、まことに恐るべきことだと警告せられた。ここには、そのような警告の説法の諸経を集録するのである。

まず、その第一経は、まことに簡単なる説法であるが、これが釈尊の利養に対する基本的な考え方である。

2　釣針

南伝　相応部経典　一七、二、釣針

かようにわたしは聞いた。

ある時、世尊は、サーヴァッティー（舎衛城）のジェータ（祇陀）林なるアナータピンディカ（給孤独）の園にましました。

その時、世尊は、「比丘たちよ」と呼ばせたまい、彼ら比丘たちは、「大徳よ」と答えたてまつった。そこで、世尊は説いて仰せられた。

「比丘たちよ、利養と名声とは、恐ろしく、苦々しく、苛酷なものであって、最高の安穏に到達する障礙である。

比丘たちよ、それはちょうど、一人の漁師があって、肉を餌としてつけた鉤《はり》を、深い沼に沈めたとき、一匹の魚が、それを一目みてパクリと鵜呑みにしたようなものである。比丘たちよ、そうすると、その漁師の鉤を呑んだ魚は、災難にあい、破滅におちいり、漁師の思うがままにならねばなるまい。

比丘たちよ、ここに漁師というのは、悪魔を意味する。また、比丘たちよ、鉤というのは利養と名声のことなのである。

比丘たちよ、もし比丘たるものが、すでに生じた利養と名声とを捨てずして望んだならば、比丘たちよ、その比丘は、悪魔の鉤を鵜呑みにしたものであって、彼は、災難にあい、破滅におちいって、悪しきものの思うがままになってしまうであろう。

比丘たちよ、そのように、利養と名声とは、恐ろしく、苦々しく、苛酷なものであって、最高の安穏に到達する障礙である。

比丘たちよ、されば、汝らはこのように学ぶがよい。〈わたしは、すでに生じた利養と名声とを捨てよう。また、いまだ生ぜざる利養と名声とには、心を捉われないようにしよう〉と。

比丘たちよ、汝らは、そのように学ぶがよいのである」

注解　この経題は「釣針」（Balisa＝a fish hook）である。ここでは、釈尊は、利養と名声とを、漁師の釣針にたとえて説いておられる。まことに適切なる譬えであると申さねばなるまい。

3 一子　南伝　相応部経典　一七、二三、子／漢訳　増一阿含経　九、一、優婆斯

かようにわたしは聞いた。

ある時、世尊は、サーヴァッティー（舎衛城）のジェータ（祇陀）林なるアナータピンディカ（給孤独）の園にましました。

その時、世尊は、比丘たちに告げて仰せられた。

「比丘たちよ、利得と供養と名声とは恐ろしい。それは、痛烈な、手きびしい、無上の安穏に到達しようとするものの障礙である。

だからして、比丘たちよ、このように学ぶがよい。〈わたしは、すでに生じた利得と供養と名声とを捨てよう。また、いまだ生ぜざる利得と供養と名声には、心執することなくしてありたい〉と。

比丘たちよ、汝らは、そのように学ぶがよいのである。

比丘たちよ、信心ある優婆夷《うばい》は、自分の愛しいつくしむ子に訓《さと》すときには、このように訓すであろう。いわく、〈愛するものよ、そなたは、かのチッタ*（質多）長者のごとく、あるいは、かのアーラヴァ（阿羅婆）のハッタカ*（呵多）のごとくなるべし〉と。

比丘たちよ、そのチッタ長者とアーラヴァのハッタカとは、わが弟子の優婆塞のなかの尺度であり基準である。

また、〈愛するものよ、もしそなたが家より出でて家なき者となるならば、かのサーリプッタ（舎利弗）のごとく、あるいは、モッガラーナ（目犍連）のごとくなるべし〉と訓すであろう。

比丘たちよ、そのサーリプッタとモッガラーナとは、わが弟子のなかの尺度であり、基準である。

また、〈愛するものよ、そなたはただ放逸ならずして学び、利得と供養と名声とのそなたに到らざることを〉と訓すであろう。比丘たちよ、もし比丘が放逸ならずして学び、彼に利得と供養と名声とが到ったならば、それは、彼にとって障礙となるであろう。

比丘たちよ、そのように、利得と供養と名声とは恐ろしい。それは、痛烈な、手きびしい、無上の安穏に到達しようとするものの障礙である。

だからして、比丘たちよ、このように学ぶがよい。〈わたしは、すでに生じた利得と供養と名声とを捨てよう。また、いまだ生ぜざる利得と供養と名声には、心執することなくしてありたい〉と。

比丘たちよ、汝らは、そのように学ぶがよいのである」

注解　ここに「子」（Putta＝a son）と題せられる経もまた、前経とおなじ趣の説法を叙している。ただ、ここでは、「信心ある優婆夷（女性の在家信者）ならば、その愛児に訓すに、かように訓ずるであろう」とて、優婆塞（男性の在家信者）としては、チッタ（Citta, 質多）ならびにハッタカ（Hattaka, 呵多）をあげ、また出家とならば、サーリプッタ（Sāriputta, 舎利弗）もしくはモッガラーナ（Moggalāna, 目犍連）のごとくなれと語るであろうと説いておられる。

＊チッタ（Citta, 質多）　在家信者のうち、智慧第一と称せられる人物であった。
＊ハッタカ（Hattaka, 呵多）　チッタとともに、優婆塞のなかの範とせられる人物であった。

4　一女　南伝　相応部経典　一七、二四、一女／漢訳　増一阿含経　九、二、優婆斯

かようにわたしは聞いた。

ある時、世尊は、サーヴァッティー（舎衛城）のジェータ（祇陀）林なるアナータピンディカ（給孤独）の園にましました。

その時、世尊は、比丘たちに告げて仰せられた。

「比丘たちよ、利得と供養と名声とは恐ろしい。それは、痛烈にして、手きびしく、無上の安穏に到達しようとするものの障礙である。

だからして、比丘たちよ、このように学ぶがよい。〈わたしは、すでに生じた利得と供養と名声とを捨てよう。また、いまだ生ぜざる利得と供養と名声には、心執することなくしてありたい〉と。

比丘たちよ、汝らは、そのように学ぶがよいのである。

比丘たちよ、信心ある優婆夷は、自己の愛しいつくしむ女《むすめ》に訓すときには、このように訓すであろう。いわく、〈愛するものよ、そなたは、かの*クッジュタラー（拘讐多羅）優婆夷のごとく、あるいは、かのナンダ（難陀）の母なる*ヴェールカンダキヤー優婆夷のごとくなるべし〉と。

比丘たちよ、そのクッジュタラー優婆夷とナンダの母なるヴェールカンダキヤー優婆夷とは、わが弟子の優婆夷のなかの尺度であり基準である。

また、〈愛するものよ、もしそなたが家より出でて家なき者となるならば、かの*ケーマー（差摩）比丘尼のごとく、あるいは、*ウッパラヴァンナー（蓮華色）比丘尼のごとくなるべし〉と訓すであろう。

比丘たちよ、そのケーマー比丘尼とウッパラヴァンナー比丘尼とは、わが弟子のなかの尺度であり基準である。

また、〈愛するものよ、そなたはただ放逸ならずして学び、利得と供養と名声のそなたに到らざらんことを〉と訓すであろう。比丘たちよ、もし比丘尼が放逸ならずして学び、彼女に利得と供養と名声とが到ったならば、それは、彼女にとって障礙となるであろう。

比丘たちよ、そのように、利得と供養と名声とは恐ろしい。それは、痛烈にして、手きびしく、無上の安穏に到達しようとするものの障礙である。

だからして、比丘たちよ、このように学ぶがよろしい。〈わたしは、すでに生じた利得と供養と名声とを捨てよう。また、いまだ生ぜざる利得と供養と名声には、心執することなくしてありたい〉と。

比丘たちよ、汝らは、そのように学ぶがよいのである」

注解 この経もまた、前経とほぼおなじ趣を説く。ただ、異なるところは、その経題に「一女」(Ekadhītā = the only daughter)とあるがごとく、そこに引かれた例言が「信心ある優婆夷」のその女に与えることばになっていることである。

＊クッジュタラー(Khujjutarā, 拘讐多羅)有名な優婆夷である。

＊ヴェールカンダキヤー(Veḷukandakiyā, 難陀母)ナンダ(難陀)の母なる有名な優婆夷である。

＊ケーマー(Kemā, 差摩)有名な比丘尼である。

＊ウッパラヴァンナー(Uppalavaṇṇā, 蓮華色)美貌をもって知られた有名な比丘尼である。

5　去りて

南伝　相応部経典　一七、三五、去りて／同（参）相応部経典　六、二、提婆達多／漢訳（参）雑阿含経　三八、三、提婆

かようにわたしは聞いた。

ある時、それはデーヴァダッタ*（提婆達多）が去って間もないころ、世尊は、ラージャガハ（王舎城）のギッジャクータ（耆闍崛）山に住しておられた。

その時、世尊は、デーヴァダッタについて、比丘たちに語りたもうた。

「比丘たちよ、デーヴァダッタに利養と名声とが生じて、自己の破滅とはなった。デーヴァダッタに利養と名声とが生じて、凋落がはじまったのである。

比丘たちよ、たとえば、芭蕉は果実を生じて、自己の破滅をきたし、果実を生じて、凋落がはじまる。そのように、デーヴァダッタは、利養と名声とをえて、自己の破滅にいたり、利養と名声とが生じて、凋落がはじまったのである。

比丘たちよ、また、たとえば、竹は果実を生じて、自己の破滅をきたし、果実を生じて、凋落がはじまる。そのように、デーヴァダッタは、利養と名声とをえて、自己の破滅をきたし、利養と名声とが生じて、凋落がはじまったのである。

比丘たちよ、また、たとえば、葦は果実を生じて、自己の破滅をまねき、果実を生じて、凋落がはじまる。そのように、デーヴァダッタは、利養と名声とをえて、自己の破

滅をまねき、利養と名声とが生じて、凋落がはじまったのである。

また、比丘たちよ、たとえば、牝の驢馬は子を胎《はら》んで、自己の破滅をまねき、子を胎んで、凋落がはじまる。そのように、デーヴァダッタは、利養と名声とをえて、自己の破滅をまねき、利養と名声とが生じて、凋落がはじまったのである。

比丘たちよ、そのように、利養と名声とは、恐ろしいもの、苦々しいもの、苛酷なものであって、無上の安穏に到達する障礙なのである。

だから、比丘たちよ、汝らはこのように学ぶがよい。〈わたしは、すでに生じた利養と名声とを捨てよう。また、いまだ生じない利養と名声とに、心を捉われないようにしよう〉と。

比丘たちよ、汝らは、そのように学ぶがよいのである」

世尊はかく語られ、善逝《ぜんぜい》はかく仰せられ、さらに師はかく説きたもうた。

「芭蕉、竹、あるいは蘆葦《よしあし》は
実を結びてために倒れる
悪しきものは利養をえて亡ぶ
驢馬の子を胎みて死するがごとくに」

注解 ここに「去りて」(Pakkanta = gone)とある経題は、デーヴァダッタ(提婆達多)の破僧すなわち教団分裂のことをいう。彼はもとよき弟子であったが、利養と名声を生ずるにいたって異心を生じ、この暴挙を敢てするにいたった。釈尊は、彼が比丘衆の一部を率いて去ったのち、これらの言句を吐いたものであろう。だが、まもなくして、彼の暴挙は事破れて、釈尊の教団は旧に復した。

経末の偈は、後に加上せられたものと考えられる。

＊デーヴァダッタ（Devadatta, 提婆達多）釈迦族の出身、アーナンダ（阿難）等とともに出家、アジャータサッツ（Ajātasattu, 阿闍世）の帰依をうるにいたって異心を生じた。

6 車

南伝 相応部経典 一七、三六、車／漢訳 雑阿含経 三八、三、提婆

かようにわたしは聞いた。

ある時、世尊は、ラージャガハ（王舎城）のヴェールヴァナ（竹林）なる栗鼠養餌所にましました。

その頃、アジャータサッツ（阿闍世）王子は、デーヴァダッタ（提婆達多）のために、朝夕に五百の車をひきいて赴き、五百の奉献、供養の食を齎《もたら》した。

そこで、おおくの比丘たちは、世尊の許にいたり、世尊を礼拝して、その傍らに坐した。傍らに坐したおおくの比丘たちは、世尊に申しあげた。

「大徳よ、アジャータサッツ王子は、デーヴァダッタのために、朝夕に五百の車をひきいて赴き、五百の奉献、供養の食を運びました」

「比丘たちよ、デーヴァダッタの利養と名声を嫉んではならない。比丘たちよ、アジャータサッツ王子が、デーヴァダッタのために、五百の車をひきいて赴き、朝夕に五百の奉献、供養の食をもたらす限りは、比丘たちよ、デーヴァダッタには、破滅が待ちうけているのであって、なんの善きことも増大することはないであろう。

比丘たちよ、それは、たとえば、気性の荒い犬の鼻に、粉にした肝《きも》をふりかけるようなものであって、その犬は、それによってますます荒々しくなるであろう。比丘たちよ、それとおなじく、アジャータサッツ王子が、デーヴァダッタのために、五百の車をひきいて赴き、朝夕に五百の奉献、供養の食をもたらす限りは、比丘たちよ、デーヴァダッタには、破滅が待ちうけているのみであって、なんの善きことも増大することはないであろう。

比丘たちよ、そのように、利養と名声とは、恐ろしい、苦々しい、苛酷なものであって、無上の安穏に到達する障礙である。

比丘たちよ、だから、汝らはこのように学ぶがよい。〈わたしは、すでに生じた利養と名声とを捨てよう。また、いまだ生じない利養と名声とに、心を捉われないようにしよう〉と。

比丘たちよ、汝らは、そのように学ぶがよいのである」

注解　この「車」（Ratha = a two-wheeled carriage）と題する経もまた、デーヴァダッタ（提婆達多）に関することを語っている。そこでは、「五百の車」をつらねての供養をうけるデーヴァダッタのことを、比丘たちが釈尊に申しあげた時、釈尊は、比丘たちのためにおなじ趣の教えを説かれたという。前経の物語る消息はその後のことであった。

譬喩相応

1 棟　南伝　相応部経典　二〇、一、棟

かようにわたしは聞いた。

ある時、世尊は、サーヴァッティー（舎衛城）のジェータ（祇陀）林なるアナータピンディカ（給孤独）の園にましました。

その時、世尊は、かように仰せられた。

「比丘たちよ、たとえば、楼閣においては、いかなる垂木《たるき》も、すべてひとしく棟《むね》に寄り集まり、すべてひとしく棟において結び合されている。

比丘たちよ、それとおなじく、いかなる善からぬことも、それらはすべて無智*を根本とし、ひとしく無智にいたる。それらは、すべて無智において結合し、無智において結びつくものである。

比丘たちよ、だから、汝らはかように学ぶがよい。〈われらは不*放逸でなければなら

ない〉と」

注解　ここに「譬喩」（opamma = simile）を説く三経が集録される。あるものは無智を、あるものは慈心を、そして、あるものは不放逸を、譬喩をもって語るのである。
その第一の経は、「棟」（kūṭa = the top of a house）と題し、それによって無智を語るのである。

＊無智（avijjā = ignorance）　漢訳には、これを「無明」と訳する。

＊不放逸（appamatta = not negligent, diligent）　怠惰ならざることである。

2　釜　南伝　相応部経典　二〇、四、釜／漢訳　雑阿含経　四七、一三、釜

かようにわたしは聞いた。

ある時、世尊は、サーヴァッティー（舎衛城）のジェータ（祇陀）林なるアナータピンディカ（給孤独）の園にましました。

その時、世尊は、比丘たちに告げて仰せられた。

「比丘たちよ、たとえば、晨朝《じんじょう》に百釜の施与をなし、日中にも百釜の施与をなし、さらに、日暮にもまた百釜の施与をなすよりも、むしろ、晨朝に須臾《しゅゆ》の間、慈心を修し、日

中にも須臾の間、慈心を修し、また、日暮にも須臾の間、慈心を修したならば、その果はより大であろう。

比丘たちよ、されば、汝らは、このように学ぶがよい。〈われらは、慈悲にあふれた*自由なる心を修し、それをわが車とし、それをわがよりて立つところとし、そこに立ち、つねにそれを心にとめて、どこまでもそれで行こう〉と」

注解 その第二の経は、「釜」(Ukkā=furnace)と題する。それによって、「百釜の施」よりも慈心が大切であることを語る。

＊慈悲にあふれた自由なる心(mettā cetovimutti=emancipation with the heart full of love)漢訳には「慈心解脱」などと訳する。

3 枕木 南伝 相応部経典 二〇、八、藁/漢訳 雑阿含経 四七、一二、枕木

かようにわたしは聞いた。

ある時、世尊は、ヴェーサーリ(毘舎離)のマハーヴァナ(大林)なる重閣講堂にましました。

その時、世尊は、「比丘たちよ」と呼ばせたまい、彼ら比丘たちは、「大徳よ」と答えた。

そこで、世尊は説いて仰せられた。

「比丘たちよ、いまリッチャヴィ*（離車族）の人々は、木片を枕として眠る。彼らは不屈不撓にして、その任務に熱心である。だから、ヴェーデーヒー（韋提希）の子なるマガダ（摩掲陀）王アジャータサッツ（阿闍世）も、彼らに近よることができない、機会をうることができない。

だが、比丘たちよ、もし将来、彼らリッチャヴィの人々が、柔弱となり、その手足が柔軟となって、やわらかな寝床に、羽毛の枕をして、陽の昇るまで眠るようになったならば、かのヴェーデーヒーの子なるマガダ王アジャータサッツは、彼らに近寄り、その機会をうることができるであろう。

比丘たちよ、いま、もろもろの比丘たちもまた、木を枕として眠り、よく不屈不撓にして、不放逸にして住している。だから、あしきもの魔羅もまた、近寄ることをえず、機をうることができない。

だが、比丘たちよ、もし将来、もろもろの比丘たちが、柔弱となり、その手足も柔軟となって、やわらかな寝床に、羽毛の枕をして、陽の昇るまで眠るようになったならば、かのあしきもの魔羅は、彼らに近寄り、その機会をうることができるであろう。

比丘たちよ、だから、このように学ぶがよろしい。〈われらは、木を枕とし、よく不屈不撓にして、不放逸にして住しよう〉と。比丘たちよ、汝らはそのように学ぶがよろしい」

注解　その第三の経は、「枕木」（Kalingaro = a log, a piece of wood）と題せられる。その経題のごとく、釈尊は、ここに、木片を枕として眠るリッチャヴィ族の人々をたとえとして、比丘たちもまた、不放逸をこそ学ぶがよいと説いているのである。

＊リッチャヴィ（Licchavi, 離車族）ヴェーサーリ（毘舎離）に住む部族にして、ヴァッジ（跋耆）国の中核をなす人々であった。

比丘相応

1　甕

南伝　相応部経典　二一、三、甕／漢訳　雑阿含経　一八、一四、寂滅

かようにわたしは聞いた。

ある時、世尊は、サーヴァッティー（舎衛城）のジェータ（祇陀）林なるアナータピンディカ（給孤独）の園にましました。

その時、また、長老サーリプッタ（舎利弗）と長老マハー・モッガラーナ（摩訶目犍連）は、ラージャガハ（王舎城）のヴェールヴァナ（竹林）なる栗鼠養餌所の一室に住していた。

さて、長老サーリプッタは、夕暮のころ、独りしずかな思索の坐より起ちあがって、長老マハー・モッガラーナを訪ねた。訪ねいたって、彼は、長老マハー・モッガラーナと挨拶をかわし、親愛にみち友情にあふれた言葉をかわして、その傍らに坐した。

傍らに坐した長老サーリプッタは、長老マハー・モッガラーナにいった。

「友モッガラーナよ、そなたは、眉目秀麗にして顔色もまたうるわしい。今日はマハー・モッガラーナは、すばらしい境地に住しているようだなあ」

「友よ、今日、わたしは、つまらぬことをして過していた。それから、そうだ、法談をしていたんだ」

「いったい、長老マハー・モッガラーナは、誰と法談をしていたのだ」

「友よ、わたしは、世尊と法談をしていたのである」

「友よ、世尊は、いま、はるかなるサーヴァッティーのジェータ（祇陀）林なるアナータピンディカ（給孤独）の園に住しておられる。いったい、長老マハー・モッガラーナが神通力をもって世尊の御許にいたったのか。それとも、世尊が神通力をもって、長老マハー・モッガラーナのところまでおいでなされたのでもあろうか」

「いや、友よ、わたしが神通力をもって世尊の御許にいたったわけではない。また、世尊が神通力をもって、わたしのところにおいでになったわけでもない。だが、世尊は、わたしとおなじように、清浄なる天眼をもち、天耳をもっておられる。わたしもまた、世尊とおなじように、清浄なる天眼をもち、天耳をもっているのである」

「では、長老マハー・モッガラーナと世尊とは、どのような法談をしたのであろうか」

「友よ、その時、わたしは、世尊に問うて、こう申しあげた。〈大徳よ、よく慇懃精進《いんぎんしようじん》、慇懃精進ということを申しますが、どのようにしたならば慇懃精進なのでございましょうか〉と。

友よ、すると世尊は、わたしにこう仰せでありました。〈モッガラーナよ、ここに一人の比丘があって、慇懃なる精進に住している。彼は、実に、その皮膚もしぼみ、その腕もしぼみ、その骨もしぼみ、その身体の血も肉も涸れ、人間の努力、人間の精進、人間の勉励によって達すべきものを達しなかったならば、断じてこの精進の坐を起たずと決意しておる。モッガラーナよ、これが慇懃なる精進というものである〉と。

友よ、わたしは、世尊と、このような法談をしていたのである」

「友よ、それは、たとうれば、かの山の王者ヒマーラヤ（雪山）のかたわらに小さな石塊を置いたようなものである。われらは、もう、ただ、マハー・モッガラーナのそばにあり、マハー・モッガラーナに頭をさげるばかりである。長老マハー・モッガラーナは、大いなる勢力あり、大いなる尊厳あり、もし欲するならば、二劫のあいだでも住することができるであろう」

「いや、友よ、それは、たとうれば、大いなる塩甕のなかに、ほんの少量の塩のかたまりがこびり付いているようなもので、われらは、もう、ただ、長老サーリプッタのそばにあり、長老サーリプッタに頭をさげるばかりである」

長老サーリプッタは、また、世尊によって、いろいろの方便をもって、称揚され、賞讃され、讃美せられた。

「かのサーリプッタのごときは
慧により、戒により、寂静により
よく彼岸にいたれる比丘にして
彼らのなかの最高のものなり」

かくて、この二人の大いなる逸物は、たがいに励まし、語り、褒めあったことであった。

注解　ここに「比丘」(Bhikkhu = a mendicant)についての経の集録から、ただ一経のみを採り上げる。それは「甕」(Ghaṭa = a vase)と題する経であって、かのサーリプッタ(舎利弗)とマハー・モッガラーナ(摩訶目犍連)に関する物語である。二人は、たがいにその相手を称讃し、一人は、「わたしはヒマーラヤ(雪山)のかたわらの小石のようなものだ」といい、また一人は、「わたしは大いなる塩甕のなかの少量の塩のようなものだ」という。「甕」という経題はそれによるものである。ただし、この経もまた、なにほどか後代の成立になるものであろう。

人間の分析（五蘊）に関する経典群

開題

1

ついで『阿含経典』の第二巻に集録せられるものは、人間の分析すなわち「五蘊《ごうん》」に関する経典群である。

「五蘊」(khandhā = factors) とは、釈尊が人間を分析して取り出した五つの要素をいうことばである。原語では、たとえば、「蘊相応《うんぞうおう》」(Khandha-saṃyuttaṃ) というがごとく、単数形をもって表示することが多いが、漢訳では、それを「五蘊」と複数形をもって訳するのを常としておる。

その"khandha"(蘊) とは、"factor"(要素)、もしくは、"constituent element"(構成要素) というほどの意のことばであって、釈尊がその人間分析にあたって挙げたのは、つぎの五つの要素であった。

1　色《しき》(rūpa = material quality)　物質的要素。人間を構成する物質的要素は、すなわち肉体である。

2 受《じゅ》（vedanā＝feeling, sensation） これより以下は、人間のいわゆる精神的要素であって、まずその第一には感覚である。感覚は受動的なものであるから、漢訳では、受をもって訳したものと思われる。

3 想《そう》（saññā＝perception） 人間の精神的要素の第二には表象である。与えられたる感覚によって表象を構成する過程がそれである。

4 行《ぎょう》（sankhāra＝preparation, a purposive state of mind） わたしはこれを意志（will）もしくは意思（intention）と訳する。人間の精神はここから対象に対して能動に転ずる。

5 識《しき》（viññāṇa＝consciousness, a mental quality as a constituent of individuality） 対象の認識を基礎とし、判断を通して得られる主観の心所である。

このように列挙してみると、これらの五つの要素は、まず、人間を分析して、その肉体的要素と精神的要素とに分ち、さらに、その精神的要素を、受・想・行・識に分ったものであることが、容易に観取せられるのであるが、その精神的要素の分析の仕方は、現代のわたしどもにとっては、いささか目新しいもののように思われる。

今日わたしどもも、人間の精神的要素をいろいろと分析する。そのもっとも常識的な分析の仕方は、智・情・意を立てる仕方であるが、考えてみると、それは、まったく平板な心理的分析であるように思われる。それに対して、いまここに見る受・想・行・識の四つの項目は、あきらかに、感覚から意識の成立にいたるまでの過程を、段階的に辿ったものであることが知られる。いうなれば、ここには、動的な心理分析が見られるのであって、特に、受動的な感覚（受）の成立から、転じて、能動的な意志（行）、そして意識（識）の成立にいたる過程が段階的に辿られていることが興味ふかく思われる。

2

すでに第一巻（本書「存在の法則（縁起）に関する経典群」）において述べたように、釈尊の正覚の内容をなすものは、「縁起」（paṭicca-samuppāda = dependent origination）の法則であった。すべては「縁《よ》りて起る」、すなわち関係性の法則によって生じ、また滅するということであった。だが、その縁起の法則を一切の存在にあてて、その真相を把握することは、けっして簡単にして容易なことではないのである。

すでに第一巻（同前）において訳出しておいた一つの経（南伝　相応部経典　一二、六〇、因）においては、アーナンダ（阿難）は、釈尊に、こんなことを申しあげたという。

「大徳よ、この縁起の法は、はなはだ深く、深遠を極めると申しますが、大徳よ、それはどうも、わたしには、奇妙なこと、不思議なことのように思われます。大徳よ、それは、わたしの見るところでは、明々白々のように思われます」

すると、釈尊は、その発言を抑えるようにして、こう仰せられたという。

「アーナンダよ、そういってはいけない。アーナンダよ、そういってはいけない。アーナンダよ、この縁起の法は、はなはだ深くして、深遠の相を呈している。アーナンダよ、この法を証《さと》らず、この法を知らないから、世の人々は、まるで糸の縺《もつ》れたように、腫物《はれもの》におおわれたように、あるいは、ムンジャ（僴叉）草やパッバジャー（波羅波）草のように、悪しきところに生れ、あしきところに赴き、いつまで経っても地獄の輪廻《りんね》を出ることができないのである」

では、いったい、いかにして、縁起の法則を存在や人間にあてて、その真相を把握するということの困難な仕事を果すことができるのであろうか。その難しい仕事を果すために釈尊が採った方法は、なによりもまず、分析という方法であった。彼は、しきりに分析した。人間を分析し、また、存在を分析した。そして、ここには、その人間分析について、繰返し繰返しして、比丘たちのために、その次第を語っているのである。

いったい、分析（analysis）するということは、分割する（vibhajati = to divide）ということであって、混沌とした経験的事象にたいして、それを分割し、その要素を取り出し、その本質的なものを抽象し、その偶然的なるものを捨象して、その真相を把握しようとすることである。そして、釈尊は、その思考の方法として、たえず好んで、そのような分析的方法を用いられた方であった。だから、南方の上座部（Theravāda）の人々は、古来から、釈尊を称して、正等覚者は「分別説者」（vibhajjavādin）であったと告白して憚るところがなかった。その証は、釈尊の説法のあらゆる部面によって見られるところであるが、いま、この第二巻（本書「人間の分析（五蘊）に関する経典群」）においては、徹頭徹尾、人間を分析してその道を語っておられるのである。

3

それら人間の分析（五蘊）に関する経は、南伝においては、主として、第三巻、蘊篇（Part III Khandha-vagga）に集録されている。また、漢訳においては、『雑阿含経』第一巻、第二巻、第三巻、ならびに、第六巻、第七巻、および、第十巻などに配せられている。そのなかから、ここに採りあげたものを、『相応部経典』の表示をもって示すならば、つぎのようである。

22　蘊相応（Khandha-saṃyutta）　八四経
23　羅陀《らだ》相応（Rādha-saṃyutta）　二三経
24　見相応（Diṭṭhi-saṃyutta）他　三経
計　一一〇経

そして、ここでもまた、その大部分の経は、漢訳において、その同本を見出すことができる。

それらの経のなかにおいて、その中枢をなすものは、一見しても判るとおり、「蘊相応」

ておきたい。

の諸経であるが、その中においても、特に注目を促しておきたいことを一つだけ申しあげ

それは、他でもない。この「蘊相応」のなかには、つぎのような問答式がしばしば現れてくるのである。たとえば、一つの経（南伝　相応部経典　二二、四九、輸屢那〈1〉漢訳　雑阿含経　一、三〇、輸屢那）は、つぎのような釈尊の問いと、ソーナ（輸屢那）なる比丘の答えとからなる問答式を記しとどめている。

「ソーナよ、汝はいかに思うか。色（肉体）は常であろうか、無常であろうか」

「大徳よ、無常であります」

「もし無常ならば、それは、苦であろうか、楽であろうか」

「大徳よ、苦であります」

「では、もし、無常・苦にして移ろい変るものならば、これを観じて、これはわが所有《もの》である、これは我である、これはわが本体であるとするのは適当であろうか」

「大徳よ、そうではありません」

そして、おなじような問答式は、さらに、受（感覚）について、想（表象）について、行（意志）について、また識（意識）について繰返されるのであるが、また、『相応部経典』や『雑阿含経』の諸経においても、幾十回となく記しとどめられている。

わたしは、それらの問答式を、釈尊のカテキズム（catechism）と呼ぶ。カテキズムとは、

口頭をもって問答の形式でおしえこまれる教義の要約をいうことばであるが、それらの経の記すところによると、釈尊もまた、この道の考え方の要約を、このような問答式をもっておしえこみ、時に及んでは、弟子の比丘たちに問うて答えしめたようである。それを、わたしは、人間の教師ともいうべき釈尊にとって、まことにふさわしいことであったと思うのであるが、今日では、そのようなことはまったく忘れられているようであるので、あらためて注目を促したい。

他方、「羅陀相応」の記すところも、また注目に値するところであるが、そのことについては、第一巻の「総論」（本書一七ページ以下）において述べた「阿含経典の文学形式」のくだりを参照していただきたい。

蘊相応

1　三昧　南伝　相応部経典　二二、五、三昧／漢訳　雑阿含経　三、七─八、受

かようにわたしは聞いた。

ある時、世尊は、サーヴァッティー（舎衛城）のジェータ（祇陀）林なるアナータピンディカ（給孤独）の園にましました。

その時、世尊は、比丘《びく》たちに告げて仰せられた、「比丘たちよ」と。「大徳よ」と、彼ら比丘たちは世尊に答えた。そこで、世尊は、このように説かれた。

「比丘たちよ、*三昧《さんまい》を修習するがよい。比丘たちよ、三昧を身につけた比丘は、*如実《にょじつ》に知ることをうるであろう。

では、何を如実に知るのであろうか。いわく、色《しき》（肉体）の生起と消滅である。受《じゅ》（感覚）の生起と消滅である。想《そう》（表象）の生起と消滅である。行《ぎょう》（意志）の生起と消滅である。識《しき》（意識）の生起と消滅である。

では、比丘たちよ、色の生起とは何であろうか。受の生起とは何であろうか。想の生起とは何であろうか。行の生起とは何であろうか。また、識の生起とは何であろうか。比丘たちよ、そこに、人は、歓喜し、歓《よろこ》びの声をあげて、縛りつけられるのである。では、何に歓喜し、歓びの声をあげて、縛りつけられるのであるか。

色に歓喜し、歓びの声をあげて、縛りつけられるのである。色に歓喜し、歓びの声をあげて、縛りつけられるので、彼には喜心が生ずる。色における喜びは、それは取《しゅ》*（取《しゅ》著《じゃく》）である。取あるによって彼には有《う》（存在）が生ずる。有あるによって生が生ずる。生があるによって老死が生じ、愁・悲・苦・憂・悩が生ずる。かくのごときが、すべてこの苦の集積のよって生ずるところである。

受に歓喜し、……

想に歓喜し、……

行に歓喜し、……

また、識に歓喜し、歓びの声をあげて、縛りつけられるのである。識に歓喜し、歓びの声をあげて、縛りつけられるので、彼には喜心が生ずる。識における喜心は、それは取である。取あるによって、彼には有が生ずる。有あるによって生が生ずる。生があるによって老死が生じ、愁・悲・苦・憂・悩が生ずる。かくのごときが、すべてこの苦の集積のよって生ずるところである。

比丘たちよ、これが色の生起である。これが受の生起である。これが想の生起である。これが行の生起である。また、これが識の生起である。

では、比丘たちよ、色の消滅とは何であろうか。受の消滅とは何であろうか。想の消滅とは何であろうか。行の消滅とは何であろうか。また、識の消滅とは何であろうか。

比丘たちよ、ここでは、人は、歓喜せず、歓びの声をあげず、結縛せられずして住する。では、何に歓喜せず、歓びの声をあげず、結縛せられずして住するのであろうか。

色に歓喜せず、歓びの声をあげず、結縛せられることがないのである。色に歓喜せず、歓びの声をあげず、結縛せられることがないから、彼には色にたいする喜心は消滅する。喜心が消滅するがゆえに、彼には取が消滅する。取が消滅するがゆえに、有が消滅する。有が消滅するがゆえに、生が消滅する。そして、生が消滅するがゆえに、老死が消滅し、愁・悲・苦・憂・悩が消滅する。かくのごときが、この苦の集積のことごとく滅するところである。

受に歓喜せず、……

想に歓喜せず、……

行に歓喜せず、……

また、識に歓喜せず、歓びの声をあげず、結縛せられることがないのである。識に歓喜せず、歓びの声をあげず、結縛せられることがないから、彼には識にたいする喜心は消滅する。喜心が消滅するがゆえに、彼には取が消滅する。取が消滅するがゆえに、有が消滅する。有が消滅するがゆえに、生が消滅する。そして、生が消滅するがゆえに、老死が消滅し、愁・悲・苦・憂・悩が消滅する。かくのごときが、この苦の集積のことごとく滅するところである。

比丘たちよ、これが色の消滅である。これが受の消滅である。これが想の消滅である。これが行の消滅である。また、これが識の消滅である」

注解　「蘊相応」は、もと『相応部経典』第三巻、蘊篇の大部分を占め、一五八経を集録する。それらは、さらに大きく分って、「根本五十経」(Mūla-paññāsa＝The first fifty suttas; その実数は五二経)、「中五十経」(Majjhima-paññāsa＝The middle fifty)、および、「後五十経」(Upari-paññāsa＝The last fifty; その実数は五六経)の三つのセクションより成る。すべて五蘊に関する経を集録したものである。

そのなかにおいて、「根本五十経」は、五蘊に関するもっとも基本的な経を集録した重要な経典群である。したがって、それらの経はたいてい、原初的な風格をとどめている。ただ、その冒頭に配せられた数経は、例によって、新しく成立した経を存置しているようである。それらは、サーリプッタ(舎利弗)やマハー・カッチャーヤナ(摩訶迦旃延)など、弟子所説の様式のものであって、原初的な経とは見做しがたいので、ここにそれらの経を採りあげることは躊躇せざるをえなかった。だが、それ以下の諸経は、重複するものなどを除いて、ほぼ全経を訳出しておいた。

＊三昧（samādhi = concentration）　心を一処に集中することである。漢訳はこれを「方便禅思」と訳している。

＊如実に知る（yathābhūtam pajānāti = to know as it really is）　古来からいうところの「如実知見」である。

＊取（upādāna = grasping）　十二縁起の一支であり、以下、有・生・老死……とつづく。その各支については、第一巻「分別」を参照されたい。

2　取著と苦悩

南伝　相応部経典　二二、七、取著恐懼／漢訳　雑阿含経　二、一一、取著

かようにわたしは聞いた。

ある時、世尊は、サーヴァッティー（舎衛城）のジェータ（祇陀）林なるアナータピンディカ（給孤独）の園にましました。

その時、世尊は、もろもろの比丘たちに告げて仰せられた。

「比丘たちよ、わたしは、汝らのために、取著と苦悩、および、不取著と不苦悩を説こうと思う。聞いて、よく考えてみるがよい。では、わたしは説こう」

「大徳よ、かしこまりました」

と、彼ら比丘たちは答えた。

世尊は説いていった。

「比丘たちよ、取著と苦悩とはどういうことであろうか。

比丘たちよ、ここに、*まだ教えを聞かぬ凡夫がある。彼は、聖者にまみえず、聖者の法を知らず、聖者の法を修せず。あるいは、善き人にまみえず、善き人の法を知らず、善き人の法を修せず、色（肉体）は我《われ》である、われは色を有する、わがうちに色があり、色のなかに我があると見る。しかるに、彼において色は移ろい変る。色が移ろい変るがゆえに、彼の意識もまたその色の移ろいについて作動しはじめる。色の移ろいについて作動するがゆえに、苦悩の思いが頭を擡《もた》げて、彼の心を捉えて放さない。彼の心を捉えて放さないからして、彼は困惑し、腹を立てながらもしがみついて、苦しみ悩むばかりである。

彼は、また、受（感覚）は我である、われは受を有する、わがうちに受があり、受のなかに我があると見る。しかるに、彼において受は移ろい変る。受が移ろい変るがゆえに、彼の意識もまたその受の移ろいについて作動しはじめる。受の移ろいについて作動するがゆえに、苦悩の思いが頭を擡げて、彼の心を捉えて放さない。彼の心を捉えて放さないからして、彼は困惑し、腹を立てながらもしがみついて、苦しみ悩むばかりである。

彼は、また、想（表象）は……

彼は、また、行（意志）は……

彼は、また、識（意識）は……

比丘たちよ、取著と苦悩とはかくのごとくである。

では、比丘たちよ、不取著と不苦悩とはどのようなことであろうか。

比丘たちよ、ここに、すでに教えを聞いた聖なる弟子がある。彼は、聖者にまみえ、聖者の法を知り、聖者の法を修する。だから、彼は、善き人にまみえ、善き人の法を知り、善き人の法を修する。あるいは、色（肉体）は我であるとは見ない。われは色を有するとは見ない。また、わがうちに色があるとも、色のなかに我があるとも見ない。しかるに、彼においても、色は移ろい変る。だが、色が移ろい変っても、彼の意識はその色の移ろいとともに働きはしない。だから、色の移ろいとともに、苦悩の思いが頭を擡げて、彼の心を捉えるということもない。彼の心はそのように捉えられないから、彼は困惑することもなく、腹を立てながらもしがみついて、苦しみ悩むということもないのである。

彼は、また、受（感覚）は我であるとは見ない。われは受を有するとは見ない。また、わがうちに受があるとも、受のなかに我があるとも見ない。しかるに、彼においても、受は移ろい変る。だが、受が移ろい変っても、彼の意識は、その受の移ろいとともに働きはしない。だから、受の移ろいとともに、苦悩の思いが頭を擡げて、彼の心を捉えるということもない。彼の心はそのように捉えられないから、彼は困惑することもなく、腹を立てながらもしがみついて、苦しみ悩むということもないのである。

彼は、また、想（表象）は……

彼は、また、行（意志）は……

彼は、また、識（意識）は……

比丘たちよ、取著しなければ、また苦しみ悩むこともないというのは、かくのごとくである。

比丘たちよ、不取著と不苦悩とはかくのごとくである」

注解 その経題に「取著と苦悩」（Upādāparitassanā＝grasping and worry）とあるがごとく、取著と苦悩の関係を説くのが、この経の趣旨である。

＊まだ教えを聞かぬ凡夫（assutavā puthujjana＝untaught manyfolk） 古来「無聞の凡夫」と訳された言葉である。

＊すでに教えを聞いた聖なる弟子（sutavā ariyasāvaka＝the well-taught noble disciple） 古来「多聞の聖弟子」と訳された言葉である。

3 過去・未来・現在（1）

南伝　相応部経典　二二、九、過去未来現在（1）／漢訳
雑阿含経　一、八、過去

かようにわたしは聞いた。

ある時、世尊は、サーヴァッティー（舎衛城）のジェータ（祇陀）林なるアナータピンディカ（給孤独）の園にましました。

その時、世尊は、もろもろの比丘たちに告げて仰せられた。

「比丘たちよ、過去・未来の色（肉体）は無常である。いわんや現在の色においてをや。比丘たちよ、そのように見て、わたしの教えを聞いた聖なる弟子は、過去の色をかえりみず、未来の色をよろこばず、また、現在の色についても、厭い離れ、貪り*を離れ、その滅尽につとめようとする。

比丘たちよ、過去・未来の受（感覚）は無常である。……

比丘たちよ、過去・未来の想（表象）は無常である。……

比丘たちよ、過去・未来の行（意志）は無常である。……

比丘たちよ、また、過去・未来の識（意識）は無常である。いわんや、現在の識においてをや。比丘たちよ、そのように見て、わたしの教えを聞いた聖なる弟子は、過去の識をかえりみず、未来の識をよろこばず、また、現在の識についても、厭い離れ、貪りを離れ、その滅尽につとめるのである」

注解　この経題は「過去未来現在」（Atītānāgatapaccuppanna = past, future and present）と長い。過去・未来・現在にわたって、色・受・想・行・識の無常なることを語って、比丘は「厭離・離貪・滅尽」に向うべきことを説く。

＊貪りを離れ（virāga = dispassionateness）　しばしば「離欲」と訳されているが、「離貪」すなわち「貪りを離れる」でなくてはならない。

4　過去・未来・現在（2）

南伝　相応部経典　二二、一〇、過去未来現在（2）／漢訳　雑阿含経　一、八、過去

かようにわたしは聞いた。

ある時、世尊は、サーヴァッティー（舎衛城）のジェータ（祇陀）林なるアナータピンディカ（給孤独）の園にましました。

その時、世尊は、もろもろの比丘たちに告げて仰せられた。

「比丘たちよ、過去・未来の色（肉体）は苦である。いわんや現在の色においてをや。比丘たちよ、わたしの教えを聞いた聖なる弟子は、そのように見て、過去の色をかえりみず、未来の色をよろこばず、また、現在の色については、厭い離れ、貪りを離れ、その滅尽につとめる。

比丘たちよ、過去・未来の受（感覚）は苦である。……

比丘たちよ、過去・未来の想（表象）は苦である。……

比丘たちよ、過去・未来の行（意志）は苦である。……

比丘たちよ、また、過去・未来の識（意識）は苦である。ましていわんや、現在の識においてをや。比丘たちよ、わたしの教えを聞いた聖なる弟子は、そのように見て、過去の識をかえりみず、未来の識をよろこばず、また、現在の識についても、厭い離れ、貪りを離れ、その滅尽につとめるのである」

注解　この経は、前経と経題をおなじくし、その内容もほぼおなじであって、ただ、前経の「無常」がここでは「苦」に置き換えられているのみである。

5　過去・未来・現在（3）

南伝　相応部経典　二二、一一、過去未来現在（3）／漢訳　雑阿含経　一、八、過去

かようにわたしは聞いた。

ある時、世尊は、サーヴァッティー（舎衛城）のジェータ（祇陀）林なるアナータピンディカ（給孤独）の園にましました。

その時、世尊は、もろもろの比丘たちに告げて仰せられた。

「比丘たちよ、過去・未来の色（肉体）は無我である。いわんや現在の色においてをや。比丘たちよ、わたしの教えを聞いた聖なる弟子は、そのように見て、過去の色をかえりみず、未来の色をよろこばず、また、現在の色については、厭い離れ、貪りを離れ、その滅尽につとめる。

比丘たちよ、過去・未来の受（感覚）は無我である。……

比丘たちよ、過去・未来の想（表象）は無我である。……

比丘たちよ、過去・未来の行（意志）は無我である。……

比丘たちよ、また、過去・未来の識（意識）は無我である。ましていわんや、現在の識においてをや。比丘たちよ、わたしの教えを聞いた聖なる弟子は、そのように見て、過去の識をかえりみず、未来の識をよろこばず、また、現在の識については、厭い離れ、貪りを離れ、その滅尽につとめるのである」

注解　この経もまた、前々経および前経と、その経題をおなじくし、かつ、その内容もほぼおなじく、ただ、前経の「苦」がここでは「無我」に置き換えられているのみである。

6　無常　南伝　相応部経典　二二、一二、無常／漢訳　雑阿含経　一、一、無常

かようにわたしは聞いた。

ある時、世尊は、サーヴァッティー（舎衛城）のジェータ（祇陀）林なるアナータピンディカ（給孤独）の園にましました。

その時、世尊は、もろもろの比丘たちに告げて、「比丘たちよ」と仰せられた。「大徳よ」と彼ら比丘たちは答えた。世尊は、このように説きたもうた。

「比丘たちよ、色（肉体）は無常である。比丘たちよ、わたしの教えを聞いた聖なる弟子たちは、そのように観て、色を厭い離れる。厭い離るれば貪欲を離れる。貪欲を離るれば*解脱する。解脱すれば、解脱したとの智を生じて、*〈わが迷いの生はすでに尽きた。清浄の行はすでに成った。作《な》すべきことはすでに弁じた。このうえは、もはや迷いの生を繰返すことはないであろう〉と知るのである。

比丘たちよ、受（感覚）は無常である。……

比丘たちよ、想（表象）は無常である。……

比丘たちよ、行（意志）は無常である。……

比丘たちよ、識（意識）は無常である。比丘たちよ、わたしの教えを聞いた聖なる弟子たちは、そのように観て、識を厭い離れる。厭い離るれば貪欲を離れる。貪欲を離るれば解脱する。解脱すれば、解脱したとの智を生じて、〈わが迷いの生はすでに尽きた。清浄の行はすでに成った。作すべきことはすでに弁じた。このうえは、もはや迷いの生を繰返すことはないであろう〉と知るにいたる」

注解　この「無常」(Aniccam = impermanence) と題する経より以下の数十経は、おそらく、五蘊に関する釈尊の説法の、もっとも基本的なものであろう。そして、この経においては、まず、色・受・想・行・識の無常なることを観じて、厭離・離貪・解脱すべきことを説くのである。

＊解脱する (vimuccati = to be released)　自由となることである。

＊わが迷いの生はすでに尽きた云々　これは解脱の自覚を表白するきまり文句であって、漢訳においては、つぎのように訳されてある。「我生已尽、梵行已立、所作已作、自知不受後有」。

7　苦　南伝　相応部経典　二二、一三、苦／漢訳　雑阿含経　一、一、苦

かようにわたしは聞いた。

ある時、世尊は、サーヴァッティー（舎衛城）のジェータ（祇陀）林なるアナータピンディカ（給孤独）の園にましました。

その時、世尊は、もろもろの比丘たちに告げて、「比丘たちよ」と仰せられた。「大徳

よ」と彼ら比丘たちは答えた。世尊は、このように説きたもうた。

「比丘たちよ、色（肉体）は苦である。比丘たちよ、わたしの教えを聞いた聖なる弟子たちは、そのように観て、色を厭い離れる。厭い離るれば貪欲を離れる。貪欲を離るれば解脱する。解脱すれば、解脱したとの智を生じて、〈わが迷いの生はすでに尽きた。清浄の行はすでに成った。作すべきことはすでに弁じた。このうえは、もはや迷いの生を繰返すことはないであろう〉と知るのである。

比丘たちよ、受（感覚）は苦である。……

比丘たちよ、想（表象）は苦である。……

比丘たちよ、行（意志）は苦である。……

比丘たちよ、識（意識）は苦である。比丘たちよ、わたしの教えを聞いた聖なる弟子たちは、そのように観じて、識を厭い離れる。厭い離るれば貪欲を離れる。貪欲を離るれば解脱する。解脱すれば、解脱したとの智を生じて、〈わが迷いの生はすでに尽きた。清浄の行はすでに成った。作すべきことはすでに弁じた。このうえは、もはや迷いの生を繰返すことはないであろう〉と知るにいたる」

注解　この「苦」（Dukkham = ill）と題する経もまた、前経とほとんど同文である。ただ、前経の「無常」が、この経においては「苦」に置き換えられているのみである。

8　無我　南伝　相応部経典　二二、一四、無我／漢訳　雑阿含経　一、一、無常

かようにわたしは聞いた。

ある時、世尊は、サーヴァッティー（舎衛城）のジェータ（祇陀）林なるアナータピンディカ（給孤独）の園にましました。

その時、世尊は、もろもろの比丘たちに告げて、「比丘たちよ」と仰せられた。「大徳よ」と、彼ら比丘たちは答えた。世尊はこのように説きたもうた。

「比丘たちよ、色（肉体）は無我である。比丘たちよ、わたしの教えを聞いた聖なる弟子たちは、このように観て、色を厭い離れる。厭い離るれば貪欲を離れる。貪欲を離るれば解脱する。解脱すれば、解脱したとの智を生じて、〈わが迷いの生はすでに尽きた。清浄の行はすでに成った。作すべきことはすでに弁じた。このうえは、もはや迷いの生を繰返すことはないであろう〉と知るのである。

比丘たちよ、受（感覚）は無我である。……

比丘たちよ、想（表象）は無我である。……

比丘たちよ、行（意志）は無我である。……

比丘たちよ、識（意識）は無我である。比丘たちよ、わたしの教えを聞いた聖なる弟

子たちは、このように観て、識を厭い離れる。厭い離るれば貪欲を離る。貪欲を離るれば解脱する。解脱すれば、解脱したとの智を生じて、〈わが迷いの生はすでに尽きた。清浄の行はすでに成った。作すべきことはすでに弁じた。このうえは、もはや迷いの生を繰返すことはないであろう〉と知るにいたる」

注解 この「無我」(Anattā = without self)と題する経も、前々経および前経とほとんど同じである。ただ、ここでは、前経の「苦」が、「無我」に置き換えられているのみである。

9 無常なるもの

南伝 相応部経典 二二、一五、無常なるもの(1)/漢訳 雑阿含経 一、九、無常

かようにわたしは聞いた。

ある時、世尊は、サーヴァッティー(舎衛城)のジェータ(祇陀)林なるアナータピンディカ(給孤独)の園にましました。

その時、世尊は、もろもろの比丘たちに告げて、「比丘たちよ」と仰せられた。「大徳よ」と、彼ら比丘たちは答えた。世尊は、このように説きたもうた。

「比丘たちよ、色(肉体)は無常である。無常なるものは苦である。苦なるものは無我である。無我なるものは、わが所有《もの》にあらず、わが我《が》にあらず、またわが本体にもあら

ず。まことに、かくのごとく、正しき智慧をもって観るがよい。

受（感覚）は無常である。無常なるものは苦である。苦なるものは無我である。無我なるものは、わが所有にあらず、わが我にあらず、またわが本体にあらず。まことに、かくのごとく、正しき智慧をもって観るがよい。

想（表象）は無常である。……

行（意志）は無常である。……

識（意識）は無常である。無常なるものは苦である。苦なるものは無我である。無我なるものは、わが所有にあらず、わが我にあらず、またわが本体にあらず。まことに、かくのごとく、正しき智慧をもって観るがよい。

比丘たちよ、わたしの教えを聞いた聖なる弟子たちは、そのように観て、識を厭い離れる。厭い離るれば貪欲を離れる。貪欲を離るれば解脱する。解脱すれば、解脱したとの智を生じ、〈わが迷いの生はすでに尽きた。清浄の行はすでに成った。作すべきことはすでに弁じた。このうえは、もはや迷いの生を繰返すことはないであろう〉と知るのである」

注解　この経題に「無常なるもの」（Yad anicca = what is impermanent）というのは、色・受・想・行・識の五蘊である。その一々を指して、釈尊はここに、「無常なるものは苦なり、苦なるものは無我なり、無我なるものは我所にあらず、我にあらず、我体にあらず」と説くのである。すなわち、無常・苦・無我の系列をもって、五蘊を無我の諦観に結ぶのである。
＊わが所有（mama = mine）　古来「我所」もしくは「我所有」と訳せられた。「わがもの」というほどの語である。
＊わが我（asmi = I am）　古来「我々」などと訳せられた。「これがわたしだ」というほどの意のことばである。
＊わが本体（attā = myself）　古来「我体」などと訳せられた。「わたし自身」もしくは「わが霊魂」を意味することばである。死後なお存する我などというのが、この考え方である。

10　苦なるもの

南伝　相応部経典　二二、一六、無常なるもの（2）／漢訳　雑阿含経　一、一〇、無常

かようにわたしは聞いた。

ある時、世尊は、サーヴァッティー（舎衛城）のジェータ（祇陀）林なるアナータピンディカ（給孤独）の園にましました。

その時、世尊は、もろもろの比丘たちに告げて、「比丘たちよ」と仰せられた。「大徳よ」と、彼ら比丘たちは答えた。世尊は、このように説きたもうた。

「比丘たちよ、色（肉体）は苦である。苦なるものは無我である。無我なるものは、わ

が所有《もの》にあらず、わが我《が》にあらず、またわが本体にもあらず。まことに、かくのごとく、正しき智慧をもって観るがよい。

受（感覚）は苦である。……

想（表象）は苦である。……

行（意志）は苦である。……

識（意識）は苦である。苦なるものは無我である。無我なるものは、わが所有にあらず、わが我にあらず、またわが本体にもあらず。まことに、かくのごとく、正しき智慧をもって観るがよい。

比丘たちよ、わたしの教えを聞いた聖なる弟子たちは、そのように観て、識を厭い離れる。厭い離るれば貪欲を離れる。貪欲を離るれば解脱するのである。解脱すれば、解脱したとの智を生じ、〈わが迷いの生はすでに尽きた。清浄の行はすでに成った。作すべきことはすでに弁じた。このうえは、もはや迷いの生を繰返すことはないであろう〉と知るのである」

注解　この経の題目は、前経とおなじく、「無常なるもの」（Yad anicca〈2〉）とある。だが、ここは「苦なるもの」とあるべきではないかと思われる。けだし、この経は、おおよそ前経と同文であるが、ただ、「無常なるものは苦なり」を除いて、「苦なるものは無我なり」をもって始められているからである。

11　無我なるもの

南伝　相応部経典　二二、一七、無常なるもの（3）／漢訳　雑阿含経　一、一〇、無常

かようにわたしは聞いた。

ある時、世尊は、サーヴァッティー（舎衛城）のジェータ（祇陀）林なるアナータピンディカ（給孤独）の園にましました。

その時、世尊は、もろもろの比丘たちに告げて、「比丘たちよ」と仰せられた。「大徳よ」と、彼ら比丘たちは答えた。世尊は、このように説きたもうた。

「比丘たちよ、色（肉体）は無我である。無我なるものは、わが所有にあらず、わが我にあらず、またわが本体にもあらず。まことに、かくのごとく、正しき智慧をもって観るがよい。

受（感覚）は無我である。……

想（表象）は無我である。……

行（意志）は無我である。……

識（意識）は無我である。無我なるものは、わが所有にあらず、わが我にあらず、またわが本体にもあらず。まことに、かくのごとく、正しき智慧をもって観るがよい。

比丘たちよ、わたしの教えを聞いた聖なる弟子たちは、そのように観て、識を厭い離れる。厭い離るれば貪欲を離れる。貪欲を離るれば解脱するのである。解脱すれば、解脱したとの智を生じ、〈わが迷いの生はすでに尽きた。清浄の行はすでに成った。作すべきことはすでに弁じた。このうえは、もはや迷いの生を繰返すことはないであろう〉と知るのである」

注解　この経の題目も、前々経とおなじく、「無常なるもの」(Yad anicca〈3〉)とある。だが、ここは、むしろ、「無我なるもの」とあるべきではないかと思われる。けだし、この経もまた、おおよそ前々経および前経と同文であるが、ただ、ここでは、「無常なるものは苦なり」および「苦なるものは無我なり」を省略して、「無我なるものは、わが所有にあらず」のくだりをもって始められているからである。

12　因(1)

南伝　相応部経典　二二、一八、因(1)／漢訳　雑阿含経　一、一一、因

かようにわたしは聞いた。

ある時、世尊は、サーヴァッティー(舎衛城)のジェータ(祇陀)林なるアナータピンディカ(給孤独)の園にましました。

その時、世尊は、もろもろの比丘たちに告げて、「比丘たちよ」と仰せられ、彼ら比丘たちは、「大徳よ」と答えた。世尊は、このように説きたもうた。

「比丘たちよ、色（肉体）は無常である。色を生起せしめる因*（原因）も縁*（条件）も無常である。比丘たちよ、無常なるものによって生起したる色が、どうして常なることがあろうか。

受（感覚）は無常である。受を生起せしめる因も縁も無常である。比丘たちよ、無常なるものによって生起したる受が、どうして常なることがあろうか。

想（表象）は無常である。……

行（意志）は無常である。……

識（意識）は無常である。識を生起せしめる因も縁も無常である。比丘たちよ、無常なるものによって生起したる識が、どうして常なることがあろうか。

比丘たちよ、わたしの教えを聞いた聖なる弟子たちは、そのように観て、識を厭い離れる。厭い離るれば貪欲を離れる。貪欲を離るれば解脱するのである。解脱すれば、解脱したとの智を生じ、〈わが迷いの生はすでに尽きた。清浄の行はすでに成った。作すべきことはすでに弁じた。このうえは、もはや迷いの生を繰返すことはないであろう〉と知るのである」

注解　つづいて、また、おなじ題、「因」（Hetu＝cause）なる経が三つつづく。それらは、さきの「無常なるもの」と題する三経、あるいは、その前の「無常」、「苦」、「無我」の三経と、ほぼおなじ内容の所説をしるしている。ただ、これらの三経が、それらの諸経と異なるところは、「色を生起せしめる因も縁も無常である」と、五蘊無常の背景が説かれている点のみである。経題に「因」と題する所以である。

＊因（hetu）・縁（paccaya）　因と縁とは、ほとんど同じに用いられているが、強いていうなれば、因は、われわれのいう関係の意におなじであって、因果関係の因である。それに対して、縁は、因果関係における先行支、すなわち条件を意味する。

13　因（2）　南伝　相応部経典　二二、一九、因（2）／漢訳　雑阿含経　一、一二、因

かようにわたしは聞いた。

ある時、世尊は、サーヴァッティー（舎衛城）のジェータ（祇陀）林なるアナータピンディカ（給孤独）の園にましました。

その時、世尊は、もろもろの比丘たちに告げて、「比丘たちよ」と仰せられた。彼ら比丘たちは、「大徳よ」と答えた。世尊は、このように説きたもうた。

「比丘たちよ、色（肉体）は苦である。色を生起せしめる因（原因）も縁（条件）も、

また苦である。比丘たちよ、苦なるものによって生起したる色が、どうして楽なることがあろうか。

受（感覚）は苦である。受を生起せしめる因も縁も、また苦である。比丘たちよ、苦なるものによって生起したる受が、どうして楽なることがあろうか。

想（表象）は苦である。……

行（意志）は苦である。……

識（意識）は苦である。識を生起せしめる因も縁も、また苦である。比丘たちよ、苦なるものによって生起したる識が、どうして楽なることがあろうか。

比丘たちよ、わたしの教えを聞いた聖なる弟子たちは、そのように観て、識を厭い離れる。厭い離るれば貪欲を離れる。貪欲を離るれば解脱することができる。解脱すれば、解脱したとの智を生じ、〈わが迷いの生はすでに尽きた。清浄の行はすでに成った。作すべきことはすでに弁じた。このうえは、もはや迷いの生を繰返すことはないであろう〉と知るのである」

注解　この「因」（Hetu＝cause）なる経もおおよそ前経と同文であるが、「色は無常である」なる句にかえて、「色は苦である」なる句をもって始められている。

14 因（3） 南伝 相応部経典 二二、二〇、因（3）／漢訳 雑阿含経 一、一二、因

かようにわたしは聞いた。

ある時、世尊は、サーヴァッティー（舎衛城）のジェータ（祇陀）林なるアナータピンディカ（給孤独）の園にましました。

その時、世尊は、もろもろの比丘たちに告げて、「比丘たちよ」と仰せられた。彼ら比丘たちは、「大徳よ」と答えた。世尊は、このように説きたもうた。

「比丘たちよ、色（肉体）は無我である。色を生起せしめる因（原因）も縁（条件）も、また無我である。比丘たちよ、無我なるものによって生起したる色が、どうして我《が》なることがあろうか。

受（感覚）は無我である。受を生起せしめる因も縁も、また無我である。比丘たちよ、無我なるものによって生起したる受が、どうして我なることがあろうか。

想（表象）は無我である。……

行（意志）は無我である。……

識（意識）は無我である。識を生起せしめる因も縁も、また無我である。比丘たちよ、無我なるものによって生起したる識が、どうして我なることがあろうか。

比丘たちよ、わたしの教えを聞いた聖なる弟子たちは、そのように観て、識を厭い離

れる。厭い離るれば貪欲を離れる。貪欲を離るれば解脱することができる。解脱すれば、解脱したとの智を生じ、〈わが迷いの生はすでに尽きた。清浄の行はすでに成った。作すべきことはすでに弁じた。このうえは、もはや迷いの生を繰返すことはないであろう〉と知るにいたる」

注解 この経もまた、「因」（Hetu＝cause）をもって経題とし、前々経および前経と、ほぼ同文であるが、ここでは、「色は無常である」もしくは、「色は苦である」の句にかえて、「色は無我である」なる句をもって始められている。

15 滅　南伝　相応部経典　二二、二一、阿難

かようにわたしは聞いた。

ある時、世尊は、サーヴァッティー（舎衛城）のジェータ（祇陀）林なるアナータピンディカ（給孤独）の園にましました。

その時、長老アーナンダ（阿難）は、世尊のいますところにいたり、世尊を礼拝して、その傍らに坐した。

傍らに坐した長老アーナンダは、世尊に申しあげた。

「大徳よ、滅*だ、滅だと仰せられますが、いったい、いかなるものの滅するがゆえに、滅と仰せられるのでありましょうか」

「アーナンダよ、色（肉体）は無常である。因（原因）ありて生じたものであり、縁（条件）ありて生じたものである。だから、それは消えうせるものであり、朽ち衰えるものであり、貪りを離るべきものであり、滅するものなのである。そのように滅*するものであるがゆえに、滅だと説くのである。

アーナンダよ、受（感覚）は無常である。因ありて生じたものであり、縁ありて生じたものである。だから、それは、消えうせるものである。朽ち衰えるものであり、貪りを離るべきものであり、滅するものなのである。そのように滅するものであるがゆえに、滅だと説くのである。

想（表象）は無常である。……

行（意志）は無常である。……

アーナンダよ、識（意識）は無常である。因ありて生ずるものであり、縁ありて生ずるものである。だから、それは、消えうせるものである。朽ち衰えるものであり、貪りを離るべきものであり、滅するものであるがゆえに、滅だと説くのである。

アーナンダよ、このように、これらのものは滅するがゆえに、滅だというのである」

注解　この経題は「滅」（Nirodha = destruction）とあるべきものと考えられる。釈尊は、色・受・想・行・識の五蘊につき、それは、滅するもの、滅すべきものだと説いた。そのことについて、アーナンダ（阿難）が問うたのに対する答えがこれである。

＊滅（nirodha = destruction）それは滅するもの、そして、滅すべきものだというのである。

＊滅するもの（nirodhadhamma = subject to destruction, able to destroy）漢訳には「滅法」と訳する。それは、滅するものであり、また、滅することができるものだというのである。

16　重担　南伝　相応部経典　二二、二二、重担／漢訳　雑阿含経　三、二三、重担

かようにわたしは聞いた。

ある時、世尊は、サーヴァッティー（舎衛城）のジェータ（祇陀）林なるアナータピンディカ（給孤独）の園にましました。

その時、世尊は、もろもろの比丘たちに告げて、「比丘たちよ」と仰せられた。彼ら比丘たちは、「大徳よ」と答えた。世尊は、このように説きたもうた。

「比丘たちよ、わたしは、いま、汝らのために、重き荷物のこと、重き荷物を担《にな》える者のこと、また、重き荷物を担うこと、重き荷物をおろすことについて説くであろう。よく聞くがよい。

では、比丘たちよ、重き荷物とはなんであろうか。生を構成する五つの要素（五取《ごしゅ》蘊《うん》）がそれである。その五つとはなんであるか。いわく、色（肉体）なる要素、受（感覚）なる要素、想（表象）なる要素、行（意志）なる要素、識（意識）なる要素である。比丘たちよ、これらを名づけて五つの重き荷物というのである。

比丘たちよ、では、重き荷物を担える者とはなんであろうか。人間がそれである。これこれの名、これこれの姓をもてる方々がそれである。比丘たちよ、これらを名づけて重き荷物を担える者というのである。

比丘たちよ、では、重き荷物を担うとは、どういうことであろうか。心に喜び、身を燃やして、あれやこれやに、わっとばかりに殺到する渇愛がそれであって、それが、さらに迷いの生（後有《ごう》）をもたらすのである。すなわち、性欲のたかまり（*欲愛）、生存欲のたかまり（*有愛）、自己優越の欲望のたかまり（*無有愛）である。比丘たちよ、これらを名づけて、重き荷物を担うとはいうのである。

比丘たちよ、では、重き荷物をおろすとは、どのようなことであろうか。それは、その渇愛を、まったく、余すところなく離れ滅することであり、放棄することであり、断念することであり、永断することであり、解脱して、執著なきにいたるのである。比丘たちよ、これらを名づけて、重き荷物をおろすというのである」

世尊は、そのように説きたもうた。そのように説いて、この素晴らしき師は、さらに説きたもうた。

「五蘊は重き荷物にして
これを担うものは人である
重きを担うは苦しくして
これを捨つれば安楽なり

すでに重荷を捨てたらば
さらに重荷を取るなかれ
かの渇愛を滅すれば
欲なく自由となりぬべし」

注解 この経題は「重担」(Bhāram = the burden) とある。その重き荷物とは、ふるい訳語をもっていえば「五取蘊」である。その「五取蘊」(pañcupādāna-kkhandhā = the factors of fivefold clinging to existence) とは、生がそれに依存している五つの要素、あるいは、生を構成する五つの要素というほどの意のことばであって、それは他でもない五蘊のことである。そして、いま釈尊は、それらに執著することなければ安楽であろうと説いている。この経末には偈がある。経の趣旨を要約したものであって、後の人の付したものであろう。

＊欲愛（kāmataṇhā＝thirst after sensual pleasures）　性欲の激情である。漢訳はこれを「欲愛」と訳した。人間の自己拡大の激情である。

＊有愛（bhavataṇhā＝craving for existence）　生存欲の激情である。漢訳はこれを「有愛」と訳した。人間の自己延長の渇愛である。

＊無有愛（vibhavataṇhā＝craving for power, wealth, prosperity）　自己優越の欲望の激情である。漢訳はこれを「無有愛」と直訳した。人間の名誉欲などのたかぶりがそれである。

17　遍智　南伝　相応部経典　二二、二三、遍智／漢訳　雑阿含経　三、二二、知法

かようにわたしは聞いた。

ある時、世尊は、サーヴァッティー（舎衛城）のジェータ（祇陀）林なるアナータピンディカ（給孤独）の園にましました。

その時、世尊は、比丘たちに告げて仰せられた。

「比丘たちよ、わたしは、いま、よく知るべきものと、よく知ることとを説こうと思う。それをよく聞くがよろしい。

比丘たちよ、では、よく知るべきものというのはなんであろうか。比丘たちよ、色（肉体）は知るべきものである。受（感覚）は知るべきものである。想（表象）は知る

べきものである。行（意志）は知るべきものである。識（意識）は知るべきものである。比丘たちよ、これらのものはよく知らねばならぬものである。

比丘たちよ、では、よく知ることとは、どういうことであろうか。比丘たちよ、貪欲の滅尽と、瞋恚《しんに》の滅尽と、愚痴の滅尽がそれである。比丘たちよ、それらのことをよく知ることとはいうのである」

注解　この経題に「遍智」（Pariññā＝full understanding）というは、正確なる智識をもつというほどのことである。そのことにつき、いま釈尊は、知るべきものがあるとして、色・受・想・行・識の五蘊をあげ、また、知るべきこととして、貪・瞋・痴の三毒の滅尽を説いているのである。

18　証知

南伝　相応部経典　二二、二四、遍智／漢訳　雑阿含経　一、三、無知

かようにわたしは聞いた。

ある時、世尊は、サーヴァッティー（舎衛城）のジェータ（祇陀）林なるアナータピンディカ（給孤独）の園にましました。

その時、世尊は、比丘たちに告げて仰せられた。

「比丘たちよ、もし色（肉体）をよく知らず、理解せず、それから離れず、それを捨て去らなかったならば、人は苦を滅尽することはできないであろう。

比丘たちよ、もし受（感覚）をよく知らず、……

比丘たちよ、もし想（表象）をよく知らず、……

比丘たちよ、もし行（意志）をよく知らず、……

比丘たちよ、もし識（意識）をよく知らず、理解せず、それから離れず、それを捨て去らなかったならば、人は苦を滅尽することはできないであろう。

比丘たちよ、だが、もし色をよく知り、よく理解し、そして、それから離れ、それを捨て去るならば、人はよく苦を滅尽することをうるであろう。

比丘たちよ、もし受をよく知り、……

比丘たちよ、もし想をよく知り、……

比丘たちよ、もし行をよく知り、……

比丘たちよ、もし識をよく知り、よく理解し、そして、それから離れ、それを捨て去るならば、人はよく苦を滅尽することをうるであろう」

注解　ここに「証知」（Parijānaṃ = thorough knowledge）とある経題は、前経とは原語を異にしている。ああそうかと、さとり知るというほどの趣の言葉である。ここでは、釈尊は、色・受・想・行・識の五蘊のそれぞれにつき、それらを証知し、離断せずば、苦を滅尽することを能わずと説いているのである。

19 欲貪　南伝　相応部経典　二二、二五、欲貪／漢訳　雑阿含経　三、二七、貪

かようにわたしは聞いた。

ある時、世尊は、サーヴァッティー（舎衛城）のジェータ（祇陀）林なるアナータピンディカ（給孤独）の園にましました。

その時、世尊は、比丘たちに告げて仰せられた。

「比丘たちよ、色（肉体）における欲のむさぼりを捨てるがよい。そうすれば、色は却けられ、その根は断たれて、その根を断たれたターラ（多羅）の樹のように、まったく無に帰して、今後ふたたび生ずることなきにいたるであろう。

比丘たちよ、受（感覚）における欲のむさぼりを捨てるがよい。そうすれば、受は却けられ、その根は断たれて、その根を断たれたターラの樹のように、まったく無に帰して、今後ふたたび生ずることなきにいたるであろう。

比丘たちよ、想（表象）における欲のむさぼりを捨てるがよい。……

比丘たちよ、行（意志）における欲のむさぼりを捨てるがよい。そうすれば、行は却

けられ、その根は断たれて、その根を断たれたターラの樹のように、まったく無に帰して、今後ふたたび生ずることなきにいたるであろう。

比丘たちよ、識（意識）における欲のむさぼりを捨てるがよい。そうすれば、識は却けられ、その根は断たれて、たとえば、その根を断たれたターラの樹のように、まったく無に帰して、今後ふたたび生ずることなきにいたるであろう」

注解　この「欲貪」（Chandarāga = exciting desire）と題する経の趣旨は、きわめて簡明である。すなわち、ここに釈尊は、五蘊のそれぞれにつき、欲貪を捨てるがよいと語っているのである。ただ、ここに「欲貪」（chandarāga）と訳した言葉は、"chanda"（impulse, excitement）と"rāga"（passion）とを結合したものであって、いずれも欲望の激情もしくはたかぶりをいう言葉で、欲望そのものではないことに注意すべきである。

20　味い（1）　南伝　相応部経典　二二、二六、味（1）／漢訳　雑阿含経　一、一四、味

かようにわたしは聞いた。

ある時、世尊は、サーヴァッティー（舎衛城）のジェータ（祇陀）林なるアナータピンディカ（給孤独）の園にましました。

その時、世尊は、比丘たちに告げて仰せられた。

「比丘たちよ、わたしは、以前、まだ求道者にして、正覚を実現しなかったころ、かように考えた。

いったい、色（肉体）の味いとは何であるか、なにがその禍いであるか、また、それから脱出する道はどうであるか。

いったい、受（感覚）の味いとは……、想（表象）の味いとは……、行（意志）の味いとは……、識（意識）の味いとは何であるか、なにがその禍いであるか、そして、それから脱出する道はどうなのか、と。

比丘たちよ、その時、わたしに、このような思いがひらめいたのである。

かの色（肉体）によって生ずる楽しみや喜び、それが色の味いである。だが、その色は、無常であり、苦であって、変易するものである。それが色の禍いである。そこで、その色において、欲のむさぼりを去り、欲のむさぼりを断つ。これが色から脱出する道である。

かの受（感覚）によって生ずる楽しみや喜び、……

かの想（表象）によって生ずる楽しみや喜び、……

かの行（意志）によって生ずる楽しみや喜び、それが行の味いである。だが、その行は、無常であり、苦であって、変易するものである。それが行の禍いである。そこで、その行において、欲のむさぼりを去り、欲のむさぼりを断つ。これが行から脱出する道である。

かの識（意識）によって生ずる楽しみや喜び、それが識の味いである。だが、その識は、無常であり、苦であって、変易するものである。それが識の禍いである。そこで、その識において、欲のむさぼりを去り、欲のむさぼりを断つ。これが識から脱出する道である。

比丘たちよ、わたしは、まだ、この生を構成する五つの要素（五取蘊）について、このように、その味いはこれこれであり、その禍いはこれこれであり、また、それらから脱出する道はこれこれであると、あるがままに知るにいたらなかった間は、比丘たちよ、わたしは、かの天神*・悪魔・梵天のすむ世界、あるいは、この沙門*・婆羅門、もしくは、人天のすむ世界にあって、最高の正等覚を実現したとは称さなかった。

だが、比丘たちよ、わたしは、ついに、この生を構成する五つの要素について、このように、その味いはこれこれであり、その禍いはこれこれであり、また、それらから脱出する道はこれこれであると、あるがままに知るにいたった。そこで、比丘たちよ、わたしは、かの天神・悪魔・梵天の世界、あるいは、この沙門・婆羅門、もしくは、人天のすむ世界にあって、最高の正等覚を実現したと称したのである。

また、わたしには、智慧が生れ、確信が生じた。〈わが心*の解脱は不動である。これがわが最後の生であって、もはや迷いの生を繰返すことはないであろう〉と」

注解　この「味」(Assāda = taste, sweetness) と題する経においては、釈尊は、五蘊のそれぞれにおける味いと、禍いと、その出離を、わが体験を背景として、比丘たちのために説いておられる。

＊天神・悪魔・梵天のすむ世界　それらは天界にすむものと考えられていたのであろう。

＊沙門・婆羅門・人天のすむ世界　それらはこの世界にすむものである。この時の天は地居の神々であろう。

＊心の解脱 (cetovimutti = emancipation of heart)　心の陶酔より醒めたとき、そこに訪れる清涼なる平和がそれである。

＊最後の生 (antimā jāti = the last birth)　もはや迷いの生を繰返さずというほどの意である。さきにいう「我生已尽」(わが生すでに尽く) とおなじ考え方である (6「無常」の注を参照)。輪廻の思想を背景としていうがゆえに、かかる表現が存するのである。

21　味い (2)

南伝　相応部経典　二二、二七、味 (2)／漢訳　雑阿含経　一、一四、味

かようにわたしは聞いた。

ある時、世尊は、サーヴァッティー (舎衛城) のジェータ (祇陀) 林なるアナータピン

ディカ（給孤独）の園にましました。

その時、世尊は、比丘たちに告げて仰せられた。

「比丘たちよ、わたしは、色（肉体）について、その味いを探究した。そして、色の味いを知ることができた。かくて、わたしは、色の味いにつき、智慧をもってよく理解したのである。

比丘たちよ、また、わたしは、色について、その禍いを探究した。そして、色の禍いを知ることができた。かくて、わたしは、色の禍いについて、智慧をもってよく理解したのである。

比丘たちよ、わたしは、また、色について、そこから脱出する道を探究した。そして、色から脱出する道を知ることができた。かくて、わたしは、色から脱出する道を、智慧をもってよく理解するものとなることができた。

比丘たちよ、わたしは、受（感覚）について、……

比丘たちよ、わたしは、想（表象）について、……

比丘たちよ、わたしは、行（意志）について、……

比丘たちよ、わたしは、識（意識）について、その味いを探究した。そして、識の味いを知ることができた。かくて、わたしは、識の味いにつき、智慧をもってよく理解するものとなった。

比丘たちよ、また、わたしは、識について、その禍いを探究した。そして、識の禍いを知ることができた。かくて、わたしは、識の禍いについて、智慧をもってよく理解したのである。

比丘たちよ、わたしは、また、識について、そこから脱出する道を探究した。そして、識から脱出する道を知ることができた。かくて、わたしは、識から脱出する道を、智慧をもってよく理解するものとなることができた。

比丘たちよ、わたしは、まだ、この生を構成する五つの要素（五取蘊）において、このように、その味いはこれこれである、その禍いはこれこれである、また、それから脱出する道はこれこれであると、あるがままに知ることができなかった間は、比丘たちよ、わたしは、かの天神・悪魔・梵天のすむ世界、あるいは、この沙門や婆羅門や、もしくは、人天のすむ世界にあって、最高の正等覚を実現したとは称しなかった。

だが、比丘たちよ、わたしは、ついに、この生を構成する五つの要素について、このように、その味いはこれこれである、その禍いはこれこれである、また、それらから脱出する道はこれこれであると、あるがままに知ることができた。そこで、比丘たちよ、わたしは、かの天神や悪魔や梵天のすむ世界、あるいは、この沙門や婆羅門や、人天のすむ世界にあって、最高の正等覚を実現したと称したのである。

また、わたしには、智慧が生じ、確信がなった、〈わが心の解脱は不動である。これがわが最後の生であって、もはや迷いの生を繰返すことはないであろう〉と」

注解 この「味」（Assāda = taste, sweetness）と題する経も、また、前経とまったくおなじ趣旨のことを、すこし異なった表現をもって語っている。

22 味い（3） 南伝 相応部経典 二二、二八、味（3）／漢訳 雑阿含経 一、一三、味

かようにわたしは聞いた。

ある時、世尊は、サーヴァッティー（舎衛城）のジェータ（祇陀）林なるアナータピンディカ（給孤独）の園にましました。

その時、世尊は、比丘たちに告げて仰せられた。

「比丘たちよ、まことに、もし色（肉体）にして味いなきものであったならば、人々は色に悩まされないであろう。だが、比丘たちよ、色には、やっぱり、味いがあるがゆえに、人々は色に悩まされるのである。

比丘たちよ、また、まことに、もし色にして禍いなきものであったならば、人々は色を厭わしゅう思わないであろう。だが、比丘たちよ、色には、やっぱり、禍いがあるがゆえに、人々は色を厭い離れるのである。

また、比丘たちよ、まことに、もし色にして脱出する道がなかったならば、人々は色から脱出することはできないであろう。だが、比丘たちよ、色には、やっぱり、脱出する道があるがゆえに、人々は色から脱出するのである。

比丘たちよ、まことに、もし受（感覚）にして味いなきものであったならば、……

比丘たちよ、まことに、もし想（表象）にして味いなきものであったならば、……

比丘たちよ、まことに、もし行（意志）にして味いなきものであったならば、……

比丘たちよ、まことに、もし識（意識）にして味いなきものであったならば、人々は識に悩殺されることはないであろう。だが、比丘たちよ、識には、やっぱり、味いがあるがゆえに、人々は識に悩殺されるのである。

比丘たちよ、また、まことに、もし識にして禍いなきものであったならば、人々は識を厭わしゅう思うことはないであろう。だが、比丘たちよ、識には、やっぱり、禍いがあるがゆえに、人々は識を厭い離れるのである。

また、比丘たちよ、まことに、もし識にして脱出する道がないものであるならば、人々は識から脱出することはできないであろう。だが、比丘たちよ、識には、やっぱり、脱出する道があるのであるから、人々は識から脱出するのである。

比丘たちよ、人々は、まだ、この生を構成する五つの要素（五取蘊）において、このように、その味いはこれこれである、その禍いはこれこれである、また、それらから脱出する道はこれこれであると、あるがままに知るにいたらなかった間は、比丘たちよ、人々は、かの天神・悪魔・梵天のすむ世界、あるいは、この沙門や婆羅門や、人天のすむ世界から脱出し、その繫縛《けばく》から離れて、自由にして自在なる心をもって住するにいたらなかった。

比丘たちよ、だが、人々は、ついに、この生を構成する五つの要素において、このように、その味いはこれこれである、その禍いはこれこれである、また、それらから脱出する道はこれこれであると、あるがままに知ることができる。そうすれば、比丘たちよ、人々は、よく、かの天神・悪魔・梵天のすむ世界、あるいは、この沙門や婆羅門や、人天のすむ世界から脱出し、その繫縛から離れて、自由にして自在なる心をもって住することをうるにいたる」

注解　この「味」(Assāda = taste, sweetness) と題する経も、また、前経および前々経と、まったくおなじ趣旨のことを語っている。ただ、その表現はまたいささか異なった趣を有する。

23　歓喜　南伝　相応部経典　二二、二九、歓喜／漢訳　雑阿含経　一、五、於色喜楽

かようにわたしは聞いた。

ある時、世尊は、サーヴァッティー（舎衛城）のジェータ（祇陀）林なるアナータピンディカ（給孤独）の園にましました。

その時、世尊は、比丘たちに告げて仰せられた。

「比丘たちよ、色（肉体）を歓喜するものは、苦を歓喜するものである。苦を歓喜するものは、いまだ苦より解脱せず、とわたしはいう。

比丘たちよ、受（感覚）を歓喜するものは、……

比丘たちよ、想（表象）を歓喜するものは、……

比丘たちよ、行（意志）を歓喜するものは、……

比丘たちよ、識（意識）を歓喜するものは、苦を歓喜するものである。苦を歓喜するものは、いまだ苦より解脱せず、とわたしはいう。

比丘たちよ、色を歓喜せざるものは、苦を歓喜しないものである。苦を歓喜せざるものは、すでに苦より解脱したのである、とわたしはいう。

比丘たちよ、受を歓喜せざるものは、……

比丘たちよ、想を歓喜せざるものは、……

比丘たちよ、行を歓喜せざるものは、……

比丘たちよ、識を歓喜せざるものは、苦を歓喜しないものである。苦を歓喜せざるものは、すでに苦より解脱したのである、とわたしはいう」

注解　この「歓喜」（Abhinandanam = taking delight in）と題する経も、また、おおよそおなじ趣のことを説く経であって、ここでは、釈尊は、五蘊を歓喜するものは、苦を歓喜するものであり、苦を歓喜するものは、苦より解脱せず、と説いておられる。

24　生ずる　南伝　相応部経典　二二、三〇、生／漢訳　雑阿含経　三、二八、生

かようにわたしは聞いた。

ある時、世尊は、サーヴァッティー（舎衛城）のジェータ（祇陀）林なるアナータピンディカ（給孤独）の園にましました。

その時、世尊は、比丘たちに告げて仰せられた。

「比丘たちよ、もし色（肉体）が生じ、存し、成じ、現ずれば、すなわち、そこには、苦が生じ、病が存し、老死が現ずる。

比丘たちよ、もし受（感覚）が生じ、……

比丘たちよ、もし想（表象）が生じ、……

比丘たちよ、もし行（意志）が生じ、……

比丘たちよ、もし識（意識）が生じ、存し、成じ、現ずれば、すなわち、そこには、

苦が生じ、病が存し、老死が現ずる。

だが、比丘たちよ、もし色が去り、滅し、没すれば、すなわち、そこには、苦は去り、病は息《や》み、老死は没する。

比丘たちよ、もし受が去り、……

比丘たちよ、もし想が去り、……

比丘たちよ、もし行が去り、……

比丘たちよ、もし識が去り、滅し、没すれば、すなわち、そこには、苦は去り、病は息み、老死は没するのである」

注解 この経題は「生」(Uppāda = coming into existence) とある。ここでも、釈尊は、五蘊について語り、色が生ずれば、苦が生ずるのだ等々と語っておられる。

25 悲しみの根 南伝 相応部経典 二二、三一、痛根

かようにわたしは聞いた。

ある時、世尊は、サーヴァッティー(舎衛城)のジェータ(祇陀)林なるアナータピンディカ(給孤独)の園にましました。

その時、世尊は、比丘たちに告げて仰せられた。

「比丘たちよ、わたしは、悲しみと悲しみの根について語ろうと思う。よく聞くがよい。

比丘たちよ、悲しみとはなんであろうか。

比丘たちよ、色（肉体）は悲しみである。受（感覚）は悲しみである。想（表象）は悲しみである。行（意志）は悲しみである。識（意識）は悲しみである。比丘たちよ、それらを名づけて悲しみとなす。

比丘たちよ、では、悲しみの根とはなんであろうか。

比丘たちよ、*心に喜び、身を燃やして、あれやこれやに、わっとばかりに殺到する渇愛がそれであって、それがさらに迷いの生（後有）をもたらすのである。すなわち、性欲のたかまり（欲愛）、生存欲のたかまり（有愛）、自己優越の欲望のたかまり（無有愛）がそれである。比丘たちよ、それらを名づけて悲しみの根というのである」

注解　この経題は「痛根」（Aghamūlam = the root of grief）とある。そして、釈尊は、ここに、悲しみと悲しみの根について語る。それもまた五蘊のほかのことではない。

*心に喜び、身を燃やし（nandirāgasahagatā = along with the lure and the lust）古来これを「喜貪倶行」と訳した。喜は、心に喜ぶこと、貪は身を燃やすことである。その二つが倶行するのである。なお、この一節は、そのまま「如来所説」（相応部経典　五六、一一）に

見えている。

26 壊れるもの　南伝　相応部経典　二二、三二、壊法／漢訳　雑阿含経　二、一九、壊法

かようにわたしは聞いた。

ある時、世尊は、サーヴァッティー（舎衛城）のジェータ（祇陀）林なるアナータピンディカ（給孤独）の園にましました。

その時、世尊は、比丘たちに告げて仰せられた。

「比丘たちよ、いま、わたしは、壊れるものと壊れないものについて語ろうと思う。よく聞くがよい。

比丘たちよ、では、壊れるものとはなんであろうか、また、壊れないものとはなんであろうか。

比丘たちよ、色（肉体）は壊れるものである。もし、色が去り、滅し、没すれば、すなわち、壊れないものである。

比丘たちよ、受（感覚）は壊れるものである。もし、受が去り、滅し、没すれば、すなわち、壊れないものである。

比丘たちよ、想（表象）は壊れるものである。……

比丘たちよ、行（意志）は壊れるものである。……

比丘たちよ、識（意識）は壊れるものである。もし、識が去り、滅し、没すれば、すなわち、壊れないものである」

注解　この経題は「壊法」（Pabhangu＝destruction）とある。そして、釈尊は、ここでは、「壊れるものと壊れないもの」について語っておられる。その「壊れるもの」とは、色・受・想・行・識。そして「壊れないもの」とは、それらが去り、滅し、没したるところであるという。何故であろうか。漢訳は、その点を考慮して、たとえば、「色是壊法、彼色滅涅槃、是不壊法」といった具合に訳している。

27　汝らのものにあらず

南伝　相応部経典　二二、三三、非汝所応法／漢訳　雑阿含経　一〇、一四、祇林

かようにわたしは聞いた。

ある時、世尊は、サーヴァッティー（舎衛城）のジェータ（祇陀）林なるアナータピンディカ（給孤独）の園にましました。

その時、世尊は、比丘たちに告げて仰せられた。

「比丘たちよ、汝らのものにあらざるものを捨てるがよろしい。汝らもしそれらを捨て

れば、汝らの利益となり、安楽となるであろう。

比丘たちよ、では、汝らのものにあらざるものとはなんであろうか。

比丘たちよ、色（肉体）は汝らのものにあらざるがゆえに、これを捨てるがよろしい。汝らもしこれを捨てれば、汝らの利益となり、安楽となろう。

比丘たちよ、受（感覚）は汝らのものにあらざるがゆえに、これを捨てるがよろしい。汝らもしこれを捨てれば、汝らの利益となり、安楽となろう。

比丘たちよ、想（表象）は汝らのものにあらざるがゆえに、……

比丘たちよ、行（意志）は汝らのものにあらざるがゆえに、……

比丘たちよ、識（意識）は汝らのものにあらざるがゆえに、これを捨てるがよろしい。汝らもしこれを捨てれば、汝らの利益となり、安楽となろう。

比丘たちよ、それは、たとえばジェータ（祇陀）林の樹の幹や枝や葉のようなものであって、もし人ありて、それらを伐ったり、焼いたり、あるいは、思うままに処分したとするならば、汝らは、彼に、〈そなたはわれらを伐り、焼き、あるいは、思うままに処分する〉と文句をいうであろうか」

「大徳よ、そういうわけにはまいりません」

「では、その理由はなぜであろうか」

「大徳よ、それらは、わたしどもの我《が》にもあらず、またわたしどもの所有でもないからであります」

「比丘たちよ、それとおなじように、色は汝らのものにあらざるものであるがゆえに、これを捨てるがよろしい。もし汝らがこれを捨てるならば、汝らの利益となり、安楽となるであろう。受は……、想は……、行は……、識は汝らのものにあらざるものであるがゆえに、これを捨てるがよろしい。もし汝らがこれを捨てるならば、汝らの利益となり、安楽となるであろう」

注解　この経題は、「汝らのものにあらず」（Natumhāka = not yours）と訳すべきものである。ここでは、釈尊は、色・受・想・行・識の五蘊をあげて、それらは汝らのものにあらず、執することなかれと説いているのである。

つづいて、もう一経、おなじ経題にしておなじ趣の内容のものが存するが、それは、ただジェータ林の樹の譬喩をはぶいただけのものであるので、省略する。

28　ある比丘　南伝　相応部経典　二二、三五、比丘／漢訳　雑阿含経　一、一六、増諸数

かようにわたしは聞いた。

ある時、世尊は、サーヴァッティー（舎衛城）のジェータ（祇陀）林なるアナータピン

ディカ（給孤独）の園にましました。

その時、一人の比丘があり、世尊のいますところにいたり、世尊を礼拝して、その傍らに坐した。

傍らに坐したその比丘は、世尊に申しあげた。

「善いかな世尊、願わくは、わがために略して法を説きたまえ。わたしは、世尊より法を聞いて、ひとり静かに居し、放逸ならず、熱心に、専注して住したいと思います」

「比丘よ、もし執するところあれば、それによって、どうしようこうしようと思う。もし執するところなくば、それによって、あれこれと計らうことがないであろう」

「世尊よ、わかりました。善逝《ぜんぜい》よ、わかりました」

「比丘よ、では、そなたは、わたしが略して説くところの意を、くわしくは、どのように解するであろうか」

「大徳よ、もし色（肉体）に執すれば、それによって、どうしようこうしようと思うのです。もし受（感覚）に執すれば、それによって、あれこれと計らうのです。もし想（表象）に執すれば、それによって、あれこれと計らうのです。もし行（意志）があれば、それによって、あれこれと計らうのです。また、もし識（意識）があれば、そのために、あれこれと計らうのでございます。

だが、大徳よ、もし色を執することがなければ、そのために、あれこれと計らうことはありません。もし受を……、想を……、行を……、また、識を執することがなければ、そのために、あれこれと計らうことはないのでございます。大徳よ、わたしは、世尊の略して説きたもうところの意を、くわしくはそのようであると解するのでございます」

「比丘よ、善いかな、善いかな。比丘よ、わたしの略して説くところの意を、くわしくはそのように解するのはよろしい。比丘よ、もし色を執すれば、そのために、あれこれと計らうこととなる。もし受を……、想を……、行を……、また、識を執すれば、そのためにあれこれと計らうこととなるのである。だが、比丘よ、もし色を執することがなければ、そのために、あれこれと計らうことはない。もし受を……、想を……、行を……、また、識を執することがなければ、そのために、あれこれと計らうことはないのである。比丘よ、わたしの略して説くところの意を、くわしくは、そのように観ずるがよい」

その時、かの比丘は、世尊の説きたもうところを歓び、心いさんで座より起ち、世尊を礼拝して、右にめぐって立ち去った。

かくて、かの比丘は、ひとり静かに居し、放逸ならず、熱心に、専注して住し、久しからずして、まさしく良家の男子が家をいでて出家したる本懐である、かの清浄なる生活の最高の目標を、この現在の生活において、みずから知り、みずから体得してそのなかに住し、〈わが迷いの生はすでに尽きた。清浄なる生活はすでに成った。作《な》すべきことはすでに弁じた。このうえは、さらに迷いの生を繰返すことはないであろう〉と知るにいたった。かくして、その比丘は、聖者の一人となったのである。

注解 ある比丘（Aññataro bhikkhu = a certain bhikkhu）の問いに答える釈尊のおしえである。釈尊は、まず、「もし執するところあれば、それによって、どうしようこうしようと思う。もし執するところなくば、あれこれと計らうことがないであろう」と略説する。ついで、その比丘をして、その意を広説せしめて、それを賞したもうたという。

つづいて、もう一経、おなじ経題をもち、おなじ趣の内容のものが存するが、それは、ただ、「もし執するところあれば」につづいて、「それによって推測する」の一節があるのみである。省略する。

29 アーナンダ（阿難）

南伝 相応部経典 二二、三七、阿難／漢訳 雑阿含経 二、一七、阿難

かようにわたしは聞いた。

ある時、世尊は、サーヴァッティー（舎衛城）のジェータ（祇陀）林なるアナータピンディカ（給孤独）の園にましました。

その時、長老アーナンダ（阿難）は、世尊のましますところに至り、世尊を礼拝して、

その傍らに坐した。

世尊は、傍らに坐せるアーナンダに仰せられた。

「アーナンダよ、もしそなたに、〈友アーナンダよ、いかなるものにおいて、生を知り、滅を知り、その存在の変易を知るや〉と問うものがあらば、アーナンダよ、そなたは、いかに答えるであろうか」

「大徳よ、もしわたしに、〈友アーナンダよ、いかなるものにおいて、生を知り、滅を知り、その存在の変易を知るか〉と問うものがあったならば、大徳よ、わたしは、このように答えるでありましょう。

〈友よ、色（肉体）において、生を知り、滅を知り、その存在の変易を知る。受（感覚）において、……想（表象）において、……行（意志）において、……識（意識）において、生を知り、滅を知り、その存在の変易を知る。友よ、これらのものにおいて、生を知り、滅を知り、その存在の変易を知るのである〉

大徳よ、もしそのように問うものあらば、わたしは、このように答えるでありましょう」

「アーナンダよ、善いかな、善いかな。アーナンダよ、色において、生を知り、滅を知り、その存在の変易を知る。受において、……想において、……行において、……識において、生を知り、滅を知り、その存在の変易を知る。アーナンダよ、これらのものにおいて、生を知り、滅を知り、その存在の変易を知るのである。アーナンダよ、もしそのように問うものあらば、そなたは、そのように答えるがよい」

注解 この経は、釈尊のアーナンダ（阿難）にたいする質問にはじまる。「そなたに、生滅・無常のことを問うものがあったら、いかに答えるか」と。それに答うるに、アーナンダは五蘊をもってして、師のお褒めのことばをいただいたという。

30 随法 南伝 相応部経典 二二、三九、随法／漢訳 雑阿含経 一、二七、向法

かようにわたしは聞いた。

ある時、世尊は、サーヴァッティー（舎衛城）のジェータ（祇陀）林なるアナータピンディカ（給孤独）の園にましました。

その時、世尊は、比丘たちに告げて仰せられた。

「比丘たちよ、よく法の完全に正しい理解に到達したる比丘は、よく法を遵奉するもの*となる。すなわち、色（肉体）において、ひたすら厭い離れて住し、受（感覚）において、ひたすら厭い離れて住し、想（表象）において、ひたすら厭い離れて住し、行（意志）において、ひたすら厭い離れて住し、また、識（意識）において、ひたすら厭い離

れて住するであろう。

もし彼が、色においてひたすら厭い離れて住し、受において……、想において……、行において……、識においてひたすら厭い離れて住するならば、彼は、よく色の真相を知り、受の……、想の……、行の……、識の真相を知るにいたる。

もし彼が、よく色の真相を知り、受の……、想の……、行の……、識の真相を知るにいたれば、彼は、色より解脱し、受より解脱し、想より解脱し、行より解脱し、識より解脱し、また、生より、老死より、愁・悲・苦・憂・悩より解脱する。すなわち苦より解脱するという」

注解 ここに「随法」(Anudhamma = conformity with the dhamma) と題する経がある。ここでは、釈尊は、比丘たちのために語って、「よく法の完全に正しい理解に到達したる比丘は、よく法を遵奉するものとなる」と説き、まず、色・受・想・行・識において厭い離れて住するがよいと教えている。
つづいて、『相応部経典』二二、四〇のおなじ題目の経は、五蘊の無常を観ずるがよいと教え、また、二二、四一のおなじ題目の経は、五蘊において苦を観ずるがよいと語り、さらに、二二、四二のおなじ題目の経は、五蘊において無我を観ずるがよいと説いている。いずれも省略する。

＊よく法の完全に正しい理解云々（dhammānudhammapaṭipannassa＝one who has reached the complete righteousness of the dhamma, or one who masters the completeness of the dhamma）それを古来の漢訳においては「法次法向」と訳した。逐語訳である。

31　自洲　南伝　相応部経典　二二、四三、自洲／漢訳　雑阿含経　二、四、十六比丘

かようにわたしは聞いた。

ある時、世尊は、サーヴァッティー（舎衛城）のジェータ（祇陀）林なるアナータピンディカ（給孤独）の園にましました。

その時、世尊は、比丘たちに告げて仰せられた。

「比丘たちよ、みずからを洲＊《す》とし、みずからを依処《えしょ》として、他を依処とせず、法を洲とし、法を依処として、他を依処とせずして住するがよい。

比丘たちよ、みずからを洲とし、みずからを依処として、他を依処とせず、法を洲とし、法を依処として、他を依処とせずして住し、事の根元にまで立ちもどって観察するがよい、〈歎き・悲しみ・苦しみ・憂い・悩みは、いったい何によって生じ、何によって起るのであるか〉と。

比丘たちよ、では、歎き・悲しみ・苦しみ・憂い・悩みは、何によって生じ、何によ

って起るのであろうか。

比丘たちよ、ここに、いまだ教えを聞かざる凡夫があるとするがよい。彼らは、いまだ、聖者にまみえず、聖者の法を知らず、聖者の法を行ぜず。あるいは、いまだ、善き人を見ず、善き人の法を知らず、善き人の法を行ぜず。だから、彼らは、色（肉体）は我《われ》である、われは色を有す、わがうちに色がある、あるいは、色のなかに我があると考える。だがしかし、色は移ろい変る。色が移ろい変るから、彼らに歎き・悲しみ・苦しみ・憂い・悩みが生ずるのである。

だから、彼らは、受（感覚）は我である、われは受を有す、わがうちに受がある、あるいは、受のなかに我があると考える。だがしかし、受は移ろい変る。受が移ろい変るから、彼らに、歎き・悲しみ・苦しみ・憂い・悩みが生ずるのである。

彼らは、想（表象）は我である、……

彼らは、行（意志）は我である、……

彼らは、識（意識）は我である、われは識を有す、わがうちに識がある、あるいは、識のなかに我があると考える。だがしかし、識は移ろい変る。識が移ろい変るから、彼らに、歎き・悲しみ・苦しみ・憂い・悩みが生ずるのである。

しかるに、比丘たちよ、いま、色において、その無常なること、変易することを知り、貪りを離れ、滅尽すべきものなることを知り、さきの色もいまの色も、すべては無常・

苦にして移ろい変るものなることを、あるがままに正しき智慧をもって観るならば、その時、歎き・悲しみ・苦しみ・憂い・悩みは消滅するであろう。それらが消滅するがゆえに心の動揺はなくなる。心の動揺がなくなるがゆえに安楽に住する。そして、安楽に住する比丘は、まさしく涅槃にいたれる者と称せられる。

比丘たちよ、また、受において、その無常なること、変易することを知り、貪りを離れ、滅尽すべきものなることを知り、さきの受もいまの受も、すべては無常・苦にして移ろい変るものなることを、あるがままに正しき智慧をもって観るならば、その時、歎き・悲しみ・苦しみ・憂い・悩みは消滅するであろう。それらが消滅するがゆえに心の動揺はなくなる。心の動揺がなくなるがゆえに安楽に住する。そして、安楽に住する比丘は、まさしく涅槃にいたれる者と称せられる。

比丘たちよ、また想において、……

比丘たちよ、また行において、……

また、比丘たちよ、識において、その無常なること、変易するものなることを知り、貪りを離れ、滅尽すべきものなることを知り、さきの識もいまの識も、すべては無常・苦にして移ろい変るものなることを、あるがままに正しき智慧をもって観るならば、その時、歎き・悲しみ・苦しみ・憂い・悩みは消滅するであろう。それらが消滅するがゆえに、心の動揺はなくなる。心の動揺がなくなれば、安楽に住する。そして、安楽に住する比丘は、まさしく涅槃にいたれる者と称せられる」

注解　ここに「自洲」(Attadipa = relying on oneself) と題する経がある。自己と法とを究極の依りどころとして、世の苦悩を徹底的に観察し、これを克服するがよいと教えるのであるが、ここでも、また、五蘊における無常・苦・無我がその観察の対象である。

＊洲 (dipa = an island between two waters)　河または海のなかの洲であって、それによって、ものみな移ろうこの世における不動の依処を意味するのである。

32　道

南伝　相応部経典　二二、四四、道／漢訳　雑阿含経　三、一五―一六、其道

かようにわたしは聞いた。

ある時、世尊は、サーヴァッティー（舎衛城）のジェータ（祇陀）林なるアナータピンディカ（給孤独）の園にましました。

その時、世尊は、比丘たちに告げて仰せられた。

「比丘たちよ、わたしは、汝らのために、この身という考え方の成立にいたる道と、この身という考え方の滅尽にいたる道とを説こうと思う。よく聞くがよい。

比丘たちよ、では、この身という考え方の成立にいたる道とはなんであろうか。

比丘たちよ、ここに、いまだ教えを聞かぬ人々があるとするがよい。彼らは、いまだ聖者にまみえず、聖者の法を知らず、聖者の法を行ぜず。あるいは、いまだ善き人を見ず、善き人の法を知らず、善き人の法を行ぜず。だから、彼らは、色（肉体）は我である、われは色を有す、わがうちに色がある、あるいは、色のなかに我があると考える。

また、彼らは、受（感覚）は我である、……

また、彼らは、想（表象）は我である、……

また、彼らは、行（意志）は我である、……

また、彼らは、識（意識）は我である、われは識を有す、わがうちに識がある、あるいは、識のなかに我があると考える。

比丘たちよ、これを呼んで、〈この身という考え方の成立にいたる道だ、この身という考え方の成立にいたる道だ〉というのである。だからして、比丘たちよ、そのいう意味は、これこそ〈苦の生起にいたる考え方だ〉ということである。

では、比丘たちよ、この身という考え方の滅尽にいたる道とはなんであろうか。

比丘たちよ、ここに、わたしの教えを聞いた聖なる弟子たちがあるとするがよい。彼らは、すでに聖者にまみえ、聖者の法を知り、聖者の法を行じた。あるいは、すでに善き人にまみえ、善き人の法を知り、善き人の法を行じた。だから、彼らは、もはや、色は我である、われは色を有す、わがうちに色がある、あるいは、色のなかに我があるとは考えない。

また、彼らは、もはや、受は我である、……

また、彼らは、もはや、想は我である、……

また、彼らは、もはや、行は我である、……

また、彼らは、もはや、識は我である、われは識を有す、わがうちに識がある、あるいは、識のなかに我があるとは考えない。

比丘たちよ、これを呼んで、〈この身という考え方の滅尽にいたる道だ、この身という考え方の滅尽にいたる道だ〉というのである。比丘たちよ、だからして、そのいう意味は、これこそ〈苦の滅尽にいたる考え方だ〉ということなのである」

注解　ここには「道」（Paṭipadā＝the way to）と題する経がある。そこには、「この身という考え方の成るにいたる道」と、「この身という考え方の滅するにいたる道」とが、対比して語られている。

＊この身という考え方の成立にいたる道（sakkāyasamudayagāminī paṭipadā＝the way leading to the rise of the body in being）それを古来の漢訳においては「有身集起道」と訳している。

＊この身という考え方の滅尽にいたる道（sakkāyanirodhagāminī paṭipadā＝the way leading to the destruction of the existing body) それを古来の漢訳においては「有身集滅道」と訳している。

33 無常（1）

南伝　相応部経典　二二、四五、無常（1）／漢訳　雑阿含経　三、三五、清浄

かようにわたしは聞いた。

ある時、世尊は、サーヴァッティー（舎衛城）のジェータ（祇陀）林なるアナータピンディカ（給孤独）の園にましました。

その時、世尊は、比丘たちに告げて仰せられた。

「比丘たちよ、色（肉体）は無常である。無常であるから苦である。苦であるから無我である。無我であるから、これはわが所有《もの》にあらず、我にあらず、またわが本体でもない。そのように正しき智慧をもって如実に見るがよい。そのように正しき智慧をもって見れば、その心は執するところなく、煩悩を離れて解脱するであろう。

比丘たちよ、受（感覚）は無常である。……

比丘たちよ、想（表象）は無常である。……

比丘たちよ、行（意志）は無常である。……

比丘たちよ、識（意識）は無常である。無常であるから苦である。苦であるから無我

である。無我であるから、これはわが所有にあらず、我にあらず、またわが本体でもない。そのように正しき智慧をもって如実に見るがよい。そのように正しき智慧をもって見れば、その心は執するところなく、煩悩を離れて解脱するであろう。

比丘たちよ、もし色の世界において、その心は執するところなく、煩悩を離れて解脱し、受の世界において、……想の世界において、……行の世界において、……識の世界において、その心は執するところなく、煩悩を離れて解脱すれば、解脱せるがゆえに、動揺せず、動揺せざるがゆえに充ち足り、充ち足るがゆえに恐怖せず、恐怖せずして、おのずから完全に涅槃し、〈わが迷いの生はすでに尽きた。清浄の行はすでに成った。作すべきことはすでに弁じた。このうえは、さらに迷いの生を繰返すことはないであろう〉と知るのである」

注解　ここに、また「無常」(Aniccatā = impermanence) と題する経がある。この経もまた、きわめて基本的な説法であって、正智をもって五蘊を如実知見するとき、執著をはなれて、解脱する所以が示されている。

34　無常(2)

南伝　相応部経典　二二、四六、無常(2)／漢訳　雑阿含経　三、三六、正観察かようにわたしは聞いた。

ある時、世尊は、サーヴァッティー(舎衛城)のジェータ(祇陀)林なるアナータピンディカ(給孤独)の園にましました。

その時、世尊は、比丘たちに告げて仰せられた。

「比丘たちよ、色(肉体)は無常である。無常であるから苦である。苦であるから無我である。無我であるから、これはわが所有《もの》にあらず、我にあらず、また、わが本体でもない。そのように、正しき智慧をもって如実に観察するがよいのである。

比丘たちよ、受(感覚)は無常である。……

比丘たちよ、想(表象)は無常である。……

比丘たちよ、行(意志)は無常である。……

比丘たちよ、識(意識)は無常である。無常であるから苦である。苦であるから無我である。無我であるから、これはわが所有にあらず、我にあらず、また、わが本体でもない。そのように、正しき智慧をもって如実に観察するがよいのである。

そのように、正しき智慧をもって如実に観察するならば、遠い過去をふり返ってああ思いこう思うこともない。遠い過去をふり返ってああ思いこう思うことがなければ、遠い未来を思いやってああ思いこう思うこともないであろう。遠い未来を思いやってああ思いこう思うことがなければ、しつこい執著もないであろう。もはやしつこい執著がなくなれば、その心は、色（肉体）において執するところなく、煩悩を離れて解脱し、……受（感覚）において、……想（表象）において、……行（意志）において、……また識（意識）において執するところなく、煩悩を離れて解脱するであろう。解脱するがゆえに、もはや動揺することなく、動揺せざるがゆえに充ち足り、充ち足るがゆえに恐怖せず、恐怖せざるがゆえに、おのずからまったく涅槃して、〈わが迷いの生はすでに尽きた。清浄の行はすでに成った。作すべきことはすでに弁じた。このうえは、さらに迷いの生を繰返すことはないであろう〉と知るのである」

注解　この経もまた「無常」（Aniccatā = impermanence）と題する。ほぼ前経とおなじ趣旨の所説であるが、ただ、遠き過去、遠き未来について思うことに言及している点が異なる。

35　意見　南伝　相応部経典　二二、四七、観見／漢訳　雑阿含経　三、五、等観察

かようにわたしは聞いた。

ある時、世尊は、サーヴァッティー（舎衛城）のジェータ（祇陀）林なるアナータピンディカ（給孤独）の園にましました。

その時、世尊は、比丘たちに告げて仰せられた。

「比丘たちよ、ある沙門や婆羅門たちは、いろいろの考え方で、我《が》というものがあると考えている。たとえば、人間を構成する五つの要素（五蘊）、もしくは、その一つについてそう考えるのである。その五つとはなんであろうか。

比丘たちよ、ここに一人の、まだ教えを聞かない人があるとするがよい。彼は、いまだ、聖者にまみえず、聖者の法を知らず、聖者の法を行ぜず。あるいは、いまだ、善き人を見ず、善き人の法を知らず、善き人の法を行ぜず。だから、彼は、色（肉体）は我《われ》である、われは色を有す、わがうちに色がある、あるいは、色のなかに我があると考える。また彼は、受（感覚）は我である、……想（表象）は我である、……行（意志）は我である、……識（意識）は我である、われは識を有す、わがうちに識がある、あるいは、識のなかに我があると考える。そのように考えるのは、それは、つまり、〈われあり〉と考えているのである。

比丘たちよ、さらに、〈われあり〉との考えを抱くものは、また、五根にはまり込んでいるのである。すなわち、眼根《げんこん》・耳根《にこん》・鼻根・舌根・身根にはまり込んでいるのである。

比丘たちよ、心（意）があり、対象（法）があり、意識（識）の世界がある。無明が対象に触れて感覚が生ずる。その感覚に育てられて、まだ教えを聞いたことのない一般の人々には、〈われあり〉との考えが生ずる、〈これがわれだ〉との考えが生ずる、あるいは、未来はきっとあるにちがいないと考えたり、いや、未来はないであろうと考えたりする。あるいはまた、あるいは、色（肉体）は有であると考えたり、いや、色は無であると考えたりする。また、あるいはまた、それらは、知覚があるだろうとか、いや、知覚がないだろうとか、もしくは、知覚があるでもなく、知覚がないでもないのだと考えたりする。

比丘たちよ、まさに、そこでは、五根がまだ頑張っているのである。だが、そこで、よく教えを聞いた聖なる弟子たちには、無明が断ぜられて、智が生ずる。彼には、無明が消えさり、智が生ずるがゆえに、もはや、〈われあり〉との考えは生じない、〈これがわれだ〉との考えもおこらない、あるいは、未来はきっと存するにちがいないとも思わず、また、未来はないであろうとも考えない。あるいはまた、色は有であるとか、色は無であるとかとも思わないし、また、あるいは、それらには、知覚があるだろうとか、知覚がないだろうとか、もしくは、知覚があるでもなく、ないでもないと考えることもないのである」

注解　ここに「意見」（Samanupassanā＝considering）と題する経がある。いろいろの考え方というほどの意であろう。そこでは、釈尊が、比丘たちのために説いて、「ある沙門や婆羅門たちは、いろいろの考え方で、我《が》というものがあると考えている」とて、それらの考え方を語るのである。

36　蘊　南伝　相応部経典　二二、四八、蘊／漢訳　雑阿含経　二、二三、陰

かようにわたしは聞いた。

ある時、世尊は、サーヴァッティー（舎衛城）のジェータ（祇陀）林なるアナータピンディカ（給孤独）の園にましました。

その時、世尊は、比丘たちに告げて説きたもうた。

「比丘たちよ、わたしは、いま、汝らのために、人間を構成する五つの要素（五蘊）と、生に取著《しゆじやく》する五つの要素（五取蘊）を説こう。よく聞くがよい。

比丘たちよ、では、人間を構成する五つの要素とはなんであろうか。

比丘たちよ、あらゆる色（肉体）は、それが過去のものであれ、未来のものであれ、現在のものであれ、あるいは、内外、精粗、勝劣、遠近の別をとわず、それらは、すべて名づけて色蘊《しきうん》となす。

比丘たちよ、あらゆる受（感覚）は、……すべて名づけて受蘊となす。

比丘たちよ、あらゆる想（表象）は、……すべて名づけて想蘊となす。

比丘たちよ、あらゆる行（意志）は、……すべて名づけて行蘊となす。

比丘たちよ、あらゆる識（意識）は、……すべて名づけて識蘊となす。

比丘たちよ、これらを名づけて五蘊となすのである。

では、比丘たちよ、生に取著する五つの要素とはなんであろうか。

比丘たちよ、あらゆる色（肉体）は、それが過去のものであれ、未来のものであれ、また現在のものであれ、あるいは、内外、精粗、勝劣、遠近の別をとわず、それらはすべて、人の心を酔わせるものであり、生に取著するものである。かくて、それらは、すべて名づけて色取蘊《しきしゅうん》となす。

比丘たちよ、あらゆる受（感覚）は、……すべて人の心を酔わせるものであり、生に取著するものである。かくて、それらは、すべて名づけて受取蘊となす。

比丘たちよ、あらゆる想（表象）は、……すべて人の心を酔わせるものであり、生に取著するものである。かくて、それらは、すべて名づけて想取蘊となす。

比丘たちよ、あらゆる行（意志）は、……すべて人の心を酔わせるものであり、生に取著するものである。かくて、それらは、すべて名づけて行取蘊となす。

比丘たちよ、あらゆる識（意識）は、……すべて人の心を酔わせるものであり、生に取著するものである。かくて、それらは、すべて名づけて識取蘊となす。

比丘たちよ、これらを名づけて五取蘊となすのである」

注解　ここに「蘊」（Khandhā = factors）と題する経がある。ここでは、釈尊は、ただ、五蘊

（pañca-kkhandhā = the fivefold factors）と、五取蘊（pañcupādāna-kkhandhā = the factors of the fivefold clinging to existence）とを、並べて説明しておられるのみである。

37 ソーナ（輸屢那）〈1〉

南伝　相応部経典　二二、四九、輸屢那（1）／漢訳　雑阿含経　一、三〇、輸屢那

かようにわたしは聞いた。

ある時、世尊は、ラージャガハ（王舎城）のヴェールヴァナ（竹林）なる栗鼠養餌所《りすようじしょ》にましました。

その時、居士《こじ》の子のソーナ（輸屢那）なるものがあり、世尊のいます処に至り、世尊を拝して、その傍らに坐した。

傍らに坐した居士の子ソーナに、世尊は仰せられた。

「ソーナよ、いかなる沙門もしくは婆羅門にあれ、もし彼が、無常・苦にして変り移ろう色（肉体）をもって、〈われは勝れり〉と思い、〈われは等し〉と思い、あるいは〈われは劣れり〉と思うならば、それを、どうして、如実に見ているものということができようか。

ソーナよ、また、いかなる沙門もしくは婆羅門にあれ、もし彼が、無常・苦にして変り移ろう受（感覚）をもって、……どうして、それを、如実に見ているものということ

ができようか。

ソーナよ、また、いかなる沙門もしくは婆羅門にあれ、もし彼が、無常・苦にして変り移ろう想（表象）をもって、……どうして、それを、如実に見ているものということができようか。

ソーナよ、また、いかなる沙門もしくは婆羅門にあれ、もし彼が、無常・苦にして変り移ろう行（意志）をもって、……それを、どうして、如実に見ているものということができようか。

また、ソーナよ、いかなる沙門もしくは婆羅門にあれ、もし彼が、無常・苦にして変り移ろう識（意識）をもって、〈われは勝れり〉と思い、〈われは等し〉と思い、あるいは、〈われは劣れり〉と思うならば、それを、どうして、如実に見ているものということができようか。

しかるに、ソーナよ、いかなる沙門もしくは婆羅門にあれ、もし彼が、無常・苦にして移ろい変る色（肉体）をもって、〈われは勝れり〉と思わず、〈われは等し〉とも思わず、あるいは、〈われは劣れり〉とも思わなかったならば、それこそ、如実に見ているものに他ならない。

ソーナよ、また、いかなる沙門もしくは婆羅門にあれ、もし彼が、無常・苦にして移ろい変る受（感覚）をもって、……それこそ、如実に見ているものに他ならない。

ソーナよ、また、いかなる沙門もしくは婆羅門にあれ、もし彼が、無常・苦にして移ろい変る想（表象）をもって、……それこそ、如実に見ているものに他ならない。ソーナよ、また、いかなる沙門もしくは婆羅門にあれ、もし彼が、無常・苦にして移ろい変る行（意志）をもって、……それこそ、如実に見ているものに他ならない。

また、ソーナよ、いかなる沙門もしくは婆羅門にあれ、もし彼が、無常・苦にして移ろい変る識（意識）をもって、〈われは勝れり〉と思わず、〈われは等し〉とも思わず、あるいは、〈われは劣れり〉とも思わなかったならば、それこそ、如実に見ているものに他ならないのである。

では、ソーナよ、汝はいかに思うか。色（肉体）は常であろうか、無常であろうか」

「大徳よ、無常であります」

「もし無常ならば、それは、苦であろうか、楽であろうか」

「大徳よ、苦であります」

「では、もし、無常・苦にして移ろい変るものならば、これを観じて、これはわが所有《もの》である、これは我である、これはわが本体であるとするのは適当であろうか」

「大徳よ、そうではありません」

「では、ソーナよ、汝はいかに思うか。受（感覚）は常であろうか、無常であろうか」

「大徳よ、無常であります」

「……想（表象）は……」

「……行（意志）は……」

「では、また、ソーナよ、汝はいかに思うか。識（意識）は常であろうか、無常であろうか」

「大徳よ、無常であります」

「もし無常ならば、それは、苦であろうか、楽であろうか」

「大徳よ、苦であります」

「では、もし、無常・苦にして移ろい変るものならば、これを観じて、これはわが所有である、これは我である、これはわが本体であるとするのは適当であろうか」

「大徳よ、そうではありません」

「されば、ソーナよ、あらゆる色（肉体）は、それが過去のものであれ、未来のものであれ、また現在のものであれ、あるいは、内外、精粗、勝劣、遠近の別を問うことなく、それらはすべて、これはわが所有ではない、これは我ではない、これはわが本体ではないのだと、そのように、正しい智慧をもってあるがままに見るがよい。


また、ソーナよ、あらゆる受（感覚）は、……あらゆる想（表象）は、……あらゆる行（意志）は、……

ソーナよ、また、あらゆる識（意識）は、それが過去のものであれ、未来のものであれ、また現在のものであれ、あるいは、内外、精粗、勝劣、遠近の別を問うことなく、それらはすべて、これはわが所有ではない、これは我ではない、これはわが本体ではないのだと、そのように、正しい智慧をもって、あるがままに見るがよいのである。

ソーナよ、そのようにして、わたしの教えを聞いた聖なる弟子たちは、色（肉体）において厭い離れ、受（感覚）において厭い離れ、想（表象）において厭い離れ、行（意志）において厭い離れ、また識（意識）において厭い離れる。厭い離れて貪りを離れる。貪りを離れることによって解脱する。解脱すると、解脱したとの自覚が生じて、〈わたしの迷いの生涯はすでに尽きた。清浄の行はすでに成った。作すべきことはすでに弁じた。このうえは、もはや迷いの生を繰返すことはない〉と知るにいたるのである」

注解　ここに「ソーナ」（Soṇa, 輸屢那）と題する経がある。それは人名である。彼は、チャンパー（瞻波）の長者の子に生れ、僧伽に投じてのちは、精進勇猛にすぎて、師の教誡を受けたことをもって知られる。いま、ここでも、釈尊は、彼のために説くに、五蘊を如実に見ることを語っているが、その教誡の中途にあって、日ごろ教える五蘊の無常・苦・無我なることについて、彼に教義問答をこころみておられる。注目していただきたい。

38　ソーナ（輸屢那）〈2〉

南伝　相応部経典　二二、五〇、輸屢那（2）／漢訳　雑阿含経　一、三一、輸屢那

かようにわたしは聞いた。

ある時、世尊は、ラージャガハ（王舎城）のヴェールヴァナ（竹林）なる栗鼠養餌所にましました。

その時、居士の子にソーナ（輸屢那）なるものがあって、世尊のいます処に至り、世尊を拝して、その傍らに坐した。

傍らに坐した居士の子ソーナに、世尊は仰せられた。

「ソーナよ、いかなる沙門もしくは婆羅門にあれ、もし彼が、色（肉体）を知らず、色の生起を知らず、色の滅尽を知らず、色の滅尽にいたる道を知らず、また、受（感覚）を知らず、受の生起を知らず、受の滅尽を知らず、受の滅尽にいたる道を知らず、さらに、想（表象）を知らず、……行（意志）を知らず、……識（意識）を知らず、識の生起を知らず、識の滅尽を知らず、識の滅尽にいたる道を知らなかったならば、ソーナよ、かの沙門もしくは婆羅門は、沙門のなかにあって沙門にふさわしき者にあらず、婆羅門のなかにあって婆羅門にふさわしき者にあらず。また、さらにいうなれば、かの長老たちといえども、この世に生ける間において、沙門の意義、もしくは婆羅門の意義を、よく理解し、よく実証して、それをその身に具足して住することはできないであろ

う。

しかるを、ソーナよ、いかなる沙門もしくは婆羅門にあれ、もし彼が、よく色（肉体）を知り、色の生起を知り、色の滅尽を知り、また、色の滅尽にいたる道を知り、あるいは、よく受（感覚）を知り、受の生起を知り、受の滅尽を知り、また、受の滅尽にいたる道を知り、あるいは、さらに、よく想（表象）を知り、……行（意志）を知り、……また、よく識（意識）を知り、識の生起を知り、識の滅尽を知り、識の滅尽にいたる道を知るならば、ソーナよ、かの沙門もしくは婆羅門は、沙門のなかにあって沙門にふさわしい者であり、婆羅門のなかにあって婆羅門にふさわしい者であるといえる。また、さらにいうなれば、かの長老たちは、この世に生ける間において、沙門の意義、もしくは婆羅門の意義を、よく理解し、よく実証して、それをその身に具足して住することができるであろう」

注解　この経もまた「ソーナ」（Soṇa, 輸屢那）なる経題を有する。そして、彼のためにかの師が説いたことは、この五蘊のことをよく知ることが、沙門もしくは婆羅門にとってふさわしいことだというのである。釈尊のよく説かれた論題である。

39　喜び尽きて（1）　南伝　相応部経典　二二、五一、喜尽（1）

かようにわたしは聞いた。

ある時、世尊は、サーヴァッティー（舎衛城）のジェータ（祇陀）林なるアナータピンディカ（給孤独）の園にましました。

その時、世尊は、比丘たちに告げて説きたもうた。

「比丘たちよ、もし比丘が、無常なる色（肉体）を無常であると見るとき、その時、彼は正見*にいたる。正しく見れば、おのずから厭う心が生ずる。そして、喜*ぶ心がなくなるから、貪りがなくなる。また、貪りがなくなるから、喜ぶ心がなくなる。かくして、心がよろこび（喜）身体がもえる（貪）ことがなくなるゆえに、心が自由となる。これを、よく解脱せるものというのである。

比丘たちよ、また、もし比丘が、無常なる受（感覚）を無常であると見るとき、その時、彼は正見にいたる。正しく見れば、おのずから厭う心が生ずる。そして、喜ぶ心がなくなるから、貪りがなくなる。また、貪りがなくなるから、喜ぶ心がなくなる。かくして、心がよろこび（喜）身体がもえる（貪）ことがなくなるゆえに、心が自由となる。これを、よく解脱せるものというのである。

比丘たちよ、また、もし比丘が、無常なる想（表象）を無常であると見るとき、……

比丘たちよ、また、もし比丘が、無常なる行（意志）を無常であると見るとき、……また、比丘たちよ、もし比丘が、無常なる識（意識）を無常であると見るとき、その時、彼は正見にいたる。正見すれば、おのずから、厭う心が生ずる。そして、喜ぶ心がなくなるから、貪りがなくなる。また、貪りがなくなるから、喜ぶ心がなくなる。かくして、心がよろこび（喜）身体がもえる（貪）ことがなくなるゆえに、心が自由となる。これをよく解脱せるものというのである」

注解　ここに「喜尽」（Nandikkhaya＝the destruction of the lure）と題する経がある。ここでは、釈尊は、無常の認得より解脱にいたる過程を、やや分析的に語っている。そこでは、喜ぶ心がなくなることが、その過程の一つとして語られているところから、この経題となったものと思われる。

＊正見（sammādiṭṭhi＝right view）　正しい見方である。八正道の第一支である。

＊喜（nandi＝joy）　よろこぶ心である。心がよろこび（喜）身体がもえる（貪）ことを、古来の漢訳は「喜貪倶行」などと訳した。

40 喜び尽きて（2）　南伝　相応部経典　二二、五二、喜尽（2）

かようにわたしは聞いた。

ある時、世尊は、サーヴァッティー（舎衛城）のジェータ（祇陀）林なるアナータピンディカ（給孤独）の園にましました。

その時、世尊は、比丘たちに告げて説きたもうた。

「比丘たちよ、色（肉体）を徹底的に思考し、その無常性をあるがままに観察するがよろしい。比丘たちよ、もし比丘が、色を徹底的に思考して、その無常性をあるがままに観察するならば、彼は色にたいしておのずから厭う心を生ずるであろう。そうすると、喜ぶ心がなくなるから、貪りがなくなる。貪りがなくなると、また喜ぶ心がなくなる。かくして、心がよろこび（喜）身体がもえる（貪）ことがなくなると、心が自由になる。これを、よく解脱せるものというのである。

比丘たちよ、また、受（感覚）を徹底的に思考し、その無常なることを、あるがままに観察するがよい。比丘たちよ、もし比丘が、受を徹底的に思考して、その無常なることをあるがままに観察するならば、彼は、受にたいして、おのずから厭う心を生ずるであろう。そうすると、喜ぶ心がなくなるから、貪りがなくなる。貪りがなくなると、また喜ぶ心がなくなる。かくして心がよろこび（喜）身体がもえる（貪）ことがなくなると、おのずから、心が自由になる。これを、よく解脱せるものというのである。

比丘たちよ、また、想（表象）を徹底的に思考し、その無常なることを、あるがままに観察するがよい。……

比丘たちよ、また、行（意志）を徹底的に思考し、その無常なることを、あるがままに観察するがよい。……

また、比丘たちよ、識（意識）を徹底的に思考し、その無常なることを、あるがままに観察するがよい。比丘たちよ、もし比丘が、識を徹底的に思考して、その無常なることを、あるがままに観察するならば、彼は、識にたいして、おのずから厭う心を生ずるであろう。そうすると、喜ぶ心がなくなるから、貪りがなくなる。貪りがなくなると、また喜ぶ心がなくなる。かくして、心がよろこび（喜）身体がもえる（貪）ことがなくなると、おのずから、心が自由になる。これを、よく解脱せるものというのである」

注解　この「喜尽」（Nandikkhaya = the destruction of the lure）と題する経もまた、前経とおなじ趣の所説であるが、ただその表現がすこし難しくなっているようである。

41　近づく　南伝　相応部経典　二二、五三、封滞／漢訳　雑阿含経　二、八、封滞

かようにわたしは聞いた。

ある時、世尊は、サーヴァッティー（舎衛城）のジェータ（祇陀）林なるアナータピンディカ（給孤独）の園にましました。

その時、世尊は、比丘たちに告げて仰せられた。

「比丘たちよ、近づくものは解脱しない。近づかないものは解脱する。

比丘たちよ、色（肉体）に近づけば、意識がそれにひっかかって動かなくなり、色を楽しみ、色を依りどころとして、喜びを追求しつづけ、それがさらに生育し、成長し、広大なるにいたるであろう。

比丘たちよ、受（感覚）に近づけば、……

比丘たちよ、想（表象）に近づけば、……

比丘たちよ、行（意志）に近づけば、……

比丘たちよ、もし人ありて、〈われは、色とは別に、受とは別に、想とは別に、また行とは別に、なお、識（意識）の来往、生滅、あるいは、生育、成長、広大を説明してみせよう〉といったとしても、そんなことができる道理はない。

比丘たちよ、もし比丘が、すべて色（肉体）にたいする貪りを放棄するならば、その

貪りの放棄によって、識の足場は断たれる。だから、もはや、識のよって立つところはない。また、比丘たちよ、もし比丘が、すべて受（感覚）にたいする貪りを放棄するならば、……すべて想（表象）にたいする貪りを放棄するならば、……すべて行（意志）にたいする貪りを放棄するならば、……また、すべて識（意識）にたいする貪りを放棄するならば、その貪りの放棄によって、その足場は断たれる。だから、もはや、識のよって立つところはないのである。

かくて、よって立つところがないゆえに、識はもはや生育することなく、作用をいとなむことがないので、まったく自由である。自由であるから安住する。安住するからおのずからにして足り、自足するがゆえに恐るるところがない。恐るるところがないから、して、おのずからにしてまったく完璧となり、〈わが迷いの生はすでに尽きた。清浄の行はすでに成った。作すべきことはすでに弁じた。もはや迷いの生涯を繰返すことはない〉と知るのである」

注解 ここに「近づく」（Upāyo = approach）と題する経がある。「近づく」とは、厭離の反対である。つまり、「近づくものは解脱せず、近づかないものは解脱する」である。釈尊は、ここに、その関係を分析して説いておられるのである。

42　種子　南伝　相応部経典　二二、五四、種子／漢訳　雑阿含経　二、七、種子

かようにわたしは聞いた。

ある時、世尊は、サーヴァッティー（舎衛城）のジェータ（祇陀）林なるアナータピンディカ（給孤独）の園にましました。

その時、世尊は、比丘たちに説いて仰せられた。

「比丘たちよ、五つの種類のたねがある。その五つとはなんであろうか。いわく、根のたね、茎のたね、枝のたね、節のたね、種子のたねである。

比丘たちよ、それらの五つの種類のたねが、たとえ、壊れず、腐らず、風や暑さにそこなわれず、うまく芽を出し、うまく植え付けられても、もし土がなく、水がなかったならば、比丘たちよ、それらの五つの種類のたねは、よく生育し、成長して、繁茂するにいたるであろうか」

「大徳よ、そうはまいりません」

「比丘たちよ、では、それらの五つの種類のたねは、壊れ、腐り、風や暑熱にそこなわれて、うまく芽を出さず、うまく植え付けられなくとも、比丘たちよ、もし土があり、水がありさえするならば、それらの五種のたねは、よく生育し、成長して、繁茂するにいたるであろうか」

「大徳よ、そうはまいりません」

「では、比丘たちよ、それらの五種のたねが、壊れず、腐らず、風や暑熱にそこなわれず、うまく芽を出し、うまく植え付けられて、かつ、土があり、水があるとするならば、比丘たちよ、それらの五種のたねは、よく生育し、成長し、繁茂するにいたるであろうか」

「大徳よ、そうでありましょう」

「比丘たちよ、ここに地というのは、識のよってなる四つの足場（色・受・想・行）を譬えたものと見るがよい。また、比丘たちよ、ここに水というのは、心に喜び身を燃やす（喜貪）ことを譬えたものと見るがよい。そして、比丘たちよ、五種のたねというのは、その識を養うものを譬えたものと知るがよいのである。

比丘たちよ、色（肉体）に近づけば、意識がそれにひっかかって動かなくなり、色を楽しみ、色を依りどころとして、喜びを追求しつづけ、それがさらに生育し、成長して、広大なるにいたる。

比丘たちよ、受（感覚）に近づけば、……

比丘たちよ、想（表象）に近づけば、……

比丘たちよ、行（意志）に近づけば、……

比丘たちよ、もし人ありて、〈わたしは、色とは別に、受とは別に、想とは別に、また行とは別に、なお識（意識）の来往、生滅、あるいは、生育、成長、広大を説明してみせよう〉といったとしても、そんなことができる道理はない。

比丘たちよ、もし比丘が、すべて色（肉体）にたいする貪りを放棄するならば、その貪りの放棄によって、識の足場は断たれる。だから、もはや、識のよって立つところはない。また、比丘たちよ、もし比丘が、すべて受（感覚）にたいする貪りを放棄するならば、……すべて想（表象）にたいする貪りを放棄するならば、……すべて行（意志）にたいする貪りを放棄するならば、……また、すべて識（意識）にたいする貪りを放棄するならば、その貪りの放棄によって、その足場は断たれる。だから、もはや、識のよって立つところはないのである。

かくて、識は、そのよって立つところがないゆえに、もはや生育することもなく、作用をいとなむこともないので、まったく自由である。自由であるから安住する。安住するからおのずからにして足り、自足するがゆえに恐るるところがない。恐るるところがないからして、おのずからにしてまったく完璧となり、〈わが迷いの生はすでに尽きた。清浄の行はすでに成った。作すべきことはすでに弁じた。もはや迷いの生涯を繰返すことはない〉と知るのである」

注解　ここに「種子」（Bijam = seed）をもって題する経がある。この経の後半は、まったく前経とおなじである。

43 感興語　南伝　相応部経典　二二、五五、優陀那／漢訳　雑阿含経　三、六、優陀那

かようにわたしは聞いた。

ある時、世尊は、サーヴァッティー（舎衛城）のジェータ（祇陀）林なるアナータピンディカ（給孤独）の園にましました。

その時、世尊は、つぎのような感興の偈《げ》を口ずさまれた。

「我《われ》ちょうもののなかりせば
我《わ》がものとてはなかるべし
我ちょうものはなかるべし
我がものとてはなかるらん
比丘がもしそのように確信するならば、彼はよく、*人をこの世に結びつける束縛を断つことができるであろう」

その時、一人の比丘があり、そのことばを聞いて、世尊に申しあげた。

「大徳よ、もし比丘が、
我ちょうもののなかりせば

我がものとてはなかるべし
我ちょうものはなかるべし
我がものとてはなかるらん

と、もしそのように確信するならば、彼はよく、人をこの世に結びつける束縛を断つことができるであろう、と仰せられるのは、どのようなことでありましょうか」

「それについては、比丘よ、ここに、まだわたしの教えを聞かない一人の凡夫がある。彼は、まだ、聖者にまみえず、聖者の法を知らず、聖者の法にしたがわず、あるいは、なお、善き人にまみえず、善き人の法を知らず、善き人の法にしたがわない。だから、彼は、色（肉体）が我である、われは色を有す、わがうちに色があり、色のなかに我があると考える。

比丘たちよ、ここに、まだわたしの教えを聞かない一人の凡夫がある。彼は、……受（感覚）が……、想（表象）が……、行（意志）が……、識（意識）が我である、われは識を有す、わがうちに識があり、識のなかに我があると考える。

比丘たちよ、彼はまた、無常なる色を、あるがままに、〈色は無常なり〉と知らず、無常なる受を、……無常なる想を、……無常なる行を、……無常なる識を、あるがままに、〈識は無常なり〉と知らない。

彼はまた、苦なる色を、あるがままに、〈色は苦なり〉と知らず、苦なる受を、……

苦なる想を、……苦なる行を、……苦なる識を、あるがままに、〈識は苦なり〉と知らない。

彼はまた、無我なる色を、あるがままに、〈色は無我なり〉と知らず、無我なる受を、……無我なる想を、……無我なる行を、……無我なる識を、あるがままに、〈識は無我なり〉と知らない。

彼はまた、生滅する色を、あるがままに、〈色は生滅する〉と知らず、生滅する受を、……生滅する想を、……生滅する行を、……生滅する識を、あるがままに、〈識は生滅する〉と知らない。

また、彼は、色は滅すると、あるがままに知らず、受は滅すると、……想は滅すると、……行は滅すると、……識は滅すると、あるがままに知らない。

しかるに、比丘たちよ、わたしの教えを聞いた聖なる弟子は、聖者にまみえ、聖者の法を知り、聖者の法にしたがい、あるいは、善き人にまみえ、善き人の法を知り、善き人の法にしたがう。だから、彼は、色は我である、われは色を有す、わがうちに色があり、色のなかに我があるとは考えない。また、受は……、想は……、行は……、識は我であるとも考えない。

彼はまた、無常なる色を、あるがままに、〈色は無常である〉と知り、無常なる受を、……無常なる想を、……無常なる行を、……無常なる識を、あるがままに、〈識は無常である〉と知る。

また、彼は、苦なる色を、あるがままに、〈色は苦である〉と知り、……苦なる識を、あるがままに、〈識は苦である〉と知る。

また、彼は、無我なる色を、あるがままに、〈色は無我である〉と知り、……無我なる識を、あるがままに、〈識は無我である〉と知る。

また、彼は、生滅する色を、あるがままに、〈色は生滅する〉と知り、……生滅する識を、あるがままに、〈識は生滅する〉と知る。

彼は、また、色は滅すると、あるがままに知り、……識は滅すると、あるがままに知るのである。

そのように、彼においては、色が滅し、受が滅し、想が滅し、行が滅し、また、識が滅するがゆえに、彼は、確信していうのである。

我ちょうもののなかりせば
我がものとてはなかるらん
我ちょうものはなかるべし
我がものとてはなかるらん

もし比丘が、そのように確信するならば、彼はよく、人をこの世に結びつける束縛を断つことができるであろう」

その時、かの比丘は、世尊に申しあげた。

「大徳よ、もし比丘がそのように確信するならば、彼は、きっと、人をこの世に結びつける束縛を断つことができるでありましょう。だが、大徳よ、いったい、いかに知り、いかに見るならば、人の心を酔わしめるものを、永久に断つことができるでありましょうか」

「比丘よ、ここに一人の、わたしの教えを聞いたことのない凡夫がある。彼は、怖畏すべきことのないところにおいて怖畏を感ずる。比丘よ、まだわたしの教えを聞いたことのない凡夫にとっては、

我ちょうもののなかりせば
我がものとてはなかるらん
我ちょうものはなかるべし
我がものとてはなかるらん

ということは怖畏なのである。

比丘よ、すでにわたしの教えを聞いた聖なる弟子は、怖畏すべきことのないところにおいて、怖畏を感じない。比丘よ、すでにわたしの教えを聞いた聖なる弟子にとっては、

我ちょうもののなかりせば
我がものとてはなかるらん

我ちょうものはなかるべし
我がものとてはなかるらん
ということは、怖畏すべきことではないのである。

比丘よ、色に近づけば、意識がそれにひっかかって動かなくなり、色を楽しみ、色を依りどころとして、喜びを追求しつづけ、それがさらに、生育し、成長し、広大なるにいたるであろう。

比丘よ、受に近づけば、……

比丘よ、想に近づけば、……

比丘よ、行に近づけば、意識がそれにひっかかって動かなくなり、色を楽しみ、色を依りどころとして、喜びを追求しつづけ、それがさらに、生育し、成長し、広大なるにいたるであろう。

比丘よ、もし人あって、〈わたしは、色とは別に、受とは別に、想とは別に、また行とは別に、なお、識の来往、生滅、あるいは、生育、成長、広大を説明してみせよう〉といったとしても、そんなことができる道理はない。

比丘よ、しかるに、もし比丘が、すべて色にたいする貪りを放棄するならば、その貪りの放棄によって、識の足場は断たれる。だから、もはや、識のよって立つところはない。

また、比丘よ、もし比丘が、すべて受にたいする貪りを放棄するならば、……
また、比丘よ、もし比丘が、すべて想にたいする貪りを放棄するならば、……
また、比丘よ、もし比丘が、すべて行にたいする貪りを放棄するならば、……
比丘よ、また、もし比丘が、すべて識にたいする貪りを放棄するならば、その貪りの放棄によって、識の足場は断たれる。だから、もはや、識のよって立つところはない。

かくて、識は、よって立つところがないゆえに、もはや、生育することもなく、作用をいとなむこともないので、まったく自由である。自由であるから安住する。安住するからおのずからにして足り、自足するがゆえに恐るるところがない。恐るるところがないからして、おのずからにしてまったく完璧であり、〈わが迷いの生はすでに尽きた。清浄の行はすでに成った。作すべきことはすでに弁じた。もはや迷いの生涯を繰返すことはない〉と知るのである。

比丘よ、このように知り、このように見るならば、人の心を酔わしめるものを、永久に断つことができるのである」

注解　この経題は「優陀那」（Udāna＝inspired words）とある。釈尊が、問う人もなくして、胸中おのずからに充ちて、語りいでたるところを「優陀那」すなわち「感興語」とする。いまこの経においては、そのような優陀那にたいする一人の比丘の問いに対して、釈尊が説いておられるのであるが、その所説はほぼ前々経と趣をおなじゅうする。

＊人をこの世に結びつける束縛（orambhāgiyāni saññojanāni = bond belonging to this world）五下分結という。人々を下界に結びつけて解脱せしめぬ五つの煩悩、すなわち、貪・瞋・身見・戒取・疑がそれであるという。

44　五取蘊の四転

南伝　相応部経典　二二、五六、取転／漢訳　雑阿含経　二、九、五転

かようにわたしは聞いた。

ある時、世尊は、サーヴァッティー（舎衛城）のジェータ（祇陀）林なるアナータピンディカ（給孤独）の園にましました。

その時、世尊は、比丘たちに告げて説きたもうた。

「比丘たちよ、生に取著する五つの要素（五取蘊）がある。その五つとはなんであろうか。いわく、色（肉体）なる要素、受（感覚）なる要素、想（表象）なる要素、行（意志）なる要素、識（意識）なる要素がそれである。

比丘たちよ、わたしは、この生に取著する五つの要素の四つの変化の相を、まだ、あるがままに、じゅうぶん証知するにいたらない間は、比丘たちよ、わたしは、なお、天神・悪魔・梵天のすむ天界、および、沙門・婆羅門、その他、あらゆる人天のすむ世界

において、最高の正等覚を実現したとは称さなかった。

だがしかし、比丘たちよ、わたしは、この生に取著する五つの要素の四つの変化の相を、すでに、あるがままに、じゅうぶんに証知することをえた。だからして、比丘たちよ、わたしは、この天神・悪魔・梵天のすむ天界、ならびに、沙門・婆羅門、その他、あらゆる人天のすむ世界において、最高の正等覚を実現したと称するのである。

では、その四つの変化の相というのはなんであろうか。

わたしは、色を証知した。色の生起を証知した。色の滅尽を証知した。そして、色の滅尽にいたる道を証知した。また、わたしは、受を証知した。……想を証知した。……行を証知した。……識を証知した。識の生起を証知した。識の滅尽を証知した。そして、識の滅尽にいたる道を証知したのである。

では、比丘たちよ、色とはなんであろうか。比丘たちよ、四つの元素*（地・水・火・風）と、四つの元素によって造られたる物、これを名づけて色となす。それを養うものがあって色の生起がある。それを養うものがなくなって色の滅尽がある。また、その滅尽にいたる道とは八支の聖道である。いわく、正見・正思・正語・正業《しょうごう》・正命《しょうみょう》・正精進《しょうしょうじん》・正念・正定《しょうじょう》である。

比丘たちよ、もろもろの沙門・婆羅門が、このように色を証知し、このように色の生起を証知し、このように色の滅尽を証知し、そして、このように色の滅尽にいたる道を証知して、よく色を厭い離れ、よく貪りを離れ、よくその滅尽に向うならば、それはよくその道に順《したが》うものである。よくその道に順うものは、確乎としてこの法と律のなかに立つものである。

また、比丘たちよ、もろもろの沙門・婆羅門にして、よくこのように色を証知し、このように色の生起を証知し、このように色の滅尽を証知し、そして、このように色の滅尽にいたる道を証知して、よく色を厭い離れ、よく貪りを離れ、よくその滅尽にいたるならば、彼はもはや取著なきによりて自由となり、よく解脱せるものとなる。そして、よく解脱すれば、その人はすでに完成したのであり、完成すれば、その時もはや輪廻*などというものはありえないのである。

では、比丘たちよ、受とはなんであろうか。比丘たちよ、六つの感受する器官のはたらきである。いわく、眼の触れて生ずる感覚、耳の触れて生ずる感覚、鼻の触れて生ずる感覚、舌の触れて生ずる感覚、身の触れて生ずる感覚、意の触れて生ずる感覚である。比丘たちよ、これらを名づけて受となす。そこでは、接触があって受の生起がある。接触がなくなって受の滅尽がある。そして、その滅尽にいたる道とは八支の聖道である。いわく、正見・正思・正語・正業・正命・正精進・正念・正定である。

比丘たちよ、もろもろの沙門・婆羅門にして、よくこのように受を証知し、……その時もはや輪廻などということはありえないのである。

では、比丘たちよ、想とはなんであろうか。比丘たちよ、六つの表象する作用である。いわく、色の表象、声の表象、香の表象、味の表象、感触の表象、および、観念の表象である。これらを名づけて想という。そこでも、接触があって想の生起があり、接触がなくなって想の滅尽がある。そして、その滅尽にいたる道とは八支の聖道である。いわく、正見・正思・正語・正業・正命・正精進・正念・正定である。

比丘たちよ、もろもろの沙門・婆羅門にして、よくこのように想を証知し、……その時もはや輪廻などということはありえないのである。

では、比丘たちよ、行とはなんであろうか。比丘たちよ、六つの意志するいとなみである。いわく、色への意志、声への意志、香への意志、味への意志、感触への意志、観念への意志である。これらを名づけて行という。そこでも、接触があって行の生起があり、接触がなくなれば行の滅尽がある。そして、その滅尽にいたる道とは八支の聖道である。いわく、正見・正思・正語・正業・正命・正精進・正念・正定である。

比丘たちよ、もろもろの沙門・婆羅門にして、よくこのように行を証知し、……その時もはや輪廻などということはありえないのである。

では、比丘たちよ、識とはなんであろうか。比丘たちよ、それは六つの意識するいとなみである。いわく、眼の意識、耳の意識、鼻の意識、舌の意識、身の意識、意の意識である。比丘たちよ、これらを名づけて識となす。そこでは、*名と色があるによりて識の生起がある。名がなく色がなくなって識の滅尽がある。そして、その滅尽にいたる道とは八支の聖道である。いわく、正見・正思・正語・正業・正命・正精進・正念・正定である。

比丘たちよ、もろもろの沙門・婆羅門にして、よくこのように識を証知し、このように識の生起を証知し、このように識の滅尽を証知し、そして、このように識の滅尽にいたる道を証知して、よく識を厭い離れ、よく貪りを離れ、よくその滅尽に向うならば、それはよくその道に順うものである。よくその道に順うものは、確乎としてこの法と律のなかに立つものである。

比丘たちよ、もろもろの沙門・婆羅門にして、よくこのように識を証知し、このように識の生起を証知し、このように識の滅尽を証知し、そして、このように識の滅尽にいたる道を証知して、よく識を厭い離れ、よく貪りを離れ、よくその滅尽にいたるならば、彼はもはや、取著なきによりて自由となり、よく解脱せるものとなる。そして、よく解脱すれば、その人はすでに完成したのであり、完成すれば、その時、もはや輪廻などということはありえないのである」

注解　ここに「取転」（Upādānam parivaṭṭam = the fourfold series of the five grasping groups）と題する経がある。五取蘊すなわち生に取著せしめる五つの要素における、四転すなわち四つの変化のすがたを語る説法というほどの意であって、釈尊は、ここに、色・受・想・行・識の五蘊につき、それぞれの当体とその生起とその滅尽と、そして、その滅尽にいたる道を、くわしく分析して説いておられるのである。

＊四つの変化（catuparivaṭṭa＝fourfold circle）　ここでは、それを当体・生起・滅尽およびその実践の観点から見るのである。

＊四つの元素（cattāro mahābhūtā＝the four great elements）　古来は「四大」と訳した。地・水・火・風がそれである。

＊輪廻（vaṭṭa＝round）「転」と訳すべきことばである。ここでは、輪廻転生（round of existence）の意である。

＊名と色（nāmarūpa＝mind and body）　名は姓名、色は肉体、それらによって「心身」すなわち個人格をあらわすのである。

45　七つの点　南伝　相応部経典　二二、五七、七処／漢訳　雑阿含経　二、一〇、七処

かようにわたしは聞いた。

ある時、世尊は、サーヴァッティー（舎衛城）のジェータ（祇陀）林なるアナータピンディカ（給孤独）の園にましました。

その時、世尊は、比丘たちに告げて説きたもうた。

「比丘たちよ、比丘がよく、七つの点において熟練し、三つの種類の観察をなすにいたれば、彼は、この法と律とにおいて、すでに完全の域に達し、達人と称することをうるであろう。

では、比丘たちよ、比丘がよく、七つの点において熟練し、三つの種類の観察をなすというのは、どのようなことであろうか。

比丘たちよ、ここに比丘があり、色（肉体）を知り、色の生起を知り、色の滅尽を知り、色の滅尽にいたる道を知る。また、色の愛すべき味いを知り、色のおそるべき禍いを知り、色を出離すべきことを知る。

比丘たちよ、ここに比丘があり、受（感覚）を知り、……

比丘たちよ、ここに比丘があり、想（表象）を知り、……

比丘たちよ、ここに比丘があり、行（意志）を知り、……

比丘たちよ、ここに比丘があり、識（意識）を知り、識の生起を知り、識の滅尽を知り、識の滅尽にいたる道を知る。また、識の愛すべき味いを知り、識のおそるべき禍いを知り、識を出離すべきことを知るのである。

では、比丘たちよ、色とはなんであろうか。比丘たちよ、四つの元素（地・水・火・風）と、四つの元素によって造られたもの、これを名づけて色となす。それを養うものがあって色の生起がある。それを養うものがなくなって色の滅尽がある。また、その滅尽にいたる道とは、かの八支の聖道である。いわく、正見・正思・正語・正業・正命・正精進・正念・正定である。

その色によって生ずる楽しみと喜びとは色の愛すべき味いである。また、その色の無常・苦にして移ろい変るものであること、それが色のおそるべき禍いである。そして、色における欲の貪りを断滅し、欲の貪りを捨棄すること、それが色の出離である。

比丘たちよ、もろもろの沙門・婆羅門にして、よくこのように色を証知し、このように色の生起を証知し、このように色の滅尽を証知し、また、このように色の滅尽にいたる道を証知し、さらには、このように色の愛すべき味いを証知し、このように色のおそるべき禍いを証知し、かつ、このように色を出離すべきことを証知して、よく色を厭い離れ、よく貪りを離れ、よくその滅尽に向うならば、それはよくその道に順うものである。そして、よくその道に順うものは、確乎としてこの法と律のなかに立っているのである。

また、比丘たちよ、もろもろの沙門・婆羅門にして、よくこのように色を証知し、このように色の生起を証知し、このように色の滅尽を証知し、また、このように色の滅尽にいたる道を証知し、さらには、このように色の愛すべき味いを証知し、このように色のおそるべき禍いを知り、かつ、このように色を出離すべきことを証知して、よく色を厭い離れ、よく貪りを離れ、よくその滅尽にいたるならば、彼はもはや取著するところなきによって自由となり、よく解脱せるものとなる。そして、よく解脱すれば、その人はすでに完成したのであり、完成すれば、その時もはや輪廻などというものはありえないのである。

では、比丘たちよ、受とはなんであろうか。比丘たちよ、六つの感受する器官のはたらきである。いわく、眼の触れて生ずる感覚、耳の触れて生ずる感覚、鼻の触れて生ずる感覚、舌の触れて生ずる感覚、身の触れて生ずる感覚、意の触れて生ずる感覚である。比丘たちよ、これらを名づけて受となす。そこでは、接触があって受の生起がある。接触がなくなれば受の滅尽がある。そして、その滅尽にいたる道とは八支の聖道である。いわく、正見・正思・正語・正業・正命・正精進・正念・正定である。

その受によって生ずる楽しみと喜びとを、受の愛すべき味いとなす。また、その受の無常・苦にして移ろい変るものであること、それが受のおそるべき禍いである。そして、受における欲の貪りを断滅し、欲の貪りを捨棄すること、それが受の出離である。

比丘たちよ、もろもろの沙門・婆羅門にして、よくこのように受を証知し、……それは、よくその道に順うものである。そして、よくその道に順うものは、確乎としてこの法と律のなかに立っているのである。

また、比丘たちよ、もろもろの沙門・婆羅門にして、よくこのように受を証知し、……彼はもはや、取著するところなきによりて自由となり、よく解脱せるものとなる。

そして、よく解脱すれば、その人はすでに完成したのであり、完成すれば、その時、もはや輪廻などということはありえないのである。

では、比丘たちよ、想とはなんであろうか。比丘たちよ、六つの表象するいとなみがそれである。いわく、色の表象、声の表象、香の表象、味の表象、感触の表象、および、観念の表象である。比丘たちよ、これらを名づけて想となす。……その時、もはや輪廻などということはありえないのである。

では、比丘たちよ、行とはなんであろうか。比丘たちよ、六つの意志するいとなみがそれである。いわく、色への意志、声への意志、香への意志、味への意志、感触への意志、観念への意志である。これらを名づけて行という。……その時、もはや輪廻などということはありえないのである。

では、比丘たちよ、識とはなんであろうか。比丘たちよ、六つの意識するいとなみがそれである。いわく、眼の意識、耳の意識、鼻の意識、舌の意識、身の意識、意の意識である。比丘たちよ、これらを名づけて識となす。そこでは、名があり色があるによって識の生起がある。名がなく色がなくなって識の滅尽がある。そして、その滅尽にいたる道とは八支の聖道である。いわく、正見・正思・正語・正業・正命・正精進・正念・正定である。

その識によりて生ずる楽しみと喜びとは、識の愛すべき味いである。また、その識の無常・苦にして移ろい変るものであること、それは識のおそるべき禍いである。そして、識における欲の貪りを断滅し、欲の貪りを捨棄すること、それが識の出離である。

比丘たちよ、もろもろの沙門・婆羅門にして、よくこのように識を証知し、このように識の生起を証知し、このように識の滅尽を証知し、また、このように識の滅尽にいたる道を証知し、さらには、このように識の愛すべき味いを証知し、このように識のおそるべき禍いを証知し、かつ、このように識を出離すべきことを証知して、よく識を厭い離れ、よく貪りを離れ、よくその滅尽に向うならば、それはよくその道に順うものである。そして、よくその道に順うものは、いまや、確乎として、この法と律のなかに立っているのである。

また、比丘たちよ、もろもろの沙門・婆羅門にして、よくこのように識を証知し、このように識の生起を証知し、このように色の滅尽を証知し、また、このように識の滅尽にいたる道を証知し、さらには、このように識の愛すべき味いを証知し、このように識のおそるべき禍いを証知し、かつ、このように識を出離すべきことを証知して、このように識を厭い離れ、よく貪りを離れ、よくその滅尽にいたるならば、彼はもはや取著するところなきによって自由となり、よく解脱せるものとなる。そして、よく解脱するにいたれば、その人はすでに完成したのであり、完成するにいたれば、その時、もはや輪廻などというものはありえないのである。

比丘たちよ、かくのごときを、比丘はよく七つの点において熟達しているというのである。

比丘たちよ、では、比丘が三種の観察をなすというのは、どのようなことであろうか。比丘たちよ、ここに比丘があり、彼は客観の世界を観察し、対象の認識を観察し、また因縁による生起を観察する。比丘たちよ、かくのごときを、比丘が三種の観察をなすというのである。

比丘たちよ、比丘がよく、かくのごとく、七つの点において熟達し、三つの種類の観察をなすにおいては、彼は、この法と律とにおいて、すでに完全の域に達し、達人と称することをうるであろう」

注解　ここに「七処」（Sattaṭṭhāna = the seven points）と題する経がある。七処とは、七つの処、七つの点をいうことばである。釈尊は、ここでは、五蘊について、七つの点についてよく注意するようにと説いておられる。その七つの点というのは、その当体をよく知ること、その生起をよく知ること、その滅尽をよく知ること、その滅尽にいたる道をよく知ること、および、その味いのこと、その禍いのこと、その出離のことである。なお、経末においては、客観世界の観察、対象認識の観察、および、因縁生起の観察の三つの観察をすすめているので、またこれを「七処三観経」と題するものも見える。

この経は、かならずしも、原初的形体のままではないように思われる。

46 等覚者

南伝　相応部経典　二二、五八、等覚者／漢訳　雑阿含経　三、二五、観

かようにわたしは聞いた。

ある時、世尊は、サーヴァッティー（舎衛城）のジェータ（祇陀）林なるアナータピンディカ（給孤独）の園にましました。

その時、世尊は、比丘たちに説いて仰せられた。

「比丘たちよ、如来《にょらい》・応供《おうぐ》・正等覚者《しょうとうがくしゃ》は、色（肉体）を厭い離れ、貪りを離れ、それを滅しつくして、もはや取著せざるによって解脱する。これを正等覚者と名づける。比丘たちよ、智慧によって解脱したる比丘も、また、色を厭い離れ、貪りを離れ、それを滅しつくして、もはや取著せざるによって解脱する。これを智慧によって解脱せる者と称する。

また、比丘たちよ、如来・応供・正等覚者は、受（感覚）を厭い離れ、貪りを離れ、それを滅しつくして、もはや取著せざるによって解脱する。これを正等覚者と名づける。比丘たちよ、智慧によって解脱したる比丘も、また、受を厭い離れ、貪りを離れ、それを滅しつくして、もはや取著せざるによって解脱する。これを智慧によって解脱せる者

と称する。

また、比丘たちよ、如来・応供・正等覚者は、想（表象）を……、行（意志）を……、識（意識）を厭い離れ、貪りを離れ、それを滅しつくして、もはや取著せざるによって解脱する。これを正等覚者と名づける。比丘たちよ、智慧によって解脱したる比丘も、また、想を……、行を……、識を厭い離れ、貪りを離れ、それを滅しつくして、もはや取著せざるによって解脱する。これを智慧によって解脱せる者と称する。

比丘たちよ、そこで、如来・応供・正等覚者と、智慧によって解脱せる比丘との間には、いかなる差別があり、いかなる特異性があり、いかなる相違点があるであろうか」

「大徳よ、われらにおいては、法は世尊を根本となし、世尊を導師となし、世尊を依処となす。大徳よ、願わくは、その仰せの意味するところを開示したまわんことを。比丘たちは世尊の仰せを聞いて受持するでありましょう」

「しからば、比丘たちよ、聞くがよい。そしてよく考えてみるがよい。では説こう」

「大徳よ、かしこまりました」

と、彼ら比丘たちは答えた。世尊は、このように説きたもうた。

「比丘たちよ、如来・応供・正等覚者は、いまだあらざりし道をあらしめ、いまだ生ぜざりし道を生ぜしめ、いまだ宣示せられざりし道を宣示した。道を知り、道にめざめ、道を悟ったのである。そして、比丘たちよ、もろもろの弟子たちは、いまや彼のうしろに従ってその道をゆくのである。

比丘たちよ、これが、如来・応供・正等覚者と、智慧によって解脱せる比丘との、差別であり、特異性であり、相違点なのである」

注解　この経は「等覚者」(Sambuddha = one who has thoroughly understood) と題する。ここに釈尊は、正等覚者として、その比丘たちとの関係を説いているようである。正等覚者は、みずからこの道を悟り、この道を歩き、解脱した者。また、その弟子の比丘たちは、その教えにより、その道を知り、その道を歩き、解脱にいたる。その相違は、ただ、道の創始者と、これに随従する者とのちがいであるのみと説いているのである。

47　五比丘　南伝　相応部経典　二二、五九、五比丘／漢訳　雑阿含経　二、二、五比丘

かようにわたしは聞いた。

ある時、世尊は、バーラーナシー(波羅捺)のイシパタナ・ミガダーヤ(仙人住処・鹿野苑)にましました。

その時、世尊は、五比丘に告げて仰せられた、「比丘たちよ」と。「大徳よ」と、彼ら比丘たちは世尊に答えた。世尊は、このように説きたもうた。

「比丘たちよ、色（肉体）は無我である。比丘たちよ、もし色が我であるならば、色が病いに捲きこまれるようなことはあるまい。あるいは、その色について、〈わたしの色はかくあるがよい、わたしの色はかくあってはならない〉ということができるはずである。

だが、比丘たちよ、色は我ではないからして、色が病いに捲きこまれるようなこともある。あるいは、その色について、〈わたしの色はかくあるがよい、わたしの色はかくあってはならぬ〉ということはできないのである。

比丘たちよ、受（感覚）は無我である。比丘たちよ、もしこの受が我であるならば、この受が病いに捲きこまれるはずはあるまい。あるいは、その受について、〈わたしの受はかくあるがよい、わたしの受はかくあってはならない〉ということができるはずである。

だが、比丘たちよ、受は我ではないからして、この受が病いに捲きこまれるようなこともある。あるいは、その受について、〈わたしの受はかくあるがよい、わたしの受はかくあってはならない〉ということはできないのである。

また、比丘たちよ、想（表象）は無我である。……

また、比丘たちよ、行（意志）は無我である。……

比丘たちよ、また、識（意識）は無我である。比丘たちよ、もし識が我であるならば、識が病いに捲きこまれるようなことはあるまい。あるいは、その識について、〈わたしの識はかくあらしめたい、わたしの識はかくあらしめてはならない〉ということができるはずである。

だが、比丘たちよ、識は我ではないからして、識が病いに捲きこまれるようなこともある。あるいは、その識について、〈わたしの識はかくあらしめたい、わたしの識はかくあらしめてはならない〉ということはできないのである。

では、比丘たちよ、汝らはいかに思うか。色は常住であろうか、それとも、無常であろうか」

「大徳よ、無常であります」

「では、無常なるものは、苦であろうか、楽であろうか」

「大徳よ、苦であります」

「では、無常・苦にして移ろい変るものを見て、〈こはわが所有《もの》なり、こは我なり、こはわが本体なり〉となすのは正しいであろうか」

「大徳よ、それはいけませぬ」

「では、比丘たちよ、汝らはいかに思うか。受は常住であろうか、……想は常住であろうか、……行は常住であろうか、……

では、比丘たちよ、汝らはいかに思うか。識は常住であろうか、それとも、無常であろうか」

「大徳よ、無常であります」

「では、無常なるものは、苦であろうか、楽であろうか」

「大徳よ、苦であります」

「では、無常・苦にして移ろい変るものを見て、〈こはわが所有なり、こは我なり、こはわが本体なり〉となすのは適当であろうか」

「大徳よ、それはいけませぬ」

「だからして、比丘たちよ、あらゆる色は、それが過去のものであれ、未来のものであれ、現在のものであれ、あるいは、内外・精粗・勝劣・遠近の別を問うことなく、それらはすべて、〈これはわが所有ではない、これは我ではない、これはわが本体ではない〉と、そのように、正しい智慧をもって、あるがままに見るがよい。

また、比丘たちよ、あらゆる受は、……あらゆる想は、……あらゆる行は、……

比丘たちよ、また、あらゆる識は、それが過去のものであれ、未来のものであれ、現在のものであれ、あるいは、内外・精粗・勝劣・遠近の別を問うことなく、それらはすべて、〈これはわが所有ではない、これは我ではない、これはわが本体ではない〉と、そのように、正しい智慧をもって、あるがままに見るがよいのである。

比丘たちよ、わたしの教えをよく聞いた聖なる弟子たちは、そのように観じて、色において厭い離れ、受において厭い離れ、想において厭い離れ、行において厭い離れ、また識において厭い離れる。厭い離るれば貪りを離れる。貪りを離るればすなわち解脱する。解脱すると、解脱したとの自覚が生じて、〈わたしの迷いの生涯はすでに尽きた。清浄の行はすでに成った。作すべきことはすでに弁じた。このうえは、もはや迷いの生を繰返すことはない〉と知るにいたるのである」

世尊は、そのように説きたもうた。五人の比丘たちは、歓喜して世尊の説かせたもうところを信受した。また、かくのごとくこの教えが説かれた時、五人の比丘たちは、もはや取著するところなく、その心は、もろもろの煩悩より解脱することをえた。

注解　ここに「五比丘」(Pañca＝the five) と題する経がある。文中には"pañcavaggiye bhikkhū"(＝the band of five brethren) とあるので、それは、かの最初の説法につらなったコーンダンニャ (Kondañña, 憍陳如) らの五比丘をいうものにちがいない。その説処もまた、バーラーナシー (波羅捺) のイシパタナ・ミガダーヤ (仙人住処・鹿野苑) である。

そこで釈尊は、五蘊の無我なることを、きわめて平易なことばで説明している。また、その後半においては、問答によって、五蘊のそれぞれにつき、それらの無常・苦・無我なることを説明している。

「律蔵」大品、一、受戒犍度を参照されたい。

48 マハーリ（摩訶利）

南伝 相応部経典 二二、六〇、摩訶利／漢訳 雑阿含経 三、三一、富蘭那

かようにわたしは聞いた。

ある時、世尊は、ヴェーサーリ（毘舎離）のマハーヴァナ（大林）なる*クーターガーラ・サーラー（重閣講堂）にしばし止まっておられた。

その時、*リッチャヴィ（離車）人なるマハーリ（摩訶利）は、世尊のいますところに至り、至って世尊を敬礼し、その傍らに坐した。傍らに坐したリッチャヴィ人のマハーリは、世尊に申しあげた。

「大徳よ、*プラーナ・カッサパ（富蘭那迦葉）は、かように説く、〈衆生の不浄には、因もなく縁もない。因もなく縁もなくして、衆生は不浄となる。また、衆生の清浄には、因もなく縁もない。因もなく縁もなくして、衆生は清浄となる〉と。では、世尊には、いかに説きたもうや」

「マハーリよ、衆生の不浄には、因があり縁がある。因があり縁があって、衆生は不浄となるのである。また、衆生の清浄には、因があり縁がある。因があり縁があって、衆生は清浄となるのである」

「大徳よ、では、衆生の不浄には、なんの因があり縁があるのでありましょうか。なん

の因があり縁があって、衆生は不浄となるのでありましょうか」
「マハーリよ、もしこの色（肉体）が一向に苦にして、苦におちいり、苦にとりまかれて、まったく楽を伴うことがなかったならば、衆生はこの色に惹かれることはないであろう。しかるに、マハーリよ、色は楽しく、楽に出会い、楽にとりまかれて、苦を伴わないので、衆生は色に染著する。染著するがゆえに結びつけられる。結びつけられるがゆえに不浄となる。

マハーリよ、このような因があり縁があって、衆生は不浄となる。このように、因あり縁あって、衆生は不浄となるのである。

マハーリよ、もしこの受（感覚）が、一向に苦にして、……

マハーリよ、もしこの想（表象）が、一向に苦にして、……

マハーリよ、もしこの行（意志）が、一向に苦にして、……

マハーリよ、もしこの識（意識）が、一向に苦にして、苦におちいり、苦にとりまかれて、まったく楽を伴うことがなかったならば、衆生はこの識に惹かれることはないであろう。しかるに、マハーリよ、識は楽しく、楽に出会い、楽にとりまかれて、苦を伴わぬので、衆生は識に染著する。染著するがゆえに結びつけられる。結びつけられるがゆえに不浄となる。

マハーリよ、このような因があり縁があって、衆生は不浄となる。このように、因あなんの因があり縁があるのでありましょうか。なんの因があり縁があって、衆生は清浄となるのでありましょうか」

「マハーリよ、もしこの色が、一向に楽にして、楽に出会い、楽にとりまかれて、まったく苦を伴うことがなかったならば、衆生はその色を厭うことはないであろう。しかるに、マハーリよ、色は苦しく、苦におちいり、苦にとりまかれているので、衆生は色を厭う。厭うがゆえに貪りを離れる。貪りを離れるがゆえに清浄となる。

マハーリよ、このような因があり縁があって、衆生は清浄となる。このように、因あり縁あって、衆生は清浄となるのである。

マハーリよ、もしこの受が、一向に楽にして、……

マハーリよ、もしこの想が、一向に楽にして、……

マハーリよ、もしこの行が、一向に楽にして、……

マハーリよ、もしこの識が、一向に楽にして、楽に出会い、楽にとりまかれて、まったく苦を伴うことがなかったならば、衆生は、その識を厭うこともないであろう。しかるに、マハーリよ、識は苦しく、苦におちいり、苦にとりまかれて、楽を伴わないので、衆生は識を厭う。厭うがゆえに貪りを離れる。貪りを離れるがゆえに清浄となるのである。

マハーリよ、このような因があり縁があって、衆生は清浄となる。このように、因あり縁あって、衆生は清浄となるのである」

注解　ここに「マハーリ」(Mahāli, 摩訶利)と題する経がある。リッチャヴィ(離車)族のマハーリという者の問いにたいする釈尊の答えであって、ここでもまた、釈尊は、五蘊の楽と苦とを細かに説いている。

この経は、かならずしも、原初的なものではないように思われる。

＊クーターガーラ・サーラー(Kūṭāgārasālā, 重閣講堂)　当時にあっては特異な建造物であったらしく、しばしば経に見えている。尖塔のある建物であったらしい。

＊リッチャヴィ(Licchavi, 離車族)　ヴァッジ(跋耆)の中心をなす部族。ヴェーサーリ(毘舎離)に住した。

＊プラーナ・カッサパ(Purāṇa Kassapa, 富蘭那迦葉)　釈尊と同時代の、いわゆる六師外道の一人であって、善悪無因果の説を主張したという。

49　取する　南伝　相応部経典　二二、六三、取／漢訳　雑阿含経　一、二二、動揺

かようにわたしは聞いた。

ある時、世尊は、サーヴァッティー(舎衛城)のジェータ(祇陀)林なるアナータピン

ディカ（給孤独）の園にましました。

その時、一人の比丘があり、世尊のいますところに至り、世尊を礼拝して、その傍らに坐した。

傍らに坐したその比丘は、世尊に申しあげた。

「大徳、世尊よ、願わくは、わたしのために簡略なる法を説きたまえ。わたしは、世尊より法を聞き、独り閑処に居して、不放逸に、熱心に、精進いたしたいと思います」

「比丘よ、取する時は、悪魔に捉えられる。取せざる時は、悪しき者より自由になるのである」

「世尊よ、判りました。幸なる者よ、判りました」*

「比丘よ、そなたは、いまわたしが簡略に説いたことの意味を、くわしくいうと、どのように解しているであろうか」

「大徳よ、色（肉体）に取する時は、悪魔に捉えられます。取せざる時には、悪しき者から自由になるのです。また、受（感覚）に取する時は、悪魔に捉えられます。取せざる時には、悪しき者より自由になるのです。想（表象）に……、行（意志）に……、識（意識）に取する時は、悪魔に捉えられます。取せざる時には、悪しき者より自由になるのです」

「善いかな、比丘よ、善いかな、比丘よ。そなたは、わたしがいま簡略に説いたことの意味を、よく広く理解している。比丘よ、色に取する時は、悪魔に捉えられる。取せざる時には、悪しき者から自由になる。また、受に取する時は、悪魔に捉えられる。取せざる時には、悪しき者から自由になる。想に……、行に……、識に取する時は、悪魔に捉えられる。取せざる時には、悪しき者から自由になるのである。

比丘よ、わたしがいま簡略に説いたことの意味を、このように広く理解するがよいのである」

その時、かの比丘は、世尊の説きたもうところを歓喜し、感謝して、その座より起ち、世尊を礼拝して去った。

かくて、この比丘は、独り閑処に居して、不放逸に、熱心に、精進して、やがて、久しからずして、良家の子らのまさしく家より出でて家なき生活についた究極の目的である最高の梵行《ぼんぎょう》を、*この現実の生涯において、みずからよく証知し、実現し、到達して住し、〈わたしの迷いの生涯はすでに尽きた。清浄の行はすでに成った。作すべきことはすでに弁じた。このうえは、もはや迷いの生涯を繰返すことはない〉と知るにいたった。

かくして、かの比丘は聖者の一人となった。

注解　この経題は「取する」(Upādiyamāna＝to take hold of) と訳する。取著することである。ここでは、一人の比丘が、釈尊を拝して、簡略の法をいただき、閑処に居して修行に専念しようとする。それに対して、釈尊は、「取する時、悪魔に捉えられるのだ」と教えられた。

＊幸なる者（sugata＝of happy, happily gone）　古来、「善逝《ぜんぜい》」と訳された言葉であるが、いまそれを「幸なる者」と訳してみた。

＊この現実の生涯において（ditthe va dhamme＝already in the present existence）　古来、「現法に於て」と訳したことばである。

50　思い描く　南伝　相応部経典　二二、六四、思

かようにわたしは聞いた。

ある時、世尊は、サーヴァッティー（舎衛城）のジェータ（祇陀）林なるアナータピンディカ（給孤独）の園にましました。

その時、一人の比丘があって、世尊のいますところに至り、世尊を礼拝して、その傍らに坐した。

傍らに坐したその比丘は、世尊に申しあげた。

「大徳、世尊よ、願わくは、わたしのために簡略に法を説きたまえ。わたしは、世尊より法を聞き、独り閑処に居して、不放逸に、熱心に、精進いたしたいと思います」

「比丘よ、いろいろと思い描く時には、悪魔に捉えられる。いろいろと思い描かない時

には、悪しき者より自由になる」

「世尊よ、判りました。幸なる者よ、判りました」

「では、比丘よ、そなたは、わたしがいま簡略に説いたことの意味を、くわしくいうと、どのように解しているであろうか」

「大徳よ、色（肉体）をあれこれと思い描く時には、悪魔に捉えられる。あれこれと思い描かない時には、悪しき者から自由になるのである。また、受（感覚）をあれこれと思い描く時には、悪魔に捉えられる。あれこれと思い描かない時には、悪しき者から自由になるのである。想（表象）を……、行（意志）を……、識（意識）をあれこれと思い描く時には、悪魔に捉えられる。あれこれと思い描かない時には、悪しき者より自由になるのである。

大徳よ、わたしは、世尊が簡略に説きたもうところの意を、くわしく申さば、このように解しております」

「善いかな、比丘よ、善いかな、比丘よ。そなたは、わたしがいま簡略に説いたことの意味を、よく広く理解している。比丘よ、色をあれこれと思い描く時には、悪魔に捉えられる。あれこれと思い描かない時には、悪しき者から自由になるのである。また、受を……、想を……、行を……、識をあれこれと思い描く時には、悪魔に捉えられる。あれこれと思い描かない時には、悪しき者より自由になるのである。

比丘よ、わたしがいま簡略に説いたことの意味を、このように広く理解するがよいのである」

その時、かの比丘は、世尊の説きたもうところを歓喜し、感謝して、その座より起ち、世尊を礼拝して辞去した。

かくて、かの比丘は、独り閑静処に居して、不放逸に、熱心に、精進して、やがて久しからずして、良家の子らのまさしく家より出でて家なき生活についた究極の目的であるかの最高の梵行を、その現実の生涯において、みずからよく証知し、実現し、到達して住し、〈わたしの迷いの生涯はすでに尽きた。清浄の行はすでに成った。作すべきことはすでに弁じた。このうえは、もはや迷いの生涯を繰返すことはない〉と知るにいたった。

かくて、かの比丘は聖者の一人となった。

注解 この経題は「思い描く」（Maññamāna = to imagine）とある。ほぼ前経とおなじ趣のものので、ただ、前経に「取する時」とあるを、この経では「いろいろと思い描く時」としているのみである。

51 歓喜する　南伝　相応部経典　二二一 六五、歓喜

かようにわたしは聞いた。

ある時、世尊は、サーヴァッティー（舎衛城）のジェータ（祇陀）林なるアナータピンディカ（給孤独）の園にましました。

その時、一人の比丘があり、世尊のましますところに至り、世尊を礼拝して、その傍らに坐した。

傍らに坐したその比丘は、世尊に申しあげた。

「大徳、世尊よ、願わくは、わたしのために簡略に法を説きたまえ。わたしは、世尊より法を聞き、ひとり閑処に居して、不放逸に、熱心に、精進いたしたいと思います」

「比丘よ、歓喜する時は、悪魔に捉えられる。歓喜しない時には、悪しき者より自由になる」

「世尊よ、判りました。幸なる者よ、判りました」

「では、比丘よ、そなたは、わたしがいま簡略に説いたことの意味を、くわしくいうと、どのように解しているであろうか」

「大徳よ、色（肉体）を歓喜する時には、悪魔に捉えられる。歓喜しないときには、悪しき者から自由になるのである。また、受（感覚）を歓喜する時には、悪魔に捉えられ

る。歓喜しない時には、悪しき者から自由になる。さらに、想（表象）を……、行（意志）を……、識（意識）を歓喜する時には、悪魔に捉えられる。歓喜しない時には、悪しき者より自由になるのである。

大徳よ、わたしは、世尊が簡略に説きたもうところの意味を、くわしく申さば、このように理解しております」

「善いかな、比丘よ、善いかな、比丘よ。そなたは、わたしがいま簡略に説いたことの意味を、よく広く理解している。比丘よ、色を歓喜する時には、悪魔に捉えられる。歓喜しない時には、悪しき者から自由になるのである。また、受を……、想を……、行を……、識を歓喜する時には、悪魔に捉えられる。歓喜しない時には、悪しき者から自由になるのである。

比丘よ、わたしがいま簡略に説いたことの意味は、このように広く理解するがよいのである」

その時、かの比丘は、世尊の説きたもうところを歓び、感謝して、その座より起ち、世尊を礼拝して辞去した。

かくて、かの比丘は、ひとり閑処に居して、不放逸に、熱心に、精進して、やがて久しからずして、良家の子らのまさしく家より出でて家なき生活についた究極の目的であるかの最高の梵行を、この現実の生涯において、みずからよく証知し、実現し、到達して住し、

〈わたしの迷いの生涯はすでに尽きた。清浄の行はすでに成った。作すべきことはすでに弁じた。このうえは、もはや迷いの生涯を繰返すことはない〉と知るにいたった。

かくて、かの比丘は聖者の一人となった。

注解 この経題は「歓喜する」(Abhinandimāna = to rejoice at)とある。その内容は、ほぼ前経および前々経とおなじ趣である。ただ、ここでは、「取する時」もしくは「思い描く時」が、「歓喜する時」となっているのみである。

52 無常 南伝 相応部経典 二二、六六、無常

かようにわたしは聞いた。

ある時、世尊は、サーヴァッティー(舎衛城)のジェータ(祇陀)林なるアナータピンディカ(給孤独)の園にましました。

その時、一人の比丘があり、世尊のましますところに至り、世尊を礼拝して、その傍らに坐した。

傍らに坐したその比丘は、世尊に申しあげた。

「大徳、世尊よ、願わくは、わたしのために、簡略に法を説きたまえ。わたしは、世尊

より法を聞き、ひとり閑処に居して、不放逸に、熱心に、精進いたしたいと思います」

「比丘よ、無常なるものについては、汝は*欲心を断つがよろしい」

「世尊よ、判りました。幸なる者よ、判りました」

「では、比丘よ、そなたは、いまわたしが簡略に説いたことの意味を、くわしくいうと、どのように解しているであろうか」

「大徳よ、色（肉体）は無常である。だから、わたしは、それについては、欲心を断つがよいのです。また、受（感覚）は……、想（表象）は……、行（意志）は……、識（意識）は無常である。だから、わたしは、それについては、欲心を断つがよいのです。大徳よ、わたしは、世尊が簡略に説きたもうところの意味を、くわしくは、このように理解しております」

「善いかな、比丘よ、善いかな、比丘よ。そなたは、わたしがいま簡略に説いたことの意味を、よく広く理解している。比丘よ、色は無常である。だから、汝は、それについては欲心を断つがよいのである。また、受は……、想は……、行は……、識は無常である。だから、汝は、それについては、欲心を断つがよいのである。

　比丘よ、わたしが、いま簡略に説いたことの意味は、このように理解するがよいのである」

その時、かの比丘は、世尊の説きたもうところを歓び、かつ感謝して、その座より起ち、世尊を礼拝して辞去した。

それより、かの比丘は、ひとり静処に居して、放逸ならず、熱心に、精進して、やがて久しからずして、良家の子らのまさしく家より出でて家なき生活についた究極の目的であるかの最高の清浄の行を、この現実の生涯において、みずからよく証知し、実現し、到達して住し、〈わたしの迷いの生涯はすでに尽きた。清浄の行はすでに成った。作すべきことはすでに弁じた。このうえは、もはや迷いの生涯を繰返すことはない〉と知るにいたった。

かくて、かの比丘は聖者の一人となった。

注解 この経の内容も、また前三経のそれとほぼおなじ趣である。ただ、ここでは、釈尊が、「無常なるものについては、欲心を断つがよろしい」と教え、それが全体の基調になっている。「無常」(Aniccam = impermanent)なる経題のある所以である。

＊欲心 (chanda = impulse, desire for) 衝動的な貪にちかい欲望のありようである。

53 苦 南伝 相応部経典 二二、六七、苦

かようにわたしは聞いた。

ある時、世尊は、サーヴァッティー（舎衛城）のジェータ（祇陀）林なるアナータピンディカ（給孤独）の園にましました。

その時、一人の比丘があり、世尊のましますところに至り、世尊を礼拝して、その傍らに坐した。

傍らに坐したその比丘は、世尊に申しあげた。

「大徳、世尊よ、願わくは、わたしのために、簡略に法を説きたまえ。わたしは、世尊より法を聞き、ひとり静処に居して、放逸ならず、熱意をこめて、精進いたしたいと思います」

「比丘よ、苦なるものについては、汝は欲心を断つがよろしい」

「世尊よ、判りました。幸なる者よ、判りました」

「では、比丘よ、そなたは、わたしのいま簡略に説いたことの意味を、くわしくいうならば、どのように解しているであろうか」

「大徳よ、色（肉体）は苦である。だから、わたしは、それについては、欲心を断つがよいのであります。また、受（感覚）は……、想（表象）は……、行（意志）は……、識（意識）は苦である。だから、わたしは、それについては、欲心を断つがよいのであります。

大徳よ、わたしは、世尊が簡略に説きたもうところの意味を、くわしくは、このように理解しております」
「善いかな、比丘よ、善いかな、比丘よ。そなたは、いまわたしが簡略に説いたことの意味を、よく広く理解している。比丘よ、色は苦である。だから、汝は、それについては、欲心を断つがよいのである。また、受は……、想は……、行は……、識は苦である。だから、汝は、それについては、欲心を断つがよいのである。

比丘よ、わたしがいま簡略に説いたことの意味は、このように理解するがよいのである」

その時、かの比丘は、世尊の説きたもうところを歓び、かつ感謝して、その座より起ち、世尊を礼拝して辞去した。

それより、かの比丘は、ひとり静処に居して、放逸ならず、熱心に、精進して、やがて久しからずして、良家の子らのまさしく家より出でて家なき生活についた究極の目的であるかの最高の清浄の行を、この現実の生涯において、みずからよく証知し、実現し、到達して住し、〈わたしの迷いの生涯はすでに尽きた。清浄の行はすでに成った。作すべきことはすでに弁じた。このうえは、もはや迷いの生涯を繰返すことはない〉と知ることをえた。

かくて、かの比丘は聖者の一人となった。

注解　この経もまた、前数経の内容とほとんどおなじ趣のものである。ただ、ここでは、釈尊は、「苦なるものについては、欲心を断つがよろしい」と教えている。それが、この経題「苦」(Dukkhaṃ = suffering) のよってきたるところである。

54 無我　南伝　相応部経典　二二、六八、無我／漢訳　雑阿含経　一、一七、非我

かようにわたしは聞いた。

ある時、世尊は、サーヴァッティー（舎衛城）のジェータ（祇陀）林なるアナータピンディカ（給孤独）の園にましました。

その時、一人の比丘があり、世尊のましますところに至り、世尊を礼拝して、その傍らに坐した。

傍らに坐したその比丘は、世尊に申しあげた。

「大徳、世尊よ、願わくは、わたしのために、簡略に法を説きたまえ。わたしは、世尊より法を聞き、ひとり静処に居して、放逸ならず、熱意をこめて、精進いたしたいと思います」

「比丘よ、無我なるものについては、汝は欲心を断つがよろしい」

「世尊よ、判りました。幸なる者よ、判りました」

「では、比丘よ、そなたは、わたしのいま簡略に説いたことの意味を、くわしくいうならば、どのように解しているであろうか」

「大徳よ、色（肉体）は無我である。だから、わたしは、それについては、欲心を断つがよいのであります。また、受（感覚）は……、想（表象）は……、行（意志）は……、識（意識）は無我である。だから、わたしは、それについては、欲心を断つがよいのであります。

大徳よ、わたしは、世尊がいま簡略に説きたもうところの意味を、くわしくは、このように理解しております」

「善いかな、比丘よ、善いかな、比丘よ。そなたは、いまわたしが簡略に説いたことの意味を、よく広く理解している。比丘よ、色は無我である。だから、汝は、それについては、欲心を断つがよいのである。また、受は……、想は……、行は……、識は無我である。だから、汝は、それについては、欲心を断つがよいのである。

比丘よ、わたしがいま簡略に説いたことの意味は、くわしくは、このように理解するがよいのである」

その時、かの比丘は、世尊の説きたもうところを歓び、かつ感謝して、その座より起ち、世尊を礼拝して辞去した。

それより、かの比丘は、ひとり静処に居して、放逸ならず、熱意をこめて、精進し、やがて久しからずして、良家の子らのまさしく家より出でて家なき生活についた究極の目的であるかの最高の清浄の行を、この現実の生涯において、みずからよく証知し、実現し、到達して住し、〈わたしの迷いの生涯はすでに尽きた。清浄の行はすでに成った。作すべきことはすでに弁じた。このうえは、もはや迷いの生涯を繰返すことはない〉と知ることをえた。

かくて、かの比丘もまた聖者の一人となった。

注解 この経も、また、前数経の内容と、ほとんどおなじ趣のものである。ただ、ここでは、釈尊は、「無我なるものについては、欲心を断つがよろしい」と教えている。それが、この経題「無我」(Anattā = no self) のよってきたるところである。

55 我に属せぬもの

南伝 相応部経典 二二、六九、非自所応／漢訳 雑阿含経 一、一八、非彼

かようにわたしは聞いた。

ある時、世尊は、サーヴァッティー(舎衛城)のジェータ(祇陀)林なるアナータピンディカ(給孤独)の園にましました。

その時、一人の比丘があり、世尊のましますところに至り、世尊を礼拝して、その傍ら

に坐した。

傍らに坐したその比丘は、世尊に申しあげた。

「大徳、世尊よ、願わくは、わたしのために、簡略に法を説きたまえ。わたしは、世尊より法を聞き、ひとり静処に居して、放逸ならず、熱意をこめて、精進いたしたいと思います」

「比丘よ、我に属せざるものについては、汝は欲心を断つがよろしい」

「世尊よ、判りました。幸なる者よ、判りました」

「では、比丘よ、そなたは、いまわたしの簡略に説いたことの意味を、くわしくいうならば、どのように解しているであろうか」

「大徳よ、色（肉体）は我に属するものではない。だから、わたしは、それについては、欲心を断つがよいのであります。また、受（感覚）は……、想（表象）は……、行（意志）は……、識（意識）は我に属するものではない。だから、わたしは、それについては、欲心を断つがよいのであります。

大徳よ、わたしは、世尊がいま簡略に説きたもうところの意味を、くわしくは、このように理解しております」

「善いかな、比丘よ、善いかな、比丘よ。そなたは、いまわたしが簡略に説いたことの意味を、よく広く理解している。比丘よ、色は我に属するものではない。だから、汝は、それについては、欲心を断つがよいのである。また、受は……、想は……、行は……、識は我に属するものではない。だから、汝は、それについては、欲心を断つがよいのである。

比丘よ、わたしがいま簡略に説いたことの意味は、くわしくは、このように理解するがよいのである」

その時、かの比丘は、世尊の説きたもうところを歓び、かつ感謝して、その座より起ち、世尊を礼拝して辞去した。

それより、かの比丘は、ひとり静処に居して、放逸ならず、熱意をこめて精進し、やがて久しからずして、良家の子らのまさしく家より出でて家なき生活についた究極の目的たる、かの最高の清浄の行を、この現実の生涯において、みずからよく証知し、実現し、到達して住し、〈わたしの迷いの生涯はすでに尽きた。清浄の行はすでに成った。作すべきことはすでに弁じた。このうえは、もはや迷いの生涯を繰返すことはない〉と知ることをえた。

かくて、かの比丘もまた聖者の一人となった。

注解 この経も、また、前数経とおなじ趣の内容である。ここでは、釈尊が、「我に属せぬものについては、欲心を断つがよろしい」と教えておられる。この経題の「非自所応」(Anattaniya = not belonging to the self）のよってきたる所以である。

56　汚れにつながるもの

南伝　相応部経典　二二、七〇、所染止住／漢訳　雑阿含経　一、一九、結繫

かようにわたしは聞いた。

ある時、世尊は、サーヴァッティー（舎衛城）のジェータ（祇陀）林なるアナータピンディカ（給孤独）の園にましました。

その時、一人の比丘があって、世尊のましますところに至り、世尊を礼拝して、その傍らに坐した。

傍らに坐したその比丘は、世尊に申しあげた。

「大徳、世尊よ、願わくは、わたしのために、簡略に法を説きたまえ。わたしは、世尊より法を聞き、ひとり静処に居して、放逸ならず、熱意をこめて、精進いたしたいと思います」

「比丘よ、汚れにつながるものについては、汝は欲心を断つがよろしい」

「世尊よ、判りました。幸なる者よ、判りました」

「では、比丘よ、そなたは、わたしのいま簡略に説いたことの意味を、くわしくいうならば、どのように解しているであろうか」

「大徳よ、色（肉体）は汚れにつながるものである。だから、わたしは、それについては、欲心を断つがよいのであります。また、受（感覚）は……、想（表象）は……、行（意志）は……、識（意識）は汚れにつながるものである。だから、わたしは、それについては、欲心を断つがよいのであります。

大徳よ、わたしは、世尊がいま簡略に説きたもうところの意味を、くわしくは、このように理解しております」

「善いかな、比丘よ、善いかな、比丘よ。そなたは、わたしがいま簡略に説いたことの意味を、よく広く理解している。比丘よ、色は汚れにつながるものである。だから、汝は、それについては欲心を断つがよいのである。また、受は……、想は……、行は……、識は汚れにつながるものである。だから、汝は、それについては、欲心を断つがよいのである。

比丘よ、わたしがいま簡略に説いたことの意味は、くわしくは、このように理解するがよいのである」

その時、かの比丘は、世尊の説きたもうところを歓び、かつ感謝して、その座より起ち、世尊を礼拝して辞去した。

それより、かの比丘は、ひとり静処に居して、放逸ならず、熱意をこめて精進し、やがて久しからずして、良家の子らのまさしく家より出でて家なき生活についた究極の目的たる、かの最高の清浄の行を、この現実の生涯において、みずからよく証知し、実現し、到達して住し、〈わたしの迷いの生涯はすでに尽きた。清浄の行はすでに成った。作すべきことはすでに弁じた。このうえは、もはや迷いの生涯を繰返すことはない〉と知ることをえた。

かくて、かの比丘もまた聖者の一人となった。

注解　この経もまた、前数経とおなじ趣の内容である。ここでは、釈尊は、「汚れにつながるものについては、欲心を断つがよい」と教えている。それが、この経題の「所染止住」(Rajaniya-santhitam = inherent in what is lustful) のよって来る所以である。

57　ラーダ（羅陀）　南伝　相応部経典　二三、七一、羅陀

かようにわたしは聞いた。

ある時、世尊は、サーヴァッティー（舎衛城）のジェータ（祇陀）林なるアナータピンディカ（給孤独）の園にましました。

その時、長老ラーダ（羅陀）は、世尊のましますところに至り、世尊を礼拝して、その傍らに坐した。

傍らに坐した長老ラーダは、世尊に申しあげた。

「大徳よ、どのように知り、どのように観たならば、この有情の身、ならびに、この外界の一切の現象について、我という慢心、わが所有《もの》という慢心、あるいは、そのような慢心の素質をなくすることができましょうか」

「ラーダよ、あらゆる色（肉体）は、それが過去のものであれ、未来のものであれ、現在のものであれ、あるいは、内外、精粗、勝劣、遠近の別をとわず、それらはすべて、これはわが所有ではない、これは我ではない、これはわが本体ではないと、そのように、正しい智慧をもって、あるがままに見るがよいのである。

また、ラーダよ、あらゆる受（感覚）は……、あらゆる想（表象）は……、あらゆる行（意志）は……

また、ラーダよ、あらゆる識（意識）は、それが過去のものであれ、未来のものであれ、また現在のものであれ、あるいは、内外、精粗、勝劣、遠近の別をとわず、それらはすべて、これはわが所有ではない、これは我ではない、これはわが本体ではないのだと、そのように、正しき智慧をもって、あるがままに見るがよいのである。

ラーダよ、そのように知り、そのように観るならば、この有情の身、ならびに、この外界の一切の現象について、我という慢心、わが所有という慢心、あるいは、そのような慢心の素質をなくすることができるであろう」

その時、長老ラーダは、世尊の説きたもうところを歓び、かつ感謝して、その座より起ち、世尊を礼拝して辞去した。

それより、長老ラーダは、ひとり静処に居して、放逸ならず、熱意をこめて精進し、やがて久しからずして、良家の子らのまさしく家より出でて家なき生活についた究極の目的たる、かの最高の清浄の行を、この現実の生涯において、みずからよく証知し、実現し、到達して住し、〈わたしの迷いの生涯はすでに尽きた。清浄の行はすでに成った。作すべきことはすでに弁じた。このうえは、もはや迷いの生涯を繰返すことはない〉と知ることをえた。

かくて、長老ラーダは聖者の一人となった。

注解 この経題は「羅陀」(Rādha)。彼はよく釈尊に問いを呈した比丘であって、「羅陀相応」には、その問いと教示とを記した四六経が集録せられている。ここでは、彼は、「この有情の身と、外界の一切の現象」において、我の慢心・わが所有という慢心、および、その素質を、いかにして滅すべきかを問うている。師は、それに対しても、五蘊の真相を如実知見すべきことを教えている。

58 味い 南伝 相応部経典 二二、七三、味

かようにわたしは聞いた。

ある時、世尊は、サーヴァッティー（舎衛城）のジェータ（祇陀）林なるアナータピンディカ（給孤独）の園にましました。

その時、世尊は、比丘たちに告げて説きたもうた。

「比丘たちよ、まだ教えを聞かない凡夫は、色（肉体）の味いと、その禍いと、その脱出とを、あるがままには知らない。

また、受（感覚）の……、想（表象）の……、行（意志）の……

また、識（意識）の味いと、その禍いと、その脱出とを、あるがままには知らないのである。

比丘たちよ、わたしの教えを聞いた聖なる弟子たちは、色の味いと、その禍いと、その脱出とを、あるがままに知っているのである。

また、受の……、想の……、行の……

また、識の味いと、その禍いと、その脱出とを、あるがままに知っているのである」

注解　この経題は「味」（Assāda = taste, sweetness）である。ここでは、まだ教えを聞かない人々と、教えを聞いた弟子たちとのちがいは、五蘊の味いと禍いとその出離を知らざると知るのちがいであると語っている。

59 生起　南伝　相応部経典　二二、七四、集

かようにわたしは聞いた。

ある時、世尊は、サーヴァッティー（舎衛城）のジェータ（祇陀）林なるアナータピンディカ（給孤独）の園にましました。

その時、世尊は、比丘たちに告げて説きたもうた。

「比丘たちよ、まだ教えを聞かない凡夫は、色（肉体）の生起と消滅、ならびに、味いと禍いと脱出とを、如実には知らない。

また、受（感覚）の……、想（表象）の……、行（意志）の……

また、識（意識）の生起と消滅、ならびに、その味いと禍いと脱出とを、如実には知らない。

比丘たちよ、わたしの教えを聞いた聖なる弟子たちは、色の生起と消滅と、ならびに、その味いと禍いと脱出とを、如実に知っている。

また、受の……、想の……、行の……

また、識の生起と消滅と、ならびに、その味いと禍いと脱出とを、如実に知っている

のである」

注解　この経題は「生起」（Samudaya＝arising）である。釈尊は、ここでは、まだ教えを聞かぬ人々と、教えを聞いた弟子たちとのちがいは、五蘊について、その生起と滅尽と味いと禍いとその出離を、知ると知らざるとにあると語っておられる。

60　阿羅漢　南伝　相応部経典　二二、七七、阿羅漢

かようにわたしは聞いた。

ある時、世尊は、サーヴァッティー（舎衛城）のジェータ（祇陀）林なるアナータピンディカ（給孤独）の園にましました。

その時、世尊は、比丘たちに告げて説きたもうた。

「比丘たちよ、色（肉体）は無常である。無常であるならば、すなわち苦である。苦であるならば、すなわち無我である。無我であるならば、それは、わが所有《もの》ではない、我でもない、わが本体でもない。そのように、正しき智慧をもって、あるがままに観るがよいのである。

比丘たちよ、また、受（感覚）は……、想（表象）は……、行（意志）は……、識

（意識）は無常である。無常であるならば、すなわち苦である。苦であるならば、すなわち無我である。無我であるならば、それは、わが所有ではない、我でもない、またわが本体でもない。そのように、正しき智慧をもって、あるがままに観るがよいのである。

比丘たちよ、わたしの教えを聞いた聖なる弟子たちは、そのように観て、色を厭い離れ、受を厭い離れ、想を厭い離れ、行を厭い離れ、また、識を厭い離れる。

厭い離るれば貪りを離れる。貪りを離るれば解脱する。解脱すれば、解脱したとの智が生じ、〈わが迷いの生涯はすでに尽きた。清浄の行はすでに成った。作すべきことはすでに弁じた。このうえは、もはやこのような迷いの生涯を繰返すことはないであろう〉と知るのである。

比丘たちよ、あらゆる衆生の存する世界において、たといかのいと高き存在に比べても、かくのごとき人をこそ最高となし、かくのごとき人をこそこの世の最勝なるものとなす。いわく、それが聖者である」

注解　この経題は「阿羅漢」（Arahanta = the worthy one）である。ここでは、釈尊は、五蘊について、その無常・苦・無我なることをよく如実に知見し、厭離・離貪して解脱したる者、かくのごとき者こそは、この世の最勝なるもの、すなわち阿羅漢であると説いている。

阿羅漢（arahant = ppr. of arahati）は、もと「値する」（to deserve）という動詞の現在分詞

形であって、尊敬もしくは供養に相応するとの意味をもって、「応供」と訳された。音写をもって「阿羅漢」とされ、究極地に到れる聖者をいう。

61 餌食　南伝　相応部経典　二二、七九、師子／漢訳　雑阿含経　二、一四、三世陰世食

かようにわたしは聞いた。

ある時、世尊は、サーヴァッティー（舎衛城）のジェータ（祇陀）林なるアナータピンディカ（給孤独）の園にましました。

その時、世尊は、比丘たちに告げて、説きたもうた。

「比丘たちよ、もろもろの沙門・婆羅門のなかには、いろいろと過去世のことを記憶しているものがあるが、それらもすべて、人間を構成する五つの要素（五蘊）、もしくは、そのいずれかを記憶しているのである。

比丘たちよ、たとえば、〈わたしは、過去世において、このような色（肉体）をもっていた〉というのは、色を記憶しているのである。あるいは、〈わたしは、過去世において、このような受（感覚）を経験した〉というのは、受を記憶しているのである。あるいは、また、〈わたしは、過去世において、このような想（表象）……、このような行（意志）……、このような識（意識）を経験した〉というのは、識を記憶しているの

である。

　では、比丘たちよ、いかなるを色というのであろうか。比丘たちよ、*痛めつけられるがゆえに色というのである。では、なにをもって痛めつけられるであろうか。寒さをもって痛めつけられる。暑さをもって痛めつけられる。飢えをもって痛めつけられる。渇きをもって痛めつけられる。虻・蚊・風・熱・蛇に触れられて痛めつけられる。比丘たちよ、そのように痛めつけられるがゆえに色というのである。

　比丘たちよ、では、いかなるを受というのであろうか。比丘たちよ、*感受するがゆえに受というのである。では、なにを感受するのであろうか。楽を感受する。苦を感受する。苦ならず楽ならざるをも感受する。比丘たちよ、そのように感受するがゆえに受というのである。

　比丘たちよ、では、いかなるを想というのであろうか。比丘たちよ、*知覚するがゆえに想というのである。では、なにを知覚するのであろうか。青を知覚する。黄を知覚する。赤を知覚する。白を知覚する。比丘たちよ、そのように知覚するがゆえに想というのである。

　比丘たちよ、では、いかなるを行というのであろうか。比丘たちよ、行為を*現成するがゆえに行というのである。では、なにを行為に現成するのであろうか。色を色として形成するために行為に実現する。受を受として形成するために行為に実現する。想を想として形成するために行為に実現する。行を行として形成するために行為に実現する。また、識を識として形成するために行為に実現するのである。比丘たちよ、そのように行為を現成するがゆえに行というのである。

比丘たちよ、では、いかなるを識というのであろうか。比丘たちよ、識*別するがゆえに識というのである。では、なにを識別するのであろうか。醋《すっぱ》きを識別し、苦きを識別し、辛きを識別し、甘きを識別し、苛《か》なるを識別し、苛ならぬを識別し、塩辛きを識別し、塩辛からざるを識別する。比丘たちよ、そのように識別するがゆえに識というのである。

しかるに、わたしの教えを聞いた聖なる弟子たちは、このように反省するのである。〈わたしは、いま、色の餌食となっている。きっと、過去世においても、わたしは、いま色の餌食となってしまっているように、色の餌食となっていたにちがいない。だからして、もし、わたしが、未来においてもまた、色に心を奪われるならば、ちょうど、いまわたしが色の餌食となっているように、未来においてもまた、色の餌食となってしまうにちがいない〉

と、彼らは、そのように反省して、過去の色を顧みず、未来の色を期待せず、また、現在の色については、これを厭い離れ、貪りを離れ、滅し尽そうとする。また、〈わたしは、いま、受の餌食となっている。きっと、過去世においても、わたしは、いま受の餌食となってしまっているように、また、受の餌食となっていたにちがいない。だから、もし、わたしが、未来においてもまた、受に心を奪われるならば、ちょうど、いまわたしが受の餌食となっているように、未来においてもまた、受の餌食となってしまうにちがいない〉

と、彼らは、そのように反省して、過去の受を顧みず、未来の受に心を奪われず、また、現在の受については、これを厭い離れ、貪りを離れ、滅し尽すことに向うのである。

また、

〈わたしは、いま、想の餌食となっている。……〉と、彼らは、そのように反省して

……

〈わたしは、いま、行の餌食となっている。……〉と、彼らは、そのように反省して

……

〈わたしは、いま、識の餌食となっている。きっと、過去世においても、わたしは、いま識の餌食となってしまっているように、また、識の餌食となっていたにちがいない。だから、もし、わたしが、未来においてもまた、識に心を奪われるならば、ちょうど、いまわたしが識の餌食となっているように、未来においてもまた、識の餌食となってしまうにちがいない〉

と、彼らは、そのように反省して、過去の識を顧みず、未来の識に心を奪われず、ま

た、現在の識については、これを厭い離れ、貪りを離れ、滅し尽すにいたろうとするのである。

比丘たちよ、汝らはこれをいかに思うか。色は常であろうか、無常であろうか」

「大徳よ、それは無常であります」

「では、無常ならば、それは、苦であろうか、楽であろうか」

「大徳よ、それは苦であります」

「では、無常にして苦なる移り変るものであるならば、それを観て、〈これはわが所有《もの》である、これは我である、これはわが本体である〉と、そのようになすことができるであろうか」

「大徳よ、それは不可であります」

「比丘たちよ、汝らはこれをいかに思うか。受は……、想は……、行は……、識は常であろうか、無常であろうか」

「大徳よ、それは無常であります」

「では、無常ならば、それは、苦であろうか、楽であろうか」

「大徳よ、それは苦であります」

「では、無常にして苦なる移ろい変るものであるならば、これを観て、〈これはわが所有である、これは我である、これはわが本体である〉と、そのようにいうことを得るであろうか」

「大徳よ、それは不可であります」

「だから、比丘たちよ、あらゆる色は、それが過去のものであれば、未来のものであれ、また現在のものであれ、あるいは、内外、精粗、勝劣、遠近の別を問わず、それらはすべて、〈これはわが所有ではない、これは我ではない、これはわが本体ではない〉と、そのように、正しき智慧をもって、あるがままに見るがよいのである。

また、比丘たちよ、あらゆる受は……、想は……、行は……、識は、それが過去のものであれ、未来のものであれ、また現在のものであれ、あるいは、内外、精粗、勝劣、遠近の別をとわず、それらはすべて、〈これはわが所有ではない、これは我ではない、これはわが本体ではない〉と、そのように、正しき智慧をもって、あるがままに見るがよいのである。

比丘たちよ、これを名づけて、聖なる弟子たちは、減じて増さず、捨てて取著せず、厭うて近づかず、その薫りを離れて薫りを熏《た》きしめずという。

では、いったい、なにを減じて、積みあげないのであろうか。それは、色を減じて積みあげないのである。受を……、想を……、行を……、識を減じて積みあげないのである。

では、いったい、なにを捨てて執著しないのであろうか。それは、色を捨てて執著しないのである。受を……、想を……、行を……、識を捨棄して執著しないのである。

では、いったい、なにを厭うて近づかないのであろうか。それは、色を厭うて近づかないのである。受を……、想を……、行を……、識を厭うて近づかないのである。

では、いったい、なにの薫りを離れて、その薫りを熏きしめないのであろうか。それは、色の薫りを厭うて、その薫りを熏きしめないのである。受の……、想の……、行の……、識の薫りを厭うて、その薫りを遍満せしめないのである。

比丘たちよ、わたしの教えを聞いた聖なる弟子たちは、そのように観て、色を厭い離れ、受を厭い離れ、想を厭い離れ、行を厭い離れ、識を厭い離れる。厭い離るれば貪りを離れる。貪りを離るれば自由となる。自由となれば、解脱したとの智が生じて、〈わが迷いの生涯はすでに尽きた。清浄の行はすでに成った。作すべきことはすでに弁じた。このうえは、もはやこのような迷いの生涯を繰返すことはないであろう〉と知るのである。

比丘たちよ、かかる者を名づけて、比丘は、増さず減ぜずという。すでに減じたれば、捨てず、また取著せず。すでに捨てたれば、また厭わず、近づかず。すでに厭うているのであるから、その薫りを離れもせず、熏きしめもしないのである。

では、すでにその薫りを離れておれば、なにを増さず減じないのであるか。すでに減じているのであるから、色をも増さず減じないのであり、すでに減じているのであるから、受をも……、想をも……、行をも……、識をも増さず減じないのである。

では、すでに、減じておるならば、なにを捨てず取著しないのであるか。すでに捨てているのであるから、色をも捨てず取著しないのであり、すでに捨てているのであるから、受をも……、想をも……、行をも……、識をも捨てず取著しないのである。

では、すでに、捨てているならば、なにを厭わず近づかないのであろうか。すでに厭うているのであるから、色をも厭わず近づかないのであり、すでに厭うているのであるから、受をも……、想をも……、行をも……、識をも厭うて近づかないのである。

では、すでに、厭うているならば、なにの薫りを離れず、熏きしめないのであろうか。すでに、その薫りを離れているのであるから、色の薫りをも離れず、熏きしめもしないのであり、すでに、その薫りを離れているのであるから、受の薫りをも……、想の薫りをも……、行の薫りをも……、識の薫りをも離れず、熏きしめもしないのである。

彼はすでに、その薫りをも離れているのである。比丘たちよ、かくのごとくその心解脱せる比丘は、*帝釈《インダ》・梵天《ブラフマ》・生主《パジャパティ》のもろもろの天神たちも、はるか彼方より帰命するところであろう」

南無したてまつる人中の最上なるもの
南無したてまつる人中の最勝なるもの
汝の思いめぐらしたもうところは

誰かよくそを知ることを得ようぞ

注解　この経題は「餌食」（Khajjani = the prey）である。文中の譬喩のことばに依るものであろう。

この経は、だいぶ後年の注釈的思弁を混えているようであって、いろいろの部分から構成されている。まず第一には、五蘊の注釈家的解釈。第二には、その譬喩としての餌食のこと。第三には、例の教理問答。そして、第四には、厭離・離貪・解脱の注釈家的思弁などである。だが、参考にすべきものも少くない。

＊痛める（ruppati = to break）　色（rūpa）と痛める（ruppati）の語呂合せで注釈している。

＊感受する（vediyati = to feel）　受（vedanā）と感受する（vediyati）の語呂合せで注釈している。

＊知覚する（sañjānāti = to be aware of）　想（saññā）と認める（sañjānāti）との語呂合せで注釈している。

＊現成する（abhisankharoti = to prepare, to work）　ふるくは「有為」と訳された。

＊識別する（vijānāti = to recognize）　識（viññāṇa）と識別する（vijānāti）の語呂合せによる注釈である。

＊帝釈（Inda）・梵天（Brahma）・生主（Pajāpati）　いずれもインド古来の天神である。

62 乞食　南伝　相応部経典　二二、八〇、乞食／漢訳　雑阿含経　一〇、一七、諸想

かようにわたしは聞いた。

ある時、世尊は、サキャ（釈迦）族のカピラヴァッツ（迦毘羅衛）なるニグローダ（尼倶律陀）の園にとどまっておられた。

その時、世尊は、いささか善からぬことがあって、比丘たちをしりぞけたのち、朝はやく、下衣をつけ、鉢衣を持して、カピラヴァッツに入って乞食《こつじき》したもうた。

世尊は、カピラヴァッツを歩きまわって乞食なさり、食事をおわって托鉢より帰り、昼の休息のためにマハーヴァナ（大林）にいたった。マハーヴァナに至っては、ヴェールヴァ*（毘羅婆）の若木のもとに坐して昼の休息をとりたもうた。

かくて、世尊は、ひとり坐して思索している時、このような思いがその心に頭をもたげてきた。

「わたしは比丘たちをしりぞけた。だが、いま彼らのなかには、出家してなお日も浅い新参の比丘たちもいる。彼らは、まだ、この法と律とに投じたばかりである。もしわたしの姿を見なかったならば、彼らは、あるいは躓き、あるいは脱落しないともかぎらない。それは、ちょうど、かよわい子牛が、母牛の姿をみないと、躓いたり、脱落するようなものである。

それと、ちょうどおなじように、いま彼らのなかには、出家してなお日も浅い新参の比丘たちがいる。彼らは、まだ、この法と律とに加入したばかりである。もし彼らが、わたしの姿を見なかったならば、あるいは躓き、あるいは脱落しないともかぎらない。それは、ちょうど、かよわい種子が、水を得なかったならば、躓いたり、脱落したりするようなものである。

それとおなじように、いまここに、彼らのなかには、出家してなお日も浅い新参の比丘たちがいる。彼らは、まだ、この法と律とに至ったばかりである。もし彼らが、わたしの姿を見なかったならば、あるいは躓き、あるいは脱落しないともかぎらない。では、わたしは、さきに比丘たちを慈しんだように、いまもまた、そのように比丘たちを慈しむべきなのであろう」

その時、この娑婆世界の主たる梵天は、心に世尊の思うところを知って、たとえば、力士がその屈したる腕を伸し、伸したる腕を屈するがごとく、たちまちに梵天界にその姿を没して、世尊のまえに現れた。

かくて、この娑婆世界の主たる梵天は、一肩の衣を脱ぎ、世尊に合掌して、世尊にいった。

「いまここに、彼らのなかには、出家してなお日も浅い新参の比丘たちもいる。彼らは、まだ、この法と律とに投じたばかりである。彼らは、もし世尊の姿を見なかったならば、あるいは蹎き、あるいは脱落しないともかぎらない。それは、ちょうど、かよわい子牛が、母牛の姿をみないと、蹎いたり、脱落するようなものである。

ちょうど、それとおなじように、いま彼らのなかには、出家してなお日も浅い新参の比丘たちがいる。彼らは、まだ、この法と律とに投じたばかりである。もし彼らが、世尊の姿を見なかったならば、あるいは蹎き、あるいは脱落しないともかぎらない。それは、ちょうど、かよわい種子が、水を得なかったならば、蹎きを生じたり、脱落したりするようなものである。

それとおなじように、いまここに、彼らのなかには、出家してなお日も浅い新参の比丘たちがいる。彼らは、まだ、この法と律とに至ったばかりである。もし彼らが、世尊の姿を見なかったならば、あるいは蹎き、あるいは脱落しないともかぎらない。

では、大徳、世尊よ、比丘たちをして歓喜せしめたまえ。大徳、世尊よ、比丘たちをおだやかに誡めたまえ。大徳、世尊よ、さきに比丘たちを慈しんだように、いままた、そのように比丘たちを慈しみたまえ」

世尊は、黙然として許諾したもうた。

それで、この娑婆世界の主たる梵天は、世尊の許諾したまえるを知り、世尊を右廻りにまわって礼拝し、たちまちそこにその姿を没した。

そこで、世尊は、夕暮におよび、その静坐より起って、ニグローダの園にいたり、至るとその設けの席に坐したもうた。坐したもうと、世尊は、神通を現じたもうて、かの比丘たちをして、一人二人ずつ、慚愧の情をいだいて、わが許《もと》に来たらしめようとした。彼ら比丘たちは、そのように、一人二人ずつ、慚愧の情をいだいて、世尊のいますところに至り、至ると、世尊を礼拝して、その傍らに坐した。

比丘たちが、その傍らに坐した時、世尊は彼らに説いていった。

「比丘たちよ、これは、世のもろもろの生き方のなかの下端である。すなわち、これは乞食である。〈汝、乞食者は、手に鉢をもって遊行する〉と、世間の人々は、そんな悪口をいう。しかるに、比丘たちよ、かくのごとく、よく道理をわきまえる良家の子らが、あえてここに至ったのは、道理*があるからである。それは、王に強いられたからではない。賊に強いられたからでもない。あるいは、負債のゆえでもなく、恐怖のためでもなく、あるいはまた、生活のためでもないのである。それどころか、われらはみな、生・老・死・愁・悲・苦・憂・悩に取り囲まれている。苦に沈み、苦に囲繞《いにょう》せられているのである。そして、この隙間もない苦の集積をなくすることを知ろうとして、ここに至ったのである。

比丘たちよ、そのようにして出家したその良家の子らにして、なおかつ、激しい欲望をもち、はげしい貪りを起し、心に瞋恚《しんに》をいだき、意識に害意をまじえ、忘れやすくして不注意に、心定まらずして散乱し、諸根は無統制であったならばどうであろうか。比丘たちよ、それは、なお、火葬場の薪のなかから取り出した炬火の、両端は燃えて、中間には糞を塗ったものは、もはや、村においても薪の用をなさず、森においても木材としての用をなさないのとおなじである。比丘たちよ、それとおなじように、その人は、在家者としての楽しみからも転落し、また、沙門の意義をも実現することなし、とわたしは説くのである。

　比丘たちよ、三つの善からぬ気持ちがある。いわく、貪りの気持ち、怒りの気持ち、他を害しようとする気持ちである。比丘たちよ、この三つの善からぬ気持ちは、人が*四念処において心をぴたりと安住せしむる時、もしくは、*無相三昧を修習する時に、余すところなく滅し尽すことができるであろう。

　比丘たちよ、しかるとすれば、無相三昧を修習することは、まことによろしい。比丘たちよ、無相三昧を修習し、さらにしばしばそれを繰返せば、その効果おおく、その功徳がおおいであろう。

　比丘たちよ、また、二つの見解がある。いわく、*有見と無見とである。比丘たちよ、だが、わたしの教えを聞いた聖なる弟子たちは、われとわが身に問うていう。いわく、〈いったい、この世の中には、なにかほんのすこしでも、わたしが取著して、しかも、過ちなきことをうるようなものがありうるであろうか〉と。

　そして、彼はかように知るのである。いわく、〈この世の中には、なにかほんの少しでも、わたしが取著して、しかも、過ちなきことをうるものはない。なんとなれば、もしわたしが色（肉体）に取著する心があれば、取著して自由ではない。もしわたしが受（感覚）に……、想（表象）に……、行（意志）に……、識（意識）に取著する心があれば、取著して自由ではない。そうすると、取著によって有が生ずる。有によって生が生ずる。生によって老死が生じ愁・悲・苦・憂・悩が生ずるであろう。つまり、そのようにして、この隙間もない苦の集積が生起するであろう〉と。

比丘たちよ、汝らはいかに思うか。色は、常であろうか、無常であろうか」

「大徳よ、それは無常であります」

「もし、無常であるならば、それは、苦であろうか、楽であろうか」

「大徳よ、それは苦であります」

「では、無常にして苦なる、移ろい変るものであるならば、それを見て、〈これはわが所有《もの》である、これは我である、これはわが本体である〉と、そのようにいうことができるであろうか」

「大徳よ、それは不可であります」

「比丘たちよ、また、汝らはこれをいかに思うか。受は……、想は……、行は……、識は……

比丘たちよ、されば、ここに、汝らは、そのように見て、色を厭い離れ、受を厭い離れ、想を厭い離れ、行を厭い離れ、また、識を厭い離れるがよい。厭い離るれば貪りを離れる。貪りを離るれば解脱する。解脱すれば、解脱したとの智が生じ、〈わが迷いの生涯はすでに尽きた。清浄の行はすでに成った。作すべきことはすでに弁じた。このうえは、もはやこのような迷いの生涯を繰返すことはないであろう〉と知るのである」

注解 この経題は「乞食」(Pindola = one who seeks alms) である。托鉢する者である。ここでは、釈尊は、新来の比丘たちのために、その托鉢の精神について、いささか激越な表現をもって語っている。それを、わたしは、素晴らしいと思う。だが、その後半、無相三昧などについて語られる以下は、後年の加上であるように思われる。

＊ヴェールヴァの若木 (veluvalatthi) マルメロ (marmelos) の若木である。

＊道理がある (atthavasa = dependence on the sense) 古来は「義趣あり」と訳せられた。

＊四念処 (cattāro satipaṭṭhānā = the four stations of mindfulness referring to the body, the sensation, the mind, and phenomena) 身念処・受念処・心念処・法念処である。

＊無相三昧 (animitta samādhi = concentration that is withdrawn from objects) 差別の相状なきを観ずる三昧である。

＊有見 (bhavadiṭṭhi = the view of coming to be)・無見 (vibhavadiṭṭhi = the view of not coming to be) 世間および我の不滅に執する見と、世間の空無を偏執する見解である。

63　パーリレッヤ（波陀）村にて

南伝　相応部経典　二二、八一、波陀聚落／漢訳
雑阿含経　二、二五、陰根

かようにわたしは聞いた。

ある時、世尊は、コーサンビー（憍賞弥）のゴーシタ（瞿師羅）園にとどまっておられた。

その時、世尊は、朝はやく、下衣を着け、鉢と衣とを持ち、コーサンビーに入り、托鉢せられた。コーサンビーを托鉢せられて、托鉢から帰り、食事をおわると、みずからその臥坐具《がざぐ》をたたみ、鉢と衣とを持して、侍者にも告げず、比丘たちにも知らせず、たった独りで、供もなく、出で行かれた。

時に、一人の比丘があって、世尊が出で行かれてから、まだ間もないころ、長老アーナンダ（阿難）のところにやってきて、彼にいった。

「友アーナンダよ、世尊は、みずからその臥坐具をたたみ、鉢と衣とを持して、侍者にも告げず、比丘たちにも知らせず、たった独りで、供もなく、出で行かれました」

「友よ、世尊が、みずからその臥坐具をたたみ、鉢と衣とを持して、侍者にも告げず、比丘たちにも知らせず、たったお独りで、供もなくして、出で行かれる時には、世尊は、ただ独りして住しようとしておられるのであるから、誰も随《つ》いて行ってはならない」

かくて、世尊は、しだいに遊行されて、パーリレッヤ（波陀）村まで至った。そこで、世尊は、大きなサーラ（沙羅）の樹下にとどまっていた。

そのころ、おおくの比丘たちが、長老アーナンダのところにやって来て、たがいに親しい挨拶を交し、また好意にみち友情にあふれた談話をまじえて、その傍らに坐した。傍らに坐すると、彼ら比丘たちは、長老アーナンダにこう言った。

「友アーナンダよ、わたしどもは、世尊より直々に説法を聞かないことすでに久しい。友アーナンダよ、わたしどもは、親しく世尊より説法を聞きたいと思う」

そこで、長老アーナンダは、彼ら比丘たちを連れて、パーリレッヤ村の大きなサーラの樹下にまします世尊のところに至った。至ると、世尊を礼拝して、その傍らに坐した。彼らがその傍らに坐すると、世尊は、彼ら比丘たちのために、法を説いて、教示し、激励し、満足せしめ、歓喜せしめた。

その時、一人の比丘があって、心のなかに、このようなことを思った、〈いかに知り、いかに見たならば、永久にもろもろの煩悩を滅し尽すことができるであろうか〉と。

その時、世尊は、かの比丘がその心に思うところを察知して、比丘たちに告げて仰せられた。

「比丘たちよ、わたしは、くわしく法を説いた。くわしく四念処のことも説いた。くわしく*四正勤《ししょうごん》のことも説いた。*四如意足《しにょいそく》のこともくわしく説いた。*五根のこともくわしく説いた。五力*のこともくわしく説いた。七覚支*のこともくわしく語った。また、くわしく聖なる八支の道のことも語った。比丘たちよ、そのように、わたしは、くわしく法を説いた。

比丘たちよ、そのように、わたしは、くわしく法を説いたが、それにもかかわらず、なお、ここに一人の比丘があって、心のなかに、このように思った、〈いかに知り、いかに見たならば、もろもろの煩悩を、永久に滅しつくすことができるであろうか〉と。

では、比丘たちよ、いったい、いかに知り、いかに見たならば、もろもろの煩悩を、永久に滅し尽すことができるのであろうか。

比丘たちよ、ここに一人のまだ教えを聞かぬ凡夫がある。彼は、まだ聖者にまみえず、聖者の法を知らず、聖者の法に従わず、あるいは、まだ善き人にまみえず、善き人の法を知らず、善き人の法に従わずして、色（肉体）は我であると考える。だが、しかし、比丘たちよ、彼の考え方は行（意志）である。その行は、しかし、なにを因縁とし、なににによりて生起し、なにによりて生じ、なにを起源とするのであるか。比丘たちよ、まだわたしの教えを聞かない人々においては、無智との接触によって生れる受（感覚）によって養われて渇愛が生ずる。そこからこの行が生ずるのである。そのように、比丘たちよ、この行は、無常なるものであり、人のいとなむところであり、条件があって生ずるところである。また、その渇愛も、無常なるもの、人のいとなむところ、条件があって生ずるところである。さらに、その受も、その接触も、またその無智も、無常なるもの、人のいとなむところ、条件があって生ずるところである。比丘たちよ、そのように知り、そのように見るならば、永久にもろもろの煩悩を滅しつくすことができるのである。

また、色は我であるとは見ないが、われは色を有すると見る。だが、しかし、比丘たちよ、彼のその考え方は行である。……

また、色は我であるとは見ず、われは色を有するとも見ないが、なお、われのなかに色があると見る。だが、比丘たちよ、その考え方もまた行である。……

また、色は我であるとも見ず、われは色を有するとも見ず、われのなかに色があるとも見ないが、なお、色のなかに我があると見る。比丘たちよ、だが、その考え方もまた行である。……

さらにまた、色は我であるとも見ず、われは色を有するとも見ず、われのなかに色があるとも見ず、色のなかに我があるとも見ないが、受（感覚）は我であると見る、われは受を有すると見る、われのなかに受があると見る、あるいは、受のなかに我があると見る。だが、比丘たちよ、その考え方もまた行である。……

また、……想（表象）は……、行（意志）は……、識（意識）は我であると見る、われは識を有すると見る、われのなかに識があると見る、あるいは、識のなかに我があると見る。だが、比丘たちよ、その考え方もまた人間の意志的な考え方（行）である。そのような考え方は、しかし、なにを因縁とし、なにによりて生起し、なにによりて生じ、なにを起源とするのであるか。比丘たちよ、まだわたしの教えを聞かない人々においては、無智と接触することによって受が生ずる。その受に育てられて渇愛が生ずる。そこから、この行が生ずるのである。そのように、比丘たちよ、この行は、無常なるものであり、人のいとなむところであり、条件があって生ずるところである。また、その渇愛も、無常なるもの、人のいとなむところ、条件があって生ずるところである。さらに、その受も、その接触も、また、その無智も、無常なるもの、人のいとなむもの、条件があって生ずるところである。比丘たちよ、そのように知り、そのように見るならば、もろもろの煩悩を、永久に滅しつくすことができるのである。

だが、色は我であるとも見ず、受は我であるとも見ず、想……、行……、識は我であるとも見ないが、なお、このような考え方を起すものもあろう。いわく、〈これは我である。これは世間である。死後もなお我は存在して、常住、堅固、永遠にして変易することがないであろう〉と。

比丘たちよ、このような常見*も、また人間の意志的な考え方（行）である。では、そのような考え方は、なにを因縁とし、……比丘たちよ、そのように知り、そのように見るならば、もろもろの煩悩を、永久に滅しつくすことができるであろう。

また、色は我であるとも見ず、受は我であるとも見ず、想……、行……、識は我であるとも見ず、また、〈これは我である。これは世間である。死後もなお我は存在して、常住、堅固、永遠にして変易することはないであろう〉と、そのような考え方も起さないが、なお、このような考え方を起すものもあろう。いわく、〈もし我がなかったならば、わが所有《もの》もまたないであろう。もし我がないならば、きっとわが所有もまたありえないであろう〉と。

比丘たちよ、このような断見*も、また人間の意志的な考え方（行）である。では、そのような考え方は、なにを因縁とし、……比丘たちよ、そのように知り、そのように見るならば、もろもろの煩悩を、永久に滅しつくすことができるであろう。

さらにまた、色は我であるとも見ず、受は我であるとも見ず、想……、行……、識は我であるとも見ず、また、〈これは我である。これは世間である。死後もなお我は存在して、常住、堅固、永遠にして変易することはないであろう〉と、そのような考え方も起さず、あるいはまた、〈もし我がなかったならば、わが所有もまたないであろう。もし我がないならば、きっとわが所有もまたありえないであろう〉と、そんな考え方もしないけれども、なお、疑念をいだき、躊躇して、正法の究極にいたることをえない。

比丘たちよ、その疑念をいだき、躊躇して、正法の究極にいたることをえないのも、また、人間の意志的な考え方（行）である。では、そのような考え方は、なにを因縁とし、……比丘たちよ、そのように知り、そのように見るならば、永久にもろもろの煩悩を滅しつくすことができるであろう」

注解　この経題の「パーリレッヤ」（Pārileyya, 波陀聚落）とは、コーサンビー（憍賞弥）の一村落である。そこを説処として、一人の比丘の問いに答える形式をもって説かれたのがこの経であるが、そこには、どうやら、後代の注釈家的な思弁がだいぶ混入しているようである。ここでは、おなじ五蘊を語るにも、行（sankhāra）すなわち人間の意志的な考え方に焦点がおかれていることに、興味を惹かれる。

＊四正勤（cattāro sammappadhānā = the four right exertion）　四つの正しい精進である。

＊四如意足（cattāro iddhipādā = the four bases of magic power）　神通如意をうる四つの定である。

＊五根（pañcindriya = the five faculties）　五つの機根である。

＊五力（pañcabalāni = the five powers）　五つの力能である。

＊七覚支（satta-bojjhangāni = the seven limbs of wisdom）　智をもって諸法を観察し覚了する七つの項目である。

＊常見（sassatadiṭṭhi = eternalism）　霊魂や世界は永久なるものとする見解である。

＊断見（ucchedadiṭṭhi = the doctrine of the annihilation）　霊魂の死後断滅を主張する見解である。

64　ヴァッカリ（跋迦梨）

南伝　相応部経典　二二、八七、跋迦梨／漢訳　雑阿含経　四七、二五、跋迦黎

かようにわたしは聞いた。

ある時、世尊は、ラージャガハ（王舎城）のヴェールヴァナ（竹林）なる栗鼠養餌所にましました。

その時、長老ヴァッカリ（跋迦梨）は、陶工の家に住し、病いを煩い、重態であった。

そこで、長老ヴァッカリは、侍する者たちに告げていった。

「友だちよ、世尊のところまで行って貰いたい。そして、わたしの名において、世尊の足もとにぬかずき、世尊に申しあげて貰いたい、〈大徳よ、ヴァッカリ比丘は、病いを煩い、重態でございます。彼はいま、世尊の足を頭面をもって礼したてまつる〉と。そして、また、このように申しあげて貰いたい、〈大徳、世尊よ、願わくは、哀れみを垂れたまい、ヴァッカリ比丘のところまでお出で下さるまいか〉と」

「いいとも、友よ」

と、彼ら比丘たちは、長老ヴァッカリに答え、世尊のましますところに至った。至ると世尊を礼拝して、その傍らに坐した。

傍らに坐した彼ら比丘たちは、世尊に申しあげた。

「大徳よ、ヴァッカリ比丘は、病いを煩い、重態でございます。彼は、いま、世尊の足を頭面をもって礼したてまつります。そして、申しあげます、〈大徳、世尊よ、願わくは、わがうえに哀れみを垂れたまい、ヴァッカリ比丘のところまでお出で下さるまいか〉と」

世尊は、黙然として、それを聴許せられた。

やがて、世尊は、下衣を着け、鉢と衣とを持って、長老ヴァッカリのいるところに行った。

長老ヴァッカリは、はるかに世尊の来りたもうを望見して、病床より起きた。

やがて、世尊は、長老ヴァッカリに言いたもうた。

「やめなさい、ヴァッカリよ、床から起きてはいけない。そこにわたしの座がある。わたしはそこに坐ろう」

世尊は設けの席に坐したもうた。坐して、世尊は長老ヴァッカリに仰せられた。

「ヴァッカリよ、耐えられるか。我慢できるか。苦しみは和《やわ》らいだか。苦しみが増すことはないか。よくなるばかりで、ひどくなるようなことはないか」

「大徳よ、苦しみが和らぐどころか、増すばかりでございます。ひどくなるばかりで、よくなる見込みはございません」

「ヴァッカリよ、では、なにか心配することがあるか、なんぞ気になることでもあるか」

「大徳よ、どうも心配になることばかり、気になることばかりでございます」

「では、ヴァッカリよ、なんぞ戒について自ら責めるところでもあるのか」

「いいえ、大徳よ、わたしは、戒について自ら責めるところはございません」

「ヴァッカリよ、もし戒について自ら責めるところがなければ、なんの心配することがあろう。なんの気にすることがあろうか」

「大徳よ、わたしは、すでに久しい前から、参上して世尊にお目にかかりたいと思っていたのでございますが、わたしの身体は、もう参上して世尊にお目にかかるだけの力に欠けておりました」

「いやいや、ヴァッカリよ、この汚らわしいわたしの身体を見ても何になろうぞ。ヴァッカリよ、法を見る者はわれを見る者であり、われを見る者は法を見る者である。ヴァッカリよ、まことに、法を見る者はわれを見る者であり、われを見る者は、法を見る者である。

ヴァッカリよ、汝はいかに思うか。色（肉体）は常恒であろうか、無常であろうか」

「大徳よ、無常でございます」

「受（感覚）は……、想（表象）は……、行（意志）は……、識（意識）は常恒であろうか、無常であろうか」

「大徳よ、無常でございます」

「されば、ここに、わたしの教えをよく聞いた聖なる弟子たちは、そのように観じて、色を厭い離れ、受を厭い離れ、想を厭い離れ、行を厭い離れ、識を厭い離れる。厭い離れるがゆえに貪りを離れる。貪りを離れるがゆえに解脱する。解脱すれば、すでに解脱したとの智を生じて、〈わが迷いの生はすでに尽きた。清浄の行はすでに成った。作すべきことはすでに弁じた。このうえは、さらに迷いの生を繰返すことはない〉と知るのである」

かくして、世尊は、この教えをもって、長老ヴァッカリを教え導き、その座より起って、ギッジャクータ*（耆闍崛）山にむかって去りたもうた。

注解　ここに「ヴァッカリ」（Vakkali, 跋迦梨）というは、病める比丘の名である。釈尊は、彼をその病床に見舞って、「法を見る者はわれを見る者、われを見る者は法を見る者である」との素晴らしい言葉を与えられた。

だが、この経の後半は、彼ヴァッカリの死後のことを、神話的叙述をもって記している。その後半は加上であると思われるので、あえて割除した。

＊ギッジャクータ（Gijjhakūṭa, 耆闍崛）　王舎城五山の一つである。

65　ケーマ（差摩）

南伝　相応部経典　二二、八九、差摩／漢訳　雄阿含経　五、一、差摩

かようにわたしは聞いた。

ある時、あまたの長老の比丘たちが、コーサンビー（憍賞弥）のゴーシタ（瞿師羅）園にとどまっていた。

その時、長老ケーマ（差摩）は、バダリカ*（跋陀梨）園にあって病み、重態であった。そのころ、もろもろの長老の比丘たちは、夕刻にあたり、思索のための静坐より起って、長老ダーサカ（陀娑）に告げていった。

「友ダーサカよ、ひとつケーマ比丘のところに行って来て貰いたい。行ってケーマ比丘に、〈友よ、もろもろの長老たちから、そなたへの伝言であるが、友よ、耐えられるか。我慢できるか。苦しみは和らいだか。苦しさが増すことはないか。よくなるばかりで、ひどくなるようなことはないか〉と伝えて貰いたい」

「いいとも、友だちよ」と、長老ダーサカは、もろもろの長老比丘たちに答え、長老ケーマのところに行った。至りつくと、長老ケーマにいった。

「友ケーマよ、もろもろの長老たちからの伝言であるが、〈友よ、耐えられるか。我慢できるか。苦しみは和らいだか。苦しみが増すことはないか。よくなるばかりで、ひどくなるようなことはないか〉ということであった」

「友よ、耐えられない。我慢はできない。苦しみは増すばかりで、苦しさの和らぐことはない。悪くなるばかりで、よくなるような様子はないよ」

そこで、長老ダーサカは、もろもろの長老比丘たちのところに帰って、彼らに伝えていった。

「友だちよ、ケーマ比丘はこう言っている、〈友よ、耐えられない。我慢はできない。苦しみは増すばかりで、苦しさの和らぐことはない。悪くなるばかりで、よくなるような様子はない〉と」

「では、友ダーサカよ、もう一度、ケーマ比丘のところに行って貰いたい。行ってケーマ比丘にこう言って貰いたい、〈友ケーマよ、もろもろの長老たちから、そなたへの伝言である。友よ、世尊は、われらの生を構成する五つの要素（五取蘊）を説きたもうた。いわく、色（肉体）なる要素、受（感覚）なる要素、想（表象）なる要素、行（意志）なる要素、および、識（意識）という要素である。ところで、長老ケーマは、このわれらの生を構成する五つの要素において、なおいささかの我、もしくはわが所有《もの》ありと見るであろうか〉と」

「いいとも、友だちよ」と、長老ダーサカは、もろもろの長老比丘たちに答えて、長老ケーマのところに行った。至ると、長老ケーマにいった。

「友ケーマよ、もろもろの長老たちからの伝言であるが、〈友よ、世尊は、われらの生を構成する五つの要素を説きたもうた。いわく、色なる要素、受なる要素、想なる要素、行なる要素、および、識なる要素である。ところで、長老ケーマは、このわれらの生を構成する五つの要素において、なおいくぶんの我、もしくはわが所有ありと見るのであろうか〉」

「友よ、世尊は、われらの生を構成する五つの要素を説きたもうた。いわく、色なる要素、受なる要素、想なる要素、行なる要素、および、識なる要素である。友だちよ、わたしは、この生を構成する五つの要素において、なおいくぶんの我、もしくはわが所有ありと見るわけではない」

そこで、長老ダーサカは、もろもろの比丘たちのところに帰り、長老ケーマのことばを彼らに伝えた。すると、彼らはまた言った。

「友ダーサカよ、もう一度、ケーマ比丘のところに行って貰いたい。行ってケーマ比丘にこう言って貰いたい、〈友よ、世尊は、われらの生を構成する五つの要素を説きたもうた。いわく、色なる要素、……。もし長老ケーマにして、このわれらの生を構成する五つの要素において、いささかの我、もしくはわが所有を見なかったならば、長老ケーマは、すでに煩悩を滅尽した聖者である〉と」

「いいとも、友だちよ」と、長老ダーサカは、もろもろの長老比丘たちに答え、長老ケーマのところに行った。至ると、その伝言を彼に伝えた。すると、彼はいった。

「友だちよ、世尊は、われらの生を構成する五つの要素を説きたもうた。いわく、色なる要素、……。友だちよ、わたしは、この生を構成する五つの要素において、なおいささかの我、もしくはわが所有ありと見るわけではない。だが、しかし、わたしは、まだまだ煩悩を滅し尽した聖者ではない。友だちよ、それどころか、わたしは、この五つの要素において〈我あり〉という考えをもつ。だが、しかし、それが〈我があるのだ〉と見るわけでもないのである」

そこで、長老ダーサカは、また、もろもろの比丘たちのところに帰り、長老ケーマのことばを伝えた。すると、彼らはまた言った。

「友ダーサカよ、もう一度、ケーマ比丘のところに行って貰いたい。行ってケーマ比丘にこう言って貰いたい、〈友ケーマよ、もろもろの長老たちからの伝言であるが、友ケーマよ、そなたが《我あり》というのは、いったい、何を説いて《我あり》というのであるか。色が我であるというのであるか、色を離れて我があるというのであるか。あるいは、受が……、想が……、行が……、識が我であるというのであるか、それとも識を離れて我があるというのであるか。友ケーマよ、そなたが《我がある》というのは、いったい、何を説いて《我がある》というのであるか〉と」

「いいとも、友だちよ」と、長老ダーサカは、もろもろの長老比丘たちに答え、長老ケーマのところに行った。至ると、その伝言を彼に伝えた。すると、彼はいった。

「いや、もう結構だ。いつまで往ったり来たりしているのだ。杖をもって来てくれ。わたしが自分でもろもろの長老比丘たちのところに行こう」

そこで、長老ケーマは、杖にすがってもろもろの長老比丘たちのところに至り、挨拶ののち、たがいに丁寧な、礼儀ただしい言葉をかわして、その傍らに坐した。

彼が傍らに坐した時、もろもろの長老比丘たちは、長老ケーマにいった。

「友ケーマよ、そなたが〈我あり〉というのは、いったい、何を説いて〈我あり〉というのであるか。色が我であるというのであるか、色を離れて我があるというのであるか。あるいは、受が……、想が……、行が……、識が我であるというのであるか、それとも識を離れて我があるというのであるか。友ケーマよ、そなたが〈我あり〉というのは、いったい、何を説いて〈我あり〉というのであるか」

「友だちよ、わたしは、色が我であるというのではない。また、色を離れて我があるというのでもない。あるいは、受が……、想が……、行が……、識が我であるというのでもない。また、識を離れて我があるというのでもない。友だちよ、わたしは、この生を構成する五つの要素において〈我あり〉と考えるのであるが、しかし、それが〈我があるのだ〉と見るわけでもないのである。

友だちよ、それは、たとえば、青蓮・紅蓮・白蓮の香りのようなものである。もし人あって、弁《べん》に香りがあるとか、茎《くき》に香りがあるとか、あるいは、蕊《しべ》に香りがあるとかいったならば、それは正しい言い方であろうか」

「友よ、それは不可である」

「では、友だちよ、どう言ったならば、正しい言い方であろうか」

「友よ、それは、花に香りがあるといったならば、正しい言い方であろう」

「友だちよ、それとおなじように、わたしは、色が我であるというのでもない。また、色を離れて我があるというのでもない。あるいは、受が……、想が……、行が……、識が我であるというのでもない。また、識を離れて我があるというのでもない。友だちよ、わたしは、この生を構成する五つの要素において〈我あり〉と考えるのであるが、しかし、それが〈我があるのだ〉と見るわけではないのである。


友だちよ、聖なる弟子は、すでに、人々を俗界に結びつける五つの下級の煩悩を断っても、なお、彼のなかには、この生を構成する五つの要素にともなう微妙な残滓として、我慢や我欲やひそやかな我の傾向が、まだ断たれてはいない。だから、彼はその後もなおこの五つの要素について、その生滅を観察しつづける。いわく、これが色である、これが色の生起である、これが色の滅尽である。また、これが受……、想……、行……、これが識である、これが識の生起である、これが識の滅尽であると。

そのようにして、彼が、この五つの要素について、その生滅を観察しつづけていると、この五つの要素にともなう微妙な残滓として、まだ残っていた我慢や、我欲や、ひそやかな我の傾向なども、やがては永遠に断たれるにいたるのである。

友だちよ、それは、たとえば、汚れて垢づいた衣のようなものである。その持主はそれを洗濯屋にわたすであろう。洗濯屋はそれを塩汁や灰汁《あく》や牛糞のなかに入れて、くまなく摩擦して、これを清水ですすぐ。それで、その衣は、清浄潔白になるけれども、なおそれに随伴する塩の臭、灰の臭、牛糞の臭はまだなくならない。だが、洗濯屋はこれを持主に渡す。すると持主は、それを香を焚いた筐《はこ》のなかに入れる。それで、それに伴う塩の臭、灰の臭、牛糞の臭のなお残っているものも永遠に断たれるのである。

友だちよ、聖なる弟子は、すでに、人々を俗界に結びつける五つの下級の煩悩を断っても、なお、彼のなかには、この生を構成する五つの要素にともなう微妙な残滓として、我慢や我欲やひそやかな我の傾向が、まだ断たれないで残っている。だから、彼は、その後もなおこの五つの要素について、その生滅を観察しつづける。いわく、これが色である、これが色の生起である、これが色の滅尽である。また、これが受……、想……、行……、これが識である、これが識の生起である、これが識の滅尽であると。

そのようにして、彼が、この五つの要素について、その生滅を観察しつづけていると、この五つの要素にともなう微妙な残滓として、まだ残っていた我慢や、我欲や、ひそやかな我の傾向なども、やがては永遠に断たれるにいたるのである」

彼がそのように語った時、もろもろの長老の比丘たちは、長老ケーマにいった。

「まことに、われらは、長老ケーマを困らせようと思って、これらの質問をしたわけではない。それは、われらが、長老ケーマならば、かの世尊の教えを、充分に説いて、教え、示し、説明し、明晰にし、開示し、分析し、啓発することができようと思ったからである。

そして、そのとおり、長老ケーマは、かの世尊の教えを、充分に説いて、教え、示し、説明し、明晰にし、開示し、分析し、啓発した」

長老ケーマは、そのように説いた。もろもろの長老の比丘たちは、長老ケーマの所説に満足して、それを歓び受けた。

かくして、そのような教えが説かれた時、六十人の長老の比丘、および長老ケーマとは、もはや執するところなくして、もろもろの煩悩よりその心解脱することをえた。

注解 ここに「ケーマ」(Khema, 差摩)とあるは人名である。彼の素姓はよく判らないが、この経における彼の所見は、卓抜なものを含んでいる。

その舞台はコーサンビー(憍賞弥)であって、ここには釈尊の登場はない。ケーマは病床にあり、長老の使者が長老たちの見舞の口上を伝える。しかるに、話がこじれて、ついにケーマが、長老たちの前にその見解を開陳することとなる。その所見は「我《が》」に関するものであって、大いに聞くべきものがある。

この経も、原初的古形を存するものとはいい難いが、なお初期のころの重要な考え方をふくんでいると思われる。

＊バダリカ園（Badarikārāma, 跋陀梨園）コーサンビー（憍賞弥）にあった精舎の一つである。

＊五つの下級の煩悩（pañcorambhāgiyāni saññojanāni = the five lower fetters）五下分結のこと。43「感興語」を参照されたい。

66 泡沫　南伝　相応部経典　二二、九五、泡沫／漢訳　雑阿含経　一〇、一〇、泡沫

かようにわたしは聞いた。

ある時、世尊は、アヨッジャー（阿踰闍）のちかくのガンガー（恒河）の畔《ほとり》に住しておられた。

そこで、世尊は、もろもろの比丘たちに告げて仰せられた。

「比丘たちよ、たとえば、このガンガーが大きな聚沫《しゆうまつ》を生ずるようなものである。眼ある人々は、それを見、それを観察し、その性質を見抜く。彼は、それを見、それを観察し、その性質を見抜いて、それは、見掛けだけのもので、実体もなく、本質もないことを知るであろう。比丘たちよ、どうして聚沫に本質があろうか。

比丘たちよ、そのように、あらゆる色（肉体）は、それが過去のものであれ、未来のものであれ、現在のものであれ、あるいは、内外、精粗、勝劣、遠近の別をとわず、比丘は、それを見、それを観察し、その性質を透見する。彼は、それを見、それを観察し、その性質を見透して、それは見掛けだけのものであって、実体はなく、また本質もないことを知るのである。比丘たちよ、どうして色に本質があろうぞ。

比丘たちよ、また、たとえば、秋の季節に大いに雨が降り、水のうえに泡が立つようなものである。眼ある人々は、それを見、それを観察し、その性質を見抜くであろう。彼は、それを見、それを観察し、それを見抜いて、それは見掛けだけのもので、実体もなく、本質もないことを知るであろう。比丘たちよ、どうして水泡に本質があろうか。比丘たちよ、そのように、あらゆる受（感覚）は、それが過去のものであれ、……それは見掛けだけのものであって、実体はなく、本質もないことを知るのである。比丘たちよ、どうして受に本質があろうぞ。

比丘たちよ、また、たとえば、夏のおわりの月、真昼の日盛りに陽炎《かげろう》のただようようなものである。眼ある人々は、それを見、それを観察し、その性質を見抜くであろう。彼は、それを見、それを観察し、それを見抜いて、それは見掛けだけのもので、実体もなく、本質もないことを知るであろう。比丘たちよ、どうして陽炎に本質があろうか。

比丘たちよ、そのように、あらゆる想（表象）は、それが過去のものであれ、……それは見掛けだけのものであって、実体はなく、本質もないことを知るのである。比丘たちよ、どうして想に本質があろうか。

比丘たちよ、また、たとえば、人があって、堅い材木を欲し、それを捜し求めて、利《する》き斧をもって林に入ったとする。彼は、そこに、大きな芭蕉の木が立っているのを見た。それは、たいへん新鮮で、塔のように聳えていた。それを彼は根から伐った。根から伐ると、今度は頂を伐った。そして、彼はその樹皮をむいた。だが、彼は、樹皮をむいてもむいても、その髄をすら見つけることができなかった。ましてや、その樹心においてをやである。

眼ある人々は、それを見、それを観察して、その理由を見抜くであろう。彼は、それを見、それを観察し、その理由を見抜いて、それが見掛けだけのもので、実体もなく、本質もないことを知るであろう。比丘たちよ。どうして芭蕉にその樹心があろうか。

比丘たちよ、そのように、あらゆる行（意志）は、それが過去のものであれ、……それは見掛けだけのものであって、実体はなく、本質もないことを知るのである。比丘たちよ、どうして行に本質があろうか。

また、比丘たちよ、たとえば、魔術使いか魔術使いの弟子があって、大道の辻において魔術を現ずるようなものである。眼ある人々は、それを見、それを観察して、その性質を見抜くであろう。彼は、それを見、それを観察し、それを見抜いて、それは見掛けだけのもので、実体はなく、本質もないことを知るであろう。比丘たちよ、どうして魔術に本質があろうか。

比丘たちよ、そのように、あらゆる識（意識）は、それが過去のものであれ、……それは見掛けだけのものであって、実体はなく、本質もないことを知るのである。比丘たちよ、どうして識に本質があろうか。

比丘たちよ、わたしの教えを聞いた聖なる弟子たちは、そのように見て、色において厭い離れ、受において厭い離れ、想において厭い離れ、行において厭い離れ、また識において厭い離れる。厭い離れて貪りを離れ、貪りを離れて解脱する。解脱すれば、すでに解脱したとの智が生じて、〈わが迷いの生涯はすでに尽きた。清浄の行はすでに成った。作すべきことはすでに弁じた。このうえは、もはやかかる生涯を繰返すことはない〉と知るにいたるのである」

世尊はこのように仰せられた。幸いなる者はこのように仰せられた。そして、師は、さらに仰せられた。

「色（肉体）は聚沫のごとくなり
受（感覚）は水泡のごとくなり
想（表象）は陽炎のごとくなり
行（意志）は芭蕉のごとくなり

識（意識）は魔術のごとしとは
＊日種の尊の所説なり

もしもくまなく思索して
あるがままにぞ観るならば
その実《じつ》もなく質もなく
この身において見るごとく
我《われ》もわが所有《もの》もあらじとか
大慧の人は説きたもう」

注解 この経は「泡沫」（Phenam = foam）と題する。釈尊が、ガンガー（恒河）の近くのアヨッジャー（阿踰闍）という町にあり、ガンガーの流れの水沫を見ながら説かれた譬喩説法である。経末の偈は、後人の付加したことは明らかであるので、一部のみを訳するにとどめて他は省略した。
＊日種（Ādiccabandhu） 太陽の裔の意。釈迦族の属する部族の名称。

67 爪頂 南伝 相応部経典 二二、九七、爪頂／漢訳 増一阿含経 一四、四

かようにわたしは聞いた。

ある時、世尊は、サーヴァッティー（舎衛城）のジェータ（祇陀）林なるアナータピンディカ（給孤独）の園にましました。

その時、一人の比丘が世尊のましますところに至り、世尊を礼拝して、その傍らに坐した。

傍らに坐したかの比丘は、世尊に申しあげた。

「大徳よ、ほんのすこしの色（肉体）でも、常住し、恒存し、永住して、変化することのないもの、永遠にわたってまさしく存するものはないでありましょうか。

また、大徳よ、ほんのすこしの受（感覚）でも、……想（表象）でも、……行（意志）でも、……識（意識）でも、常住し、恒存し、永住して、変化することのないもの、永遠にわたってまさしく存するものはないでありましょうか」

「比丘よ、ほんのすこしの色でも、常住し、恒存し、永住して、変化することのないようなもの、永遠にわたってまさしく存するようなものはない。

比丘よ、また、ほんのすこしの受でも、……想でも、……行でも、……識でも、常住し、恒存し、永住して、変化することのないもの、永遠にわたってまさしく存するものはないのである」

その時、世尊は、一つまみの塵をつまんで、爪のうえにのせて、その比丘にいった。

「比丘よ、たったこれっぽちの色だって、常住し、恒存し、永住して、変化することのないようなもの、永遠にわたってまさしく存するようなものはない。

比丘よ、もし、たったこれほどの色だって、常住し、恒存し、永住して、変化することのないようなものがあらば、この清浄の行を修して、よく、まさしく苦を滅し尽すことはできないであろう。だが、比丘よ、たったこれっぽちの色だって、常住し、恒存し、永住して、変化しないものはないがゆえに、よく清浄の行を修して、まさしく苦を滅し尽すことができるのである。

比丘たちよ、もし、また、たったこれほどの受でも、……想でも、……行でも、……識でも、常住し、恒存し、永住して、変化することのないようなものがあったならば、この清浄の行を修して、よく、まさしく苦を滅し尽すことはできないであろう。だが、比丘よ、たったこれっぽちの識だって、常住し、恒存し、永住して、変化しないものはないがゆえに、よく清浄の行を修して、まさしく苦を滅し尽すことができるのである。

比丘たちよ、汝はいかに思うか。色は常住であろうか、無常であろうか」

「大徳よ、それは無常であります」

「では、比丘たちよ、汝はいかに思うか。受（感覚）は……、想（表象）は……、行（意志）は……、識（意識）は常住であろうか、無常であろうか」

「大徳よ、それは無常であります」

「比丘よ、そのように、あらゆる色……受……想……行……識は、それが過去のものであれ、未来のものであれ、また現在のものであれ、あるいは、内外、精粗、勝劣、遠近の別を問うことなく、それらはすべて、〈これはわが所有《もの》ではない、これは我ではない、これはわが本体ではない〉と、そのように、正しい智慧をもって、あるがままに見るがよいのである。

比丘よ、そのように観じて、色において厭い離れ、受において厭い離れ、想において厭い離れ、行において厭い離れ、また、識において厭い離れるがよい。厭い離るれば貪りを離れる。貪りを離るれば解脱する。解脱すると、解脱したとの自覚が生じて、〈わたしの迷いの生涯はすでに尽きた。清浄の行はすでに成った。作すべきことはすでに弁じた。このうえは、もはや迷いの生を繰返すことはない〉と知るにいたるのである」

注解　ここに「爪頂」（Nakhāsikam = top of the nail）というのは、爪のうえである。釈尊は、しばしば、爪のうえに土や塵をおいて、それを譬喩として語られた。

68　手斧の柄

南伝　相応部経典　二二、一〇一、手斧の柄／漢訳　雑阿含経　一〇、八、応説

かようにわたしは聞いた。

ある時、世尊は、サーヴァッティー（舎衛城）のジェータ（祇陀）林なるアナータピンディカ（給孤独）の園にましました。

その時、世尊は、比丘たちに告げて仰せられた。

「比丘たちよ、わたしは、知りかつ見たるもろもろの煩悩の滅尽を説くのであって、知らず見ずしていうにあらず。

では、比丘たちよ、なにを知り、なにを見て、もろもろの煩悩を滅尽するのであろうか。いわく、これが色（肉体）である、これが色の生起である、これが色の滅尽である。これが受（感覚）……、想（表象）……、行（意志）……、識（意識）である、これが識の生起である、これが識の滅尽であると。比丘たちよ、わたしは、そのように知り、そのように見て、もろもろの煩悩を滅尽するのである。

比丘たちよ、だが、もし、比丘にして修習するに精進することがなかったならば、〈わが心取著するところなくして、もろもろの煩悩より解脱してあれ〉と望むといえども、その心は、取著するところなく、もろもろの煩悩より解脱してあることはできないであろう。

それは何故であろうか。それは修習しないからであるといわねばならない。では、なにを修習しないのであるか。四つの熱心なる観想（四念処）を修習せず、四つの正しき精進（四正勤）を修習せず、四つの意志力の修練（四如意足）を修習せず、五つの能力の修練（五根）を修習せず、五つの能力の実現（五力）を修習せず、七つの観察（七覚支）を修習せず、また、八つの正しい実践（八正道）を修習しないからである。

比丘たちよ、それは、たとえば、八つ、もしくは十、もしくは十二の鶏の卵があっても、鶏がそれを正しく抱かず、正しく煖《あたた》めず、正しく孵化《ふか》しないようなものである。その鶏は、〈どうか雛が、足か爪か鶏冠《とさか》か嘴《くちばし》で、卵の殻を破って、安全に生れ出るように〉と望むといえども、かの雛は、足か爪か鶏冠か嘴で卵の殻を破り、安全に出生することはできないであろう。

それは何故であろうか。比丘たちよ、それは、そのように、八つ、もしくは十、もしくは十二の鶏卵があっても、鶏がそれを正しく抱かず、正しく煖めず、正しく孵化しないからなのである。

比丘たちよ、そのように、もし比丘にして修習することに精進しなかったならば、〈わが心取著するところなくして、もろもろの煩悩より解脱してあれ〉と望むといえども、その心は、取著するところなく、もろもろの煩悩より解脱してあることはできないであろう。

それは何故であろうか。それは修習しないからであるといわねばならない。では、なにを修習しないのであるか。それは、四念処を……、四正勤を……、四如意足を……、五根を……、五力を……、七覚支を……、また、八正道を修習しないからである。

しかるに比丘たちよ、もし比丘にしてよく修習につとめてあるならば、たとい〈わが心取著するところなくして、もろもろの煩悩より解脱したいものだ〉と願わずとても、その心は、取著するところなくして、もろもろの煩悩より解脱することをうるであろう。それは何故であろうか。それは修習したからであるといわねばならない。では、なにを修習したからであろうか。それは、四念処を……、四正勤を……、四如意足を……、五根を……、五力を……、七覚支を……、また、八正道を修習したからである。

比丘たちよ、それは、たとえば、八つ、もしくは十、もしくは十二の鶏の卵があって、それを鶏が、正しく抱き、正しく煖め、正しく孵化するようなものである。その鶏は、〈どうか、雛が、足か爪か鶏冠か嘴で、卵の殻を破って安全に生れ出るように〉と望まなくとも、かの雛は、足か爪か鶏冠か嘴で卵の殻を破り、安全に生れ出ることができるであろう。

それは何故であろうか。比丘たちよ、それは、そのように、八つ、もしくは十、もしくは十二の鶏の卵があって、それを鶏が、正しく抱き、正しく煖め、正しく孵化したからである。

比丘たちよ、そのように、もし比丘にしてよく修習してあるならば、たとい〈わが心取著するところなくして、もろもろの煩悩より解脱したいものだ〉と願わずとても、その心は、おのずから、取著するところなくして、もろもろの煩悩より解脱することをうるであろう。

それは何故であろうか。それは修習したからであるといわねばならない。では、なにを修習したからであろうか。それは、四念処を……、四正勤を……、四如意足を……、五根を……、五力を……、七覚支を……、また、八正道を修習したからである。

また、比丘たちよ、それは、たとえば、石工もしくは石工の徒弟の、手斧の柄に手指の痕《あと》があらわれるようなものである。だが、彼は、〈わが手斧の柄が、今日はこれだけ磨《す》り減った、昨日はこれだけ磨り減った、明日はこれだけ磨り減るであろう〉と知るわけではないが、やはり磨り減ったのは磨り減ったと判るのである。

比丘たちよ、そのように、もし比丘がよく修習してあるならば、たとい〈わが煩悩は、今日はどれだけ滅した、昨日はどれだけ滅した、明日はどれだけ尽きるであろう〉と知るわけではないが、やはり滅尽したのは滅尽したと判るのである。

また、比丘たちよ、それは、たとえば、帆柱に支索を張って海を航する船舶があって、乾季の六箇月のあいだは、風と陽にさらされ、また湿季のあいだは、雨に痛めつけられたようなものである。その支索は、もうぼろぼろになって朽ちてしまっているであろう。

比丘たちよ、それとおなじように、もし比丘にしてよく修習につとめているならば、彼のもろもろの束縛は、いつのまにか、もうぼろぼろになって朽ちてしまっているのである」

注解 ここに「手斧の柄」（Vāsijatam = axehandle）とは、この経のなかに用いられた譬喩の一つによるものである。この経において釈尊の説かれたことは、よく知見したるうえは、さらに、修習に精進するがよいとするのであるが、その理由として、釈尊は、ここに、鶏卵のたとえ、手斧の柄のたとえ、および、船の支索のたとえを説いておられる。
この経もまた、かならずしも、最古のものではないようである。

69 無明　南伝　相応部経典　二二、一一三、無明

かようにわたしは聞いた。

ある時、世尊は、サーヴァッティー（舎衛城）のジェータ（祇陀）林なるアナータピンディカ（給孤独）の園にましました。

その時、一人の比丘があり、世尊のいますところに至り、世尊を礼拝して、その傍らに坐した。

傍らに坐したかの比丘は、世尊に申しあげた。

「大徳よ、無明《むみょう》、無明と仰せられますが、いかなるを無明となし、また、いかなるを無明の人となすのでありましょうか」

「比丘よ、ここにまだ教えを聞かない凡夫があり、彼は、色（肉体）を知らず、色の生起を知らず、色の滅尽を知らず、また、色の滅尽にいたる道を知らない。

また、受（感覚）……、想（表象）……、行（意志）……、識（意識）……、識の滅尽にいたる道を知らない。

比丘よ、これを名づけて無明となし、また、かかる人を無明の人となすのである」

注解　ここから、蘊相応（Khandha-saṃyutta）の「後五十経」（Upari-paññāsa = the last fifty）がはじまる。ただし、その冒頭の十経は、すべてラーダ（Rādha, 羅陀）なる比丘の質問にちなむものであるが、それらの経のすべては、つぎの「羅陀相応」のなかにも集録されているので、そこで読んでいただくのが適当であるように思う。

かくて、まず、この「無明」（Avijjā = ignorance）と題する経から取りあげるが、この経もまた、一人の比丘の質問にはじまる。釈尊の教示は簡明をきわめる。

70　明　南伝　相応部経典　二二、一一四、明

かようにわたしは聞いた。

ある時、世尊は、サーヴァッティー（舎衛城）のジェータ（祇陀）林なるアナータピンディカ（給孤独）の園にましました。

その時、一人の比丘があり、世尊のいますところに至り、世尊を礼拝して、その傍らに坐した。

傍らに坐したかの比丘は、世尊に申しあげた。

「大徳よ、明、明《みよう》と仰せられますが、いかなるを明となし、また、いかなるを明の人となすのでありましょうか」

「比丘よ、ここにわたしの教えを聞いた聖なる弟子があり、彼は、色（肉体）を知り、色の生起を知り、色の滅尽を知り、また、色の滅尽にいたる道を知る。

また、受（感覚）……、想（表象）……、行（意志）……、識（意識）……、識の滅尽にいたる道を知る。

比丘よ、これを名づけて明となし、また、かかる人を明の人となすのである」

注解　つづいて、この「明」（Vijjā = wisdom）と題する経も、また、一人の比丘の質問にはじ

まる。ここでも、また、釈尊の教示は簡明をきわめる。明(vijjā=knowledge)とは智識・智慧である。

71 説法者

南伝 相応部経典 二二、一一五、説法者/漢訳 雑阿含経 一、二六、善説法

かようにわたしは聞いた。

ある時、世尊は、サーヴァッティー(舎衛城)のジェータ(祇陀)林なるアナータピンディカ(給孤独)の園にましました。

その時、一人の比丘があり、世尊のいますところに至り、世尊を礼拝して、その傍らに坐した。

傍らに坐したその比丘は、世尊に申しあげた。

「大徳よ、法を語る者、法を語る者と仰せられるが、いったい、大徳よ、いかなるを法を語る者というのでありましょうか」

「もし比丘が、色(肉体)を厭い離れ、貪りを離れ、その滅尽のために法を語らば、まさに、法を語る比丘というべきである。また、もし比丘が、よく色を厭い離れ、貪りを離れ、その滅尽に至るならば、まさに、法に到達したる比丘というべきである。さらにまた、もし比丘が、よく色を厭い離れ、貪りを離れ、それを滅尽し、もはや取著すると

ころなくして解脱するならば、彼は、まさに、現生において涅槃を実現したる比丘というべきである。

また、もし比丘が、受（感覚）を……、想（表象）を……、行（意志）を……また、もし比丘が、識（意識）を厭い離れ、貪りを離れ、その滅尽のために法を語らば、まさに、法を語る比丘というべきである。また、もし比丘が、よく識を厭い離れ、貪りを離れ、その滅尽に至るならば、まさに、法に到達したる比丘というべきである。さらにまた、もし比丘が、よく識を厭い離れ、貪りを離れ、それを滅尽して、もはや取著するところなくして解脱するならば、彼は、現生において涅槃を実現したる比丘というべきである」

注解　さらに、この「説法者」（Kathika = preacher, speaker）と題する経も、また、一人の比丘の問いにはじまる。それに対する釈尊の教示もまた簡単にして明晰である。

72　縛　南伝　相応部経典　二二、一一七、縛／漢訳　雑阿含経　三、二四、往詣

かようにわたしは聞いた。

ある時、世尊は、サーヴァッティー（舎衛城）のジェータ（祇陀）林なるアナータピン

ディカ（給孤独）の園にましました。

その時、世尊は、比丘たちに告げて仰せられた。

「比丘たちよ、ここに教えを聞かない凡夫がある。彼は、まだ聖者にまみえず、聖者の法を知らず、聖者の法に従わず、あるいは、まだ善き人にまみえず、善き人の法を知らず、善き人の法に従わずして、色（肉体）は我《われ》である、わがうちに色がある、あるいは、色のなかに我があると見る。比丘たちよ、このまだ教えを聞かない凡夫を名づけて、彼は、色の束縛に縛せられ、内と外の束縛に縛せられ、この岸を見ず、かの岸を見ず、束縛せられて生れ、束縛せられて死し、束縛せられたままにこの世よりかの世に赴く者となすのである。

比丘たちよ、また、……受（感覚）は我である、……想（表象）は我である、……行（意志）は我である、……識（意識）は我である、わがうちに識がある、あるいは、識のなかに我があると見る。比丘たちよ、このようなまだ教えを聞かぬ凡夫をゆびさして、彼は、識の束縛に縛せられ、内と外の束縛に縛せられ、この岸を見ず、かの岸を見ず、束縛せられて生れ、束縛せられて死し、束縛せられたままにこの世よりかの世に赴く者となすのである。

比丘たちよ、しかるに、わたしの教えを聞いた聖なる弟子は、すでに聖者にまみえ、聖者の法を知り、聖者の法にしたがい、あるいは、すでに善き人にまみえ、善き人の法を知り、善き人の法にしたがいて、色は我である、わがうちに色がある、あるいは、色のなかに我があるとは見ない。比丘たちよ、このわたしの教えを聞いた聖なる弟子をゆびさして、彼は、色の束縛に縛せられず、内と外の束縛に縛せられず、よくこの岸を見、かの岸を見る者となす。かかる者は、あまねく苦より解脱したのである。

比丘たちよ、また、……受は……、想は……、行は……、識は我である、わがうちに識がある、あるいは、識のなかに我があるとは見ない。比丘たちよ、このようなわたしの教えを聞いた聖なる弟子たちをゆびさして、彼こそは、識の束縛に縛せられず、内と外との束縛に縛せられず、よくこの岸を見、かの岸を見る者というのである。かかる者は、あまねく苦より解脱したのである」

注解　ここに「縛」(Bandhanā = binding, bond) と題する経がある。束縛というほどの意である。釈尊は、五蘊をゆびさして、それに捉われることを束縛として語り、はやくそれより解脱するがよいと語っている。

73　解脱　南伝　相応部経典　二二、一一八、解脱／漢訳　雑阿含経　三、二六、欲

かようにわたしは聞いた。

ある時、世尊は、サーヴァッティー（舎衛城）のジェータ（祇陀）林なるアナータピンディカ（給孤独）の園にましました。

その時、世尊は、比丘たちに告げて仰せられた。

「比丘たちよ、汝らはいかに思うか。色（肉体）は、〈こはわが所有《もの》なり、こは我なり、こはわが本体なり〉と、見るであろうか」

「大徳よ、そうではございません」

「善いかな、比丘たちよ。色は、比丘たちよ、〈こはわが所有にあらず、こは我にあらず、こはわが本体にあらず〉と、かくのごとく、正しき智慧をもって、あるがままに観るがよろしい。

また、比丘たちよ、汝らはいかに思うか。受（感覚）は……、想（表象）は……、行（意志）は……、識（意識）は、〈こはわが所有なり、こは我なり、こはわが本体なり〉と、見るであろうか」

「大徳よ、そうではございません」

「善いかな、比丘たちよ。識は、比丘たちよ、〈こはわが所有にあらず、こは我にあらず、こはわが本体にあらず〉と、かくのごとく、正しき智慧をもって、あるがままに観るがよろしい。

比丘たちよ、そのように観て、色において厭い離れ、受において厭い離れ、想においいて厭い離れ、行において厭い離れ、識において厭い離れるがよい。厭い離るれば貪りを離れる。貪りを離るれば解脱する。解脱すれば、解脱したとの自覚が生じて、〈わが迷いの生涯はすでに尽きた。清浄の行はすでに成った。作すべきことはすでに弁じた。このうえは、もはや迷いの生涯を繰返すことはあらじ〉と知るにいたるのである」

注解　ここに「解脱」(Parimuccati＝to be released) と題する経がある。その所説は、無我の教えである。この経の題目は、パーリ原本では、"Parimucchita" (＝fainted, swooning) となっている。「酔いしれる」とか「気が遠くなる」の意である。いまは"parimuccati"の意にとった。

74　集法

南伝　相応部経典　二二、一二六、集法／漢訳　雑阿含経　一〇、一、無明

かようにわたしは聞いた。

ある時、世尊は、サーヴァッティー(舎衛城)のジェータ(祇陀)林なるアナータピンディカ(給孤独)の園にましました。

その時、一人の比丘があって、世尊のいますところに至り、世尊を礼拝して、その傍らに坐した。

傍らに坐したかの比丘は、世尊に申しあげた。

「大徳よ、無明、無明と仰せられますが、いったい、いかなるを無明というのでありましょうか。また、いかなる者を無明の人となすのでありましょうか」

「比丘よ、ここに、まだ教えを聞かない一人の凡夫がある。彼は、色（肉体）は生ずるものであるのに、色は生ずるものであると、*正しく知らない。また、色は滅するものであるのに、色は滅するものであると、正しく知らない。さらに、色は生滅するものであるのに、色は生滅するものであると、正しく知らない。

また、彼は、受（感覚）は生ずるものであるのに、……

彼は、また、想（表象）は生ずるものであるのに、……

彼は、また、行（意志）は生ずるものであるのに、……

また、彼は、識（意識）は生ずるものであるのに、識は生ずるものであると、正しく知らない。また、識は滅するものであるのに、識は滅するものであると、正しく知らない。さらに、識は生滅するものであるのに、識は生滅するものであると、正しく知らない。

比丘よ、これを称して無明というのであり、また、かくのごとき者を称して無明の人というのである」

世尊がそのように説きたもうた時、かの比丘はまた、世尊に申しあげた。

「大徳よ、また、明、明と仰せられますが、いったい、いかなるを明というのでありましょうか。また、いかなる者を明ある人となすのでありましょうか」

「比丘よ、ここに、わたしの教えを聞いた聖なる弟子がある。彼は、色は生ずるものであるから、色は生ずるものであると、正しく知る。また、色は滅するものであるから、色は滅するものであると、正しく知る。さらに、色は生じてはまた滅するものであるから、色は生滅するものであるのだと、正しく知っている。

また、彼は、受は生ずるものであるから、……

彼は、また、想は生ずるものであるから、……

彼は、また、行は生ずるものであるから、……

また、彼は、識は生ずるものであるから、識は生ずるものであると、正しく知る。また、識は滅するものであるから、識は滅するものであると、正しく知る。さらに、識は生じてはまた滅するものであるから、識は生滅するものであるのだと、正しく知っている。

比丘よ、これを称して明というのであり、また、そのような者を、明ある人というのである」

注解　ここに「集法」(Samudayadhamma = things to arise) と題する経がある。一人の比丘

が「無明とは何か」と問うたのに対して、釈尊は五蘊について、その生滅の法を知ることがそれであると答えている。「集法」とは、生ずるものというほどの意である。

*正しく知る　如法（yathādhammaṃ＝according to the reality）である。如実（yathābhūtaṃ）というに等しい。ここでは、「正しく」と軽く訳しておいた。

75 味い（1）

南伝　相応部経典　二二、一二九、味（1）／漢訳　雑阿含経　一〇、一、無明

かようにわたしは聞いた。

ある時、世尊は、ラージャガハ（王舎城）のヴェールヴァナ（竹林）なる栗鼠養餌所にましました。

その時、長老サーリプッタ（舎利弗）と長老マハー・コッティタ（摩訶拘絺羅）とは、ギッジャクータ*（耆闍崛）山にあったが、夕刻におよび、長老マハー・コッティタは、独坐より起って、長老サーリプッタを訪ねた。

傍らに坐した長老マハー・コッティタは、長老サーリプッタに問うていった。

「友サーリプッタよ、無明、無明というが、友よ、いったい、いかなるを無明というのであるか。また、いかなる者を無明の人となすのであろうか」

「友よ、ここに、まだ教えを聞かない凡夫がある。彼は、色（肉体）の味い、禍い、お

よび、その出離を、正しく知らない。

また、彼は、受（感覚）の味い……、想（表象）の味い……、行（意志）の味い……、識（意識）の味い、禍い、および、その出離を、正しく知らない。

友よ、これを称して無明というのであり、また、かくのごとき者を称して無明の人というのである」

注解　ここでは、マハー・コッティタ（Mahākoṭṭhita, 摩訶拘絺羅）なる比丘が、サーリプッタ（舎利弗）について、「無明」について質問した。サーリプッタは、それに対して、五蘊の味い・禍い・出離を知らないことだと答えている。経題の「味」（Assāda = taste, sweetness）はそれによるものである。

＊ギッジャクータ（Gijjhakūṭa, 耆闍崛）王舎城にちかい山である。南伝では、その説処はイシパタナ・ミガダーヤ（仙人住処・鹿野苑）になっている。

76　味い（2）

南伝　相応部経典　二二、一三〇、味（2）／漢訳　雑阿含経　一〇、一、無明

かようにわたしは聞いた。

ある時、世尊は、ラージャガハ（王舎城）のヴェールヴァナ（竹林）なる栗鼠養餌所に

ましました。

その時、長老サーリプッタ（舎利弗）と長老マハー・コッティタ（摩訶拘絺羅）とは、ギッジャクータ（耆闍崛）山にあったが、夕刻におよんで、長老マハー・コッティタは、独坐より起ちあがって、長老サーリプッタを訪ねた。

傍らに坐した長老マハー・コッティタは、長老サーリプッタに問うていった。

「友サーリプッタよ、明、明というが、友よ、いったい、いかなるを明というのであるか。また、いかなる者を明の人というのであるか」

「友よ、ここに、教えを聞いた聖なる弟子がある。彼は、色（肉体）の味い、禍い、および、その出離を、正しく知っている。

また、彼は、受（感覚）の味い、……想（表象）の味い、……行（意志）の味い、……識（意識）の味い、禍い、および、その出離を、正しく知っている。

友よ、これを称して明というのであり、また、かくのごとき者を称して、明の人というのである」

注解 この経は、前経の後半ともいうべきもので、ここでは、マハー・コッティタが、「明」について、サーリプッタに問うている。その答えもまた、五蘊の味い・禍い・出離を知ることだとある。

77 無常なるもの　南伝　相応部経典　二二、一三七、無常

かようにわたしは聞いた。

ある時、世尊は、サーヴァッティー（舎衛城）のジェータ（祇陀）林なるアナータピンディカ（給孤独）の園にましました。

その時、世尊は、比丘たちに告げて仰せられた。

「比丘たちよ、無常なるものにおいて、欲*を断ずるがよい。比丘たちよ、では、なにを無常であるというか。

比丘たちよ、色（肉体）は無常である。だから、ここにおいて欲を断ずるがよろしい。

比丘たちよ、受（感覚）は……、想（表象）は……、行（意志）は……

比丘たちよ、識（意識）は無常である。だから、ここにおいて欲を断ずるがよろしい。

比丘たちよ、無常なるものにおいて、欲を断ずるがよろしい」

注解　ここに、また「無常なるもの」（Aniccena = by the impermanent）と題する経がある。釈尊は、「無常なるものにおいて欲を断ずるがよい」と力説されている。もっとも基本的な説法の一つであろう。

なお、この次経は、「欲」(chanda) に代えて「貪」(rāga) がおかれ、また、その次の経は、それらに代えて、「欲貪」(chandarāga) がおかれている。

＊欲 (chanda = desire for, impulse) その語源をたどれば、「とびつく」の意が存する。欲望するというところであろう。

78 苦なるもの　南伝　相応部経典　二二、一四〇、苦

かようにわたしは聞いた。

ある時、世尊は、サーヴァッティー(舎衛城)のジェータ(祇陀)林なるアナータピンディカ(給孤独)の園にましました。

その時、世尊は、比丘たちに告げて仰せられた。

「比丘たちよ、苦なるものにおいて、欲を断ずるがよい。比丘たちよ、では、なにを苦であるというか。

比丘たちよ、色(肉体)は苦である。だから、ここにおいては欲を断ずるがよろしい。

比丘たちよ、受(感覚)は……、想(表象)は……、行(意志)は……

比丘たちよ、識(意識)は苦である。だから、ここにおいては欲を断ずるがよろしい。

比丘たちよ、苦なるものにおいては、欲を断ずるがよろしい」

注解 ここには、また「苦なるもの」(Dukkhena = by suffering) と題する経がある。これも、もっとも基本的な説法として受領すべきである。

なお、つづく次経では、「欲」に代えて「貪」がおかれ、また、その次の経においては、それらに代えて「欲貪」が語られている。その三経が一組をなしているのである。

79 無我なるもの　南伝　相応部経典　二二、一四三、無我

かようにわたしは聞いた。

ある時、世尊は、サーヴァッティー（舎衛城）のジェータ（祇陀）林なるアナータピンディカ（給孤独）の園にましました。

その時、世尊は、比丘たちに告げて仰せられた。

「比丘たちよ、無我なるものにおいて、欲を断ずるがよい。比丘たちよ、では、なにを無我であるというのであろうか。

比丘たちよ、色（肉体）は無我である。だから、ここにおいては、欲を断ずるがよろしい。

比丘たちよ、受（感覚）は……、想（表象）は……、行（意志）は……

比丘たちよ、識（意識）は無我である。だから、ここにおいては、欲を断ずるがよろしい。

比丘たちよ、無我なるものにおいては、欲を断ずるがよろしい」

注解　ここには、また「無我なるもの」（Anattena＝by non-self）と題する経がある。これも、もっとも基本的な説法にちがいない。なお、つづいて、次経では、「欲」に代えて「貪」、さらにその次の経では、それに代えて「欲貪」が語られている。そして、その三経が一組をなしている。

80　善男子

南伝　相応部経典　二二、一四六、善男子苦／漢訳　雑阿含経　二、一五、信

かようにわたしは聞いた。

ある時、世尊は、サーヴァッティー（舎衛城）のジェータ（祇陀）林なるアナータピンディカ（給孤独）の園にましました。

その時、世尊は、比丘たちに告げて仰せられた。

「比丘たちよ、信*によりて家よりいでて出家せる善男子《ぜんなんし》は、かくのごとくなれば、よく法に従えるものとなすことをうるであろう。いわく、色（肉体）においてたえず厭い離

れること、受（感覚）において……、想（表象）において……、行（意志）において……、識（意識）においてたえず厭い離れることがそれである。

彼は、たえず、色において厭い離れ、受において厭い離れ、想において厭い離れ、行において厭い離れ、また、識において厭い離れる。だから、彼は、色をよく透見し、受をよく透見し、想をよく透見し、行をよく透見し、また、識をよく透見する。

彼は、色をよく透見し、受をよく透見し、想をよく透見し、行をよく透見し、また、識をよく透見する。だから、色より解脱し、受より解脱し、想より解脱し、行より解脱し、また、識より解脱し、生・老死・愁・悲・苦・憂・悩より解脱する。すなわち、彼は、苦より解脱するのだと、わたしはいう」

注解　ここに「善男子苦」（Kulaputtena dukkhā = by the clansmen from suffering）と題する経がある。善男子が苦から解脱すること、その方法は、まず厭離、そして透見、かくて解脱するのだと説いておられる。

つづいて、次経では、「厭離」に代えて「無常を観じ」、さらにその次の経では、「無我を観じ」となり、ここでも、また三経が一組となっている。

＊信（sadhā = faith）　解信である。

81 内　南伝　相応部経典　二二、一四九、内／漢訳　雑阿含経　七、六、三受

かようにわたしは聞いた。

ある時、世尊は、サーヴァッティー（舎衛城）のジェータ（祇陀）林なるアナータピンディカ（給孤独）の園にましました。

その時、世尊は、比丘たちに告げて仰せられた。

「比丘たちよ、いったい、何があるによって、何を取《しゅ》するによって、わが内に楽*もしくは苦が生ずるのであろうか」

「大徳よ、世尊は、まことに、われらの法の根本にまします。願わくは、そのことを説きたまえ」

「比丘たちよ、色（肉体）があるによって、色を取するによって、わが内に楽あるいは苦が生ずるのである。

また、受（感覚）……、想（表象）……、行（意志）……

あるいは、識（意識）があるによって、識を取するによって、わが内に楽あるいは苦が生ずるのである。

比丘たちよ、汝らはいかに思うであろうか。色は常住であろうか、無常であろうか」

「大徳よ、それは無常であります」

「無常であるならば、それは、苦であろうか、楽であろうか」

「大徳よ、それは苦であります」

「無常にして苦なる、移り変るものを、もし取せずとも、なお、わが内に、楽あるいは苦が生ずるであろうか」

「大徳よ、そうではございません」

「受は……、想は……、行は……、識は常住であろうか、無常であろうか」

「大徳よ、それは無常であります」

「無常であるならば、それは、苦であろうか、楽であろうか」

「大徳よ、それは苦であります」

「無常にして苦なる、移り変るものを、もし取せずとも、なお、わが内に、楽あるいは苦が生ずるであろうか」

「大徳よ、そうではございません」

「比丘たちよ、そのように観て、色において厭い離れ、受において厭い離れ、想において厭い離れ、行において厭い離れ、また、識において厭い離れるがよい。厭い離るれば貪りを離れる。貪りを離るれば解脱する。解脱すれば、解脱したとの自覚が生じて、〈わが迷いの生涯はすでに尽きた。清浄の行はすでに成った。作すべきことはすでに弁じた。このうえは、もはや迷いの生涯を繰返すことはあらじ〉と知るにいたるのである」

注解　ここに「内」（Ajjhattika = inward, personal）と題する経がある。内とは心の中のことであって、ここでは、釈尊は、人は五蘊に取著するによって、わが内に苦楽が生ずるのだと説いておられる。

＊楽・苦（sukhadukkha = weal and woe）

82　こはわがもの

南伝　相応部経典　二二、一五〇、我所／漢訳　雑阿含経　七、三、我々所

かようにわたしは聞いた。

ある時、世尊は、サーヴァッティー（舎衛城）のジェータ（祇陀）林なるアナータピンディカ（給孤独）の園にましました。

その時、世尊は、比丘たちに告げて仰せられた。

「比丘たちよ、いったい、何があるによって、何を取《しゅ》するによって、また、何に執著＊するによって、〈こはわが所有《もの》である、こは我である、こはわが本体である〉と見るのであろうか」

「大徳よ、世尊は、まことに、われらの法の根本にまします。願わくは、そのことを説

きたまえ」

「比丘たちよ、それは、色（肉体）があるによって、色を取するによって、また、色に執著するによって、〈こはわが所有である、こは我である、こはわが本体である〉と見るのである。

また、受（感覚）……、想（表象）……、行（意志）……

あるいはまた、識（意識）があるによって、識を取するによって、また、識に執著するによって、〈こはわが所有である、こは我である、こはわが本体である〉と見るのである。

比丘たちよ、汝らはいかに思うであろうか。色は常住であろうか、無常であろうか」

「大徳よ、無常であります」

「無常であるならば、それは、苦であろうか、楽であろうか」

「大徳よ、苦であります」

「無常にして苦なる、変り移ろうものを、取せず、執著しなかったならば、なお、〈こはわが所有である、こは我である、こはわが本体である〉と見るであろうか」

「大徳よ、そうではございません」

「では、受は……、想は……、行は……、識は常住であろうか、無常であろうか」

「大徳よ、無常であります」

「無常であるならば、それは、苦であろうか、楽であろうか」

「大徳よ、苦であります」

「無常にして苦なる、変り移ろうものを、もし取することなく、執著することなくとも、なお、〈こはわが所有である、こは我である、こはわが本体である〉と見るべきであろうか」

「大徳よ、そうではございません」

「比丘たちよ、そのように見て、色において厭い離れ、受において厭い離れ、想において厭い離れ、行において厭い離れ、また識において厭い離れるがよい。厭い離るれば貪りを離れる。貪りを離るれば解脱する。解脱すれば、解脱したとの自覚が生じて、〈わが迷いの生涯はすでに尽きた。清浄の行はすでに成った。作すべきことはすでに弁じた。このうえは、もはや迷いの生涯を繰返すことはないであろう〉と知るにいたる」

注解　ここには「こはわがもの」(Etam mama = this is mine)と題する経がある。釈尊は、何に執著するによって、「こはわがもの」等の我見が生ずるのであるか、そのことを説いておられる。ほぼ前経とおなじ趣の所説である。

＊執著（abhinivissa = cling to, to be attached to）　古くは「現貪」などと訳した。

83 こはわが我　南伝　相応部経典　二二、一五一、我／漢訳　雑阿含経　七、一二、有我

かようにわたしは聞いた。

ある時、世尊は、サーヴァッティー（舎衛城）のジェータ（祇陀）林なるアナータピンディカ（給孤独）の園にましました。

その時、世尊は、比丘たちに告げて仰せられた。

「比丘たちよ、いったい、何があるによって、何を取するによって、また、何に執著するによって、〈こは我である、こは世間である、死後の我はかくあらん。常恒にして永住する変易なきものがある〉と、そのような見解を起すのであろうか」

「大徳よ、世尊はわれらの法の根本にましまます。願わくは、そのことを説きたまえ」

「比丘たちよ、色（肉体）があるにより、色を取するにより、また、色に執著するによって、〈こは我である、こは世間である、死後の我はかくあらん。常恒にして永住する変易なきものがある〉と、そのような見解を起すのである。

また、受（感覚）……、想（表象）……、行（意志）……

あるいはまた、識（意識）があるにより、識を取するにより、また、識に執著するによって、〈こは我である、こは世間である、死後の我はかくあらん。常恒にして永住する変易することなきものがある〉と、そのような見解を起すのである。

比丘たちよ、汝らはいかに思うであろうか。色は常住であろうか、無常であろうか」

「大徳よ、無常であります」

「無常であるならば、それは、苦であろうか、楽であろうか」

「大徳よ、苦であります」

「無常にして苦なる、変り移ろうものを、取せず、執著せずとも、なお、〈こは我である、こは世間である、死後の我はかくあらん。常恒にして永住する変易することなきものがある〉と、そのような見解を起すであろうか」

「大徳よ、そうではございません」

「比丘たちよ、そのように観て、色において厭い離れ、受において厭い離れ、想において厭い離れ、行において厭い離れ、また識において厭い離れるがよろしい。厭い離るれば貪りを離れる。貪りを離るれば解脱する。解脱すれば、解脱したとの自覚が生じて、〈わが迷いの生涯はすでに尽きた。清浄の行はすでに成った。作すべきことはすでに弁じた。このうえは、もはや迷いの生涯を繰返すことはあらじ〉と知るにいたるのである」

注解　ここには、「こはわが我」(Eso attā = this is the self of me) と題する経がある。ほぼ前経とおなじ趣の所説であるが、ここには、後年の思弁がすこし加わっているように思われる。

84　我について　南伝　相応部経典　二二、一五五、我

かようにわたしは聞いた。

ある時、世尊は、サーヴァッティー（舎衛城）のジェータ（祇陀）林なるアナータピンディカ（給孤独）の園にましました。

その時、世尊は、比丘たちに告げて仰せられた。

「比丘たちよ、いったい、何があるによって、何を取するによって、また、何に執著するによって、我見*は生ずるのであろうか」

「大徳よ、世尊は、まことに、われらの法の根本にまします。願わくは、そのことを説きたまえ」

「比丘たちよ、それは、色（肉体）があるによって、色を取するによって、また、色に執著するによって、我見は生ずるのである。

また、受（感覚）……、想（表象）……、行（意志）……

あるいはまた、識（意識）があるによって、識を取するによって、また、識に執著することによって、我見は生ずるのである。

比丘たちよ、汝らはいかに思うであろうか。色は常住であろうか、無常であろうか」

「大徳よ、無常であります」

「無常であるならば、それは、苦であろうか、楽であろうか」

「大徳よ、苦であります」

「無常にして苦なる、変り移ろうものを、取せず、執著せずとも、なお、我見は生ずるであろうか」

「大徳よ、そうではございません」

「では、受は……、想は……、行は……、識は常住であろうか、無常であろうか」

「大徳よ、無常であります」

「無常であるならば、それは、苦であろうか、楽であろうか」

「大徳よ、苦であります」

「無常にして苦なる、変り移ろうものを、もし取することなく、執著することなくとも、なお、我見は生ずるであろうか」

「大徳よ、そうではございません」

「比丘たちよ、そのように観て、色において厭い離れ、受において厭い離れ、想において厭い離れ、行において厭い離れ、また識において厭い離れるがよろしい。厭い離るれば貪りを離れる。貪りを離るれば解脱する。解脱すれば、解脱したとの自覚が生じて、〈わが迷いの生涯はすでに尽きた。清浄の行はすでに成った。作すべきことはすでに弁じた。このうえは、もはや迷いの生涯を繰返すことはあらじ〉と知るにいたるのである」

注解　ここには「我《が》について」（Attānu = about the self）と題する経がある。ここでは、釈尊は、五蘊があるによって、五蘊を取することによって、五蘊に執著することによって、我見は生ずるということを説かれた。

＊我見（attānuditthi = speculation about the self）「我に関する所見」というほどの意のことばである。

羅陀相応

1　魔羅　南伝　相応部経典　二三、一、魔／漢訳　雑阿含経　六、一〇、魔

かようにわたしは聞いた。

ある時、世尊は、サーヴァッティー（舎衛城）のジェータ（祇陀）林なるアナータピンディカ（給孤独）の園にましました。

その時、長老ラーダ（羅陀）は、世尊のましますところに至り、世尊を拝して、その傍らに坐した。

傍らに坐した長老ラーダは、世尊に申しあげた。

「大徳よ、*魔羅《マーラ》、魔羅と仰せられますが、大徳よ、いったい、なにを魔羅となされるのでございますか」

「ラーダよ、色（肉体）があれば、そこには魔羅がある。殺す者があり、また死する者があるであろう。ラーダよ、だから、色を魔羅であると観じ、殺す者であると観じ、死

する者であると観じ、あるいは、病なり、癰《よう》（はれもの）なり、刺《とげ》なり、痛みなり、痛みのもとであると観ずるがよい。そのように観ずれば、それが正しい観察というものである。

また、ラーダよ、もし受（感覚）があれば、……

また、ラーダよ、もし想（表象）があれば、……

また、ラーダよ、もし行（意志）があれば、……

また、ラーダよ、もし識（意識）があれば、そこには魔羅があり、殺す者があり、また死する者があるであろう。ラーダよ、だから、識を魔羅であると観じ、殺す者であると観じ、死する者であると観じ、あるいは、病なり、癰なり、刺なり、痛みなり、痛みのもとであると観ずるがよい。そのように観ずれば、それが正しい観察というものである」

「大徳よ、では、いったい、なんのためにそのような正しい観察をするのでありましょうか」

「ラーダよ、厭い離れるために、正しい観察をするのである」

「大徳よ、では、いったい、なんのために厭い離れるのでありましょうか」

「ラーダよ、貪りを離れるために、厭い離れるのである」

「大徳よ、では、いったい、なんのために貪りを離れるのでありましょうか」

「ラーダよ、解脱するために貪りを離れるのである」

「大徳よ、では、いったい、なんのために解脱するのでありましょうか」

「ラーダよ、それは、涅槃《ねはん》のために解脱するのである」

「大徳よ、では、いったい、なんのために涅槃するのでありましょうか」

「ラーダよ、それは問うことはなはだ過ぎたりというものである。そなたは問うに限界があるということを知らないらしい。ラーダよ、この清浄の行をいとなむ所以は、ひとえに涅槃にいたらんがためであり、涅槃こそはその究極であり、その尽くるところなのである」

注解　ここにラーダ（Rādha, 羅陀）と名づける比丘が、釈尊に問いを呈して、その得たる教示をしるす経の集録がある。その経数は四六経におよぶが、そのなかから重複するものなどを除いて、ここに二三経を訳出した。

ラーダは、サーヴァッティー（舎衛城）の出身、婆羅門種であるが、年老いて出家し、釈尊の侍者比丘をつとめたこともあったようである。彼がその師のまえに呈したる問いは率直をきわめ、それに対して与えられた釈尊の教示はまた簡明をきわめて、まことに珍重すべきものである。さてこそ、ここに「羅陀相応」とよばれる集録も成立したものと思われる。

その第一経をなすものは、まず、「魔羅」（Māra = the evil one）と題せられる経である。

その説処は、漢訳では、「仏住摩拘羅山」と見え、また、「時有侍者比丘、名曰羅陀」とある。とすると、そのころ彼は、侍者であったらしい。

＊魔羅（māra = the evil one）　中国語の「魔」はこの音写のための作字である。"māra"とは、もと「死」（death）を意味することば。よってもって「悪しき者」すなわち悪魔を意味する。つづいて、「殺す者」「死する者」だというのは、その原意によるのである。

2　衆生　南伝　相応部経典　二三、二、衆生／漢訳　雑阿含経　六、一二、衆生

かようにわたしは聞いた。

ある時、世尊は、サーヴァッティー（舎衛城）のジェータ（祇陀）林なるアナータピンディカ（給孤独）の園にましました。

その時、長老ラーダ（羅陀）は、世尊のましますところに至り、世尊を拝して、その傍らに坐した。

傍らに坐した長老ラーダは、世尊に問うていった。

「大徳よ、衆生、衆生と仰せられますが、いったい、なにを衆生となされるのでございましょうか」

「ラーダよ、色（肉体）において、欲・貪・喜・愛があり、これに染著＊し、これに纏綿《てんめん》

するがゆえに、衆生とはいうのである。

また、ラーダよ、受（感覚）において、……

また、ラーダよ、想（表象）において、……

また、ラーダよ、行（意志）において、……

また、ラーダよ、識（意識）において、欲・貪・喜・愛があり、これに染著し、これに纏綿するがゆえに、衆生とはいうのである。

ラーダよ、たとえば、もろもろの男の子、女の子が、土でつくった家で嬉戯《きぎ》するようなものである。彼らは、その土でつくった家で遊んでいるあいだは、まだ貪りを離れず、欲を離れず、楽しむことをやめず、無我夢中になっているから、その土でつくった家を珍重し、それに執著し、愛著している。

だが、ラーダよ、やがてその男の子や女の子たちが、その土でつくった家にたいして、貪りを離れ、欲を離れ、楽しむことをやめて、もはや無我夢中ではなくなった時には、彼らはその土でつくった家を、手や足でもってちりぢりばらばらにして、放棄してしまうであろう。

ラーダよ、それとおなじように、汝らもまた、色をちりぢりばらばらに破り砕いて棄て、よく渇愛を滅しつくすように行ずるがよい。

また、ラーダよ、それとおなじように、汝らもまた、受を……

また、ラーダよ、それとおなじように、汝らもまた、想を……

また、ラーダよ、それとおなじように、汝らもまた、行を……

また、ラーダよ、それとおなじように、汝らもまた、識をちりぢりばらばらに破り砕いてしまい、よく渇愛を滅しつくすように行ずるがよい。ラーダよ、渇愛を滅しつくせば、それが涅槃である」

注解 ここに「衆生」(Satta = a living being, person) と題する経がある。ここでは、ラーダが、「なにを衆生というか」と問うたのに答えて、釈尊は、「色・受・想・行・識に染著するがゆえに」と教えておられる。

＊染著 (satta = hanging, attached to) "satta" (衆生) という語には、また、pp. of sañj として「染著」という意がある。

3 知るべきもの

南伝 相応部経典 二三、四、所遍知/漢訳 雑阿含経 六、二、断知

かようにわたしは聞いた。

ある時、世尊は、サーヴァッティー(舎衛城)のジェータ(祇陀)林なるアナータピンディカ(給孤独)の園にましました。

その時、長老ラーダ（羅陀）は、世尊のましますところに至り、世尊を拝して、その傍らに坐した。

傍らに坐したラーダにむかって、世尊は仰せられた。

「ラーダよ、いま、*知らるべきものと、*あまねく知ることと、および、*あまねく知れる人について説こうと思う。よく聞いておくがよい」

そして、世尊は説きたもうた。

「ラーダよ、知らねばならぬものとは、なんであろうか。ラーダよ、色（肉体）は知らねばならぬものである。受（感覚）は知らねばならぬものである。想（表象）は知らねばならぬものである。行（意志）は知らねばならぬものである。また、識（意識）は知らるべきものである。ラーダよ、こういうものを、知らるべきものであるというのである。

ラーダよ、では、あまねく知るとは、どういうことであろうか。ラーダよ、貪欲を滅しつくすことと、瞋恚を滅しつくすことと、愚痴を滅しつくすこととである。ラーダよ、そういうことを、あまねく知るというのである。

では、ラーダよ、あまねく知れる人とは、どういう人であろうか。それは、阿羅漢を指していうことばである。その名をこれこれといい、その姓をこれこれという長老がそれなのである。ラーダよ、そのような人を呼んで、あまねく知れる人とはいうのである」

注解　ここに「知るべきもの」(Pariññeyyā = to be known, to be understood) と題する経がある。これは、問いによらずして、釈尊がラーダに説かれたものである。
*知るべきもの (pariññeyya)　漢訳では、所知法などと訳された。
*あまねく知ること (pariññā = full understanding)　漢訳では、遍知と訳された。
*あまねく知れる人 (pariññātāvin = one who has correct knowledge)　漢訳では、遍知人などと訳された。

4　沙門　南伝　相応部経典　二三、五、沙門

かようにわたしは聞いた。

ある時、世尊は、サーヴァッティー（舎衛城）のジェータ（祇陀）林なるアナータピンディカ（給孤独）の園にましました。

その時、長老ラーダ（羅陀）は、世尊のましますところに至り、世尊を拝して、その傍らに坐した。

傍らに坐したラーダにむかって、世尊は仰せられた。

「ラーダよ、*五取蘊《ごしゅうん》なるものがある。その五つとはなんであろうか。いわく、色取蘊・受取蘊・想取蘊・行取蘊・識取蘊である。

ラーダよ、もろもろの沙門もしくは婆羅門にして、この五取蘊なるものの味いと、禍いと、および、そこから出でて離れることをはっきりと知らないものは、ラーダよ、たとい沙門のなかにあっても沙門と名乗ることを、また、たとい婆羅門のなかにあっても婆羅門と名乗ることを、わたしは許さないであろう。なんとなれば、彼らもろもろの長老たちは、沙門の意味も、婆羅門の意味も、よく現実の生活のなかにおいて、みずから知り、みずから悟り、その身に体得しているのではないからである。

ラーダよ、しかるに、もろもろの沙門もしくは婆羅門にして、この五取蘊なるものの味いと、禍いと、そこから出でて離れることをはっきりと知るものがあったならば、ラーダよ、彼らは、沙門のなかにあって沙門であり、婆羅門のなかにあって婆羅門であるということをわたしは許す。なんとなれば、彼らもろもろの長老たちは、沙門という意味も、婆羅門という意味も、よくこの現実の生活のなかにおいて、みずから知り、みずから悟り、その身にぴたりと体得しているからである」

注解 ここには、「沙門」(Samaṇā = recluses)と題する経がある。釈尊は、ラーダのために、沙門・婆羅門の名に値するものは、いかなる条件をみたす者であるかを語っておられる。それは、五取蘊なるものの味いと、禍いと、その出離を、知り、悟り、体得しておる者であるとのことであった。

＊五取蘊（pañcupādānakkhandhā = the factors of the fivefold clinging to existence）さきには、わたしは、それを「人間の生を構成する五つの要素」と訳しておいたが、ここでは、あえて、ふるい術語のままにしておいた。「取蘊」というは、煩悩の対照をなすグループというほどの意である。

5 預流　南伝　相応部経典　二三、七、預流

かようにわたしは聞いた。

ある時、世尊は、サーヴァッティー（舎衛城）のジェータ（祇陀）林なるアナータピンディカ（給孤独）の園にましました。

その時、長老ラーダ（羅陀）は、世尊のましますところに至り、世尊を拝して、その傍らに坐した。

傍らに坐した長老ラーダにむかって、世尊は仰せられた。

「ラーダよ、五取蘊なるものがある。その五つとはなんであろうか。いわく、色取蘊・受取蘊・想取蘊・行取蘊・識取蘊である。

ラーダよ、わたしの教えを聞いた聖なる弟子たちは、この五取蘊なるものの生起と、滅尽と、その味いと、その禍いと、そこから出離することとを、はっきりと知っているがゆえに、ラーダよ、この聖なる弟子たちを名づけて、彼らはすでに*流れに入れるもの、すでに*破滅に堕することなきもの、あるいは、すでに*悟りにいたるに定《き》まっているものというのである」

注解　ここに「預流《よる》」(Sotāpanna＝one who has entered the stream）と題する経がある。ここでもまた、釈尊は、五取蘊の生起と滅尽と味いと禍いとその出離を語って、それらを判然と知れるものは、すでに流れに入れるもの、救われているもの、悟りに赴くに定まれるものであると語っておる。

*流れに入れるもの（sotāpanno）　古来それを預流と訳した。

*破滅に堕することなきもの（avinipātadhammo＝saved from disaster）　古来それを不堕法と訳した。

*悟りにいたるに定まれるもの（niyato sambodhiparāyano＝surely ending in enlightenment）漢訳では「決定向三菩提」となるところである。

6　阿羅漢　南伝　相応部経典　二三、八、阿羅漢

かようにわたしは聞いた。

ある時、世尊は、サーヴァッティー（舎衛城）のジェータ（祇陀）林なるアナータピンディカ（給孤独）の園にましました。

その時、長老ラーダ（羅陀）は、世尊のましますところに至り、世尊を拝して、その傍らに坐した。

傍らに坐した長老ラーダにむかって、世尊は仰せられた。

「ラーダよ、五取蘊なるものがある。その五つとはなんであろうか。いわく、色取蘊と、受取蘊と、想取蘊と、行取蘊と、識取蘊とがそれである。

ラーダよ、比丘たちは、この五取蘊なるものの生起と、滅尽と、その味いと、その禍いとを知り、さらに、そこから出離することをはっきりと知って、もはや取著するところなくして解脱するがゆえに、ラーダよ、この比丘を名づけて、阿羅漢なり、煩悩を滅尽したるものなりとなし、彼はすでに修行をおわり、為すべきことをなしおわって、重き担《にな》い物をすて、おのれの利を手に入れ、結縛を断じて、正知にして解脱したというのである」

注解　ここに「阿羅漢」（Arahā = the arahant, the worthy）と題する経がある。ここでは、五取蘊の生起と滅尽と味いと禍いと、および出離を知って、よく解脱したるものを阿羅漢というのだ、と釈尊は語っていられる。

7　欲貪　南伝　相応部経典　二三、九、欲貪／漢訳　雑阿含経　六、一三、愛喜貪

かようにわたしは聞いた。

ある時、世尊は、サーヴァッティー（舎衛城）のジェータ（祇陀）林なるアナータピンディカ（給孤独）の園にましました。

その時、長老ラーダ（羅陀）は、世尊のましますところに至り、世尊を拝して、その傍らに坐した。

傍らに坐した長老ラーダにむかって、世尊は仰せられた。

「ラーダよ、色（肉体）において、欲・貪・喜・愛を断つがよい。そのように断つことによって、かの色は、あたかもその根を断たれ、その頭を断たれたターラ（多羅）の樹のように、まったく無に帰して、もはやふたたび生ぜざるものとなるであろう。

また、ラーダよ、受（感覚）において、欲・貪・喜・愛を……

また、ラーダよ、想（表象）において、欲・貪・喜・愛を……

また、ラーダよ、行（意志）において、欲・貪・喜・愛を……

また、ラーダよ、識（意識）において、欲・貪・喜・愛を断つがよい。そのように断つことによって、かの識は、あたかもその根を断たれ、その頭を断たれたターラの樹のように、まったく無に帰して、もはやふたたび生ずることなきものとなるであろう」

注解　ここに「欲貪」（Chandarāga = desire and lust）と題する経がある。ここでは、釈尊は、五蘊において欲（chanda = desire for）・貪（rāga = passion）・喜（nandi = enjoyment）・愛（taṇhā = thirst, craving）を断つがよいと説いておられる。

8　魔羅

南伝　相応部経典　二三、一一、魔／漢訳　雑阿含経　六、一四、魔

かようにわたしは聞いた。

ある時、世尊は、サーヴァッティー（舎衛城）のジェータ（祇陀）林なるアナータピンディカ（給孤独）の園にましましました。

その時、長老ラーダ（羅陀）は、世尊のましますところに至り、世尊を拝して、その傍らに坐した。

傍らに坐した長老ラーダは、世尊に申しあげた。

「大徳よ、魔羅、魔羅と仰せられますが、大徳よ、いったい、なにを魔羅となされるのでございますか」

「ラーダよ、色（肉体）は魔羅である。受（感覚）は魔羅である。想（表象）は魔羅である。行（意志）は魔羅である。識（意識）は魔羅である。

ラーダよ、そのように観じて、わたしの教えを聞いた聖なる弟子たちは、色を厭い離れ、受を厭い離れ、想を厭い離れ、行を厭い離れ、識を厭い離れる。厭い離れることによって、貪りを離れる。貪りを離れることによって、解脱するのである。すでに解脱するにいたれば、わたしは解脱したとの智が生じて、〈わが迷いの生活はすでにおわった。清浄なる行はすでに成った。作すべきことはすでに弁じた。もはやかような迷いの生活に入ることはあるまい〉と知ることができるのである」

注解　ここにも「魔羅」（Māra = the evil one）と題する経がある。ラーダの問いに答えて、釈尊は、五蘊が魔羅であると教えられた。刮目して読むべき経である。

9　魔羅なるもの

南伝　相応部経典　二三、一一、魔法／漢訳　雑阿含経　六、一一、死法

かようにわたしは聞いた。

ある時、世尊は、サーヴァッティー（舎衛城）のジェータ（祇陀）林なるアナータピンディカ（給孤独）の園にましました。

その時、長老ラーダ（羅陀）は、世尊のましますところに至り、世尊を拝して、その傍らに坐した。

傍らに坐した長老ラーダは、世尊に申しあげた。

「大徳よ、魔羅なるもの、魔羅なるものと仰せられますが、いったい、なにを魔羅なるものとなされるのでありましょうか」

「ラーダよ、色（肉体）は魔羅なるものである。受（感覚）は魔羅なるものである。想（表象）は魔羅なるものである。行（意志）は魔羅なるものである。識（意識）は魔羅なるものである。

ラーダよ、そのように観じて、わたしの教えを聞いた聖なる弟子たちは、色を厭い離れ、受を厭い離れ、想を厭い離れ、行を厭い離れ、識を厭い離れる。厭い離れることによって、貪りを離れる。貪りを離れることによって、解脱するのである。すでに解脱するにいたれば、わたしは解脱したとの智が生じて、〈わが迷いの生涯はすでにおわった。清浄なる行はすでに成った。作すべきことはすでに弁じた。このうえは、もはやかような迷いの生涯を繰返すことはあるまい〉と知ることができるのである」

注解　ここには、「魔法」(Māradhamma = of the nature of māra) と題する経がある。わたしはそれを「魔羅なるもの」と訳しておいた。その所説は、前経とほぼおなじであって、前経の「魔羅」がここでは「魔羅なるもの」となっているのみである。

10　無常　南伝　相応部経典　二三、一三、無常

かようにわたしは聞いた。

ある時、世尊は、サーヴァッティー(舎衛城)のジェータ(祇陀)林なるアナータピンディカ(給孤独)の園にましました。

その時、長老ラーダ(羅陀)は、世尊のましますところに至り、世尊を拝して、その傍らに坐した。

傍らに坐した長老ラーダは、世尊に申しあげた。

「大徳よ、無常、無常と仰せられますが、大徳よ、いったい、いかなることを無常というのでありましょうか」

「ラーダよ、色(肉体)は無常である。受(感覚)は無常である。想(表象)は無常である。行(意志)は無常である。識(意識)は無常である。

ラーダよ、そのように観じて、わたしの教えを聞いた聖なる弟子たちは、色を厭い離

れ、受を厭い離れ、想を厭い離れ、行を厭い離れ、識を厭い離れる。厭い離れることによって、貪りを離れる。貪りを離れることによって、解脱するのである。そして、すでに解脱するにいたれば、ああわたしは解脱したとの智が生じて、〈わが迷いの生活はすでにおわった。清浄なる行はすでに成った。作すべきことはすでに弁じた。もはやかような迷いの生活に入ることはあるまい〉と知ることができるのである」

注解　ここにまた、「無常」（Anicca = impermanent）と題する経がある。釈尊は、五蘊が無常であると教えられた。

11　苦　南伝　相応部経典　二三、一五、苦

かようにわたしは聞いた。

ある時、世尊は、サーヴァッティー（舎衛城）のジェータ（祇陀）林なるアナータピンディカ（給孤独）の園にましました。

その時、長老ラーダ（羅陀）は、世尊のましますところに至り、世尊を拝して、その傍らに坐した。

傍らに坐した長老ラーダは、世尊に申しあげた。

「大徳よ、苦、苦と仰せられますが、大徳よ、いったい、いかなることを苦というのでありましょうか」

「ラーダよ、色（肉体）は苦である。受（感覚）は苦である。想（表象）は苦である。行（意志）は苦である。識（意識）は苦である。

ラーダよ、そのように観じて、わたしの教えを聞いた聖なる弟子たちは、色を厭い離れ、受を厭い離れ、想を厭い離れ、行を厭い離れ、識を厭い離れる。厭い離れることによって、貪りを離れる。貪りを離れることによって、解脱するのである。そして、すでに解脱するにいたれば、ああわたしは解脱したとの智が生じて、〈わが迷いの生活はすでにおわった。清浄なる行はすでに成った。作すべきことはすでに弁じた。このうえは、もはやかような迷いの生活に入ることはあるまい〉と知ることができるのである」

注解 ここには「苦」（Dukkha = suffering）と題する経がある。釈尊は、ラーダの問いに答えて、五蘊をゆびさして苦であると教示しておられる。

12 無我　南伝 相応部経典 二三、一七、無我／漢訳 雑阿含経 六、一六、非我非我所

かようにわたしは聞いた。

ある時、世尊は、サーヴァッティー（舎衛城）のジェータ（祇陀）林なるアナータピンディカ（給孤独）の園にましました。

その時、長老ラーダ（羅陀）は、世尊のましますところに至り、世尊を拝して、その傍らに坐した。

傍らに坐した長老ラーダは、世尊に申しあげた。

「大徳よ、無我、無我と仰せられますが、大徳よ、いったい、いかなることを無我というのでありましょうか」

「ラーダよ、色（肉体）は無我である。受（感覚）は無我である。想（表象）は無我である。行（意志）は無我である。識（意識）は無我である。

ラーダよ、そのように観じて、わたしの教えを聞いた聖なる弟子たちは、色を厭い離れ、受を厭い離れ、想を厭い離れ、行を厭い離れ、識を厭い離れる。厭い離れることによって、貪りを離れる。貪りを離れることによって、解脱するのである。そして、すでに解脱するにいたれば、ああわたしは解脱したとの智が生じて、〈わが迷いの生活はすでにおわった。清浄なる行はすでに成った。作すべきことはすでに弁じた。このうえは、もはやかような迷いの生活を繰返すことはあらじ〉と知ることができるのである」

注解　ここには「無我」（Anatta＝without a self）と題する経がある。釈尊は、五蘊は無我であると答えている。

13　壊法　南伝　相応部経典　二三、二〇、壊法／漢訳　雑阿含経　六、一九、滅法等

かようにわたしは聞いた。

ある時、世尊は、サーヴァッティー（舎衛城）のジェータ（祇陀）林なるアナータピンディカ（給孤独）の園にましました。

その時、長老ラーダ（羅陀）は、世尊のましますところに至り、世尊を礼拝して、その傍らに坐した。

傍らに坐した長老ラーダは、世尊に申しあげた。

「大徳よ、壊法《えほう》（壊するもの）、壊法と仰せられますが、大徳よ、いったい、いかなるものを壊法というのでありましょうか」

「ラーダよ、色（肉体）は壊法である。受（感覚）は壊法である。想（表象）は壊法である。行（意志）は壊法である。識（意識）は壊するものである。

ラーダよ、わたしの教えを聞いた聖なる弟子たちは、そのように観察して、色を厭い離れ、受を厭い離れ、想を厭い離れ、行を厭い離れ、識を厭い離れる。厭い離れること

によって、貪りを離れる。貪りを離れることによって、解脱するのである。そして、すでに解脱するにいたれば、ああわたしは解脱したとの智が生じて、〈わが迷いの生涯はすでにおわった。清浄なる行はすでに成った。作すべきことはすでに弁じた。このうえは、もはやかような迷いの生涯を繰返すことはないであろう〉と知ることができるのである」

注解　ここには「壊法」（Vaya＝decay）と題する経がある。釈尊は、五蘊をゆびさして壊法であると答えておられる。

14　集法　南伝　相応部経典　二三、二一、集／漢訳　雑阿含経　六、一九、滅法等

かようにわたしは聞いた。

ある時、世尊は、サーヴァッティー（舎衛城）のジェータ（祇陀）林なるアナータピンディカ（給孤独）の園にましました。

その時、長老ラーダ（羅陀）は、世尊のましますところに至り、世尊を拝して、その傍らに坐した。

傍らに坐した長老ラーダは、世尊に申しあげた。

「大徳よ、集法《じゅうほう》（生ずるもの）、集法と仰せられますが、大徳よ、いったい、いかなるものを集法というのでありましょうか」

「ラーダよ、色（肉体）は集法である。受（感覚）は集法である。想（表象）は集法である。行（意志）は集法である。識（意識）は生ずるものである。

ラーダよ、そのように観じて、わたしの教えを聞いた聖なる弟子たちは、色を厭い離れ、受を厭い離れ、想を厭い離れ、行を厭い離れ、識を厭い離れる。厭い離れることによって、貪りを離れる。貪りを離れることによって、解脱するのである。そして、すでに解脱するにいたれば、ああわたしは解脱したとの智が生じて、〈わが迷いの生活はすでにおわった。清浄なる行はすでに成った。作すべきことはすでに弁じた。このうえは、もはやかような迷いの生活を繰返すことはないであろう〉と知ることができるのである」

注解　ここに「集」(Samudaya = rise, origin) と題する経がある。集とは生起をいうことばである。ラーダは「集法」(samudayadhamma = that which arises) すなわち「生ずるもの」とは何かと問い、釈尊は、五蘊をゆびさして答えている。

15　滅法　南伝　相応部経典　二三、二一、滅法／漢訳　雑阿含経　六、一九、滅法等

かようにわたしは聞いた。

ある時、世尊は、サーヴァッティー（舎衛城）のジェータ（祇陀）林なるアナータピンディカ（給孤独）の園にましました。

その時、長老ラーダ（羅陀）は、世尊のましますところに至り、世尊を拝して、その傍らに坐した。

傍らに坐した長老ラーダは、世尊に申しあげた。

「大徳よ、滅法《めつぽう》（滅するもの）、滅法と仰せられますが、大徳よ、いったい、いかなるものを滅法というのでありましょうか」

「ラーダよ、色（肉体）は滅法である。受（感覚）は滅法である。想（表象）は滅法である。行（意志）は滅法である。識（意識）は滅するものである。

ラーダよ、わたしの教えを聞いた聖なる弟子たちは、そのように観じて、色を厭い離れ、受を厭い離れ、想を厭い離れ、行を厭い離れ、識を厭い離れる。厭い離れることによって、貪りを離れる。貪りを離れることによって、解脱するのである。そして、すでに解脱するにいたれば、ああわたしは解脱したとの智が生じて、〈わが迷いの生活はすでにおわった。清浄なる行はすでに成った。作すべきことはすでに弁じた。このうえは、

もはやかような迷いの生活を繰返すことはないであろう〉と知ることができるのである」

注解　ここには「滅法」（Nirodhadhamma＝subject to destruction）と題する経がある。前経と対をなす経である。「滅法」とは滅するものの意、それについて問うラーダに答うるに、釈尊は、五蘊をゆびさしておられる。

16　魔羅　南伝　相応部経典　二三、一二三、魔／漢訳　雑阿含経　六、一五、魔所作

かようにわたしは聞いた。

ある時、世尊は、サーヴァッティー（舎衛城）のジェータ（祇陀）林なるアナータピンディカ（給孤独）の園にましましました。

その時、長老ラーダ（羅陀）は、世尊のましますところに至り、世尊を拝して、その傍らに坐した。

傍らに坐した長老ラーダは、世尊に申しあげた。

「大徳、世尊よ、願わくはわがために略して法を説きたまえ。わたしは世尊より法を聞いて、ひとり静処*に赴き、放逸ならずして、精進し、努力したいと思います」

「ラーダよ、魔羅において欲*を断つがよろしい。ラーダよ、では、魔羅とはなんであろうか。

ラーダよ、色（肉体）は魔羅であるから、そこにおいて欲を断つがよろしい。受（感覚）は魔羅であるから、そこにおいて欲を断つがよろしい。想（表象）は魔羅であるから、そこにおいて欲を断つがよろしい。行（意志）は魔羅であるから、そこにおいて欲を断つがよろしい。また、識（意識）は魔羅であるから、そこにおいて欲を断つがよろしい」

注解　ここにも「魔羅」（Māra＝the evil one）と題する経がある。それは、ラーダが空閑処に赴くにあたり、釈尊が彼に与えたる簡略の教法である。ここでもまた、この師は、五蘊は悪魔であると思えと説いておられる。

＊静処に赴く（vūpakattha＝withdrawn, secluded）それを空閑処（arañña＝remoteness, wilderness）に入るという。人なき静処にしりぞいて修行するのである。その時には、比丘たちは、師より簡略の法を頂いて赴くことをつねとした。

＊欲（chanda＝impulse, excitement）ここでは欲と訳したが、欲望というよりも、貪（rāga）に近いのである。

17　魔羅なるもの

南伝　相応部経典　二三、二四、魔／漢訳　雑阿含経　六、一七、死法

かようにわたしは聞いた。

ある時、世尊は、サーヴァッティー（舎衛城）のジェータ（祇陀）林なるアナータピンディカ（給孤独）の園にましましました。

その時、長老ラーダ（羅陀）は、世尊のましますところに至り、世尊を拝して、その傍らに坐した。

傍らに坐した長老ラーダは、世尊に申しあげた。

「大徳、世尊よ、願わくは、わがために略して法を説きたまえ。わたしは、世尊より法を聞いて、ひとり静処におもむき、放逸ならずして、精進し、努力いたしたいと思います」

「ラーダよ、魔羅なるものにおいて欲を断つがよく、貪りを断つがよく、欲の貪りを断つがよい。ラーダよ、では、魔羅なるものとはなんであろうか。

ラーダよ、色（肉体）は魔羅なるものであるから、そこにおいて欲を断つがよろしい。受（感覚）は魔羅なるものであるから、そこにおいて欲を断つがよろしい。想（表象）は魔羅なるものであるから、そこにおいて欲を断つがよろしい。行（意志）は魔羅なるものであるから、そこにおいて欲を断つがよろしい。また、識（意識）は魔羅なるもの

であるから、そこにおいて欲を断つがよろしい」

注解　この「魔羅なるもの」(Māradhamma = of the nature of māra) と題する経の趣は、ほぼ前経とおなじである。ただここでは「欲」(chanda) と「貪」(rāga) と「欲貪」(chanda-rāga) とを重ねている。

さきの、おなじく9「魔羅なるもの」と題する経を参照されたい。

18　無常　南伝　相応部経典　二三、二五、無常／漢訳　雑阿含経　六、二一、滅法

かようにわたしは聞いた。

ある時、世尊は、サーヴァッティー(舎衛城)のジェータ(祇陀)林なるアナータピンディカ(給孤独)の園にましました。

その時、長老ラーダ(羅陀)は、世尊のましますところに至り、世尊を礼拝して、その傍らに坐した。

傍らに坐した長老ラーダは、世尊に申しあげた。

「大徳、世尊よ、願わくは、わがために略して法を説きたまえ。わたしは世尊より法を聞いて、ひとり静処におもむき、放逸ならずして、精進し、努力したいと思います」

「ラーダよ、無常なるものにおいて欲を断つがよい、貪りを断つがよい、欲の貪りを断つがよい。ラーダよ、では、無常なるものとはなんであろうか。

ラーダよ、色（肉体）は無常であるから、そこにおいて欲を断つがよろしい。受（感覚）は無常であるから、そこにおいて欲を断つがよろしい。想（表象）は無常であるから、そこにおいて欲を断つがよろしい。行（意志）は無常であるから、そこにおいて欲を断つがよろしい。また、識（意識）は無常であるから、そこにおいて欲を断つがよろしいのである」

注解　ここにも「無常」（Anicca＝impermanent）と題する経がある。前経および前々経とほぼおなじ趣の経であって、ただ、「魔羅」もしくは「魔羅なるもの」のところが「無常」になっているのみである。また、次経は、「無常」が「無常なるもの」（aniccadhamma）となっているのみである。略する。

19　苦

南伝　相応部経典　二三、二七、苦／漢訳　雑阿含経　六、二一、滅法

かようにわたしは聞いた。

ある時、世尊は、サーヴァッティー（舎衛城）のジェータ（祇陀）林なるアナータピン

ディカ（給孤独）の園にましました。

その時、長老ラーダ（羅陀）は、世尊のましますところに至り、世尊を礼拝して、その傍らに坐した。

傍らに坐した長老ラーダは、世尊に申しあげた。

「大徳、世尊よ、願わくは、わがために略して法を説きたまえ。わたしは世尊より法を聞いて、ひとり静処におもむき、放逸ならずして、精進し、努力したいと思います」

「ラーダよ、苦なるものにおいて欲を断つがよい、貪りを断つがよい、欲の貪りを断つがよい。ラーダよ、では、苦なるものとはなんであろうか。

ラーダよ、色（肉体）は苦であるから、そこにおいて欲を断つがよろしい。受（感覚）は苦であるから、そこにおいて欲を断つがよろしい。想（表象）は苦であるから、そこにおいて欲を断つがよろしい。行（意志）は苦であるから、そこにおいて欲を断つがよろしい。また、識（意識）は苦であるから、そこにおいて欲を断つがよろしいのである」

注解　ここにも、ほぼおなじ趣の経がある。前経の「無常」が、ここでは「苦」（Dukkham＝suffering）となっているのみである。

20　無我　南伝　相応部経典　二三、二九、無我／漢訳　雑阿含経　六、二一、滅法

かようにわたしは聞いた。

ある時、世尊は、サーヴァッティー（舎衛城）のジェータ（祇陀）林なるアナータピンディカ（給孤独）の園にましました。

その時、長老ラーダ（羅陀）は、世尊のましますところに至り、世尊を礼拝して、その傍らに坐した。

傍らに坐した長老ラーダは、世尊に申しあげた。

「大徳、世尊よ、願わくは、わがために略して法を説きたまえ。わたしは世尊より法を聞いて、ひとり静処におもむき、放逸ならずして、精進し、努力したいと思います」

「ラーダよ、無我なるものにおいて欲を断つがよい、貪りを断つがよい、欲の貪りを断つがよい。では、ラーダよ、無我なるものとはなんであろうか。

ラーダよ、色（肉体）は無我であるから、そこにおいて欲を断つがよろしい。受（感覚）は無我であるから、そこにおいて欲を断つがよろしい。想（表象）は無我であるから、そこにおいて欲を断つがよろしい。行（意志）は無我であるから、そこにおいて欲を断つがよろしい。また、識（意識）は無我なるものであるから、そこにおいて欲を断つがよいというのである」

注解　この「無我」（Anatta = without a self）と題する経は、ほぼ前経とおなじ趣の経であって、ただ、「苦」が「無我」となっているのみである。

21　壊するもの　南伝　相応部経典　二三、三一、壊／漢訳　雑阿含経　六、三二一、滅法等

かようにわたしは聞いた。

ある時、世尊は、サーヴァッティー（舎衛城）のジェータ（祇陀）林なるアナータピンディカ（給孤独）の園にましました。

その時、長老ラーダ（羅陀）は、世尊のましますところに至り、世尊を礼拝して、その傍らに坐した。

傍らに坐した長老ラーダは、世尊に申しあげた。

「大徳、世尊よ、願わくは、わがために略して法を説きたまえ。わたしは世尊より法を聞いて、ひとり静処におもむき、放逸ならずして、精進し、努力したいと思います」

「ラーダよ、壊するものにおいて欲を断つがよい、貪りを断つがよい、欲の貪りを断つがよい。では、ラーダよ、壊するものとはなんであろうか。

ラーダよ、色（肉体）は壊するものであるから、そこにおいて欲を断つがよろしい。

受（感覚）は壊するものであるから、そこにおいて欲を断つがよろしい。想（表象）は壊するものであるから、そこにおいて欲を断つがよろしい。行（意志）は壊するものであるから、そこにおいて欲を断つがよろしい。また、識（意識）は壊するものであるから、そこにおいて欲を断つがよいというのである」

注解　ここには「壊」（Vaya＝transience）と題する経がある。これもまた、ほぼ前経におなじであり、ただここでは、「無我」が「壊法」（vayadhamma＝that which is transient by nature）すなわち「壊するもの」となっているのみである。

22　集法　南伝　相応部経典　二三、三三、集／漢訳　雑阿含経　六、二一、滅法等

かようにわたしは聞いた。

ある時、世尊は、サーヴァッティー（舎衛城）のジェータ（祇陀）林なるアナータピンディカ（給孤独）の園にましました。

その時、長老ラーダ（羅陀）は、世尊のましますところに至り、世尊を礼拝して、その傍らに坐した。

傍らに坐した長老ラーダは、世尊に申しあげた。

「大徳、世尊よ、願わくは、わがために略して法を説きたまえ。わたしは世尊より法を聞いて、ひとり静処におもむき、放逸ならずして、精進し、努力したいと思います」

「ラーダよ、生ずるものにおいて欲を断つがよい、貪りを断つがよい、欲の貪りを断つがよい。ラーダよ、では、生ずるものとはなんであろうか。

ラーダよ、色（肉体）は生ずるものであるから、そこにおいて欲を断つがよろしい。受（感覚）は生ずるものであるから、そこにおいて欲を断つがよろしい。想（表象）は生ずるものであるから、そこにおいて欲を断つがよろしい。行（意志）は生ずるものであるから、そこにおいて欲を断つがよろしい。また、識（意識）は生ずるものであるから、そこにおいて欲を断つがよいというのである」

注解　ここには「集」（Samudaya = rise, origin）と題する経がある。ここでは、ラーダのために「集法」（samudayadhamma = that which arises）すなわち「生ずるもの」について説いて教えている。

23　滅法　南伝　相応部経典　二三、三四、滅法／漢訳　雑阿含経　六、二一、滅法等

かようにわたしは聞いた。

ある時、世尊は、サーヴァッティー（舎衛城）のジェータ（祇陀）林なるアナータピンディカ（給孤独）の園にましました。

その時、長老ラーダ（羅陀）は、世尊のましますところに至り、世尊を礼拝して、その傍らに坐した。

傍らに坐した長老ラーダは、世尊に申しあげた。

「大徳、世尊よ、願わくは、わがために略して法を説きたまえ。わたしは世尊より法を聞いて、ひとり静処におもむき、放逸ならずして、精進し、努力したいと思います」

「ラーダよ、滅するものにおいて欲を断ずるがよい、貪りを断つがよい、欲の貪りを断つがよい。ラーダよ、では、滅するものとはなんであろうか。

ラーダよ、色（肉体）は滅するものであるから、そこにおいて欲を断つがよろしい。受（感覚）は滅するものであるから、そこにおいて欲を断つがよろしい。想（表象）は滅するものであるから、そこにおいて欲を断つがよろしい。行（意志）は滅するものであるから、そこにおいて欲を断つがよろしい。また、識（意識）は滅するものであるから、そこにおいて欲を断つがよいというのである」

注解　ここには「滅法」（Nirodhadhamma = that which is subject to destruction）と題する経がある。滅法とは滅するものというほどの意である。釈尊は五蘊をゆびさして、それらは滅するものであるから、それらに対して欲を断つがよろしいと教えている。

見相応

1　わがもの　南伝　相応部経典　二四、二、我所／漢訳　雑阿含経　七、三、我々所

かようにわたしは聞いた。

ある時、世尊は、サーヴァッティー（舎衛城）のジェータ（祇陀）林なるアナータピンディカ（給孤独）の園にましました。

その時、世尊は、比丘たちに告げて仰せられた。

「比丘たちよ、いったい、何があるによって、何を取するによって、また、何に執著するによって、〈こはわが所有である、こは我である、こはわが本体である〉と、そのような見解が生ずるのであろうか」

「大徳よ、世尊は、まことに、われらの法の根本にましますす。願わくは、そのことを説きたまえ」

「比丘たちよ、それは、色（肉体）があるによって、色を取するによって、また、色に

執著することによって、〈こはわが所有である、こは我である、こはわが本体である〉と、そのような見解が生ずるのである。

また、受（感覚）……、想（表象）……、行（意志）……あるいは、また、識（意識）があるによって、識を取するによって、また、識に固執するによって、〈こはわが所有である、こは我である、こはわが本体である〉と、そのような見解が生ずるのである。

比丘たちよ、汝らはいかに思うであろうか。色は常住であろうか、無常であろうか」

「大徳よ、それは無常であります」

「無常であるならば、それは、苦であろうか、楽であろうか」

「大徳よ、それは苦であります」

「無常にして苦なる、移ろい変るものに、取せず、執著せずとも、なお、〈こはわが所有である、こは我である、こはわが本体である〉と、そのような見解が生ずるであろうか」

「大徳よ、そうではございません」

「では、また、受は……、想は……、行は……、識は常住であろうか、無常であろうか」

「大徳よ、それは無常であります」

「無常であるならば、それは、苦であろうか、楽であろうか」
「大徳よ、それは苦であります」
「無常にして苦なる、移ろい変るものに、取せず、執著せずとも、なお、〈こはわが所有である、こは我である、こはわが本体である〉と、そのような見解が生ずるであろうか」
「大徳よ、否《いな》であります」
「比丘たちよ、では、さらに、その見るところ、聞くところ、思うところ、知るところ、得るところ、求むるところ、あるいは、もう一度その心に思いめぐらすところは、常住であろうか、無常であろうか」
「大徳よ、それは無常であります」
「無常であるならば、それは、苦であろうか、楽であろうか」
「大徳よ、それは苦であります」
「無常にして苦なる、移ろい変るものに、取せず、執著せずとも、なお、〈こはわが所有である、こは我である、こはわが本体である〉と、そのような見解が生ずるであろうか」
「大徳よ、否であります」
「比丘たちよ、聖なる弟子たるものは、これらの六つの*点についても疑惑を断ち、苦についても疑惑を断ち、苦の生起についても疑惑を断ち、苦の滅尽についても疑惑を断ち、また、苦の滅尽にいたる道についても疑惑を断ずるならば、比丘たちよ、その時、この聖なる弟子は、〈流れに入れるもの〉*と称せられ、〈破滅に堕することなきもの〉と称せられ、〈すでに正覚に赴くことに決定せるものなり〉と称せられる」

注解 ここに「見《けん》相応」(Diṭṭhi-saṃyutta = kindred sayings on view) と称する集録がある。見方、考え方の問題についての所説を集めたものであって、九六経を含む。だが、おなじ趣の「繰返し句」(peyyāla = repetition, formula) のみおおく、ここには、わずか一経のみを採りあげる。

それは、「我所」(Etaṃ mamaṃ = this is mine) と題する経である。その所説もまた、従前のものと変るところは少ないが、ただ、ここでは、釈尊の質問、それもいわば応用問題をもって始まっている。

*六つの点 (chasu ṭhānesu = at six places) さきの「見るところ、聞くところ、思うところ、知るところ、得るところ、求むるところ」である。

*流れに入れるもの (sotāpanna) 以下、羅陀相応5「預流」の注を参照されたい。

煩悩相応

1　眼　南伝　相応部経典　二七、一、眼／漢訳　雑阿含経　一三、一一、断欲

かようにわたしは聞いた。

ある時、世尊は、サーヴァッティー（舎衛城）のジェータ（祇陀）林なるアナータピンディカ（給孤独）の園にましました。

その時、世尊は、比丘たちに告げて仰せられた。

「比丘たちよ、眼における欲の貪りは、心のけがれ*である。

耳における欲の貪りは……、鼻における欲の貪りは……、舌における欲の貪りは……、身における欲の貪りは……

また、意における欲の貪りは、心のけがれである。

比丘たちよ、比丘がもし、この六つのものにおいて、よくその心のけがれを断つならば、彼の心は、おのずから出離のかたに傾き、出離のことに充満して、心精勤にして、

やがて、みずから知るべき法をよく知るにいたるであろう」

注解　ここには「煩悩相応」（Kilesa-saṃyutta＝kindred sayings on the corruption）と称する集録がある。煩悩についての所説を集め、一〇経を含んでいる。だが、おおよそおなじ趣の経であって、ここには、その一経のみを採りあげる。

それは、「眼」（Cakkhu＝eye）と題する経であり、釈尊は、「眼における欲の貪りは、心のけがれである」と語っている。

＊けがれ　煩悩（kilesa＝stain, impurity）とおなじ。

婆蹉相応

1　無知　南伝　相応部経典　三三、一、無知／漢訳　雑阿含経　三四、二五、愚痴

かようにわたしは聞いた。

ある時、世尊は、サーヴァッティー（舎衛城）のジェータ（祇陀）林なるアナータピンディカ（給孤独）の園にましました。

その時、ヴァッチャ（婆蹉）姓の遊行者があり、世尊のいますところに至り、世尊と友情にみちた挨拶をかわし、丁寧なる言葉をまじえたるのち、その傍らに坐した。

傍らに坐したヴァッチャ姓の遊行者は、世尊に申しあげた。

「友ゴータマ（瞿曇）よ、いったいぜんたい、なんの原因により、どんな条件によって、このようないろいろの見解が、この世間に生ずるのであろうか。いわく、あるいは、この世間は常住であるといい、あるいは、この世間は無常であるという。あるいは、この世間は有辺であるといい、あるいは、この世間は無辺であるという。あるいはまた、生

命はすなわち身体であるといい、あるいは、生命と身体とは別であるという。また、あるいは、人間は死後にもなお存するといい、あるいは、人間は死後には存しないといい、あるいはまた、人間は死後には存して存せず、存するにもあらず、存せざるにもあらずなどという」

「ヴァッチャよ、それは、色（肉体）について無知であり、色の生起について無知であり、色の滅尽について無知であり、また、色の滅尽にいたる道について無知であるがゆえに、このようないろいろの見解が、この世間に生ずるのである。いわく、あるいは、この世間は常住であるといい、あるいは、この世間は無常であるという。……あるいは、また、人間は死後には存して存せず、存するにもあらず、存せざるにもあらずなどという。

ヴァッチャよ、このような原因により、このような条件によって、このようないろいろの見解がこの世間に生ずるのである。いわく、あるいは、この世間は常住であるといい、あるいは、この世間は無常であるという。……あるいは、また、人間は死後には存して存せず、存するにもあらず、存せざるにもあらずなどという」

注解　ここに「婆蹉相応」（Vacchagotta-saṃyutta = kindred sayings on Vacchagotta）と称する集録がある。ヴァッチャ（婆蹉）姓の遊行者にちなむ経が集められている。その経数五五に及ぶが、いまは、そのなかから一経のみを採りあげる。

その経は「無知」（Aññāṇā = through ignorance）と題せられる。「無知なるがゆえに」というほどの意である。ヴァッチャの問いのなかには、当時の思想界の様子がみえて興味ふかい。

なお、この経は、やがて増大されて、『中部経典』七二、「婆蹉衛多火喩経」（Aggi-Vacchagotta-suttant）となった。

解説　初期仏教の真実の姿

立川武蔵

一

わたしが教養部の学生であった頃だから一九六〇年頃のことであったと思う。ある先生の家の大掃除のアルバイトをして、その謝金で増谷文雄著『仏教とキリスト教の比較研究』（青山書院）を買った。インクの香りがすがすがしかったことを覚えている。この書がはじめに雑誌『大法輪』に連載されたものを後でまとめたものだということはつい最近知った。

この書では真宗の信仰とキリスト教の信仰が似ていることが強調されていた。ドイツの宗教哲学者ルードルフ・オットー（一八六九～一九三七）が講演集『インドの恩寵の宗教とキリスト教』（立川武蔵・希代子訳『インドの神と人』人文書院、一九八八年）を出版したのは一九三〇年のことであったが、その中でも真宗の信仰とキリスト教信仰の似ていることが取り上げられている。

サンスクリットやチベット語のテキストの文献学的研究が進むにつれて、それまで知りえなかった歴史的事実を日本のみならず外国の研究者たちがある程度知ることができたとき、仏教と欧米の宗教の比較研究、例えば、仏教における浄土信仰とキリスト教の信仰との比較研究が始まった。増谷文雄はそうした信仰形態の比較研究を始めた先覚者の一人であった。他に、元龍谷大学学長星野元豊《げんぽう》の『浄土』（法蔵館、一九五七年）が挙げられよう。ここで星野はプロテスタント神学者E・ブルンナーやR・ブルトマンの考えるキリスト教信仰と比較しながら真宗の信仰について考察を進めている。

しかし増谷の業績の偉大さは、そうした比較研究を推し進めたことのみにあるのではない。氏は巨視的な立場に立って宗教の比較研究を進めるとともに、インド初期仏教経典に関する文献学的研究においても優れた業績を残された。本書はそうした研究の一部である。

増谷文雄（一九〇二〜一九八七）は、福岡県小倉市（現・北九州市）に生まれ、東京帝国大学文学部を卒業後、東京外国語大学や大正大学の教授、都留文科大学学長などを務めた。氏は最初にインド初期仏教の研究を進め、博士論文「アーガマ資料による佛伝の研究」を著した。後に親鸞や道元にかんする研究も進め、彼の『正法眼蔵』訳注はよく知られている。このように氏は仏教思想を仏教の中からのみではなく、外からの視点も有することによって考察し、現代における仏教思想を追及したのである。

インド初期仏教の教理と真宗のそれとがかなり異なっていることは、学部の学生であったわたしにも明らかであった。しかし、その違いが何に起因するものであり、歴史の中でどのように生まれてきたのかは謎であった。後に、増谷文雄も同様の疑問を抱いていたことを知った。それゆえ、わたしは本書の解説をお引き受けした。

二

「阿含《あごん》」とは「アーガマ」の音写である。「アー」とは「こちらへ」を意味し、「ガマ」とは来ること、来たもののことだ。したがって、「アーガマ」とは「こちらに来たもの、伝統、教え」を意味する。ようするに、ここではインド初期仏教経典あるいはその教えを指す。

本書に含まれる総論（一七〜一一六頁）では、阿含経典の成立と内容が実に見事に纏められている。以下、その総論の叙述にしたがって阿含経典の成立と内容、さらには本書の編集方針を述べてみたい。

氏のいうように、阿含経典が「釈尊所説の仏教の原初的なすがたを知るべきもっとも貴重なる資料」であることは今日よく知られている。これは「近代仏教学の新しい展開によって齎《もたら》された成果の一つ」である。インド初期仏教研究の分野における新しい展開は、主として一八八一年にリス・デヴィッズ、ファウスベル、オルデンベルグなどの研究者によって設立されたパーリ聖典協会（ＰＴＳ）によってなされた。この協会の業績は、（一）

パーリ原典の校訂刊行、(二) パーリ聖典の翻訳刊行、および (三) パーリ語辞典の編纂刊行の三点である。本書に収められた阿含経典の翻訳のテキストは主としてこの協会のものである。

中国や日本の仏教史の中で、阿含経典は、重視されていた大乗仏典の法華経、大無量寿経などに比べると、あまり注目されてこなかった。しかし、完全に無視されてきたわけではない。というのは、膨大な量の阿含経典が紀元四世紀の終わり頃から五世紀の前半にかけて漢訳されており、中国および日本の仏教においてもそれなりの関心が寄せられてきたからだ。本書に収められた阿含経典の翻訳にあってもこの漢訳の伝統が充分に考慮されている。

「総論」においては、まず「パーリ五部」(パンチャ・ニカーヤ) と「漢訳四阿含」の対応関係が簡潔に説明されている。

a 「パーリ五部」の『長部経典《じょうぶ》』(ディーガ・ニカーヤ) と「漢訳四阿含」の『長《じょう》阿含経』とは、その経数もほぼ等しくそれぞれの経の内容もおおよそ一致する。

b 「パーリ五部」の『中部経典』(マッジマ・ニカーヤ) と漢訳の『中阿含経』も経数ほぼ等しく、それぞれの経の内容もおおよそ一致する。

c 「パーリ五部」の『相応部経典《そうおう》』(サンユッタ・ニカーヤ) と漢訳の『雑《ぞう》阿含経』と

は、前の二者の場合のような一致は見られない。その経数もかなり異なっている。しかし、主要な経典は一致しており、「その経数のちがいは、けっきょく後代における変化や増大によるものと推察される」。

d「パーリ五部」の『増支部《ぞうしぶ》経典』(アングッタラ・ニカーヤ)と漢訳の『増一《ぞういつ》阿含経』が同じ経の集録であることは名称からも明らかである。「一より順次に数を増して十一にいたるまでの数字を基準として、それによって諸経を分類する」というのがこの経典類の編集方針である、と総論では説明されている。

e「パーリ五部」の『小部経典』(クッダカ・ニカーヤ)は、先の四部以外の経典を集めたもので、「パーリ五部」の中ではもっとも後期のものと推定される。『小部経典』の中の若干の経が漢訳されてはいるが、『小部経典』全体に相当するまとまった漢訳経典の収録はない。

このように「パーリ五部」と「漢訳四阿含」との対応関係を考察した後、「総論」はパーリ律蔵(ヴィナヤ・ピタカ)と漢訳の律の対応関係について述べる。「律」(ヴィナヤ)とは、教団に属する僧たちの生活に関する、罰則を伴った規定である。ちなみに「戒」(シーラ)は僧たちが目指すべき指標であり、罰則を伴ってはいない。

古来、漢訳には律に関する経典として「四律」と呼ばれるものがある。それぞれの律の名称とその所属部は次のとおりである。

1 『五分律《ごぶんりつ》』化地部《けじぶ》（マヒーシャーサカ）所属
2 『四分律《しぶんりつ》』法蔵部《ほうぞうぶ》（ダルマグプタ）所属
3 『十誦律《じゅうじゅりつ》』薩婆多部《さつばたぶ》（サルヴァースティ・ヴァーディン、説一切有部《せついっさいうぶ》）所属
4 『摩訶僧祇律《まかそうぎりつ》』大衆部《たいしゅぶ》（マハーサンギカ）所属

これらの漢訳はいずれも紀元五世紀前半になされた。この時期には、インドにおいて大乗仏教が確立されており、中国でもすでにいくつかの大乗仏典が翻訳されていた。つまり、当時の中国仏教においてインド初期仏教の経や律がまったく無視されてきたわけではないのである。

三

紀元前三一七年頃、チャンドラグプタがインド全体にわたる最初の大帝国マウリヤ王朝を建設した。紀元前三世紀中葉、アショーカ王の治世にはこの王朝の威勢は絶頂に達した。仏教はこの王朝の庇護の下で飛躍的な発展を遂げることができた。しかし一方、仏教教団はアショーカ王の治世あたりから分裂を始め、紀元前一〇〇年頃には約二〇の部派に分か

れてしまった。したがって、この時代の仏教、つまり、アショーカ王以降、紀元後一、二世紀頃までの仏教を「部派仏教」と呼ぶことがある。

それぞれの学派は自分たちに伝えられた経や律の伝統を守り続けた。先に述べた漢訳された一連の律のテキストは、それぞれ異なる部派が保持していたものであった。

本書で増谷は、「パーリ五部」はいわゆる上座部《じょうざ》所属であり、漢訳の『雑《ぞう》阿含経』は説一切有部に属し、漢訳の『増一《ぞういつ》阿含経』はおそらく大衆部の系統のものであろうと推測している。

ブッダの滅後しばらくして行われた「経と律の確認のための集会」（結集《けつじゅう》）において確かめられた経や律の内容は時代と共に変化していったと思われるが、どのような経過をたどって変化していったのかが増谷の問題意識であり、総論における主要テーマの一つであった。

増谷は、「四阿含」あるいは「四部」という経典編集の形式は教団分裂以前から存在していたが、『小部経典』はやや成立が遅れた、と考える。さらに、氏は「漢訳四阿含」およびパーリ五部」にあっては、漢訳『雑《ぞう》阿含経』およびパーリ語の『相応部経典』がもっとも素朴な経典であって、そこに原初的な形態に近いものが存する、と推定した。このことは増谷が四巻本の『阿含経典』を刊行した当時（一九七九年）の研究者たちの間でひとしく認められていたことでもあった。

「相応」とは、同種類の内容の経典が項目ごとに「相応する」ことである。例えば、因縁、五蘊《ごうん》（世界を構成する要素の五グループ）、仏弟子の舎利弗《しゃりほつ》や阿難《あなん》、神々の帝釈天《たいしゃくてん》や梵天《ぼんてん》などの項目ごとに該当する内容の経が収録されている。漢訳の「雑阿含《ぞう》」の「雑」はさまざまな項目が列挙されていることを意味する。

『相応部経典』および『雑阿含経』の次に現れた『中部経典』および『中阿含経』は、内容的にいささか増大されたものであり、そこには弟子の諸説が多い、と増谷は指摘する。このような増大の過程が著しく進んだのが『長部経典』であり『長阿含経』である。『増支部経典』および『増一阿含経』の編集方針は、それまでの三部のそれとは異なっている。つまり、この第四の部の編集では「一から十一にいたるまでの数字をたてて、それによって諸経を分類するという」方針が採られたのである。

「パーリ五部」の最後の『小部経典』はさきの四部の他の経典を収録したものであって、その成立は「パーリ五部」の中でもっとも遅いと思われる。

このように「パーリ五部」はおおよそ『相応部経典』、『中部経典』、『長部経典』、『増支部経典』そして『小部経典』という順で成立したと「総論」では指摘されている。

四

増谷文雄の阿含経典に関する文献学的研究は、まず方針に基づいて抽出された約四〇〇の経の翻訳を次のような構成のもとに出版することに始まった（のちに第五巻・第六巻を増補）。

第一巻　存在の法則（縁起）に関する経典群
第二巻　人間の分析（五蘊）に関する経典群
第三巻　Ａ　人間の感官（六処）に関する経典群
　　　　Ｂ　実践の方法（道）に関する経典群
第四巻　詩（偈）のある経典群

この文庫版第一巻は、この四巻本の中の第一巻および第二巻を合本としたものである。本書に収められた経典は、パーリ語の『相応部経典』に収められたものであり、縁起あるいは五蘊という、仏教にとってもっとも根本的な概念に関するものだ。本書の意義は、『相応部経典』という初期仏教経典の原初的な形態をもっともよく残す経典類から、仏教にとって基本的な概念である縁起と五蘊を扱う経典を集めて見せていることである。

ゴータマ・ブッダ自身がそのようなかたちの「縁起」を説いたのかは今日よくわかっていない。しかし、『相応部経典』に収められた縁起説はほとんどがもっとも整備された形の縁起説としての「十二支縁起」であることを本書は明解に示してくれており、そのことはゴータマの説いた縁起がどのようなものであったのかについて示唆的だと思われる。

増谷は縁起を「存在の法則」と捉えた。氏によれば存在論（オントロジー）には三つの型がある。第一は『旧約聖書』に見られるように、存在をすべて「造られしもの」と考える型である。第二は初期のギリシャ哲学におけるように、存在を原物質、原理など「あるもの」として捉える型だ。第三は存在を「生成」あるいは「なるもの」として考える型である。増谷によれば、ブッダの考え方は第三の型に属する。

本書に収められた経典の後半は、五蘊に関するものであるが、著者は五蘊を「人間を分析して取り出した五つの要素」と捉え、その五要素それぞれを物質的要素、感覚、表象、意思、対象認識と訳している。彼によれば第一の要素を除く四つの精神的要素は、感覚から意識の成立にいたるまでの過程を段階的に辿ったものである。

五

増谷はインド初期仏教経典つまり阿含経典が「ほとんどまったく、無視せられ、読誦されず、研究されることとなくして今日にいたった」ことに憤りを感じていた。もちろん今日では阿含経典に関する研究が進み、阿含経典が無視されているという事実はない。しかし、「阿含経典が仏教理解のために重要だ」という当時における氏の理解は正しいものだった。それゆえ、氏の業績は今日にも生きているのである。

ただ、阿含経典の理解はまだ緒に就いたばかりだ。たしかに校訂されたテキストもあり、綿密な注の付いた翻訳も多く出版された。しかし、それらのテキストや翻訳は、ほとんどの場合、仏教学の文献学的研究の訓練を受けた人たちを対象としている。仏教文献には実におびただしい数の難解な術語が用いられており、それらの文献が日本語に訳された場合にも伝統的な漢訳術語が多く見られる。

増谷文雄はこのような状況に批判的であった。彼はもっとも原初的な形態を残す、言いかえるならば、ブッダの考え方にもっとも近くまで迫ることのできる阿含経典を新しいかたちで一般読者に提示しようとした。特定の宗派や教団の立場から読むのではなく、インド初期仏教の思想を自由な立場から読みたいという読者を想定していたにちがいない。

漢訳の仏教術語をできるかぎり現代語をもって表現することにつとめた増谷ではあったが、「縁起」、「五蘊」、「涅槃」といった少数の術語については伝統的な訳語を踏襲している。これは中国や日本にないインド仏教の基本的な概念を浮きあがらせるためであり、必要なことであった。

日本仏教にはインド初期仏教の経典である阿含経典を奉じている宗派はない。一方、仏教書を読む場合、わたしたちは特定の宗派に関係する書物を読む機会が多い。しかし、ここにその一部が収録された阿含経典こそ、真言宗、天台宗、浄土真宗、日蓮宗などの日本仏教のさまざまな宗派が生まれてくる以前の仏教の考え方を伝えている。そして、その考え方は、さまざまに受けとめられつつ、それらの宗派の考え方につながっている。

現在わたしたちに残された経典の中からゴータマ・ブッダの「生《なま》の言葉」を抽出するのはすこぶる困難な仕事である。そうではあるが、阿含経典によってもろもろの宗派の言葉を介さぬかたちで、仏教のより古い考え方に接することができる。そのためには、この増谷文雄の『阿含経典』は最適の書であろう。

はじめに述べたように、増谷の関心は阿含経典研究のみにあったのではない。真宗の信仰や禅の研究者でもあった。

インド初期仏教と大乗仏教との違いが何なのかは簡単に答えることのできる問いではない。初期仏教のゴータマ・ブッダの働きと初期大乗仏教における阿弥陀仏の働きとは明らかに異なっている。

初期仏教のゴータマ・ブッダは指導者、先生であったが、初期大乗仏教における阿弥陀仏は「魂の救い主」であった。この違いはインド初期仏教の歴史の中からは説明できないと思われる。おそらく西アジアにおけるゾロアスター教やミトラ教などからの影響を考えるべきであろう。

この問題に対して増谷は明解な回答を与えてはいない。しかし、阿含経典の研究よりはじめて真宗や禅の研究を進めた増谷の姿勢から多くのことを学ぶことができる。

（たちかわ・むさし、国立民族学博物館名誉教授）

本書は、筑摩書房より刊行された阿含経典第一巻「存在の法則（縁起）に関する経典群」（一九七九年三月二十五日刊）および第二巻「人間の分析（五蘊）に関する経典群」（一九七九年五月二十五日刊）を合本としたものである。

世界宗教史5 ミルチア・エリアーデ 鶴岡賀雄訳

古代ユーラシア大陸の宗教、八―九世紀までのキリスト教、ムハンマドとイスラーム、イスラームと神秘主義、ハシディズムまでのユダヤ教など。

世界宗教史6 ミルチア・エリアーデ 鶴岡賀雄訳

中世後期から宗教改革前夜までのヨーロッパの宗教運動、宗教改革前後における宗教、魔術、ヘルメス主義の伝統、チベットの諸宗教を収録。

世界宗教史7 ミルチア・エリアーデ 奥山倫明／木塚隆志／深澤英隆訳

エリアーデ没後、同僚や弟子たちによって完成された最終巻の前半部。メソアメリカ、インドネシア、オセアニア、オーストラリアなどの宗教。

世界宗教史8 ミルチア・エリアーデ 奥山倫明／木塚隆志／深澤英隆訳

西・中央アフリカ、南・北アメリカの宗教、日本の神道と民俗宗教。啓蒙期以降ヨーロッパの宗教的創造性と世俗化などを収録。全8巻完結。

回教概論 大川周明

最高水準の知性を持つと言われたアジア主義者の力作。イスラム教の成立経緯や、経典などの要旨が的確に記された第一級の概論。 （中村廣治郎）

神社の古代史 岡田精司

古代日本ではどのような神々が祀られていたのか。《祭祀の原像》を求めて、伊勢、宗像、住吉、鹿島など主要な神社の成り立ちや特徴を解説する。

中国禅宗史 小川隆

唐代から宋代において、禅の思想は大きく展開した。各種禅語録を思想史的な文脈に即して読みなおす試み。〈禅の語録〉全二〇巻の「総説」を文庫化。

原典訳 チベットの死者の書 川崎信定訳

死の瞬間から次の生までの間に魂が辿る四十九日の旅――中有（バルドゥ）のありさまを克明に描き、死者に正しい解脱の方向を示す指南の書。

インドの思想 川崎信定

多民族、多言語、多文化。これらを併存させるインドという国を作ってきた考え方とは。ヒンドゥー教や仏教等、主要な思想を案内する恰好の入門書。

ちくま学芸文庫

阿含経典《あごんきょうてん》1
存在《そんざい》の法則《ほうそく》（縁起《えんぎ》）に関《かん》する経典群《きょうてんぐん》
人間《にんげん》の分析《ぶんせき》（五蘊《ごうん》）に関《かん》する経典群《きょうてんぐん》

二〇一二年八月十日 第一刷発行
二〇二五年四月二十日 第七刷発行

編訳者 増谷文雄（ますたに・ふみお）
発行者 増田健史
発行所 株式会社 筑摩書房
東京都台東区蔵前二―五―三 〒一一一―八七五五
電話番号 〇三―五六八七―二六〇一（代表）

装幀者 安野光雅
印刷所 株式会社精興社
製本所 株式会社積信堂

ISBN978-4-480-09471-1 C0115